**Luigi Pirandello:
Um Teatro para Marta Abba**

Coleção Estudos
Dirigida por J. Guinsburg

Equipe de realização – Edição de Texto: Iracema A. Oliveira; Revisão:. Marcio Honorio de Godoy; Sobrecapa: Sergio Kon; Produção: Ricardo W. Neves, Sergio Kon e Raquel Fernandes Abranches.

# Martha Ribeiro

# LUIGI PIRANDELLO: UM TEATRO PARA MARTA ABBA

PERSPECTIVA

Dados Internacionais de Catalogação na Publicação (CIP)
(Câmara Brasileira do Livro, SP, Brasil)

Ribeiro, Martha
   Luigi Pirandello: um teatro para Marta Abba / Martha Ribeiro. – São Paulo: Perspectiva: Fapesp, 2010. – (Coleção Estudos; 275)

   Bibliografia.
   ISBN 978-85-273-0860-1

   1. Abba, Marta, 1900-1988  2. Atores e atrizes de teatro – Crítica e interpretação  3. Pirandello, Luigi, 1867-1936  4. Teatro italiano – Crítica e interpretação  5. Teatrólogos italianos  I. Título.

09-03914                                         CDD-791.092

Índices para catálogo sistemático:

1. Atrizes italianas : Biografia e obra: Crítica e interpretação: Artes da representação   791.092


Direitos reservados à
EDITORA PERSPECTIVA S.A.

Av. Brigadeiro Luís Antônio, 3025
01401-000 São Paulo SP Brasil
Telefax: (011) 3885-8388
www.editoraperspectiva.com.br

2010

# Sumário

Pirandello: Uma Cena no Brasil – *Tania Brandão* ........ xi
Apresentação ........................................ xxi

1. O TEATRO AUTOBIOGRÁFICO DO
   ÚLTIMO PIRANDELLO ........................ 1

2. PIRANDELLO:
   UM VIAJANTE SEM BAGAGEM ................ 33
       Filho do Caos............................. 49
       A Luz da Outra Casa ...................... 64
       Carta aos Heróis .......................... 76
       Os Pássaros do Alto ....................... 89

3. TEATRO: AMOR E FRACASSO ................ 105
       Pirandello Encenador...................... 124
       *Prima Stagione*: Pirandello Encena
       *Seis Personagens à Procura de um Autor* ....... 143

*Seconda Stagione:* Pirandello Encena
*Diana e La Tuda*.......................... 155
*Terza Stagione*: Pirandello Encena
*L'amica Delle Mogli*........................ 168

4. O ÚLTIMO PIRANDELLO E SUA INTÉRPRETE
   MARTA ABBA............................... 177

   Entre a Transgressão e a Sublimação:
   A Personagem Feminina em Pirandello ....... 183
   *Nostra Dea*: Senhorita Abba ................ 201
   Marta Abba: A *Vamp-virtuosa* ............... 223
   *Donata Genzi*: "anima mia prediletta" ......... 233
   O Doce e o Amargo Remédio do Teatro ....... 246

5. MARTA ABBA, UMA PROSPECTIVA
   DRAMATÚRGICA............................. 255

   "Marta, Minha *Devota*" .................... 264
   Uma Atriz Pirandelliana ................... 276
   A Atriz e Seus Duplos..................... 297
   *La Spera,* sob o Símbolo de *Nostra Dea* ........ 304
   A Ignota: Emblema da *Vamp-virtuosa*......... 313
   Ilse, Rainha de Cabelos Vermelhos como
   Sangue de Tragédia....................... 326
   Um Amor Feito de Palavras... ................ 343

Bibliografia..................................... 355

*Ma poi, nel segreto del mio cuore, c'è una più vera e profonda ragione di questo mio annientarmi nel silenzio e nel vuoto. C'era prima una voce, vicino a me, che non c'è più; una luce che non c'è più...*

LUIGI PIRANDELLO<br>(Carta para Marta Abba.<br>21 de novembro de 1936)*

\* E depois, no íntimo do meu coração, existe uma real e profunda razão deste meu anulamento no silêncio e no vazio. Antes, ao meu lado, existia uma voz, que agora já não existe mais; uma luz que, agora, já não existe mais.

# Pirandello:
# Uma Cena no Brasil

Fascinação e superficialidade – as duas atitudes marcaram, historicamente, o nascimento da relação do teatro brasileiro com a dramaturgia de Luigi Pirandello. Mal o autor aconteceu na Europa, chegou por aqui. E chegou de forma bastante prosaica, quer dizer, envolto em uma aura de fascinação e superficialidade, graças a Jayme Costa (1897-1967), líder de uma companhia de atores convencional, em que o motor da cena não era nem o texto, nem o autor, nem o diretor, mas sim, sem qualquer dúvida, o ator. A encenação aconteceu em 1925 e o texto escolhido foi *Assim é se lhe parece*.

Algumas décadas depois, muitas plateias adiante, a inscrição do dramaturgo em nossa cena ainda não refutou completamente o impacto original, ainda que grandes encenadores tenham se preocupado em trazer o autor aos tablados nacionais e muitos episódios transformadores tenham ocorrido. A cena se prepara para se tornar outra, um longo caminho foi percorrido.

Pirandello foi uma referência importante para o teatro moderno brasileiro; foi querido dos diretores italianos, figurou como prioridade no repertório de diversas equipes e tornou-se objeto de estudo de pesquisadores nacionais. Tornou-se uma possibilidade de pesquisa da cena, para a indagação dos limites da teatralidade, da representação e do realismo. Ajudou a apontar as possibilidades para esfumar a velha distinção entre os gêneros teatrais tradicionais. Vale dizer que a experiência de palco contribuiu para a mudança do primeiro quadro de abordagem, através da transferência do olhar de leitura, do ator para o encenador e para o estudioso.

A história é oportuna: dá, de imediato, a importância do trabalho de Martha Ribeiro para a estante de teatro em nosso País. Pois o seu texto propõe uma reversão histórica notável do tratamento que foi concedido ao autor italiano em sua estreia brasileira. De saída, o leitor se depara com uma pesquisa cuidadosa, detalhada e – para todos os que respiram o ar da pesquisa e sabem das dificuldades imensas de trabalho no campo dos estudos teatrais – emocionante. Os adjetivos não são ociosos, nem evasivos. Basta uma avaliação singela da bibliografia consultada, dos arquivos e acervos percorridos, para dimensionar o panorama da tarefa realizada. Assim, não há, em princípio, nem fascinação, no sentido de aclamação singela, nem rapidez de estudo ou adoção de conclusões consolidadas pré-estabelecidas. Está longe a superficialidade. O que não significa texto pesado, hermético ou complicado. Martha Ribeiro escreve com prazer e com clareza e torna a leitura uma aventura recompensadora.

O ponto de partida, longe do fascínio e da superfície, é um olhar teatral agudo, apurado e equilibrado. Formada em teatro no duplo sentido da prática e da teoria, da academia e da coxia, Martha Ribeiro se tornou atriz cedo, formou-se em direção e, ainda que se projetasse como uma força respeitável na esfera da criação, optou pela carreira intelectual, em uma guinada bastante rara. Quem quer que a visse em cena ao longo do curso de formação de atriz que completou, adolescente, na Escola de Teatro Martins Pena, onde tive a honra de ser sua professora, admirava o seu talento, o viço de sua expressão intensa de sentimentos e estados da alma, combinados com uma percepção inteligente da vida humana. Era uma figurinha encantadora, que supunha a invenção de um rosto forte e um nome novo. Adivinhava-se ali uma promessa de reedição do papel de namoradinha do Brasil, brejeira, risonha e morena.

Ao contrário das expectativas, a jovem escolheu tornar-se diretora e completou o curso profissional de graduação da Escola de Teatro da Unirio, ocasião em que pude, mais uma vez, acompanhar a sua performance estudantil, reorientada para a direção de atores. A nova etapa vencida, um novo desafio foi escolhido – a pós-graduação em um quadro teórico denso, em uma instituição célebre por seu rigor intelectual, a Universidade de Campinas. A trajetória viabilizou uma orientação decidida para o *mundo das ideias*, agora coroada com esta obra. A história da autora, contudo, está inteira neste trabalho, esclarece bastante o resultado obtido.

O estudo proposto por Martha Ribeiro tem um sabor particular porque sua carne é a poesia teatral em estado bruto. O olhar que perscruta o perfil de Pirandello e que se preocupa em desvendar a tessitura de seus textos não é uma visada condicionada pela história das letras no papel, não é um seco estudo teórico de gabinete, mas sim uma forma de contemplar em que o texto se move, se faz ação. Ação que é drama – quer dizer, teatro. Ação que é ator em movimento – quer dizer, cena. Ação que é passagem de tempo no palco e no livro – quer dizer, história do teatro. Não é possível ler o texto sem considerar a existência de uma atriz no epicentro do processo de estudo e de análise. O que permite ao leitor o prazer de uma nota irônica particular: é o ator quem nos traz mais uma vez Pirandello ao Brasil, mas este retorno é uma supressão do ator, transformado em letras, uma percepção nova do autor, percepção esta em que o que está sob o foco é a importância decisiva do ator. No caso, da atriz: Marta Abba.

Vale a advertência ao leitor – que ele não se assuste. Não há nenhum jogo cifrado ou hermético. O contorno é bem claro. São vários pontos a esclarecer. Em primeiro lugar, a pesquisa não poderia evitar um ponto nevrálgico caro aos estudos teatrais de nosso tempo, o tema do teatro moderno. No caso, ele surge em função do processo de renovação da cena italiana – mais uma vez na história da cena do ocidente, ocorreu um conjunto de mudanças que, depois de inflamar a Itália, repercutiu em todo o teatro ao redor(ou ao menos dialogou com). Neste caso, a mudança se deu no século xx. A agitação das cortinas foi acompanhada por alguns nomes –

Luigi Pirandello, primeiro, assistiu-a e, depois, tornou-se o maestro de sua movimentação.

Alguns contornos históricos dos episódios focalizados precisam ser destacados. O teatro italiano – como em geral aconteceu com o teatro europeu – tornou-se, no século XIX, um território controlado pelos atores, fato que também aconteceu no Brasil. A expressão histriônica passou a dominar a cena com uma força imensa. As companhias eram as células básicas de organização da vida teatral e os seus líderes eram, em geral, os atores. Neste cenário, o autor se tornou uma espécie de subtexto ou pré-texto, quer dizer, algo que era importante, mas que não era fundamental, pois a sintonia viva dos intérpretes com a imediatidade do público era a rotina da vida teatral.

Assim, a reforma do palco europeu, sua transformação em espaço de arte, caracterizada pelo nascimento do teatro moderno, aconteceu como uma ação generalizada contra os atores – quer dizer, ao menos contra o poder dos atores como *divas*, estrelas que prezavam muito mais o seu carisma do que a voltagem estética da cena. Neste movimento, os diretores ou encenadores surgiram como os poetas máximos, grandes aliados da dramaturgia, ao menos quando o tablado pretendia ter uma sólida raiz literária. A união entre autor e diretor foi o instrumento de construção de um teatro novo, contrário à tirania dos atores.

A grande contribuição da pesquisa de Martha Ribeiro é a localização de nuanças preciosas neste quadro. Seguindo pistas de grandes estudiosos e a partir de uma análise extensa de fontes, em especial a correspondência de Pirandello com Martha Abba, recentemente publicada, a pesquisadora deixa clara a participação do dramaturgo na consolidação da nova cena italiana. E mais – ela defende, com ousadia e firmeza, levando muito adiante uma senda indicada por Roberto Alonge, a importância da prática teatral para a definição do perfil da dramaturgia última do autor. Não foram simplesmente as letras que mudaram o palco; o palco modificou-se em sintonia com as letras; mas, a partir dele, elas também se transformaram. Portanto, o dramaturgo transformou-se profundamente após a sua relação direta com a rotina do palco; e esta transformação significou ainda uma guinada formidável em sua história de vida, graças à aproximação com a atriz Marta Abba.

O ponto de partida para estas considerações é o inventário da importância da organização, pelo autor, do Teatro de Arte de Roma. Lá, de 1925 a 1928, Pirandello foi diretor artístico e encenador e, nas palavras da pesquisadora, "estreitou seus laços com o fenômeno cênico e com a práxis concreta do fazer teatral." Alonge demonstrou claramente como esta vivência interferiu nos textos das peças subseqüentes – o exemplo mais do que oportuno é a mudança do tratamento do espaço, que deixou de ser um salão compacto, simplista, de luz aberta, e passou a ser um lugar novo, em que o dramaturgo começou a trabalhar os efeitos da iluminação. Martha Ribeiro demonstra como o contacto com a jovem atriz Martha Abba – e logo a paixão tão especial que teria unido os dois – influenciou a carpintaria das peças de Pirandello, segundo um desenho sinuoso, caprichoso, pois sinuosa e caprichosa foi a relação entre autor e intérprete, uma relação de imolação do afeto objetivo em prol do amor pelo teatro.

Assim, além do reconhecimento da aproximação necessária entre arte e vida, entre o ato de viver e o ato de escrever para teatro, entre biografia e obra, situação que seria, hoje, fundamental para o estudo e a análise do teatro da última fase de Pirandello, Martha Ribeiro vem acrescentar mais uma exigência ao quadro de estudos – o reconhecimento de que o dramaturgo escreveu um teatro para Marta Abba. A avaliação, fundamentada e bem construída, permite uma conclusão valiosa tanto para os estudos de dramaturgia quanto para os estudos da arte da interpretação:

> Dramaturgo e intérprete se encontram sobre o palco, e pela primeira vez o escritor encontra em uma atriz a qualidade interpretativa ideal, que ilumina e justifica a existência dos seus personagens, tantas vezes acusados de inverossimilhança ou de pura abstração. Com ritmos contraditórios, entonações rasgadas, gestos fortes, inflexíveis, Marta estabelece entre a obra de um dos maiores escritores teatrais do século XX e sua obra de intérprete uma relação excepcional, pois íntima, necessária e efetiva. Com a atriz, as criaturas pirandellianas, seus contrassensos físicos e morais, conquistaram uma verdade tangível[1].

1 Ver infra, p. 348

A relevância da contribuição desta pesquisa ultrapassa, então, os quadros, já por si interessantíssimos, dos estudos pirandellianos, uma vertente de trabalho que atrai muita gente no Brasil, dada a importância do autor para o pensamento acerca do nosso tempo e do teatro contemporâneo. Ela vai adiante, no sentido de oferecer material para novos debates a respeito do teatro moderno, criar veredas muito produtivas de estudo a propósito da arte do ator e – finalmente, o que é um território muito especial, em que letra e gesto se aproximam, poesia e carne dialogam – indicar possibilidades inéditas de aproximação entre atores e dramaturgos exatamente ali onde se supunha que o ator teria sido derrotado pelos autores, graças ao pulso firme dos encenadores.

Pirandello não hesitou em afirmar que o teatro o transformara em marionete. Para a nossa felicidade, esta transformação foi muito extensa, rica e palpitante, o suficiente para fazer com que o seu teatro tivesse vida e se impusesse como tal, uma intersecção vertiginosa entre o ato de viver e o ato de representar. Além da fascinação do jogo e da superfície da mecânica social, Martha Ribeiro nos prova que o teatro do dramaturgo é excelente matéria para pensarmos as formas da vida no mundo. E nos leva a admirar a força, hoje, dos estudos teatrais brasileiros, uma área de trabalho intelectual construída com seriedade, dedicação, elegância e competência.

*Tania Brandão*
Professora do Programa de Pós-graduação em
Artes Cênicas da UniRio e curadora do Festival de Teatro de Curitiba

Para todos os artistas que, por uma razão ou outra, foram vencidos pela história.

À minha mãe, origem de tudo.
À Lucia pela amizade e presença constantes.

À Editora Perspectiva, por inserir este meu primeiro livro em sua prestigiosa Coleção Estudos.

Ao Centro Studi Teatro Stabile di Torino, ao Laboratorio Audiovisivi e à Biblioteca do DAMS di Torino, que generosamente me receberam, disponibilizando seu acervo para consulta e cópia.

Meu especial agradecimento a Roberto Alonge, estudioso atento da obra de Luigi Pirandello, cuja orientação na Univesità di Torino/DAMS foi fundamental.

A Alessandro D'Amico, Eric Mitchell Sabinson, Gigi Lívio e Maria Betânia Amoroso, pelas estimulantes conversas e troca de ideias.

E, finalmente, à Fapesp, cujo auxílio possibilitou esta publicação.

## NOTA

1. Todas as obras de língua estrangeira referidas no texto, por meio de citações, fragmentos de texto, cartas ou peças teatrais foram traduzidas exclusivamente por mim; a grande maioria delas não possui tradução no Brasil.

2. Os grifos em itálico, pronomes e qualquer outra palavra com iniciais em maiúscula nas citações, são de Pirandello.

# Apresentação

Muito se falou sobre o teatro de Luigi Pirandello (1867-1936) e pouco se tratou sobre sua última estação dramatúrgica, especialmente os dramas escritos para a atriz Marta Abba (1900-1988), principal intérprete e musa inspiradora de sua obra tardia. No Brasil, os estudos ainda se orientam principalmente em torno da assim denominada segunda fase de sua dramaturgia – que se abre, didaticamente, com *Cosi è (si vi pare)*, em 1917 e que se fecha em 1924 (antes da tessitura de *Diana e la Tuda* em 1925). Em sua grande maioria, as leituras giram em torno do relativismo pirandelliano, reflexo de uma condição burguesa fraturada, identificando toda a sua obra teatral na ideia de oposição entre um indivíduo isolado e um corpo social; análise que se impôs ao final dos anos cinquenta a partir de um longo artigo de Mario Baratto intitulado "Le théâtre di Pirandello". Uma leitura que de fato serviu para organizar um primeiro retrato do autor, mas que, todavia, nos oferece um quadro apenas parcial, já que não chega a contemplar a obra tardia.

A incompreensão de sua última produção permanece com Arcangelo Leone de Castris, no livro *Storia di Pirandello*, de 1962, que chega a liquidar um texto capital como *Questa sera si recita a sogetto*, como exemplo de uma "involução", de uma desvitalização artística que leva o autor da "poesia à técnica", definindo a peça como simples postulado de artifícios teatrais sem valor ideológico. Na medida em que Pirandello se afasta de sua primitiva inspiração – de poeta da condição trágica da sociedade burguesa, da consciência dividida – e busca experimentar evasões surrealistas, fugas ao irracional, na crença da existência de uma realidade superior, ou de um "corpo sem nome" – como desejado pela Ignota de *Come tu mi vuoi* –, seu teatro é visto como decadente e indigno de qualquer exegese crítica. Só no final dos anos de 1960 é que se vê uma recuperação dos três mitos pirandellianos (*La nuova colonia, Lazzaro, Os Gigantes da Montanha*), com o livro *Il teatro mitico di Pirandello* de Marziano Guglielminetti. Mas ainda havia todo um filão dramatúrgico que permanecia excluído das análises críticas: de *Diana e la Tuda* (Diana e Tuda), passando pela *L'amica delle mogli* (A Amiga das Mulheres), *Trovarsi* (Encontrar-se), *Quando si è qualcuno* (Quando se é Alguém) e *Come tu mi vuoi* (Como me Quiseres) é todo um teatro que substancialmente foi posto de lado pela crítica, só sendo recuperado, mais solidamente e sem os preconceitos que insistentemente rebaixava este teatro em confronto com a produção anterior, a partir dos anos de 1980, com as análises de Roberto Alonge, Giovanni Macchia e Massimo Castri, este último um diretor de teatro que, ao inscrever Pirandello na tradição do grande drama burguês, ao lado de Ibsen e de Strindberg, foi responsável por influenciar a crítica contemporânea e a posterior.

Sob a orientação de um dos maiores especialistas em teatro pirandelliano da atualidade, Roberto Alonge, professor e diretor da Università di Torino, Dams (Dipartimento di Disciplina Artistiche, Musicali e dello Spetaculo), durante meu estágio de doutorado, me debrucei sob esta dramaturgia, que por longos anos foi considerada como desviante do verdadeiro núcleo poético de Pirandello. As fontes consultadas são, em sua maioria, documentos, revistas e jornais referentes ao período estudado que compreende os anos de 1925 até 1936. Entre as revistas do período, as principais e de maior destaque e interesse crítico, estão: a revista *Comoedia*, direção de Silvio D'Amico; a revista *Il Dramma*, direção de Lucio Ridenti; a revista *Scenario*, direção de Silvio D'Amico e Nicola di Pirro; o jornal *L'arte drammatica* de PES (Enrico Polese Santarnecchi); todas elas trazem artigos, críticas, estudos de tendências e sugestões dos mais importantes intelectuais e homens de teatro, contemporâneos a Pirandello. Já os jornais de época foram consultados na Biblioteche Civiche de Turim. De relevante interesse destacamos: *La Gazzetta del Popolo*; *La Tribuna*, *La Stampa*, *Corriere della sera*, nos quais encontrei artigos e resenhas críticas de alguns dos mais conceituados críticos do meio intelectual italiano, como Silvio D'Amico, Eugenio Bertuetti, Marco Praga e Renato Simoni, assim como uma esclarecedora entrevista da atriz Marta Abba intitulada "Un'attrice allo specchio, come sono nella vita e come vivo nell'arte"[1], na qual discorre sobre sua vida na arte.

Entre as revistas de estudos pirandellianos da atualidade destacam-se: *Ariel*, uma publicação do Istituto di Studi Pirandelliani di Roma; *Il Castello di Elsinore* do Dams de Turim, dirigida por Roberto Alonge; *L'asino di B.* do Dams de Turim, dirigida por Gigi Livio e *L'Angelo di fuoco* também do Dams de Turim, que por razões econômicas, infelizmente, não está mais sendo publicada. Todas estas revistas se concentram sobre a obra do dramaturgo Luigi Pirandello e se definem como uma importante fonte de pesquisa de estudos teatrais modernos e contemporâneos coligados ao dramaturgo; informando ao estudioso e ao pesquisador o estado atual da arte. O escopo principal destas revistas é ser um importante meio de difusão das pesquisas e descobertas mais recentes sobre a obra teatral pirandelliana. Entre os livros publicados existe uma vasta bibliografia que foi consultada tanto na biblioteca do Dams como no Centro Studi del Teatro Stabile di Torino.

Completando a pesquisa da fortuna crítica de Pirandello, nos reportamos a Paris para consultar, na Biblioteca Nacional da França, o departamento de Artes do Espetáculo; na Bibliothèque Richelieu, a coleção Rondel onde se encontram importantes documentos críticos referentes à passagem de Pirandello; e o Teatro de Arte nos palcos parisienses.

O sentimento de uma contradição profunda entre o texto e a cena, que nasce com as experiências teatrais ao início

---

[1] *La Gazzetta del Popolo*, 16 de janeiro de 1931.

do século XX, revoluciona os paradigmas da arte dramática, com especial atenção ao "aparecimento" do encenador e à destruição do espaço cênico enquanto "caixa" fechada, o que, consequentemente, ativa uma maior participação do público, radicalizada na utopia de dissolução das fronteiras entre teatro e vida. A opção do Pirandello dramaturgo não será a implosão da forma dramática, mas sim inserir esta incompatibilidade dentro da própria estrutura do drama, promovendo assim sua autodestruição. O único elemento que restará desta operação será o ser ficcional, o personagem humorístico. Entendido como a parte *viva* da criação artística, esta "criatura fantástica" *produz* a "vida nua" e por isso são mais reais que a falsa realidade aparente do mundo cotidiano. Repletos de contradições, assaltados por "pensamentos estranhos, inconsequentes e inconfessáveis", inclusive para ele mesmo, o personagem humorístico faz cair as máscaras do dia-a-dia, emergindo, para além desta "realidade", a "verdade" do indivíduo ou da comunidade da qual pertence: o personagem desperta então como *vida*. Mas para este personagem *ser* vida, para se realizar concretamente, um elemento se torna essencial para sua jornada: no percurso do mundo fantástico do autor para o mundo material do palco, o personagem depende da figura do ator. E é a partir desta conclusão que Pirandello resolve assumir, em 1925, a direção de uma companhia teatral: o Teatro de Arte de Roma, conhecendo a jovem atriz Marta Abba – duas experiências capitais para o desenvolvimento de uma nova visão do teatro, e, principalmente, para o desenvolvimento de uma nova escritura dramatúrgica que, pouco a pouco, se torna cada vez mais visual, ou *sur-real*, se abrindo para um novo espaço, um território desconhecido: o espaço do inconsciente.

# 1. O Teatro Autobiográfico do Último Pirandello

Quando se pensa em formular um juízo ou uma conclusão mais ou menos generalizada sobre a obra de um autor como Luigi Pirandello (1867-1936), que nos deixou uma rica, extensa e heterogênea obra literária e teatral, necessaria e inevitavelmente surge no exegeta certo desconforto, pois a obra pirandelliana, apesar dos inúmeros estudos e análises críticas que se sucederam ao longo das décadas, parece sempre se renovar no tempo, fornecendo novas surpresas e novos caminhos para infinitas possibilidades e chaves de leitura.

Embora nos pareça arriscado tentar "dividir" nosso autor em fases – pois Pirandello parece ter construído uma rede obsessiva de metáforas e de arquétipos pessoais, fazendo de sua obra uma justificativa para si mesmo, e, mais radicalmente, como uma desculpa para sua própria vida –, tal empreitada se justifica na medida em que sua dramaturgia tardia continua a ser uma matéria ainda desconhecida no Brasil e, como tal, encoberta pelos fantasmas de sua primitiva inspiração e congelada numa perspectiva de linha marxista.

Desta feita, se faz necessário tentar individuar algumas constantes na produção e nos procedimentos pirandellianos do último período para que se possa organizar, de alguma forma, um pensamento geral sobre o percurso de sua obra que, não obstante as subdivisões didáticas, repetimos, só deveria ser analisada em conjunto. Analisar a obra em seu conjunto significa acima de tudo observar que o teatro de Pirandello está intimamente ligado com a "história", complexa e contraditória, do Pirandello dramaturgo, e que por isso é uma obra heterogênea.

Se a repetição do argumento é o que torna o autor reconhecível, garantindo, em sentido positivo, uma "identidade autorial", é também, em sentido negativo, aquilo que pode aprisioná-lo em definições, em fórmulas cristalizadas e pré-concebidas, como foi o caso do *pirandellismo* de Adriano Tilgher, ou mesmo as análises de cunho marxista que a partir dos anos de 1960 fixaram o teatro de Pirandello como reflexo de uma condição burguesa fraturada.

Deixando, por ora, de lado o problema do pirandellismo e da visada parcial dos estudos marxistas, entendemos que Pirandello, em cada nova peça teatral escrita, nos re-apresenta uma memória, ou mesmo uma história biográfica que pede, de alguma forma, redenção. Em suma, uma autoreferencialidade obsessiva, quase uma confissão pública de um mal-estar íntimo, existencial e profissional, que não nos permite falar em um *teatro de Pirandello*, mas em *teatros de Pirandello*. Por este caminho também não parece ser possível tentar explicar sua última produção dramatúrgica a partir da recuperação de sua última produção narrativa. A ideia de que o celeiro da criatividade teatral pirandelliana eram suas novelas fica comprometida, a partir do momento em que se verifica que grande parte de sua última produção, especialmente aquela onde a matriz autobiográfica parece evidente, não possui nenhum fundo narrativo. Cita-se: *Diana e la Tuda* (Diana e Tuda); *Lazzaro*; *Sogno (ma forse no)* (Sonho[mas, talvez não]); *Come tu mi vuoi* (Como me quiseres); *Trovarsi; Sgombero* (Despejo); *Quando si è qualcuno* (Quando se é Alguém); *I giganti della montagna* (Os Gigantes da Montanha). O que necessariamente contribui para o entendimento de um novo momento na criação pirandelliana, manifestado a partir da composição de *Diana e la Tuda* em outubro de 1925. Período em que o dramaturgo assume a direção do Teatro de Arte de Roma (inaugurado em 4 de abril de 1925), afrontando pela primeira vez os problemas práticos da organização cênica; o que necessariamente influenciou sua escritura dramatúrgica. Foi também a partir desta data que o escritor conheceu a atriz Marta Abba, sem dúvida nenhuma a grande responsável por uma mudança de inspiração que começou a se manifestar exatamente com *Diana e la Tuda*. Na peça, o dramaturgo descreve em didascália o próprio retrato da atriz:

> É muito jovem, de uma beleza magnífica. Cabelos ruivos, ondulados, penteados *alla greca*. A boca frequentemente apresenta uma disposição dolorosa, como se de hábito a vida lhe desse uma amargura desdenhosa; mas se ri, há repentinamente uma graça luminosa que parece iluminar e animar todas as coisas[1].

Há pouco mais de uma década, após a publicação do epistolário Pirandello-Abba, em 1995, foi possível conhecer o profundo e o verdadeiro *taccuino* da dramaturgia pirandelliana do último período. O epistolário é como um reservatório da memória artística e pessoal do Maestro (e também da atriz). As cartas testemunham certas viradas em sua poética: a fuga ao irracional, a manifestação do inconsciente e sua aproximação ao mito, com formulações inesperadamente mais construtivas e positivas.

A visão negativa em relação ao teatro de seu tempo, os sentimentos de perseguição e de injustiça, que inflamavam tanto Pirandello quanto Marta Abba, terminam por motivar o Maestro a abandonar a Itália, instituindo o próprio exílio voluntário, primeiro em Berlim e depois em Paris. As inúmeras separações da atriz, que tanto o fizeram sofrer, aprofundam ainda mais os sentimentos de solidão e de ausência que sempre o acompanharam, refletidos profundamente na obra teatral: sob o tecido dialógico do drama se potencializa um discurso monológico, um grande e solitário monólogo interior que pulveriza a estrutura dramática. Os personagens, envolvidos por um forte sentimento de falta, ou pudor, não encontrando uma solução real e nem mesmo uma alternativa válida para suas vidas, procuram se exilar em si mesmos ou fugir pela via da arte, evitando assim qualquer conflito.

---

1 *Diana e la Tuda*, em *Maschere Nude* (I Mammuut), p. 191.

Colocando em evidência a última produção teatral pirandelliana, não se pode deixar de ter em mente as duas últimas e mais importantes experiências da vida teatral e pessoal do Maestro: a direção do Teatro de Arte de Roma, suas experiências como encenador e a sua relação pessoal e artística com a atriz Marta Abba. Sobre suas experiências como *capocomico*, à frente de uma companhia teatral, o livro *Pirandello capocomico. La compagnia del Teatro d'Arte di Roma 1925-1928*, organizado por Alessandro D'Amico, em colaboração com Alessandro Tinterri, de 1987, traz importantes descobertas sobre o Pirandello encenador e dramaturgo de uma companhia teatral. Um trabalho excepcional de recuperação da memória cênica, que destaca não só as preocupações do dramaturgo com a maquinaria teatral, a estrutura do palco e com o público, como também revela a forma do Maestro se relacionar com os atores de sua companhia; um tipo de relação baseada principalmente na contribuição mútua: o ator, a partir das próprias invenções e soluções cênicas, sugeria e interferia na tessitura definitiva do texto pirandelliano – fato este demonstrado com a nova publicação em quatro volumes de *Maschere Nude*[2], organizada por Alessandro D'Amico.

A descoberta é fundamental, pois a comparação das variantes textuais demonstra que Pirandello aceitava as modificações propostas pelos atores não apenas no momento do palco, mas as incorporava mesmo quando o texto era reeditado, o que prova que o dramaturgo trabalhava com os atores, escrevia para os atores e aperfeiçoava sua escritura cênica a partir deles. Quanto a sua intrigante história de amor com a atriz Marta Abba, e naturalmente quanto à dimensão da influência dela sobre sua obra teatral tardia, ainda existe uma lacuna a ser preenchida; perguntas esperam ansiosamente por respostas mais convincentes do que a óbvia solução de um vulgar amor senil. Apesar dos inúmeros estudos pirandellianos produzidos até hoje, a personalidade da atriz Marta Abba, sua forma particular de interpretar um texto dramático, nunca foi satisfatoriamente estudada, ou mesmo organizada

---

2 Uso duas edições diferentes de *Maschere Nude*, a da coleção I Mammut, em único volume, e a da coleção I Meridiani, que compreende quatro volumes. Manteremos o número dos volumes para uma e o da coleção para a outra.

em um único exemplar. O juízo crítico da época, que via com certo preconceito o objeto de amor do dramaturgo, terminou por prejudicar a atriz, ofuscando assim a qualidade e o brilho inovador do seu modo de interpretar. A crítica de seu tempo, viciada em um tipo de interpretação mais emocional, como o de Eleonora Duse, suspeitava do modo "frio", ouso dizer "distanciado", pelo qual Marta Abba confrontava a personagem teatral, e dos repentinos rompantes emocionais, julgando-a ainda imatura para viver os grandes papéis femininos. Porém, as inúmeras cartas que o dramaturgo escreveu à atriz entre 1925 e 1936 se referem a ela como sendo parte essencial da criação e do sucesso de seu trabalho. Estas cartas não só trazem à tona um Pirandello completamente obcecado por detalhes da vida íntima da atriz, como elas também instauram um perfil feminino que sem dúvida nenhuma corresponde a uma imagem fantasmática de Marta Abba, refletida nas obras escritas para ela: uma mulher fatal, bela e jovem, mas que se mantém, apesar do comportamento exuberante, virgem e casta.

Com a publicação do epistolário *Lettere a Marta Abba*, organizado por Benito Ortoloni, Mondadori, para a coleção I Meridiani, não só a história deste amor vem à tona, como toda uma infinidade de novas informações sobre a vida, o teatro e o processo de trabalho do Maestro junto à atriz surgem inesperadamente, passando a se impor com urgência e de forma absoluta sobre os trabalhos de pesquisa e estudos pirandellianos posteriores; que até aquela data desconheciam completamente a existência e a força histórica destes documentos. As cartas reconstroem de forma extraordinária a cena italiana e europeia dos anos de 1920 e 30, assim percebidas pelo dramaturgo, e se constitui no pano de fundo onde Pirandello tece e vive a história de seu amor por Marta Abba; são cartas que a atriz guardou a sete chaves no segredo de sua memória, decidindo torná-las públicas alguns anos antes de sua morte, aos oitenta e cinco anos de idade, por acreditar que sua derradeira missão era fazer o mundo conhecer o quanto sofreu o dramaturgo em seus últimos anos de vida. As cartas descrevem um Pirandello existencialmente infeliz, com grandes períodos de depressão profunda e desespero. Estas cartas são como um grito, e refletem a angústia profunda que o escritor sofreu diante da vida, da velhice, do amor e de sua arte. Falar da obra teatral do último Pirandello sem mencionar a jovem atriz Marta Abba, e o amor de seu *caro Maestro*, seria negar o próprio núcleo criativo da dramaturgia pirandelliana que lhe foi contemporânea. Embora saibamos o quanto seja metodologicamente arriscado traçar um nexo entre biografia e evento criativo, neste caso específico as evidências são muitas, e percorrer esta estrada é mais do que lícito, pois, como já citado e documentado por um dos maiores especialistas pirandellianos da atualidade, Roberto Alonge, fragmentos inteiros de algumas das cartas escritas por Pirandello a Marta Abba foram explicitamente reaproveitados pelo Maestro em textos teatrais; vide *Quando si è qualcuno* (set.–out./ 1932)[3].

Toda a dramaturgia inspirada na atriz se correlaciona com o epistolário, tudo está lá, ou inteiros fragmentos de carta refluem nas peças teatrais ou inversamente, as cartas é que recuperam os diálogos criados e escritos para a obra teatral. Em *Diana e la Tuda* (out./1925–ago./1926), primeiro texto teatral concebido especialmente para Marta Abba, a matriz autobiográfica também parece evidente: exatamente como em *Quando si è qualcuno*, o drama traz a figura de um velho apaixonado por uma mulher muito mais jovem, e que ao mesmo tempo em que

---

3   Roberto Alonge já destacou a coincidência literária existente entre a fala do velho poeta ao final do segundo ato de *Quando si è qualcuno*, datado de set-out. de 1932, com um fragmento de carta de Pirandello a Marta Abba datado de 25 de janeiro de 1931. Trata-se exatamente do mesmo texto. Abaixo transcrevemos ambos os fragmentos em italiano, para evidenciar a impressionante equivalência da trama verbal, seguida de sua tradução:
  I. *Quando si è qualcuno*
  tu non la sai: uno specchio – scoprircisi d'improvviso – e la desolazione di vedersi che uccide ogni volta lo stupore di non ricordarsene più – e la vergogna dentro, [...] il cuore ancora giovine e caldo. (você não entende. Um espelho – descobrir-se de repente – a desolação de se ver, o estupor de não se reconhecer mais, e que nos mata toda vez que nos olhamos – e a vergonha por dentro, [...] o coração ainda jovem e quente.)
  II. Carta de 25 de janeiro de 1931:
  tu non sai che scoprendomi per caso d'improvviso a uno specchio, la desolazione di vedermi [...] uccide ogni volta in me lo stupore di non ricordarmene più. [...] provo un senso di vergogna del mio cuore ancora giovanissimo e caldo. (você não entende que descobrindo-me por acaso à um espelho, a desolação de me ver [...] me mata todas as vezes o estupor de não me reconhecer mais [...] experimento um sentimento de vergonha do meu coração ainda jovem e quente.
  Cf. R. Alonge, *Luigi Pirandello, il teatro del XX secolo*, p. 104-105; *Maschere Nude*, p. 696; *Lettere a Marta Abba*, p. 622.

assume a própria decadência física se confronta com um coração ainda quente e jovem. Diz o velho escultor Giuncano: "A vida não deve recomeçar para mim! Não deve recomeçar! [...] Não: está em nós, quando não se deve! A qualquer custo: quando não se deve!"[4]. E nas cartas a Marta, novamente aparecem declarações muito semelhantes a estas. Mas, desta vez, é a obra de arte que parece se antecipar ao epistolário, pois serão nas cartas datadas de 20 de março de 1929 e 16 de outubro de 1930 (três e quatro anos após a tessitura final de *Diana e la Tuda*) que Pirandello irá recuperar o argumento do drama: "A culpa é minha que deixei que a vida recomeçasse, quando não devia" ou "E a vida, que não deveria ter recomeçado para mim, deve se concluir deste jeito"[5]. O Dramaturgo retorna ao objeto artístico para dar voz à sua própria voz. Esta é a máxima demonstração que em Pirandello escritura íntima e dramaturgia se complementam e se imbricam de forma impressionante: tanto o conteúdo do epistolário se destina ao extravasamento, numa grande oficina de criação, quanto sua obra dramatúrgica ganha a profundidade de uma confissão íntima.

A relação entre escritura íntima e dramaturgia, não é de maneira nenhuma aceita passivamente pelo Maestro. Numa carta endereçada a Ugo Ojetti, em 10 de outubro de 1921, Pirandello parece confessar seu profundo sentimento de exclusão da vida: "A vida, ou se vive ou se escreve. Eu jamais a vivi, senão escrevendo-a"[6]. Com estas palavras – "a vida ou se vive ou se escreve" – Pirandello parece separar muito bem o terreno da arte do terreno da vida: para se escrever sobre a vida é necessário se manter fora da vida, para não ser, em última instância, enganado por ela. Imediatamente depois, Pirandello vai dizer: "Eu jamais a vivi, senão escrevendo-a". Neste caso, Pirandello parece nos convidar a ler sua obra como se fosse a história de um *diário íntimo ficcional*, pois se o escritor diz que jamais viveu a vida, passando a escrevê-la através de seus personagens, ele está declarando que entre ele e a vida se estabeleceu uma espécie de

---

4 *Diana e la Tuda*, em *Maschere Nude* (I Mammut), p. 211.
5 *Lettere a Marta Abba*, respectivamente p. 77 e 547.
6 Esta carta pode ser consultada em sua íntegra em Pirandello, *Carteggi inediti con Ojetti-Albertini-Orvieto-Novaro-De Gubernatis-De Filippo*, p. 82. A equação também se repete na carta a Marta Abba, de 1 de fevereiro de 1932, *Lettere a Marta Abba*, p. 919.

"filtro", uma película, ou uma lente, que o manteve sempre afastado da experiência direta e real. Logo, não existiria nada de verdadeiramente íntimo e pessoal em sua obra, pois sua própria vida pessoal já seria ela mesma uma grande invenção. Forjando, de forma consciente, uma leitura autobiográfica às avessas de sua obra dramatúrgica – onde os papéis de criador e criatura se inverteriam ao ponto da criação poética ter autonomia para oferecer notícias sobre o autor[7] –, Pirandello critica, de forma irônica, o grande mito romântico segundo o qual a "obra de arte é uma cristalização espontânea e parcialmente inconsciente de sentimentos profundos e intensos demais para serem liberados diretamente na ação"[8]. Se existe algo de íntimo em sua obra literária, poderia sorrir com mofa Pirandello, trata-se da intimidade dos seus personagens[9].

Foi também no ano de 1927, em junho, no primeiro número da revista romana *Humor*, que Tilgher publicou anonimamente uma violenta e rancorosa nota crítica a Pirandello. Com tom mordaz e ácido, o crítico insinua o nascimento de uma nova tragédia pirandelliana, aquela que seria "a mais trágica de todas", "a mais verdadeira que a própria verdade"; diz Tilgher:

---

[7] Em carta a Benjamin Crémieux, em 1927, Pirandello declara: "Quando me pediu algumas notas biográficas sobre mim, fiquei extremamente embaraçado para fornecê-las e isto, meu amigo, pela simples razão de que eu esqueci de viver, esqueci ao ponto de não ter nada, exatamente nada, para dizer sobre minha vida, porque eu não a vivi, eu a escrevi. Tanto é que, se realmente desejar saber alguma coisa sobre mim, eu posso lhe responder: 'espere um pouco, meu caro Crémieux, que eu vou perguntar aos meus personagens'. Talvez eles tenham condições de dar a mim mesmo algumas informações sobre mim. Mas não se pode esperar grande coisa deles; são quase todos insociáveis, sem muita coisa para se alegrar da vida". É uma clara ironia sobre toda e qualquer tentativa de se fazer uma leitura autobiográfica de sua obra. Reportado em Dominique Budor, *Les Récits de Naissance de Pirandello*, em *Gêneses du "je", manuscrits et autobiographie*, p.183-193.

[8] C. Rosen, *Poetas Românticos, Críticos e Outros Loucos*, p. 75.

[9] Em sua formação literária Pirandello sempre refutou todas as correntes irracionalistas e espiritualísticas que dominaram a arte do final do século XIX até o início do século XX, especialmente a corrente romântica. No prefácio da peça *Seis Personagens à Procura de um Autor*, escrito em 1925, o tom é claramente de recusa às técnicas românticas: "O tormento imanente ao meu espírito e que eu posso, legitimamente, emprestar a uma personagem, desde que o faça de maneira orgânica, não se identifica com a atividade do meu espírito, empenhada na realização desse trabalho, vale dizer, a atividade que consegue dar forma ao drama dessas seis personagens à procura do autor". Prefácio do Autor, *Seis Personagens à Procura de um Autor*, p. 15 (Coleção Teatro Vivo).

Ele desejaria cantar a felicidade, o amor, a vida. Mas não, não pode. Ele é respeitado, celebrado e pago para que faça o pessimista, o pássaro de mau augúrio [...] – Desculpe *Maestro* a indiscrição, mas, combinamos, seria esta, desculpe, uma tragédia autobiográfica?[10]

Podemos imaginar que uma possível resposta de Pirandello a Tilgher talvez fosse uma das falas do personagem O Pai de *Seis Personagens à Procura de um Autor* (out. 1920 – jan. 1921(?)): "se nasce para a vida de muitos modos, de muitas formas [...]. E que também se nasce personagem!"[11]. Eliminando o que há de venenoso na agressiva nota de Tilgher, resta a intuição de uma futura tragédia que de fato, anos mais tarde, foi escrita por Pirandello: a peça *Quando si è qualcuno*, drama autobiográfico por excelência, reflexo do encontro com Marta Abba e da crise existencial que o acompanhava desde 1926:

Cada vez mais meu corpo me pesa, meu corpo que começa a envelhecer no exato momento em que sinto meu espírito mais jovem do que nunca [...]. Ser Pirandello me aborrece terrivelmente. Não seria nada estranho se eu recomeçasse uma nova carreira com um nome fictício[12].

A estratégia de fuga do Maestro, pela via da ironia, de uma suposta interação entre pulsões biográficas e resultado artístico, é clara e evidente. Quando Pirandello afirma que esqueceu de viver e que talvez fosse mais produtivo perguntar aos seus personagens sobre ele, o artista propõe, de forma farsesca, o intercâmbio entre biografia e arte. Numa espécie de jogo ficcional, Pirandello delega aos seus personagens a narração de sua própria biografia, mas, logo a seguir, ele mesmo paralisa de forma humorada esta solução, pois, como seus personagens sofrem do mesmo mal (de "não viver a vida, mas de se ver viver"[13]), não teriam muita paciência para sair por aí fornecendo dados biográficos sobre ninguém. Sendo quase todos eles antissociais,

---

10 Reportado em L. Sciascia, *Pirandello e la Sicilia*, p. 100.
11 *Seis Personagens à Procura de um Autor*, em J. Guinsburg (org.), *Pirandello do Teatro no Teatro*, p. 190.
12 Reportado em *Notizia*, em A. D'Amico, *Maschere Nude*, v. 4, p. 617, originalmente em Raymon Cognait, Que va devenir Pirandello?, *Chantecler*, entrevista cedida em 08 de maio de 1926.
13 Ver O Humorismo, em J. Guinsburg (org.), op. cit., p. 141-177.

seguramente não se interessariam absolutamente pela vida de outro, muito menos por um autor que não lhes deu nenhuma alegria na vida, muito pelo contrário. Assim, seus personagens nada poderiam dizer de relevante sobre ele. Pirandello se diverte fingindo compactuar com a ideia de que sua obra seria a encarnação de sua consciência não reflexiva, livre de controle, ("espere um pouco, talvez meus personagens tenham condições de dar a mim mesmo algumas informações sobre mim"), para depois refutar tudo isso, se posicionando como um observador atento da vida: "a vida, ou se vive ou se escreve". Escrever a vida é se alienar de si mesmo, é se afastar da própria vida para enfim poder recriá-la sob uma forma artística. Como ele se esqueceu de viver, e por isso mesmo pôde escrever sobre a vida, a obra de arte torna-se responsável pelo experimento de "se ver viver", isto é, por uma *falsa* biografia que se traduz novamente em obra artística, pura ficção. Pirandello produz assim um constante movimento de refração que objetiva comprometer qualquer tentativa de aproximação entre obra e biografia. Quem foi Pirandello? Tente perguntar aos seus personagens. Mas quem são seus personagens? São personagens permanentemente à procura do autor. Procurar por ambos, insinua Pirandello, é entrar em um labirinto de espelhos e de lá não sair mais.

Por outro lado, se o dramaturgo desejava fugir do nexo entre biografia e criação artística, a correspondência intensa e obsessiva dirigida a Marta Abba vem provar exatamente o contrário. Observa-se em todo o epistolário a repetição obstinada de uma mesma e única pergunta, que, no entanto, jamais obteve uma resposta: "hoje nenhuma carta Sua. Talvez, aquela que espero, virá amanhã. E me restituirá, tomara, a paz"[14]; ou ainda, "Que sonhos dourados posso ter se tenho que estar tão longe da minha única vida?"[15]. Sem uma resposta, Pirandello irá construir a *sua* Marta, uma Marta que no teatro responderá ao que ficou sem resposta no epistolário; e a resposta sempre estará subordinada aos seus desejos. Numa carta de 24 de agosto de 1926, falando sobre *L'amica delle mogli* (ago. 1926), segunda peça escrita para a atriz, Pirandello assim confessa para Marta Abba: "É diferente de Tuda esta Marta da *L'amica delle mogli*

---

[14] Carta de 8 de abril de 1929, *Lettere a Marta Abba*, p. 121.
[15] Carta de 8 de setembro de 1932, idem, p. 1024.

[…]. E sendo do meu trabalho, é – naturalmente – uma Marta toda minha"[16]. Verifica-se que o nome da protagonista é o mesmo da musa e da atriz, pois se a mulher Marta era inacessível, a atriz e a musa não o eram, ambas se doam ao dramaturgo para que a obra de arte possa finalmente existir como algo vivo. Para *nascer personagem*, a atriz Abba passa a fixar em seu camarim não o seu nome, mas o nome dos personagens que interpretava, ou melhor, dos personagens que a interpretavam. Escrever para Marta se transforma num modo para Pirandello sublimar o desejo erótico, reprimido e proibido, que jamais aceitou nem em si mesmo nem nos outros; o que explica a necessidade de camuflar até mesmo a sublimação deste desejo, assumindo, irônica e burlescamente, a identificação entre influxo biográfico e resultado artístico. Epistolário e criação dramática se complementam. Através do drama, Pirandello irá buscar uma resposta ao não-dito, desfiando assim o emaranhado de histórias na qual ele e Marta Abba estão mutuamente presos.

Citamos Paul Ricoeur: "estar-emaranhado, verbo cuja voz passiva sublinha que a história 'acontece' a alguém antes que alguém a narre. O emaranhamento aparece antes como a pré-história da história narrada da qual o começo permanece escolhido pelo narrador"[17]. Este emaranhado, ou labirinto de histórias não-ditas, não realizadas e reprimidas, continua Ricoeur, caminha em direção a histórias efetivas, "que o sujeito poderia assumir e considerar como constitutivas de sua identidade pessoal"[18]. Escolher um começo entre o emaranhado de histórias ainda não realizadas significa, além da busca de uma nova identidade, a garantia da "continuidade entre a história potencial ou incoativa e a história expressa de que assumimos a responsabilidade"[19]. Segundo Ricoeur, a história narrada não é apenas um artifício criado pelo escritor, ela responde a este emaranhamento passivo de histórias (que aconteceu ao sujeito antes da narração) que se perdem num "horizonte brumoso". Se aceitarmos que "toda história do sofrimento clama por vingança

---

16 Carta de 24 de agosto de 1926, idem, p. 24.
17 P. Ricoeur, *Tempo e Narrativa*, tomo I, p.115.
18 Idem, ibidem.
19 Idem, ibidem.

e exige narração", como afirmado por Ricoeur[20], podemos dizer que Pirandello, a partir de sua dramaturgia, tenta um retorno a este emaranhado de histórias não ditas e reprimidas. A magia do teatro, assim entendida por Pirandello, dará ao escritor o que ele não pode ter: a sua união com Marta Abba. Uma união artística, ideal, na qual a atriz não será apenas a fonte de inspiração, mas a colaboradora, a autora, a *esposa* de sua arte:

> Marta Abba é a intérprete que, por um dom instintivo, consegue conferir uma concretude cênica à disponibilidade plástica destas criaturas femininas [...]. A sua genialidade de atriz deriva da capacidade de tornar persuasivo, lógico, imediato, o sentido de uma humanidade viva e, todavia, informe, dando um rosto decifrável a este sopro volúvel. Os seus cabelos vermelhos, o seu andar alongado, o timbre inconfundível de sua voz, se transformam nos elementos de uma construção estilística que são a matéria-prima ideal para aqueles personagens[21].

Em 1929 escreveu Pirandello: "Não terei mais amor no mundo, se Você me arranca o *amor* da minha Marta, minha, *minha* que significa *a minha vida inteira para Você*, porque toda a minha vida é Você. [...]; basta que Você me sinta sempre *próximo* ao Seu coração, como no início, sempre *próximo*"[22]. Para além do significado existencial de um desesperado e não correspondido amor, Pirandello sente de forma total e absoluta uma perfeita identificação entre a atriz e seus personagens. As criaturas atormentadas, inquietas, rebeldes, camaleônicas, que nascem na mente do escritor encontram na personalidade e na arte de Marta um rosto *real*. E a partir da atriz, de sua qualidade de intérprete, é que o escritor irá aperfeiçoar estes personagens em um tipo novo de mulher que corresponde a sua necessidade de superação artística; já declarada na peça

---

20  Idem, p. 116.
21  G. Calendoli, Un drammaturgo e un'attrice, em *Il dramma*, n. 362-363, p. 75-76.
22  Carta de 5 de abril de 1929, *Lettere a Marta Abba*, p. 114-115. Os realces e maiúsculas, desta e das próximas citações, são de Pirandello. As cartas de 1929 correspondem a um período terrível na vida de Pirandello. Em 13 de março a atriz, que esteve ao seu lado por cinco meses, o deixa sozinho em Berlim e retorna à Itália. O abandono fulminou o Maestro, as suas cartas do período são marcadas por uma profunda depressão que o levou até mesmo à beira do suicídio.

*Quando si è qualcuno*: "quando se é ALGUÉM, é preciso, no momento certo, decretar a própria morte, e ficar assim recolhido, à espera de si mesmo"[23]; diz o velho escritor condenado a debater-se, internamente, contra a própria criação de outrora, a mesma que o tornou alguém. Mas como reinventar-se a si mesmo, ou a um teatro vivo e necessário, quando se é alguém? Quando se é uma estátua de si mesmo? Pirandello precisa do respiro vital de Marta Abba, precisa sentir a arte da atriz vivendo nele, ela será a chave de uma tentativa de dilatação dos limites da cena, para além de um jogo puramente metateatral: a atriz, de carne e osso, deverá levar o *mundo real* para o mundo ficcional pirandelliano, não apenas executar um papel, mas *ser* este papel, e assim reabilitar sua obra como também sua vida. Se a protagonista de *Diana e la Tuda* é uma modelo que empresta seu corpo cheio de vida ao jovem escultor Sirio Dossi, para que ele possa transferir esta vida às suas estátuas, o mesmo o fará a atriz Donata Genzi, de *Trovarsi*, doando sua vida e sua respiração aos seus personagens. Tuda, em 1932, se transforma na atriz Donata Genzi, ambas não possuem uma vida própria; como atrizes, elas devem renunciar ao próprio eu. A recompensa desta "suprema renúncia", escreve Pirandello, "é a realização, não de uma só vida, mas de todas aquelas que o ator consegue criar"[24]. E é principalmente nesta renúncia que o autor identifica Marta com seus personagens.

Vejamos o que diz o velho escritor de *Quando si è qualcuno* a Veroccia, logo no primeiro ato:

> Um instante te bastou – um olhar de relance nos olhos – para me descobrir vivo, diz se não é verdade! E se foi possível despertá-los, é sinal de que eles existiam em mim – vivos, vivos. Pensamentos, sentimentos novos que, aqui, eu comecei a expressar novamente[25].

E a vida, que não deveria ter recomeçado, mas que improvisadamente recomeçou, irá se manchar de culpa e arrependimento, tanto no teatro como no epistolário; que mais parece

---

23 *Quando si è qualcuno*, em *Maschere Nude*, v. 4, p. 697.
24 Eleonora Duse, em *Il dramma*, n. 362-363, p. 65. O artigo foi escrito em junho de 1924 para o jornal *The Century Magazine*; Marta Abba ainda não existia na vida do escritor.
25 *Quando si è qualcuno*, op. cit., p. 648.

um autêntico celeiro da criatividade teatral pirandelliana. Se em *Diana e la Tuda* como em *Quando si è qualcuno* a trama capital é a recusa de uma jovem que se oferece, não propriamente por amor, mas por um misto de compaixão, piedade, submissão ou mesmo por admiração ou respeito ao "gênio", será no epistolário, especialmente numa carta de agosto de 1926, onde se lê a famosa e misteriosa frase – "fim de uma noite atroz passada em Como"[26] –, que possivelmente encontra-se a matriz dramática destas duas peças teatrais, e da culpa por não ter realizado, porque não quis ou porque não pôde, seu grande e último amor. Em outubro de 1925 Pirandello e Marta Abba estiveram efetivamente em Como, o que realmente aconteceu não se sabe, mas provavelmente é a partir deste episódio traumático na vida de Pirandello que muitas de suas peças, especialmente aquelas dedicadas a sua musa inspiradora, irão refletir o drama de um amor marcado por uma recusa ou por uma falta. O eco do segredo desta noite passada em Como se reflete ainda mais fortemente em *Quando si è qualcuno*: Veroccia, uma jovem de vinte anos, também ruiva, uma das muitas sublimações da atriz Marta Abba, não perdoa o velho poeta por tê-la rejeitado e peremptoriamente o acusa de covarde: "– você sabe que eu me tinha dado toda, e você não teve coragem para me tomar nos braços"[27]. Somente quando Veroccia sai de cena, o velho poeta, figura sem nome marcada no texto por três asteriscos, responde à acusação, mas não há mais nenhum interlocutor, sua réplica é na verdade um grande monólogo, uma sofrida confissão, um grito de arrependimento e, talvez, um pedido de perdão do próprio Pirandello ao que se passou naquela noite atroz vivida em Como; diz Qualcuno: "Você não compreendeu este meu comedimento, do pudor de ser velho e você jovem. E esta coisa atroz que acontece aos velhos, você não sabe"[28]. O longo monólogo de Qualcuno ao final do 2º ato não é apenas a conclusão do percurso do personagem (ou a elucidação cognitiva do personagem sobre ele mesmo), mas a palavra final de Pirandello sobre sua própria vida e obra. Um duplo final:

26  Carta de 20 de agosto de 1926, *Lettere a Marta Abba*, p. 20.
27  *Quando si è qualcuno*, op. cit., p. 695.
28  Idem, p. 696.

um pouco como a "moral da história", e ao mesmo tempo um olhar longínquo do homem Pirandello sobre seu percurso, um caminho que se confunde com aquele de seus próprios personagens.

Para Alonge, que também insiste na relação entre o epistolário e a dramaturgia pirandelliana, especialmente no que se refere a *Quando si è qualcuno*, toda a dramaturgia criada sob o influxo do amor de Pirandello por Marta Abba traduz, de uma maneira ou de outra, o episódio de Como: se não é sempre que existe um velho, sempre existirá uma mulher bela e jovem que se oferece e se lança aos braços de um homem, mas que ao final se revela indigno dela. Embora não possamos saber com precisão quem rejeitou quem naquela fatídica noite, a dramaturgia do último Pirandello insiste em confirmar a tese de um arrependimento ou mesmo de um desejo frustrado e reprimido; tema que se repete continuamente no epistolário. A única saída para viver esse amor será transformar a própria Marta Abba em *imagem*[29]; um fluido em tudo transparente que, ignorando a fisicalidade do corpo, alimenta o fogo de sua arte e de seu imaginário desejoso. O retrato da atriz que Pirandello mantinha em sua escrivaninha de trabalho, retornando para ele inúmeras vezes, é a certificação tangível da sublimação pirandelliana de um desejo reprimido. Embora o amor físico, o encontro entre o corpo "decadente" de um velho e o corpo "fresco" de uma jovem, tenha sido considerado pelo Pirandello de *Quando si è qualcuno* como algo *inatural* e até mesmo vergonhoso, quase obsceno, o amor sublimado de Pirandello, e consequentemente o resultado artístico sob o influxo deste amor, depende de notícias da amada: "Eu queria as *suas*, as *suas* notícias, de Você Marta, dos Seus dias; para te ver, te seguir, para sentir-me um pouco com Você!"[30]. Como conclui Alonge: depois de 1925, depois que Marta Abba entra na vida de Pirandello, o Maestro irá conhecer os instrumentos dolorosos e lancinantes da

---

29  Quando se conheceram, em 1925, Pirandello tinha cinquenta e oito anos e era casado (sua mulher encontrava-se internada em uma clínica para doentes mentais desde 1919), enquanto Marta Abba tinha apenas vinte e cinco anos e debutava como atriz.
30  Carta de 3 de março de 1930, *Lettere a Marta Abba*, p. 314.

carne[31]. Basta abrir o epistolário. Carta de 12 de março de 1930: "quero saber de Você, *te ver* durante as horas do Seu dia, o que pensa, de que se ocupa, se vê alguém, se está sozinha com o Papai ou se Cele também está com Você"[32].

Nota-se no epistolário uma insistência obsessiva da necessidade do Maestro em *ver* Marta Abba, de saber todos os seus passos, o que faz e como faz, de imaginá-la a cada momento do dia, o sorriso, os gestos, o timbre da voz, a expressão do rosto... "Com o pensamento sempre fixo em Você, sem conseguir imaginá-la nos lugares onde está, nas ocupações que realiza, é uma tortura terrível"[33]. Este desejo feroz de seguir Marta Abba, imaginando-a em seus momentos mais íntimos, é para Roberto Alonge, como para Dominique Budor, o desenvolvimento de um autêntico voyeurismo, no qual se afirma o impulso erótico e o desejo de possessão do corpo da atriz: "Se penso em Você neste momento ao sol, em trajes de banho, quase nua, me parece não ser real, mas um sonho; e se penso que outros podem ter a felicidade de te ver viva e de verdade sob os olhos... de perto..."[34]. A pulsão sexual reprimida e o ciúme pungente, expresso por meio de sugestivos pontinhos, nos dão a medida do amor de Pirandello por Marta, um amor que não pôde ser declarado livremente, e que nas cartas usa de mediações e de *disfarces* para tentar atenuar a potência do desejo carnal: "Tenho medo de te sufocar com o meu abraço, por tanto que anseio por Você! *Estas coisas são ditas por brincadeira*"[35]. Do início ao fim do epistolário se percebe um Pirandello consciente de que o único modo de *ter* Marta Abba, de mantê-la ligada a ele, é escrever para ela, tendo em vista o corpo e a alma da atriz.

Escrever para a atriz é também um modo de fazer amor com ela, ou mesmo um meio de compensar a frustração de um homem em relação a uma mulher que se mantém distante e inacessível. Escrevendo, Pirandello se aproxima da atriz,

---

31 R. Alonge, Pirandello e Napoli come luogo mitico della carnalità, *Atti del Convegno di Napoli*, p. 100.
32 *Lettere a Marta Abba*, p. 327. Cele Abba é a irmã de Marta Abba e também atriz.
33 Carta de 29 de julho de 1931, idem, p. 835.
34 Carta de 3 de agosto de 1931, idem, p. 842.
35 Carta de 25 de março de 1930, idem, p. 347. Grifo nosso.

volta a *ser* jovem e vivo, e experimenta o prazer de possuí-la, reinventando-a como deseja na obra de arte. Dado que a obra de arte criada é um drama, a criação somente irá se completar sobre o palco cênico, e é aqui que o círculo se fecha voltando ao seu princípio: a atriz, que também é musa, dará vida com seu corpo aos personagens criados pelo dramaturgo (inspirado por ela). Se Pirandello prova a frustração constante de um desejo que não se realiza de fato, é precisamente a impossibilidade desta realização, a frustração constante, que mantém vivo o desejo e a criação artística:

> Minha Marta: se estou *vivo* em Você, posso tudo; mas preciso sentir, sentir que estou sempre *vivo* em Você; caso contrário é a morte e não vejo razão para fazer mais nada ou existir. Uma carta Sua me deu a vida; uma outra a tolheu; o silêncio me mata. Dependo de Você para absolutamente tudo. E ainda posso fazer muitas coisas[36].

Quando Pirandello escreve a Marta que a única *verdade* é a do espírito, e que ela é sua criatura e toda sua vida, é para convencer a atriz sobre a união indelével que existe entre as duas almas no processo criativo, o quanto uma alma entra na outra, o quanto elas se procuram e se deixam possuir. O uso de uma linguagem erótica sublimada revela a obsessão de Pirandello por este amor não realizado, suas palavras demonstram com precisão a interação entre estímulos biográficos e evento artístico: a possibilidade de criar uma nova vida para si, e consequentemente um novo caminho de criação, nasce a partir da influência e inspiração que lhe chegam de Marta Abba; a atriz torna-se ao mesmo tempo a criatura e o criador de um possível *outro* – o novo e *verdadeiro* Pirandello. Se o tempo implacável do relógio fez com que o Maestro encontrasse muito tarde o amor de sua vida, e em circunstâncias morais e jurídicas que o fizeram impossível à luz do sol, a saída encontrada será *viver* a partir do palco cênico. Talvez esteja aqui uma explicação para a insistência pirandelliana no nexo entre juventude e escritura, e a contínua repetição de que escrevendo ele se torna o mais jovem de todos. Pirandello irá lutar insanamente para se libertar daquele velho escritor, aprisionado

---

36 Carta de 4 de agosto de 1931, idem, p. 846.

e petrificado pelas formas do pirandellismo. Mas a luta maior de todas será vencer aquilo que Leonardo Sciascia definiu como "*stilnovismo* patológico", uma doença siciliana da qual Pirandello também foi vítima: a cisão da mulher em dois seres opostos, a dicotomia entre a mãe e a prostituta, entre a mulher-anjo e a mulher-erótica[37]. Dois perfis de mulher inconciliáveis que, até o aparecimento de Marta Abba, compunham as duas metades do imaginário feminino pirandelliano. Graças a atriz, e naturalmente graças a seu modo particular de interpretar, Pirandello irá compor um novo perfil de mulher, uma figura que ora definimos como *vamp-virtuosa*, uma silhueta que sintetiza os dois arquétipos anteriores: uma mulher eroticamente fascinante e desejável, mas que se mantém honesta, fiel e amorosa.

A história de um homem senil que perde a cabeça por uma garota que dele se aproveita, se revela completamente equivocada depois da publicação do epistolário; a relação entre os dois era bem mais complexa do que isso: para o Maestro, o amor pela arte e o amor por Marta Abba eram duas coisas indistinguíveis, para ele a atriz era a própria encarnação vivente da arte, de *sua* arte. Portanto, se Pirandello uniu em laços estreitos seu teatro com a personalidade física e espiritual da atriz Marta Abba, tornando-a parte integrante de seu processo criativo, é fundamental indagar como era o modo de interpretar desta atriz ou mesmo estabelecer quais eram os seus objetivos artísticos, pois se existe Pirandello, existe também Marta Abba. Não há dúvidas de que a reconstrução de sua carreira artística, até este momento completamente ignorada no Brasil, é objetivamente importante para pensarmos o itinerário dramatúrgico do último Pirandello. Os poucos registros que existem sobre a atriz milanesa ainda não foram sistematizados de forma a traçar uma luz sobre o enorme poder pessoal, artístico e literário, e de algum modo *divino*, que a atriz exerceu sobre a última estação dramatúrgica pirandelliana:

é um tormento ver o meu teatro sendo interpretado por outros. Mil vezes melhor que morra – que morra para sempre – e que dele não se fale mais! [...] – Com Você, Marta, ainda me parecia meu, mais do que meu: *seu e meu*; agora não me parece mais de ninguém..., como

---

[37]  Em L. Sciascia, *Opere: 1984-1989*, v. 3, p. 1058-1059.

se não tivesse mais sentido... Você era Fulvia, para mim, Você era Ersilia, Você a senhora Frola, Você a Enteada, Você Silia Gala, Você Evelina Morli... – *Estão mortas, todas elas; e eu morto, com elas*[38].

"A Marta Abba para não Morrer"; dedicou Pirandello a sua musa em *Trovarsi* (julho-ago 1932)[39], ou ainda: "Esta nova comédia nasceu de Você e para Você"; referindo-se à criação da *L'amica delle mogli*, numa carta de 21 de Agosto de 1926. A pergunta que inevitavelmente se deve fazer é se Marta foi realmente uma atriz excepcional ou foi apenas um fantasma criado pela mente pirandelliana que, cego de amor, não saberia diferenciar na amada o que era de fato talento artístico do magnetismo de uma jovem e bela mulher. Sim, não seria a primeira vez, e nem a última, que um homem mais velho seduzido pelo canto de uma jovem sereia se lançaria nas vagas escuras e incontroláveis do mar da paixão perdendo a própria razão. Mas, neste caso, não se trata de um homem qualquer, trata-se de Luigi Pirandello, um agudo observador da vida burguesa, um escavador da alma humana, que soube dar vida poética às vicissitudes e às idiossincrasias humanas, percebendo na mais incongruente das atitudes a dor não revelada, o desejo proibido, aquilo que existe de mais íntimo e obscuro, e que, involuntariamente, nos impulsiona ao nosso destino final: a morte. Assim, nos parece muito rápido solucionar o "caso Marta Abba" apenas como a experiência de um amor senil. Ainda que se saiba que o poeta sempre criou para si imagens de figuras femininas ideais que pudessem corresponder a sua necessidade de extravasamento poético, a relação artística (e, obviamente, amorosa, ainda que não carnal) Pirandello-Abba merece um maior aprofundamento[40]. Embora as cartas de Pirandello contenham um fundo exageradamente romântico,

---

38 Carta de 12 de dezembro de 1929, *Lettere a Marta Abba*, p. 305-306..
39 A dedicatória é publicada na coleção organizada por Marta Abba, *Teatro di tutti i tempi*, em volume sobre o teatro de Pirandello. Marcada por um grande sucesso, a peça estreou no Teatro dei Fiorentini em Nápoles, em 4 de novembro de 1932, pela Compagnia Drammatica Marta Abba, com Marta Abba vivendo a personagem Donata Genzi.
40 A participação de Marta Abba na obra do Maestro não ficava somente no plano imagético; a atriz interferia, sugeria mudanças e temas, acrescentava e eliminava diálogos inteiros, isto é, participava de modo efetivo e ativo na criação do drama idealizado pelo poeta.

chegando às raias do patético (e muitas vezes da senilidade), deste misterioso e desesperado amor, proibido e obsessivo, emerge uma dupla imagem de Marta: um retrato de "menina" solar, vibrante, extrovertida e um retrato de atriz, extremamente bela, sedutora, mas misteriosa em relação a sua sexualidade. Ao mesmo tempo em que a atriz se mostrava, nos gestos largos, na movimentação feita com passos longos, na voz ostensivamente estudada, uma mulher brilhante e independente, o seu rosto revelava, ao improviso, uma alma em sofrimento, que poderia dar vida a mulheres cruéis e frias, ou, inversamente, a mulheres doces, frágeis ou até mesmo ingênuas.

Tentar recuperar no tempo o trabalho de uma atriz é procurar por pegadas sobre a água, invariavelmente os documentos, por mais modernos que estes possam ser (vídeos, fotos, registros orais), correm o risco de não dar conta da complexidade de uma arte que é fundamentalmente imaterial, não verbal e temporal. Feita muito mais de afetos, de sensações e de percepções, própria ao espaço da experiência, do que por elementos concretos, de fundo arqueológico, a arte do ator, que se compõe de imagens vivas e contemporâneas a um observador é, exatamente por isso, uma arte perecível. No entanto, se o problema existe, deve ser enfrentado, pois, se o teatro é o terreno próprio da ficção, onde o imaginário se recobre de uma *concretude fantasmática*, isto é, com a realidade do ser ficcional, será o ator, com sua arte, o encarregado de portar, de cuidar e dar vida a estes mesmos fantasmas: o personagem dramático. Assim, torna-se fundamental investigar o tipo de relação que um determinado ator tem com o personagem, a forma como ele o representa e o toma para si, para entendermos ou nos aproximarmos não só do espírito de sua arte como também, e principalmente, para identificarmos os diferentes tipos de poéticas teatrais que ao longo do tempo de sucederam, se somaram ou se contrapuseram. Enfrentar este problema torna-se ainda mais contundente se estivermos procurando por uma atriz, como é o caso aqui específico, que fez de sua arte a matéria viva, os nervos e o sangue, de uma poética em particular. Sabemos que Marta Abba tornou-se uma presença absoluta nos últimos onze anos de vida do dramaturgo, sabemos também que muito da atriz existe na própria composição de suas últimas peças; Pirandello declarava, de próprio punho, nas cartas enviadas à atriz, que nada do que ele escreveu para o teatro depois de *Diana e la Tuda*, inclusive, seria possível sem sua presença, participação ou inspiração.

Delírio poético ou não, o Maestro se declarava *morto* desde *Cada um a Seu Modo* (1923), isto é, confessava a morte de sua arte, pois a via envelhecida, triste e sufocada numa fórmula filosófica e estéril. É a partir do seu encontro com a atriz que lhe chega o ar fresco e novo, necessário à renovação de sua arte:

> Se os Seus olhos se iluminam, se a sua boca sorri, se o seu rosto se comove... – isto é o meu único e verdadeiro prêmio, pelo qual ainda escrevo... Estaria morto já há muito tempo, já estava morto depois de *Cada um a Seu Modo*. Se ainda vivo e escrevo devo unicamente a Você[41].

O que siginifica que sem a influência da senhorita Abba, a última estação pirandelliana provavelmente seguiria um outro rumo, uma outra direção, pois se o dramaturgo ainda escrevia para o teatro era para agradar a atriz: "Escrevo sempre para Você, para agradar a Você, mesmo que não seja para você interpretar, como 'O di uno o di nessuno', como 'Questa sera si recita a soggetto', e como, talvez, este 'Giganti della montagna'"[42]. Mas afinal quem foi essa mulher-atriz que aos 25 anos de idade, ainda debutando na profissão, exerceu um fascínio tão grande sobre um homem maduro e já famoso como o escritor Pirandello, para quem a vida era uma grande *pupazzata*, uma grande ilusão, na qual, entendido o jogo, não se poderia ter mais nenhum prazer? E mais, para um escritor que sempre viu no ator uma presença, ainda que indispensável ao fenômeno cênico, desagradável e degradante da obra escrita concebida pelo autor?[43]. Não estamos procurando apenas a mulher, seu fascínio aos olhos de um homem já velho e há muito tempo solitário, procuramos pela atriz, por sua arte, por sua presença e força atorial, por sua técnica de compor personagens, de interpretá-los, em

---

41 Carta de 25 de abril de 1930. *Lettera a Marta Abba*, p. 416.
42 Idem, ibidem.
43 Basta lembrarmos os artigos: L'azione parlata, de 1899 e Illustratori, attori e traduttori, de 1907, em *Saggi, poesie e scritti varii*. Nas citações ao longo do texto, será utilizada a edição em espanhol que se encontra em *Ensayos*, p. 257-261.

outras palavras, procuramos pela *performer* Marta Abba, por aquilo que a definiu por muitos anos como uma atriz pirandelliana (e o que exatamente isso significa); e finalmente, procuramos uma resposta à própria definição de Pirandello sobre a atriz enquanto sua Musa Inspiradora, isto é, enquanto parte essencial na criação e no sucesso de seu trabalho:

> Muito mais do que cooperar com o sucesso de *Come tu mi vuoi*, minha Marta, Você o *criou*! Primeiro em mim mesmo, e depois no teatro para os outros. Eu só pude fazê-lo porque existia Você, não se pode separar o meu trabalho do Seu. A responsável, tanto pelo trabalho, como pelo sucesso, é Você, e tudo é Seu e somente Seu[44].

Neste fragmento, Pirandello legitima e reconhece o trabalho do ator como parte essencial na criação do drama, ou melhor, como o seu legítimo e último criador. Muito além de uma declaração de amor incondicional, trata-se, em primeiro lugar, de uma total e precisa compreensão da arte atorial enquanto elemento material e criativo que dá vida e corpo à palavra escrita. Será o ator, através de sua voz (única e irrepetível como uma impressão digital), de seu gesto, de seu ritmo, de sua movimentação, isto é, através de sua corporalidade, que dará consistência física à forma abstrata imaginada pelo poeta. Falar hoje da essencialidade da arte atorial na criação do drama, que é arte espetacular, não parece muita novidade, mas se pensarmos que nos primeiros decênios do século XX o debate sobre a arte teatral na Itália ainda se concentrava sobre o material literário, cabendo ao ator a função de intérprete, mais ou menos inspirado, da obra já escrita e perfeita, verifica-se o quanto Pirandello foi provocador e revolucionário em suas considerações. O ator, neste caso específico a atriz, com sua presença física – carne, músculo, suor e sangue – é a matriz capaz de aperfeiçoar a palavra do poeta, tornando-a completa e viva. Quando Pirandello diz que "não se pode separar o meu trabalho do Seu", o escritor não está apenas declarando todo seu amor, mas constatando uma relação mais positiva e produtiva entre o trabalho do dramaturgo e o trabalho do ator. E esta "nova" relação de trabalho, esta simbiose criativa, nos

---

44 Carta de 7 de abril de 1930, *Lettere a Marta Abba*, p. 371.

revela um outro aspecto, mais profundo, de sua própria experiência enquanto autor. Ao dizer: "A responsável, tanto pelo trabalho, como pelo sucesso, é Você, e tudo é Seu e somente Seu", Pirandello parece desejar se retirar de cena, parece querer abdicar de sua autoridade de Autor e, de forma embrionária, parece constatar que teatro é da natureza do evento e não forma cristalizada na palavra escrita do dramaturgo. A consequência imediata desta sensibilização (ou *insight*) sobre a natureza especificamente espetacular do drama se percebe nas didascálias que, a partir da experiência prática com o Teatro de Arte, se orientam muito mais em direção à maquinaria (aparato) cênica do que ao aspecto literário. Uma consciência sobre o fenômeno cênico e sobre o trabalho do ator que ainda não encontrava eco na crítica italiana, muito mais preocupada com o argumento da obra do que com a arte do ator.

A peça em três atos, *Trovarsi*, dedicada a Marta, traz a história de Donata Genzi, uma atriz em plena crise com a sua arte: Donata sempre se doou aos seus personagens e agora não se encontra mais como mulher (não é sem razão que se chamará *Donata*, o nome já indica a função do personagem). A personagem será muito diferente daquelas atrizes volúveis e superficiais apresentadas em *Seis Personagens à Procura de um Autor*. É verdadeiramente uma intérprete no sentido profundo da palavra, ela sente e experimenta o fascínio da arte, o fascínio de dar vida a outras vidas, ao ponto de sacrificar sua própria existência particular em nome do teatro, em nome da atriz. Para Donata a arte é "a única possibilidade de se viver muitas vidas [...] Por que ficção? Não. É toda a vida que existe em nós. Vida que se revela a nós mesmos. Vida que encontrou sua expressão"[45]. Para Pirandello, a arte pode produzir vida e adquirir potência vital. Segundo o escritor, renunciar ao eu individual não quer dizer renunciar à vida, ao contrário, significa abrir-se para as infinitas possibilidades e potencialidades do fluxo da vida, numa tensão criativa que sempre se renova. Ser uma atriz é constantemente atualizar as potencialidades infinitas da alma humana que existiam muito antes da determinação estreita e limitante de um único eu.

---

45 *Trovarsi*, em *Maschere Nude*, v. 4, p. 552.

A partir de Marta, o dramaturgo passa a enxergar o trabalho do ator como uma atividade criativa das mais elevadas.

Pirandello trabalhou intensamente, elaborando e reelaborando os atos de *Trovarsi*, a fim de dar à peça todo o vigor e a eficácia necessários para a compreensão do caráter elevado da arte do ator: estes "pássaros do alto", donos de uma centelha divina, que fazem do seu corpo um encontro entre vida e arte; assim teorizado por Pirandello. As cartas testemunham que sua elaboração dramatúrgica, mesmo nos anos em que não estava mais à frente de uma companhia teatral, parte da estrutura teatral, do jogo de cena que se pode colher a partir dos efeitos cenográficos e dos atores. Tanto é que o encontro com o *absoluto* pretendido por Donata em *Trovarsi* (ser mulher e atriz ao mesmo tempo), não se realiza através da palavra, mas através da materialidade cênica: ao final do terceiro ato, por meio de um efeito cênico, o dramaturgo transforma o quarto de Donata em um grande palco. Pirandello queria que a visão da atriz se realizasse sob os olhos do público, como se a partir de um único pensamento, o dela, o palco real pudesse se duplicar, mostrando a cena que a atriz havia representado algumas horas antes:

Acredito que encontrei, através de uma indicação sua, o final da peça. Donata, sozinha, sentada diante do espelho, se olhando com a roupa e com a maquiagem de cena, evoca aquele diálogo que determinou a sua "liberação", e agora revive toda a cena do terceiro ato que significou a sua vitória no teatro. Os outros atores aparecem no quarto, mas como imagens de sua invocação, como "vozes personificadas", enquanto ao longe, a suas costas, o arco do aposento se alarga como se fosse um proscênio e o véu se abre como se fosse uma cortina de teatro. A cena da peça evocada deve ser breve, concentrada, potente. O público *real* do teatro deve aplaudir, porque pouco a pouco o quarto do hotel se transformará em um palco: o palco do teatro onde ela representou. Se por acaso o público *real* não aplaudir, não tem problema: faremos aplausos fictícios chegarem de lá, do arco do quarto que foi alargado[46].

A peça é uma reflexão sobre a arte do ator, mais precisamente sobre Marta, sobre o seu modo de ver a vida e de se ver na arte. *Trovarsi* significa o mergulho de uma atriz em sua

---

46 Carta de 22 de agosto de 1932, *Lettera a Marta Abba*, p. 1016.

arte, em seu próprio processo de criação interior. A cena final será uma ode à arte da atriz, toda sua construção remete aos momentos íntimos vividos pelo intérprete em confronto com o texto, estudando um papel:

> A cena da visão é forte, dramática. Ela quase toda é um monólogo – com paradas bem enfáticas, com mudanças de tom. Como se Donata, em certos momentos, não estivesse tão segura quanto às palavras do texto e as quisesse recordar, ou repassá-las com outra voz para fixá-las bem na memória, reencontrando o tom, para depois pronunciar corretamente. E então, volta a representar para ela mesma, como tinha representado no teatro. – O efeito, espero, será magnífico; ou melhor, estou certo de que Você, minha Marta, com a sua arte, saberá fazê-lo de forma magnífica[47].

*Trovarsi* elabora um conceito caro a Pirandello, uma teoria sobre a arte do ator diametralmente oposta ao método de Stanislávski: Enquanto para o mestre russo o ator poderia se valer de sua memória afetiva na composição dos personagens, buscando em suas próprias impressões passadas uma emoção correspondente ao estado de ânimo dos personagens, para Pirandello o ator deveria se *esvaziar* de sua própria personalidade e de suas experiências particulares. Não será o ator a *entrar* no personagem, mas o personagem a *entrar* no ator. O ator, por este princípio, deve atingir com sua arte um estado hipnótico, uma espécie de transe, de maneira que consiga atrair para si o personagem. Como Donata Genzi, o personagem Marco Mauri, de *Come prima, meglio di prima* (Como Antes, Melhor que Antes, 1919), também observa, ainda que perplexo e temerário, a sua possessão por forças desconhecidas que *não se sabe como* o fazem gritar e agir de uma forma que lhe causa náuseas: "não sou eu; é a minha paixão! Não sou eu que grito, é ela! Tenho náusea de mim mesmo, me ouvindo gritar assim: mas não consigo fazer diferente! Não gostaria de gritar, e grito!"[48].

Com Pirandello, a perspectiva em relação à interpretação é afim ao modelo naturalista, mas com duas fundamentais diferenças: uma nova ideia de personalidade humana, elaborada no ensaio *L'umorismo*, e a visão de superioridade do personagem

---

47 Carta de 12 de setembro de 1932, idem, p. 1030..
48 *Come prima, meglio di prima*, em *Maschere Nude* (I Mammut), p. 375.

em relação ao ser humano. No palco, o ator não deve se transformar em uma figura humana, deve evocar um ser diferente, estranho, que vive em uma outra esfera de realidade. Não é só o físico do ator que se diferencia do personagem, sua natureza é que é feita de outra matéria e que por isso arrisca ocultar o caráter profundo e essencial da criatura fantástica. Se é possível falar de uma teoria atorial pirandelliana diremos que, ao inverso do naturalismo, mas de efeito semelhante, sua dramaturgia propõe a possessão do intérprete pelo personagem dramático. Não será o ator a entrar no personagem, mas o personagem a entrar no ator. O teatro como local privilegiado do encontro e do desencontro entre uma realidade superior e o mundo material da cena. Palco onde se verifica ao mesmo tempo uma distância e uma ilusão de identificação, onde a cena oscila entre a ficção, a tentativa de representação, e a instalação do real, na idealização de possessão do ator pelo personagem. Sem abandonar a nostalgia utópica do mito da transparência, mas mantendo a diferença entre as identidades, Pirandello faz do corpo do ator não uma marionete, e sim um fantasma; mito que permeia não só *Seis Personagens*, mas, implicita ou explicitamente, toda sua obra posterior. O que se pode mensurar no percurso artístico de Pirandello é uma via que vai da negação do teatro, enquanto forma de arte, ao entendimento do teatro, enquanto um ato de vida.

A mútua influência entre biografia e arte, o *literaturar* da vida na dramaturgia pirandelliana, é precisamente o que poderá nos dar notícias sobre a relação criativa entre o trabalho da atriz e o dramaturgo, pois se Pirandello escreveu sob o influxo de sua musa inspiradora, era também para a atriz que ele escrevia. Alessandro D'Amico, numa entrevista concedida a nós em 29 de junho de 2007 em Roma, observou a necessidade de uma pesquisa que pudesse reconstruir o percurso da atriz Marta Abba, investigando o que ela representou para a cena italiana do período, que tipo de intérprete foi e por que despertou tantas esperanças e depois tanta desilusão. Lembra o estudioso que Marta pareceu aos críticos, num primeiro momento, como uma nova Eleonora Duse, tal foi a força de sua aparição, para depois se revelar como uma atriz despreparada para viver os grandes papéis femininos. No entanto, ao investigar a crônica da época, italiana e estrangeira, notamos uma grande divergência entre os críticos sobre a qualidade do trabalho da intérprete, com uma grande vantagem para o aspecto inovador de sua interpretação. Entre eles, uma única constante: a constatação de que a atriz possuía um estilo muito diferente de atuar, uma forma de interpretar insólita para toda a Itália[49]. Se Marta Abba interpretava de modo totalmente diferente da tradição italiana – com uma gestualidade angulosa e esquizofrênica, acompanhada por uma voz quente e baixa; como demonstra a crônica da época – é muito provável que seu estilo tenha realmente *desagradado* uma boa parte da crítica que, talvez, não tenha compreendido o aspecto inovador de sua poética interpretativa: uma maneira violenta, convulsa e, ao mesmo tempo, "distanciada" de interpretar um personagem dramático.

É sobre esta figura de atriz e de mulher que toda dramaturgia de Pirandello do último período irá se debruçar. O dramaturgo irá escrever uma dramaturgia para Marta Abba e Pirandello juntos, o que não significa dizer que deixará de construir personagens com características particulares e diversas das dele. Acompanhando os estudos teatrais italianos destas últimas décadas, observa-se que a grande maioria dos pesquisadores insiste sobre o fato de que os dramaturgos sempre escreveram tendo presente o modo de interpretar dos seus atores (pelo menos a partir de Goldoni[50]); e Pirandello não irá fugir deste caso. Será

---

49  É conhecida a polêmica de Marta Abba em relação aos críticos da época, especialmente no confronto a Silvio D'Amico, ao qual fez publicamente uma crítica a sua forma de julgá-la enquanto atriz: "Com todos esses anos de trabalho sério, acredito que tenha conseguido criar, bem ou mal, um estilo meu aderente ao meu espírito, que pode, todavia, não agradar, paciência!", ver Una lettera di Marta Abba, em S. D'Amico, *Cronache del Teatro*, v. II, p. 144. Ou ainda, falando sobre a crítica de forma geral: "A crítica também poderia fazer alguma coisa a mais. É verdade que estamos reciprocamente desencorajados. Mas quantas vezes não acontece que uma interpretação, na qual nos preparamos com verdadeiro amor, deixa indiferente a crítica? *Todas as exaltações para os atores estrangeiros – milagrosos do primeiro ao último – e para nós, pequenas doses. Gostaria de fazer uma proposta: ao contrário de dedicar tanto espaço ao argumento da peça, por que não se fala sobre a interpretação?*", reportado em E. Roma, Un'attrice del nostro tempo, *Comoedia*, n. 11, p. 32.

50  Durante a Bienal de Veneza, em julho de 2007, participei de uma conferência da professora Sara Mamone, da Università di Firenze, na qual ela afirmou com veemência sobre o fato de que Goldoni escreve *La locandiera* tendo em conta as características interpretativas da trupe com a qual colaborava e para a qual escrevia seus textos.

a partir da qualidade interpretativa de Marta Abba que o *Maestro* irá desenvolver um novo perfil de mulher; será a partir do caráter exuberante da atriz que ele forjará as principais características dos personagens femininos deste último período: mulheres atraentes, fascinantes, mas distantes, frias e, até mesmo, frígidas. Não há dúvida de que os personagens femininos de sua última fase nascem a partir de análogos estímulos biográficos de Marta Abba, obviamente sublimados em seu modo de representar *impulsivo* e ao mesmo tempo *distanciado*.

Com Marta Abba, o teatro de Pirandello encontra sua intérprete oficial. Sua impostação cênica, sua performance atorial parecem a Pirandello singularmente consoante com os traços de sua própria dramaturgia. Com uma extrema mobilidade expressiva, a atriz conseguia mudar de um estado emotivo a outro bruscamente, sem transição. Seu estilo traduzia materialmente o comportamento do personagem pirandelliano, sua consciência dilacerada. As pausas, as rupturas de tom, a voz arrastada, os movimentos bruscos e a carga emotiva que Marta emprestava aos personagens, aproximavam sua natureza à dos personagens pirandellianos; levando Pirandello a identificá-la, inclusive fisicamente, com as figuras fantásticas de sua criação. Sua relação com a atriz, extremamente fecunda do ponto de vista criativo, resultou em uma série inteira de dramas tecidos a partir da mesma trama: de *Diana e la Tuda* a *I giganti della montagna*, dramas que se iluminam pelo temperamento de Marta, pela presença da intérprete, contam as vicissitudes da *vamp-virtuosa*, a *personagem-atriz*, metáfora de Marta Abba. Pirandello irá procurar por Marta escrevendo para Marta: é a partir do confronto da atriz com o personagem criado sob medida para ela que o escritor tentará construir um retrato ideal, não muito distante do rosto da atriz.

A imagem de Marta também vai recuperar um antigo fantasma da escritura pirandelliana, o tema tabu de sua dramaturgia: o "fascínio paterno" incestuoso; já decantado em *Seis Personagens*. Ao ver o corpo da atriz dando forma aos seus personagens, isto é, concretizando o mito da transparência perdida, Pirandello é arrebatado por uma dupla e irresistível fascinação: sublime, no reconhecimento de Marta como filha de sua arte, e transgressora, de forte apelo erótico. Mas, como dirá o escritor, ele só pode amá-la como uma criatura sua, uma invenção, daí a idealização de Marta, e sua decantação dramatúrgica como *personagem-atriz*, uma mulher ao mesmo tempo humana e divina, etérea e carnal, tão absolutamente necessária, quanto ausente, dona de mil faces e completamente desconhecida. O *personagem-atriz*, por sua especificidade, estabelece no teatro, mais do que qualquer outro, uma significativa interação entre o mundo real e o mundo do palco. Com Ilse, de *I giganti della montagna*, o *personagem-atriz* atinge seu estado puro. Destacada da vida, a atriz, que tem como missão levar a palavra do poeta aos homens, realiza sua projeção no mundo fantástico da arte: sua ascensão espiritual não advém de uma maternidade fisiológica, como as outras mulheres pirandellianas, mas de uma maternidade estética; o que para o autor significa um aperfeiçoamento da mulher comum.

A peça, deixada sem conclusão, define o teatro fundamentalmente arte do ator, como uma arte frágil que pertence ao seu tempo, ao sistema de produção de sua época, não havendo assim nenhuma garantia para a existência do espetacular, ou melhor, para a existência do teatro de Pirandello e Marta juntos. No último quadro de *I giganti*, Cotrone, mais uma das encarnações de Pirandello, diz a Ilse, imagem fantasmática da atriz, que o seu poder termina ali, no exato momento em que a obra de arte precisa ser transformada em vida, no momento em que ela deixa o espaço de criação do poeta e se projeta na ação do palco, com a participação do público. Mas Ilse quer que a obra do poeta viva lá em meio aos homens. Sem uma resposta definitiva em relação ao destino da atriz, a última fala dos atores será: eu tenho medo! Eu tenho medo!

Objetivando entender as mudanças poéticas operadas em sua última dramaturgia, se comparada às duas fases imediatamente anteriores – a dialetal e de ambientação burguesa – organizamos o segundo capítulo do livro – "Pirandello: um Viajante sem Bagagem" – em torno do fundamental estudo teórico pirandelliano, "O Humorismo", escrito em 1908. Confrontando o ensaio com o pensamento crítico-estético da época, marcado por radicais mudanças de concepção artística, chega-se a importantes conclusões sobre sua poética. A valorização do personagem como *motor* da criação artística, somado a uma formação cultural e humana por si mesma tão contrastante – que o levou da Sicília para a Alemanha e de lá para Roma –, além, é claro, da consciência de uma crise geral que derrubou com os alicerces do pensamento positivista, despertando o homem para a ideia de um relativismo absoluto, foram o fermento para o retorno de Pirandello ao modo dramatúrgico. Sua escrita teatral se abre com um importante elemento diferenciador da estética naturalista, e que ao mesmo tempo o insere dentro dos debates teatrais ao início do século xx: o personagem "cerebral" humorístico; que a partir de *Seis Personagens à Procura de um Autor* vai sofrer uma nova evolução, experimentando evasões espiritualistas ou surrealistas de fuga ao "irracional", promovendo assim uma maior aparição do inconsciente na produção pirandelliana, que se escondia sob o véu da razão.

Seguindo nossa linha de raciocínio, o terceiro capítulo do livro – "Teatro: Amor e Fracasso" – percorre, histórica e teoricamente, a investigação pirandelliana no universo da arte teatral. Confrontando sua concepção estética, e suas teorias em relação à arte cênica e atorial, concentradas essencialmente no ensaio "Illustratori, attori e traduttori" de 1907 – no qual se observa uma radical condenação ao mundo do teatro –, fundamentamos as bases de seu fazer dramatúrgico, destacando preferencialmente a relação ator/personagem. O choque entre o mundo imaginado pelo artista e o mundo material da cena, e seus reflexos na escritura dramatúrgica pirandelliana, se mostram fundamentais para dimensionarmos e operacionalizarmos a evolução reflexiva sobre o fenômeno teatral operado em seus últimos trabalhos. Os capítulos quatro e cinco do livro – "O Último Pirandello e sua Intérprete Marta Abba" e "Marta Abba, uma Prospectiva Dramatúrgica", respectivamente – tratam de analisar as mudanças operadas em sua poética a partir do influxo da atriz, e entende esta dramaturgia como essencialmente autobiográfica.

Constata-se assim que a produção tardia do escritor é o resultado de um violento intercâmbio, de uma forte influência mútua entre estímulos biográficos e resultado artístico. Ao escrever para a atriz, o dramaturgo não poderia deixar de ter em mente a qualidade interpretativa de sua musa inspiradora, esta excepcional intérprete que foi a co-autora do novo perfil feminino desenvolvido pelo autor e, por outro lado, ao individualizar em Marta as criaturas que ele já havia imaginado anteriormente, Pirandello se vê sob o signo de uma "predestinação": a atração física do Maestro por sua intérprete, "filha de sua arte", recupera um antigo fantasma, o tema tabu da escritura pirandelliana: o "fascínio paterno", incestuoso. Pirandello constrói, então, um personagem feminino plural e ambíguo, em consonância com os maiores ícones do cinema dos anos de 1930, Greta Garbo e Marlene Dietrich, capaz de absorver o estilo "camaleônico" e contraditório de interpretar de Marta Abba, ao mesmo tempo em que traduz e incorpora seu próprio tormento interior, isto é, o *personagem-atriz*.

# 2. Pirandello:
# Um Viajante sem Bagagem

O conflito entre Forma e Vida (ou Arte e Vida) foi a antítese que Adriano Tilgher utilizou para definir aquilo que ele denominou de "o problema central pirandelliano"[1]. Sobre o crítico, observa Leonardo Sciascia:

a obra do escritor em certo ponto lhe parecia – os anos da guerra e o advento das filosofias irracionalistas favoreciam essa aparição – a realização em arte da filosofia que se estava construindo, não longe daquela de um Georg Simmel e, na Itália, de um Giuseppe Rensi[2].

A consequência negativa da fórmula sustentada por Tilgher, analisa Sciascia, não está no crítico pensar que havia encontrado o seu escritor, mas em sua influência sobre a inspiração

---

1 Responsável por um longo e estéril período crítico, baseado no árido esquema de Forma e Vida, Tilgher foi um marco, tanto de contestação como de aprovação, não só para a crítica pirandelliana, como também para seu próprio objeto de análise, o dramaturgo Pirandello; que viu sua obra e sua liberdade de escritor ameaçadas pela concepção abstrata do pirandellismo. Confrontando o pensamento de Tilgher, destacam-se os estudos de Leonardo Sciascia que, entre os anos de 1950 e 60, orientados pelas famosas notas pirandellianas dos *Cadernos do Cárcere* de Gramsci, preocupa-se em reportar Pirandello à dimensão dialetal-popular, de temática siciliana.
2 *Alfabeto Pirandello*, p. 69.

pirandelliana. Ao definir em termos filosóficos o teatro de Pirandello, Tilgher, ainda que com um propósito totalmente diverso, não deixava de dar razão a Benedetto Croce, protagonista de uma polêmica com o escritor: ao vislumbrar na obra pirandelliana uma "pseudofilosofia", Croce chegou a refutá-la como "não poesia". Se a estética de Croce, interessada em colher a pura poesia, liquidava a obra de Pirandello, para Tilgher o "estrato" filosófico era fundamental para se entender a obra do escritor. Se para Croce esta "particularidade" era negativa, para Tilgher se transformava em aspecto positivo; dois pontos de vistas divergentes que, paradoxalmente, diziam a mesma coisa: ambos individualizaram na obra de Pirandello um forte núcleo de pensamento teórico, de esforço reflexivo. Sobre Tilgher, em uma carta datada de 20 de junho de 1923, Pirandello escreve:

> Não teria nenhuma dificuldade em declarar publicamente todo o reconhecimento que lhe devo pelo bem inestimável que me proporcionou: o de elucidar, em uma maneira que se pode dizer perfeita, de frente ao público e à crítica que me hostilizavam de todos os modos, não só a essência do meu teatro, mas tudo em relação ao trabalho sem fim do meu espírito[3].

Esta carta de "agradecimento", em tom muito irônico, se refere ao livro *Studi sul teatro contemporaneo*, de 1922, no qual Tilgher analisa a dramaturgia pirandelliana sob as vestes do esquema Vida x Forma. Alonge faz uma interessante observação sobre o aspecto da influência do exegeta na produção teatral pirandelliana: "O escritor parece fixado num certo retrato de si dado pelo crítico [...]. Um tipo de terror de perder o próprio público se apossa de Pirandello e o constrange ao que alguns estudiosos chamam de 'maneirismo pirandelliano'"[4]. A aparente conformidade com as análises tilgherianas, pela qual a peça *Diana e la Tuda* parece ser o fruto mais vistoso da influência de Tilgher sobre Pirandello, pode ter sido uma estratégia usada pelo escritor para justamente "facilitar" o entendimento de seu teatro por parte do público. Um "rótulo" que ele aceitou

---

3 Reportado por R. Alonge, Introduzione, em R. Alonge (org.), *Pirandello il meglio del teatro*, p. XII.
4 Idem, ibidem.

usar para se fazer entender, um desvio necessário para finalmente conquistar a plateia. A antítese (Vida x Forma) parecia fornecer ao público e à crítica uma "chave de leitura" para a compreensão de seu teatro. Mas, o que seria uma solução temporária para talvez emplacar seu teatro na Itália, e alcançar a fama, fugiu ao seu controle, e a fórmula tilgheriana se transformou numa máscara de ferro que aprisionou Pirandello e sua obra dentro destes limites. Muito antes de Tilgher publicar seu ensaio e dar à obra teatral de Pirandello o contorno do *pirandellismo*, o dramaturgo já escrevia no *Taccuino di Coazze*, em 1901, o que, alguns anos depois, aconteceria a ele mesmo:

> As obras de um autor que tenha conseguido a fama são facilmente mistificadas, feitas da maneira, quer dizer, de acordo com a maneira que lhe aconteceu a fama. E também porque o autor famoso já não consegue se ver naturalmente, a não ser de acordo com a luz dada pela fama, na qual deve adaptar-se violentando sua própria natureza. Outra razão é determinada pelo conhecimento que o autor tem de que sua nova obra é esperada, e isto faz com que não se deixe manifestar livremente a própria natureza, a não ser que ataque com a reflexão seu próprio trabalho[5].

Esta nota parece ser o embrião para o futuro argumento da peça *Quando si è qualcuno*; drama considerado por Alonge como um pouco autobiográfico e um pouco tilgheriano. A polêmica com Adriano Tilgher se manteve viva muitos anos após o lançamento do livro do crítico em 1922[6]; ocasião na qual discursou oficialmente sobre o humorismo e a estreita relação entre a filosofia e o teatro de Pirandello. Para o crítico, o contraste entre o eterno fluir da vida e os fatos particulares que, de tempos em tempos, congelam a vida em uma forma, seria a razão da tragicidade dos personagens pirandellianos. Em 1927, já descontente com a dimensão alcançada pelo *pirandellismo*, Pirandello escreve a Silvio D'Amico:

> O meu "sucesso" e a minha "fama mundial" não começaram em absoluto no dia em que a crítica dramática descobriu, ou acreditou

---

5 L. Pirandello, Cuaderno de Coazze, *Ensayos*, p. 318.
6 Alessandro D'Amico corrige os dados bibliográficos informando que o livro de Tilgher foi publicado em 1922 e não em 1923, como normalmente se pensava.

descobrir, a minha ideologia. Mas no dia em que a *Stage Society* de Londres e o *Pemberton* em Nova York, sem saber nada da minha ideologia, representaram *Seis Personagens*"[7].

A afirmação de Pirandello sobre o sucesso do seu teatro, para além de qualquer análise do autor sobre a obra, se orienta em direção ao entendimento de que uma obra de dramaturgia só se realiza no palco, ou seja, em sua materialidade cênica. Se Tilgher havia identificado uma "ideologia" em sua dramaturgia, esta não era absolutamente necessária para o sucesso de seu teatro fora da Itália. Ao contrário, é com a encenação de suas peças, no diálogo entre o texto e sua representação, entre o personagem e o ator, que Pirandello irá procurar por novos caminhos para sua dramaturgia. O próprio Tilgher reconhece que sua análise foi como uma prisão para o dramaturgo, e, em 1940, no ensaio *Le estetiche di Luigi Pirandello*, o crítico manifesta claramente seu arrependimento, sem, no entanto, deixar de enaltecer sua perspectiva crítica:

é um fato que sem aquele meu ensaio Pirandello nunca chegaria a tanta clareza sobre seu mundo interior; é um fato que sem aquele meu ensaio, Pirandello nunca teria escrito *Diana e la Tuda*. Mas, depois deste inocente desabafo concedido à minha vaidade, sou o primeiro a reconhecer, e já o reconheci na terceira edição dos meus *Studi sul teatro contemporaneo* de 1928, que para Pirandello teria sido muito melhor que ele nunca o tivesse lido. [...] aquele meu ensaio fixava em termos tão claros e (pelo menos até hoje) tão definitivos o mundo pirandelliano, que Pirandello deve ter se sentido como que aprisionado ali dentro [...]. Quanto mais procurava sair dos compartimentos críticos no qual eu o havia colocado, mais ele se encerrava dentro. Duelo dramático que eu assistia em silêncio e de longe[8].

Reduzir o teatro pirandelliano a uma fórmula, encerrando o mundo ali narrado a uma terminologia filosófica adaptada de um Georg Simmel, foi a grande invenção cunhada

---

7 Reportado em M. L. A. D'Amico et al, *Album Pirandello*, p. 237. A versão inglesa de *Seis Personagens* estreou em Londres no ano de 1922. Em abril de 1923, a peça foi apresentada em Paris e em dezembro do mesmo ano foi a vez de Nova York. Com o drama dos seis personagens, Pirandello alcança notoriedade mundial.
8 Reportado em L. Sciascia, *Pirandello e la Sicilia*, p. 73-74.

por Tilgher para caracterizar de modo sintético aquilo que ele identificou como o "problema central" pirandelliano, a oposição entre Vida e Forma, o assim denominado *pirandellismo*. Para Sciascia, o crítico deixou de observar que aquele trágico jogo dialético presente no teatro de Pirandello, identificado por ele como o "problema central" da obra pirandelliana, era uma característica da vida, da tradição e da cultura do povo siciliano: "forma exasperada de individualismo no qual agem, em movimento duplo e inverso, os componentes da exaltação viril e da sofística desagregação"[9]. Para Sciascia a intuição sobre a "ideologia" pirandelliana veio, mais tarde, com Antonio Gramsci: "a *ideologia* pirandelliana não possui origem livresca ou filosófica, mas está conectada com as experiências histórico-culturais vivenciadas com uma mínima contribuição de caráter livresco"[10]. Para Gramsci, o dramaturgo elaborou sim uma concepção de vida e do homem, mas sua ideologia era "individual", incapaz de uma difusão nacional-popular, mas que, todavia, obteve uma grande importância crítica de corrosão de um velho costume teatral, o naturalismo: Pirandello buscou introduzir na cultura popular a dialética da filosofia moderna, em oposição ao modo aristotélico de conceber a objetividade do real. Para tal empreitada, continua Gramsci, o dramaturgo elaborou personagens "extravagantes" que, sob uma veste romântica, de luta contra o senso comum e o bom senso, conseguiam disfarçar os "diálogos filosóficos" usados para justificar este novo modo de conceber o real[11].

Este novo modo de conceber o real era como Pirandello percebia o mundo à sua volta; o modo como ele era assaltado pelo *sentimento do contrário*, um sentimento individual, de sua experiência particular no mundo. O que é o *sentimento do contrário*? Pirandello explica:

> Vejo uma velha senhora, com os cabelos retintos, untados de não se sabe qual pomada horrível, e depois toda ela torpemente pintada e vestida de roupas juvenis. Ponho-me a rir. *Advirto* que aquela velha senhora é o *contrário* do que uma velha e respeitável

9 Idem, p. 16.
10 Idem, ibidem.
11 Cf A. Gramsci, O Teatro de Pirandello, *Literatura e Vida Nacional*.

senhora deveria ser. Assim, posso, à primeira vista e superficialmente, deter-me nessa impressão cômica. O Cômico é precisamente um *advertimento do contrário*. Mas se agora em mim intervém a *reflexão* e me sugere que aquela velha senhora não sente talvez nenhum prazer em vestir-se como um papagaio, mas que talvez sofra por isso e o faz somente porque se engana piamente e pensa que, assim vestida, escondendo assim as rugas e as cãs, consegue reter o amor do marido, muito mais moço do que ela, eis que já não posso mais rir disso como antes, porque precisamente a reflexão, trabalhando dentro de mim, me leva a ultrapassar aquela primeira *advertência*, ou antes, a entrar mais em seu interior: daquele primeiro *advertimento do contrário* ela me fez passar a esse *sentimento do contrário*. E aqui está toda a diferença entre o cômico e o humorístico[12].

Não há nada de abstrato nesta imagem concreta; ela advém de uma aguda e particular observação da vida real. Quando Pirandello protesta contra o pirandellismo, isto é, contra as concepções críticas que fazem do seu teatro o palco para um intelectualismo abstrato, não é sem razão, pois, como já disse Gramsci: "é certo que existem em Pirandello pontos de vista que podem ser relacionados genericamente com uma concepção do mundo que, grosso modo, pode ser identificada com a subjetivista", mas, sem dúvida nenhuma, estes pontos de vista são vividos pelos personagens de forma individual e não apresentados de maneira filosófica[13]. Os personagens de seu teatro dialetal – continua Gramsci – não são "intelectuais travestidos de pessoas do povo, nem de populares que pensam como intelectuais", eles são "reais, histórica e regionalmente, populares sicilianos, que pensam e agem daquele modo porque são populares e sicilianos"[14]. Antes que estas observações de Gramsci entrassem em circulação, quase todos os críticos validavam a representação pirandelliana da desagregação e da cristalização do indivíduo como um "efeito" da crise geral do homem ocidental e da filosofia dela derivada. Para Sciascia, leitor de Gramsci, o "mundo pirandelliano" – a relatividade, o problema da identidade – não seria um simples reflexo de uma crise geral, mas de uma confluência: em Girgenti, cidade onde nasceu Pirandello, o

---

12 Cf. O Humorismo, em J. Guinsburg (org.), *Pirandello: do Teatro no Teatro*, p. 147.
13 A. Gramsci, op. cit., p. 53.
14 Idem, p. 54.

amor próprio siciliano se dá em uma espécie de representação "tragicômica do viver". Segundo o crítico, a visão grega da vida se abranda na árabe Girgenti, onde o sentimento do trágico e o sentimento do cômico deixam de estabelecer uma nítida separação: "em Girgenti estes dois sentimentos jogam um dialético e indissolúvel contraste que produz o *moderno* sentimento que denominamos humorismo"[15]. E comparando o gesto de Pirandello com o do personagem Averroés de Jorge Luis Borges, Sciascia observa que no escritor agrigentino ocorre uma espécie de *invenção* do teatro: "como quem não conhece a convenção técnica e expressiva do verdadeiro e típico teatro, ele *inventa*, isto é, no sentido mais exato, *descobre* o teatro na própria vida, no indistinto e impetuoso deslizar entre 'tragédia' e 'comédia'"[16].

As experiências histórico-sociais de Pirandello se dividem em três estados íntimos contraditórios: o siciliano (Girgenti), o italiano (Roma), o europeu (Alemanha). Três elementos distintos em uma consciência crítica que sabe ser, ao mesmo tempo, um escritor siciliano, um escritor italiano e um escritor europeu. Pirandello, diz Gramsci, é um camponês siciliano que adquiriu algumas características nacionais e europeias, e que as percebe, experimentando em si mesmo, estes três elementos justapostos e contraditórios. "Desta experiência, veio-lhe a atitude de observar as contradições na personalidade dos outros e, posteriormente, também aquela de ver o drama da vida como o drama destas contradições"[17]. Se tomarmos como exemplo o episódio da velha senhora descrito no ensaio "O Humorismo", percebemos com clareza o jogo dialético das contradições proposto por Pirandello, e observado por Gramsci. Mas algo se insinua para além destas contradições de caráter: não é que a velha senhora goste de se pintar e de lambuzar os cabelos com tinta preta; ainda que não suspeite dos motivos profundos que a impulsionam a usar este recurso, ela necessita deste artifício, desta ilusão de juventude, para "enganar" o tempo e se autoiludir com a esperança de manter o amor de seu marido mais jovem. O drama não é viver esse papel (de uma velha senhora que pinta os cabelos para parecer mais jovem ao marido), mas

---

15  L. Sciascia, op. cit., p. 18.
16  Idem, p. 19.
17  A. Gramsci, op. cit., p. 58.

*se ver vivendo este papel*, isto é, ter a consciência de ser uma velha senhora que pinta os cabelos para parecer mais nova e ainda assim não conseguir resistir ao ridículo do papel. O duelo entre as contradições da alma, entre o ser e o parecer, é a gênese do moderno sentimento que Pirandello chama de humorismo. Em uma entrevista ao *Idea Nazionale* em 1920, Pirandello nos dá uma viva ideia do que seria para ele a tragédia da vida:

> Existe um ponto no meu teatro que ainda permanece em grande parte obscuro para o público: um ponto que é fundamental. Talvez, o romance *Uno, nessuno, centomila*, que espero poder terminar logo, possa explicá-lo [...]. Em *Uno, nessuno, centomila* se estuda o dualismo entre o ser e o parecer, a decomposição da realidade e da personalidade, a necessidade que o ser tem em prosseguir infinito, mas que termina por se encerrar em formas temporárias: o jogo das aparências as quais nós damos valor de realidade[18].

O "jogo das aparências", que aprisiona os homens, e *esconde* os abismos da alma, se revela na revolta, no riso amargo que o humorista lança contra as convenções sociais e o verniz da hipocrisia, elementos que impedem de vir à tona desejos inconfessáveis: "'O homem é um animal vestido – diz Carlyle em seu *Sartor Resartus* – a sociedade tem por base o vestuário'. E o vestuário *compõe* também, compõe e *esconde*: duas coisas que o humorismo não pode suportar"[19]. A operação humorística pirandelliana, diferentemente da arte de um modo em geral, não procura compor um caráter, ao contrário, ela procura o imprevisível da alma, seus abismos:

> E, comumente, no artista, no momento da concepção, a reflexão se esconde, remanesce, por assim dizer invisível: é, quase, para o artista uma forma de sentimento[...]. Pois bem, veremos que na concepção de toda obra humorística a reflexão não se esconde, [...] se coloca diante dele [do sentimento] como um juiz, analisa-o desapaixonadamente e decompõe sua imagem; esta é uma análise, porém, uma decomposição, da qual surge ou emana um outro sentimento: aquele que se poderia chamar, e eu de fato assim o chamo, o *sentimento do contrário*[20].

---

18 Reportado em M. L. A. D'Amico et al., op. cit., p. 222-223.
19 O Humorismo, em J. Guinsburg (org.), op. cit., p. 176.
20 Idem, p. 146-147.

Portanto, o humorismo não almeja uma arte que organize as ideias e as imagens em uma forma harmoniosa, em que todos os elementos busquem uma correspondência entre si, ao contrário: a arte humorística quer justamente enfatizar a discordância e as contradições da vida. E onde mais o humorista poderia buscar estas contradições se não nos *abismos* da alma, ou seja, no inconsciente? Embora Pirandello nunca fale em inconsciente quando se refere ao seu teatro, usando termos como "iluminação espontânea da fantasia" para justificar sua criação artística – "uma família que não saberia dizer onde nem como foi encontrada"[21] –, as declarações presentes no ensaio "O Humorismo" não deixam dúvidas quanto aos objetivos do dramaturgo em dar voz, na arte, aos fantasmas, às pulsões reprimidas, às obsessões, aos desejos inconfessáveis que se agitam confusamente nos abismos da alma. E o teatro, por sua especificidade, é o lugar onde estes fantasmas podem ser "libertados", isto é, dados a ver.

André Bouissy, em seu instigante ensaio, irá provocar este curto-circuito entre a dimensão superficial do texto (as contradições entre a forma e a vida) e os aspectos submersos da escritura pirandelliana. Para o analista, a revolução dramatúrgica de Pirandello se inicia exatamente com *Seis Personagens à Procura de um Autor*, isto é, com a rejeição da parte do autor destes seis personagens: "o autor renega os seus próprios fantasmas, porque sua confissão seria muito angustiante, mas contudo os transforma em domínio público"[22]. A estrutura da peça, a fórmula do teatro no teatro, continua Bouissy, confirma esta explicação para a rejeição: "a representação do incesto sem um álibi cultural e mitológico [...] exigia a destruição preliminar do teatro tradicional fundado sobre a verossimilhança"[23]. O teatro no teatro permite que estes desejos pouco confessáveis, e por isso rejeitáveis, possam de alguma forma "aparecer". Para Bouissy, estes personagens, em diferentes níveis, representam o próprio conflito do autor, uma espécie de "sugestão

---

21 Prefácio do Autor, em *Seis Personagens à Procura do Autor*, p. 5-23 (Coleção Teatro Vivo).
22 Riflessioni sulla storia e la preistoria del personaggio "alter ego", em R. Alonge et al., *Studi pirandelliani – dal testo al sottotesto*, p. 40.
23 Idem, p. 40-41.

autobiográfica": ainda que o autor não tenha uma compreensão profunda sobre as razões de sua escolha estrutural, no novo teatro inaugurado com *Seis Personagens* se verifica "uma presença ativa do inconsciente"[24]. Foi exatamente este aspecto profundo da escritura pirandelliana que nem Sciascia e nem os estudos de inspiração marxista puderam alcançar, permanecendo somente na superfície do problema.

Para Gramsci, um dos elementos de todo teatro dialetal italiano e também do romance popular é a sátira: "transfigurado num caráter nacional ou europeu-cosmopolita" o provinciano deseja se parecer com aquilo que ele não é. Esta atitude, segundo Gramsci, seria um "reflexo do fato que ainda não existe uma unidade nacional-cultural no povo italiano, de que o 'provincianismo' e o particularismo ainda são radicados nos costumes e nos modos de agir e de pensar" e mais, como "não existe um 'mecanismo' para elevar a vida do nível provincial ao nacional europeu de modo coletivo, os *raids* individuais assumem formas caricaturais, mesquinhas, 'teatrais', ridículas"[25]. Para além de uma análise de cunho marxista, se observa em suas afirmações a tese sobre uma dicotomia existente entre o *ser* e o *querer ser*, cristalizada na aparência e no modo de agir. Se o desejo de acreditar e de se fazer acreditar que se é diferente daquilo que se é realmente é uma das bases da construção social do homem, Gramsci, confrontando a visão de mundo pirandelliana com as teorias teatrais de Nicola Evrèinov, observa que aquilo *que se é realmente* se constrói a partir de uma luta, interna e externa, para se tornar aquilo que se deseja parecer. Uma luta entre o conjunto de impulsos e instintos animalescos e o modelo social e cultural de uma determinada época. Existiria assim um contraste entre o impulso vital, ou "instinto", e o modelo social, o paradigma cultural, de uma determinada época histórica. A consciência desta contrariedade, conclui Gramsci, é o que fundamentaria a teoria do humorismo pirandelliano, primariamente observado em sua própria condição de "camponês siciliano" que adquire criticamente características italianas e europeias.

---

24 Idem, p. 42.
25 A. Gramsci, op. cit., p. 58.

A experiência particular de um sentimento de diferença entre o modo de vida siciliano e o europeu acontece cedo na vida de Pirandello. Em uma de suas cartas à irmã Lina, em 1889, durante sua formação em Bonn, o escritor comenta o comportamento de duas jovens alemãs e o define como absolutamente inadequado para os hábitos e costumes sicilianos: "compreendo também que tal modo de vida não se adaptaria de nenhuma maneira às nossas cidades, onde reina a hipocrisia e onde a boa educação faz culpados todos os homens"[26]. Seguindo a linha de pensamento gramsciana, Sciascia analisa a árabe Girgenti, "limitada, restrita, tortuosamente fechada em si", como o "elemento catalizador da fantasia pirandelliana"[27]: é o jogo das aparências que tornam os homens mesquinhos e que dão a medida do amor próprio siciliano. Juntos, os sicilianos tornam-se mesquinhos. E esta mesquinhez não é nada mais que uma particular e desagradável manifestação de subjetividade: "mesquinhos daquele particular individualismo, daquele absoluto amor próprio que Giacomo Debenedetti evidencia no mundo pirandelliano, como 'diuturna servidão num mundo sem música'"[28]. Pirandello não poderia deixar de narrar Girgenti, conclui Sciascia, de transformar em material poético os fatos de Girgenti, uma terra onde todos isoladamente "preparam seu rosto, repassam sua parte, refazem as falas que cabem aos outros para estarem seguros de não prejudicar o ritmo com as suas"[29]. Em sua análise, Girgenti seria assim o palco natural sobre o qual se dá "a lúcida e piedosa representação da metamorfose de homens que 'têm algo do desinteresse temerário dos gregos' em cidadãos que 'quando estão juntos tornam-se [...] mesquinhos'"[30].

Os sentimentos de honra, de respeitabilidade, de inveja, de vingança, são realmente vividos como reflexos formalísticos de sentimentos mais do que propriamente sentimentos (uma espécie de 'preocupação jurídica' na qual, para dizer em termos jurídicos, o *mérito* diminui e desaparece na forma), são, também no sentido comum da

---

26 *Lettera da Bonn, 1889-1891*, p. 62-63.
27 L. Sciascia, op. cit., p. 35.
28 Idem, p. 20.
29 Reportado em M. Onofri, Sciascia e Pirandello, *Remate de Males*, 25 (1), p. 66.
30 Idem, p. 70.

palavra, "mesquinhos", já que degradam as pessoas, *os outros*, em objetos: objetos de honra, de respeitabilidade, de inveja, de vingança[31].

"Com o amor próprio nos situamos na fonte primeira do pirandellismo e, ao mesmo tempo, daquela 'sicilianidade' que encontra no pirandellismo seu fundamento", conclui Massimo Onofri a partir de Sciascia[32]. As mesquinharias, os absurdos da vida, tornam a existência ridícula e trágica ao mesmo tempo. O humorista sabe que o homem se autoconstrói com a intenção de se defender da derrota pessoal. O exacerbado sentimento de amor próprio, que nutre estes sentimentos de honra, vingança, respeitabilidade (que são apenas reflexos de sentimentos), a seriedade com que nos levamos a sério, gera no humorista o *sentimento do contrário*: ao mesmo tempo em que o artista ri da situação ridícula em que os homens se apresentam diante dele, em mangas de camisa, ele se compadece da impossibilidade de se poder ser aquilo que se deseja ser: "é uma coisa simples querer ser dum modo ou doutro; difícil é saber se podemos ser como desejamos. Se esse poder falta, por força essa vontade terá que parecer ridícula e vã"[33]. Este seria, digamos assim, o aspecto exterior do humorismo. Mas e quanto aos pensamentos estranhos e inconfessáveis que o humorista deve representar? E quanto àquela porção "irracional" que a consciência rejeita? A oposição entre vida e forma, ou entre o ser e o parecer, vivenciada pelos personagens, é uma maneira de retardar ou de se subtrair ao conflito libertador. E sua estéril alternância, que não prevê um terceiro termo que possa provocar a resolução dialética, é o invólucro que melhor revela os desejos proibidos do inconsciente[34].

Massimo Onofri, em suas análises sobre Sciascia leitor de Pirandello, observa que o grande objetivo do crítico, nos anos de 1960, foi perseguir uma interpretação da obra pirandelliana que colocasse abaixo a realidade irracional que emanava de seu teatro[35]. Sciascia, que declaradamente era um opositor das

---

31  L. Sciascia, op. cit., p. 20.
32  M. Onofri, op. cit, p. 71.
33  L. Pirandello, A Tragédia dum Personagem, em C. F. Barroso (org.), *Antologia do Conto Moderno*, p.18.
34  Cf A. Bouissy, op. cit., p. 4-90.
35  M. Onofri, op. cit., p. 67

ideias "filosóficas" de Tilgher, empreendeu uma releitura de Pirandello diretamente ligada à temática siciliana. Para isso, foram decisivas as interpretações de Gramsci, publicadas postumamente em 1950 nos *Cadernos do Cárcere*. Gramsci ao mesmo tempo em que reportava o teatro de Pirandello a uma dimensão dialetal-popular, refutava as concepções de Adriano Tilgher sobre pirandellismo: "A leitura feita por Gramsci, em direção à dialetalidade e à sicilianidade, era, ainda que de forma fragmentária, uma leitura radicalmente inovadora da obra de Pirandello, a qual se chocava com a interpretação filosófica dominante, que Tilgher havia imposto"[36]. A supervalorização de Sciascia das notas de Gramsci se justifica pela própria descoberta do marxismo por parte da cultura italiana daqueles anos. Em obras posteriores ao *Pirandello e il pirandellismo* e *Pirandello e la Sicilia* (as duas obras mais antigas e comprometidas com a perspectiva gramsciano-lukacsiana), Sciascia, já nos anos de 1970, apresenta certo desconforto em relação a qualquer ideologia crítica, inclusive a de Gramsci, e evoca um Pirandello quase metafísico: "tive que frequentar por certo tempo o teatro [...], para perceber aquela revelação que Savinio tivera, em junho de 1937, na representação de *Os Gigantes da Montanha*"[37]. Uma carga de inexplicabilidade fez Savinio ver "Deus" em Pirandello: a arte como "passagem para um mundo superior" e o artista como "barqueiros" que nos conduzem a outras realidades. Só com o uso da palavra "Deus" pôde o crítico explicar a própria experiência. Há uma transformação na relação entre Sciascia e Pirandello, afirma Onofri, especialmente quando este associa Pirandello a Kafka e a Borges, enquanto poetas que souberam revelar a nós mesmos, com sua arte, nossos medos e nossas aflições. São "dois" Pirandellos, o dialetal e o metafísico, que passam a conviver numa relação de verdades parciais:

Este Pirandello do último Sciascia, fantasmagórico e metafísico, convive, como vimos, com o outro, dialetal, de traços gramscianos,

---

36 Idem, p. 69.
37 Apud idem, p. 76. A peça *Os Gigantes da Montanha* foi apresentada pela primeira vez, postumamente, em 5 de junho de 1937, em um espetáculo ao ar livre, no Giargino di Boboli, Prato della Meridiana. O diretor foi o crítico teatral Renato Simoni.

fazendo convergir o relativismo radical que, às vezes, é reflexo da realidade insular, outras vezes, ao contrário, é a contribuição de um pirandellismo que se aproxima de Borges e das divagações savinianas e extravagantes[38].

Com os anos de 1960, Sciascia se afasta da crítica ideológica e se aproxima de um Pirandello enigmático, inefável, inexplicável pela via da razão, resistente ao tempo, lugar e a ideologias de todo tipo: "Pirandello que pareceu a Sciascia um exemplo do realismo, é eleito sumo desagregador da realidade, único perscrutador, juntamente com Borges, do inefável"[39]. Esta mudança de olhar corresponde a uma nova perspectiva crítica que começa a se delinear sobre o panorama dos estudos pirandellianos ao final dos anos de 1960. Marziano Guglielminetti, no livro *Il teatro mitico di Pirandello*, de 1967, recupera os três *mitos* pirandellianos, *La nuova colonia*, *Lazzaro* e *Os Gigantes da Montanha*, como a articulação final de uma arrancada irracionalista. E foi neste mesmo período que um dos primeiros estudos a propor uma perspectiva diferente, alternativa à proposta da crítica de inspiração marxista, ganha expressão: publicado em 1972, o ensaio de Roberto Alonge, *Pirandello tra realismo e mistificazione*, desenha um retrato do dramaturgo oscilante entre realismo e mistificação, com uma aproximação maior ao segundo pólo. Mas, confessa o próprio estudioso, ele mesmo ainda permanecia prisioneiro daquela reserva em relação à produção tardia pirandelliana. Com exceção dos mitos, a produção teatral posterior a 1924 foi considerada pela crítica dos anos de1960 e 70 como indigna de qualquer exegese crítica.

Ainda sobre o humorismo, Yvonne Duplessis, no livro *Le Surréalisme*, afirma que o humorista é aquele que se separa da vida para poder assisti-la como se fosse um espectador. Ao se alienar dos fatos da vida, esta perde sua seriedade e se transforma numa triste bufonaria aos olhos do humorista: o humorismo implica em um desinteresse pela realidade exterior, ele é o ponto de vista de quem olha de camarote a agitação do mundo: "Desde Freud, o humor aparece claramente como uma metamorfose da insubmissão do espírito, uma fuga para não se sujeitar aos

---

38 Idem, p. 78.
39 Idem, p. 77.

preconceitos sociais: ele é a máscara do desespero"[40]. O humorismo não é só a marca de um espírito que não se deixa envolver pelos acontecimentos, ele exprime a vontade de se libertar da realidade, e é, por isso, a expressão de uma revolta. O humorismo prevê uma atividade destrutiva das leis, das convenções, da ordem estabelecida. Sobre o humorismo escreve Pirandello:

> Em certos momentos de silêncio interior, em que nossa alma se despoja de todas as ficções habituais, e nossos olhos se tornam mais agudos e mais penetrantes, nós vemos a nós mesmos na vida, e a vida em si mesma, quase em uma nudez árida, inquietante; nós nos sentimos assaltados por uma estranha impressão, como se, em um relâmpago, se nos aclarasse uma realidade diversa daquela que normalmente percebemos, uma realidade vivente para além da vista humana, fora das formas da razão humana. Lucidamente então a compaginação da existência cotidiana, quase suspensa no vazio desse nosso silêncio interior, se nos aparece privada de sentido, privada de escopo; e aquela realidade diversa nos parece horrenda em sua crueza impassível e misteriosa, pois todas as nossas costumeiras relações fictícias de sentimentos e de imagens se cindiram e se desagregaram nela [...]. Com um esforço supremo procuramos então readquirir a consciência normal das coisas, reatar com estas relações costumeiras, reconectar as ideias, voltar a nos sentir vivos como antes, ao modo habitual. Mas a essa consciência normal, a essas ideias reconectadas, a esse sentimento habitual da vida não nos é mais possível dar fé, porque sabemos enfim que constituem um engano nosso para viver [...] A vida, então, que gira miúda, usual, entre as aparências, se nos afigura quase como se já não fosse de verdade, como se fosse uma fantasmagoria mecânica. E como conceder-lhe importância? Como prestar-lhe respeito?
> Hoje somos; amanhã, não [...][41].

"Hoje somos amanhã não". Então, por que respeitar ou levar tão a sério sentimentos que são na verdade reflexos de sentimentos, por que se manter fixo em uma determinada posição, fiel a um determinado conceito, se a vida é um fluir constante, se o próprio homem, em sua duração no tempo, difere mais dele mesmo do que de qualquer outro?: "A vida é um fluxo contínuo que nós procuramos deter, fixar em formas estáveis

---

40 *Le Surréalisme*, p. 21.
41 O Humorismo, em J. Guinsburg (org.), op. cit., p. 170-171.

e determinadas, [...] são os conceitos, são os ideais em relação aos quais queremos nos conservar coerentes"[42]. Somos coerentes às ficções criadas por nós mesmos, às formas cristalizadas, já que, por meio delas, conseguimos nos estabelecer e nos reconhecer enquanto indivíduos. Mas, acrescenta Pirandello, "dentro de nós mesmos, naquilo que chamamos alma, e que é a vida em nós, o fluxo continua indistinto, sob os diques, além dos limites que nós impomos, ao compor-nos uma consciência"[43]. Está aqui o "segredo" do humorismo pirandelliano. A consciência, dirá o dramaturgo, é uma grande sala repleta de caixas, caixinhas e caixotes, das quais desconhecemos o conteúdo. A revolução dramatúrgica operada por Pirandello, e anunciada com o ensaio "O Humorismo", parte de uma intuição de que a criação artística só é parcialmente controlada por seu autor. Por esta via, o humorismo não significa somente uma sátira corrosiva do real, ele é também um meio de liberação do inconsciente:

nossos olhos se tornam mais agudos e mais penetrantes, nós vemos a nós mesmos na vida, e a vida em si mesma, quase em uma nudez árida, inquietante; [...] uma realidade vivente para além da vista humana, fora das formas da humana razão[44].

Esta porção "irracional" – que irá comparecer de forma mais acentuada em sua produção tardia – foi entendida, nos anos de 1960, como um desvio de sua *verdadeira* inspiração, a dizer, o poeta da angustia e da condição trágica da sociedade burguesa.

A modalidade de leitura que pouco a pouco se impõe nos estudos pirandellianos, de exploração da parte "subterrânea" de seu teatro, só irá se desenvolver a partir dos anos de 1980. Mas embora os estudos pirandellianos anteriores tenham permanecido no plano superficial da obra, e malgrado suas reservas em relação à produção tardia pirandelliana, não resta dúvida de que aquele avaliação ainda é muito convincente. O tema da pressão social sobre o indivíduo isolado, a presença obsessiva do coro, antagonista feroz do homem só, ainda que possa parecer uma leitura ingênua do teatro pirandellia-

---

[42] Idem, p. 169.
[43] Idem, ibidem
[44] Idem, p. 170.

no – já que descreve fundamentalmente aquilo que o escritor disse na superfície do texto, deixando de lado o que eventualmente o autor pode ter dito contra sua vontade (ou não disse, mas que se pode colher no seu silêncio) –, é importante para a compreensão do aspecto profundo e inconsciente de sua obra. Propomos deixar, neste primeiro momento, que seus personagens racionalizem o conflito e, seguindo-os, busquemos entender, sem interrompê-los demais, suas racionalizações, pois, ao final de tudo, estes procedimentos são derivados essencialmente do próprio inconsciente.

Antes de avançar em nossas análises sobre as peças teatrais do último período (1925-1936), convém lançarmos um olhar sobre os anos de sua juventude e sobre a escritura íntima do período de sua formação. Acreditamos que as cartas, os apontamentos, e as notas autobiográficas contribuem e muito para a compreensão do percurso dramatúrgico pirandelliano. A maioria das cartas consultadas e analisadas pode ser encontrada no volume *Epistolario familiare giovanile: 1886-1898* (Epistolário Familiar Juvenil: 1886-1898), editado por Elio Providenti em 1986, e no manuscrito inédito, *Taccuino di Havard*, organizado por Ombretta Frau e Cristina Gragnani em 2002, responsável por fornecer preciosas anotações datadas entre 1887 e 1910.

FILHO DO CAOS

> *Eu sou filho do Caos; e não alegoricamente, mas de verdade, porque nasci em um campo que fica perto de um intrincado bosque, denominado, em forma dialetal, Càvusu, pelos habitantes de Girgenti*[45].

"Eu sou filho do Caos; e não alegoricamente". Assim inicia Pirandello seu *Frammento d'autobiografia*, ditado ao amigo Pio Spezi em 1893. O escritor nasceu próximo a um intrincado bosque de oliveiras sarracenas e de amendoeiras no dia 18 de junho de 1867, e lá passou sua infância e adolescência. Mas,

---

45 L. Pirandello, Frammento d'autobiografia, *Saggi, Poesie, scritti varii Saggi*, p. 1281.

ao se tratar de Pirandello, não podemos deixar de procurar os sentidos que envolvem tal afirmação. Como sabemos, caos significa uma série de fenômenos que não podem ser previstos por leis matemáticas em função de suas múltiplas variáveis. Esta falta de previsibilidade determinaria o caos. E será justamente em "O Humorismo" que, alguns anos mais tarde, o dramaturgo irá dizer que se os fenômenos não estão sujeitos às leis matemáticas, sendo portanto variáveis, a alma também estará sujeita a contínuas metamorfoses e contradições, comportando-se sempre de forma imprevisível. Continuando com a leitura do *Frammento*, que narra alguns episódios aparentemente triviais de sua jornada de estudante, se destaca uma única e inquietante constante: a ideia de fuga. Todo o percurso do estudante é marcado por uma necessidade ou por uma imposição que o faz sair, fugir, de onde ele está. O tema recorrente da fuga faz com que a afirmação "eu sou filho do Caos" adquira um sentido bem mais "alegórico" do que uma simples informação factual. Ser filho do caos indica com lúcida determinação o desejo de permanecer "fora" das tais leis de previsibilidade em uma contínua e ininterrupta metamorfose. Mas vejamos o que diz o fragmento autobiográfico.

Seu pai, Stefano Pirandello, proprietário de uma rica mina de enxofre, querendo que o filho se dedicasse aos negócios da família, o obriga a frequentar uma escola técnica em Girgenti[46]. Porém, todos aqueles números e regras, toda aquela rigidez matemática lhe repugnavam o espírito; se recorda Pirandello. Impaciente e ávido por liberdade, o jovem usa de um estratagema: apesar de ter passado nos exames de julho (o que para ele mesmo foi algo surpreendente), ele simula que precisa ficar em Girgenti por conta de um mau desempenho em aritmética. Com o dinheiro para pagar as hipotéticas lições de matemática, Pirandello cursou aulas de latim, já que almejava pelo menos ingressar no ginásio. Tudo corria bem, até que ele se viu traído por uma circunstância banal: na escola técnica a cada dois meses seu pai tinha que assinar uma caderneta escolástica, e no ginásio não existia nenhuma caderneta. Assim, Pirandello teve que usar de outros estratagemas para não se

---

46 Em 1927, por decreto do governo fascista, se restitui o nome mais antigo, Agrigento: *Akragas* dos gregos; *Agrigentum* dos romanos.

deixar apanhar. Porém, a situação chegou a tal ponto que, com medo de ser descoberto e julgado pelo seu pai, ele resolve fugir de casa, fugir de Girgenti.

Sabendo que um amigo da família iria partir para Como (Milão), Pirandello foi até ele e pediu para ir junto nesta viagem. Eles iriam até Palermo de trem, de lá pegariam um navio para Gênova e depois um outro trem os deixariam na Cidade de Como. Mas quando o tal senhor (Pirandello não revela seu nome) soube que se tratava de uma fuga, lhe negou ajuda. Entretanto, o jovem não desistiu de seus planos e partiu sozinho para Palermo no mesmo trem que o tal senhor. Depois, com um bom discurso, convenceu o homem que havia finalmente obtido a permissão paterna para a viagem. Tudo ia bem durante a viagem de navio, mas na metade do caminho Pirandello sentiu um terrível remorso com tudo que havia feito à sua família, principalmente à sua mãe, Caterina Ricci Gramitto, com a qual mantinha uma forte relação de afeto. Então, resolveu contar tudo àquele senhor, que mal pisando em Gênova telegrafou imediatamente para sua família. Mas, surpreendentemente, seu pai lhe concedeu a permissão para frequentar o curso ginasial.

Logo depois, em acordo com seus pais, Pirandello volta à Sicília e termina seus estudos secundários em Palermo e, em 1886, consegue ingressar na Faculdade de Filosofia e Letras. Sozinho, sem os seus, Pirandello sofre a distância e a solidão, mas resiste. Pouco depois se transfere para Roma, para continuar com os estudos universitários. Lá se desentende com o professor Occioni, docente de língua e literatura latina (também presidente da Faculdade de Letras e Filosofia de Roma). Diante do complicado fato, um outro professor, Ernesto Monaci, docente de filologia românica, lhe aconselha a terminar seus estudos na universidade de Bonn, na Alemanha. Mais uma fuga. Em 1891 se licencia em filologia românica com uma tese em alemão sobre o dialeto de Girgenti, *Laute und Lautentwickelung der Mundart von Girgenti* (*Suoni e sviluppi di suono della parlata di Girgenti* [Sons e Desenvolvimento do Som no Dialeto de Girgenti]), permanecendo um pouco mais em Bonn como leitor de língua italiana. Ao final do *Frammento*, Pirandello explica que a nostalgia e a saudade da família, da Sicília e de Roma o fizeram retornar a sua bela Itália, e completa: mesmo "sem saber, como realmente não sei, o que será de mim ou que coisa farei"[47].

Em suas análises sobre o escritor, Roberto Alonge entende as repetidas fugas de Pirandello (de Agrigento para Como, de Palermo para Roma, de Roma para Bonn e finalmente de Bonn para Roma[48]) como um meio para poder crescer e ampliar seu conhecimento linguístico, cultural, e principalmente humano e existencial[49]. De outubro de 1889 até abril de 1891, Pirandello permaneceu em Bonn e pôde experimentar, como observado por Gramsci, aquela contradição entre o mundo siciliano e o mundo europeu. E foi nesta cidade que o escritor conheceu e se apaixonou pela jovem e extrovertida alemã Jenny Lander. Pirandello, desde 1887, era noivo de sua prima Lina (mesmo nome de sua irmã), quatro anos mais velha que ele, mas se mostrava arrependido pelo compromisso firmado. Em 1890 acolhe com indisfarçável alegria o veredicto de um médico alemão que, diagnosticando problemas no seu coração, o desaconselha peremptoriamente ao matrimônio. No ano seguinte o escritor é obrigado a deixar definitivamente Bonn, ele retorna para a Itália, mas não se casa com sua prima Lina. Em uma carta para seu pai, em 11 de agosto, de 1891 escreve: "Eu não sou um homem que possa ou que deva se casar. Eu sinto que o contato com todas essas pequenas misérias cotidianas me mataria"[50]. De volta à pátria, Pirandello desfaz o noivado, se estabelece em Roma e, financiado pelo pai, começa a desenvolver sua própria vocação artística.

A percepção de uma estranheza em relação ao mundo sempre acompanhou Pirandello desde cedo. Em uma carta para a irmã Lina, em 31 de outubro de 1886, o escritor declara se sentir como "um viajante sem casa, um pássaro sem ninho".

---

47 Frammento d'autobiografia, op. cit., p. 1283.
48 Anos depois, já com fama mundial, Pirandello retoma sua estratégia de "fuga" numa espécie de exílio voluntário, primeiro em Berlim e depois em Paris. Numa carta para Marta Abba, confirma a necessidade de se "escapar" da Sicília: "Qualquer um dos sicilianos que quiseram viver da arte, Verga, Capuana, eu, De Roberto, e tantos outros, tiveram que ir embora da Sicilia – fugir dela!", carta de 26 de abril de 1930, *Lettere a Marta Abba*, p. 417.
49 R. Alonge, *Luigi Pirandello, il teatro del xx secolo*, p. 4.
50 *Lettere giovanili da Palermo e da Roma, 1886-1889*, p. 75.

Isolado em Roma, a arte se apresenta ao nosso jovem escritor como o único meio para expressar o seu sentimento de exclusão (ou de autoexclusão) da vida. Se não poderia mais fugir de forma concreta, com a arte ele poderia sim continuar fugindo, isto é, olhando e escrevendo a vida ao invés de viver: se fugir significou ampliar suas experiências humanas, existenciais e seu conhecimento – como analisado por Alonge –, fugir foi também um modo para Pirandello se refugiar para fora da vida, evitando todo e qualquer conflito ou embate. Em duas sucessivas cartas, datadas em dezembro de 1893, escreve:

> Que coisa é o justo? Que coisa é o injusto? – Eu não encontrei neste labirinto nenhuma via de saída. E não poderia mesmo encontrar nada, porque lá não coloquei nada, nem um desejo, nem um afeto qualquer. Tudo me era indiferente, tudo me parecia vão e inútil – eu era como um espectador entediado e impaciente, [...].
> Eu tinha me libertado completamente de todo vínculo; olhava os outros viver, indagava a vida como um complexo de absurdos e de contradições banais[51].

Em um posterior escrito autobiográfico, curtíssimo, datado provavelmente entre 1912-1913, chamado "Lettera autobiografica", Pirandello nos dá algumas informações sobre sua arte e sobre sua rotina cotidiana: uma vida descrita como solitária e reclusa. Vivendo em Roma desde 1891, Pirandello foi introduzido no ambiente literário e jornalístico por Luigi Capuana, que o encorajou a "experimentar a arte narrativa em prosa", disto resultou seu primeiro romance, *Marta Ajala* (publicado em 1901 com o título *L'esclusa*). Em 1894 nosso escritor se casa em Girgenti com Maria Antonietta Portulano, e o casal se estabelece definitivamente em Roma. O escritor passa então a colaborar intensamente com jornais e revistas. Porém, com o alagamento repentino em 1903 da mina de enxofre em que seu pai havia investido todo o dinheiro da família (inclusive o dote da nora Antonietta), Pirandello se vê obrigado a sustentar com seu estipêndio mulher e filhos. E, em 1908, começa a trabalhar como professor no Instituto Superior de Magistério Feminino, atividade que lhe "pesa enormemente", pois

---

51 *Lettere della formazione 1891-1898*, p. 158 e 160, respectivamente.

sua maior aspiração seria poder voltar ao *caos* e lá se dedicar à narrativa (de fato abandonará a atividade didática em 1922). Pirandello comenta que não frequenta o teatro e que leva uma vida simples de homem comum, sem grandes aventuras ou emoções: "Como vê, na minha vida não tem nada que seja relevante: é toda íntima, no meu trabalho e nos meus pensamentos que... não são alegres"[52]. A amargura destas palavras se reflete na arte do escritor: o personagem pirandelliano é o símbolo incontestável de uma ruína, da falência da sociedade burguesa e de sua angustiante condição:

> Eu penso que a vida é uma tristíssima bufonaria, já que sentimos – sem poder saber como, por que ou por quem – a necessidade de continuar nos enganando com a criação espontânea de uma realidade (uma para cada um e nunca a mesma para todos) a qual aos poucos se descobre vã e ilusória. Quem entender o jogo, não consegue mais se enganar, mas quem não consegue mais se enganar não pode mais sentir gosto ou prazer na vida. É assim mesmo. A minha arte é plena de amarga compaixão por todos aqueles que se enganam, mas não poderia deixar de ser seguida pela irrisão feroz do destino, que condena o homem ao engano. Esta é, em sucinto, a razão da amargura da minha arte, e também da minha vida[53].

A tensão entre a compaixão de saber que cada um de nós necessita criar para si uma realidade, e a consciência lúcida de que esta, pouco a pouco, se revela vã e ilusória é uma postura genuinamente humorística. Topos que já se configura, de forma embrionária, no *Frammento d'autobiografia* de 1893. Percebe-se no discurso do *Frammento* que o "filho do Caos" já se atormentava com a ideia de um "destino caprichoso" que, improvisadamente, destrói nossa realidade, revelando-a ilusória. Voltar para a Itália sem saber, "como realmente não sei, o que será de mim, ou que coisa farei" são as palavras finais de um Pirandello sufocado por uma falta de horizonte ou objetivo que o conduza por um caminho alternativo para fora da sociedade em que ele vivia. Como escapar, fugir de uma sociedade que se apresenta hostil aos nossos olhos, e da qual conhecemos quase todas as mazelas, sem nem mesmo ter um projeto

---

52 Lettera autobiografica, *Saggi, poesie, scritti varii*, p. 1286.
53 Idem, ibidem.

eficiente de evasão? Sua dúvida e angústia por não saber o que fazer dele mesmo é o nó capital de sua futura dramaturgia, (aquela fundamentalmente burguesa e que corresponde ao segundo período de sua produção, de 1917-1924): a oposição entre um *coro*, um *corpo social* e um *indivíduo isolado*, que também faz parte do mundo negado, mas que dele se destaca por uma escolha autoexcludente[54]. Para entendermos sua evolução e transformação dramatúrgica, do período dialetal à fase burguesa e por fim ao que denominamos o *teatro para Marta Abba*, é necessário acompanharmos o personagem humorístico em seu comportamento, em seus procedimentos, desde o início de sua formação.

Em seu primeiro romance *A Excluída* de 1893 (mesmo ano do *Frammento d'autobiografia*), o escritor já nos dá uma viva imagem desta tensão humorística (realidade x ilusão). No romance, Marta Ajala se torna vítima e consequência de uma "marca trágica" que os Pentagoras acreditam possuir: "Está cansado de saber que nós os Pentagoras, não temos sorte com mulher... com casamento!"; diz Antonio Pentagora ao filho Rocco, marido de Marta e, com uns sinais de chifre na testa, acrescenta: "Isso é o nosso emblema de família! Não há por onde fugir [...]. É destino! Cada um tem que carregar a sua cruz!"[55]. No seu entender todos os Pentágoras já vinham ao mundo com esta herança: ser traído pela esposa. Sem possibilidade de remissão, e diante de uma sorte tão ingrata que lhes coloca "chifres na testa", aos Pentagoras só restam duas opções: "exporem-se ao ódio ou ao ridículo". Ao final do romance, a protagonista, que não havia traído anteriormente, após tanto sofrer e de tanto ser humilhada, se entrega aos braços do amante que sem ser já tinha sido. Marta Ajala, que se deixou sucumbir, engravida de Gregorio Alvignani, seu suposto amante, e confirma assim a "marca trágica" dos Pentágoras. A grande virada é o perdão final de seu marido Rocco. Diz Marta acusando o marido:

– Que sou eu agora? Está me vendo? Que sou?... Sou aquilo que toda a gente, por sua causa, acreditou que eu era, acredita que

---

54 Cf. M. Baratto, *Le Théâtre de Pirandello*.
55 *A Excluída*, p. 14-15.

sou e acreditará que sempre serei, mesmo que eu aceitasse o seu arrependimento. É tarde demais, compreende? Estou perdida! [...]
– Com que então é verdade! E eu que cheguei a pensar que... Eu que vim até aqui, que vim pedir-lhe perdão... Mas, agora, confesse, antes também, não foi mesmo? Diga, fale, com ele?
– Não! Pois então não compreende que você, sim, você mesmo, com as suas mãos, e todos, todos com você, me reduziram ao ponto de aceitar ajuda dele? Que você e todos os mais fizeram com que eu só por meio dele tivesse a minha vida, dele só recebesse, através da minha amargura e de tantas injustiças, uma palavra de conforto, um ato de justiça? Ah! Não, você não pode me jogar nada na cara, nada, entende, absolutamente nada!
[...]
– Eu perdôo... eu perdôo...[56].

O romance *A Excluída* inicia quando Rocco Pentagora surpreende sua mulher, Marta Ajala, lendo uma carta de Gregorio Alvignani, um admirador secreto. É a partir desta descoberta, uma mera casualidade, que se desenvolve a história da excluída. Como observado por Carlo Salinari no livro *Miti e coscienza del decadentismo italiano*, de 1962, Pirandello já introduz neste seu primeiro romance o fermento para a dissolução do naturalismo dominante, de Capuana e de Verga. Embora o pai de Rocco (emblema de tudo que há de negativo e institucionalizado na sociedade) acredite numa "marca trágica", o que derruba a personagem principal é um mero fato casual: a leitura de uma carta. Com esta estratégia, o escritor se opõe ao pensamento verista, e determinista, de que existe uma realidade lógica, um movimento da sociedade em seu conjunto, determinante da sorte de cada indivíduo. Não será a realidade social, objetiva e científica, que determinará a sorte do personagem. Marta será derrotada simplesmente por um fato traiçoeiro, por um ardil do acaso: a descoberta por seu marido das cartas de seu admirador secreto. Agora, a interpretação deste fato isolado, por seu marido, por sua família e pela sociedade, é o que "realiza", concretiza a tal "marca trágica", precipitando assim todos os acontecimentos posteriores. Muitos anos depois da escritura do romance, em 1931, Pirandello faz uma comparação entra a arte do humorista e a arte de Verga:

[56] Idem, p. 246.

O mundo não se organiza por ele mesmo numa realidade, se nós não lhe dermos uma. E assim, como fomos nós que a produzimos, é natural que se explique que ela não pode ser diferente. Precisaria duvidar de nós mesmos, da realidade do mundo posta por nós. Para sua sorte Verga não suspeita disso. É exatamente por isso que ele não é e nem pode ser, no sentido verdadeiro e próprio da palavra, um humorista[57].

Em Verga, a partir da novela *Nedda: bozzetto siciliano*, de 1874, os estratos pequeno-burgueses e populares da província italiana (Sicília) são representados a partir de um olhar determinista, isto é, os esquecidos pela sorte e os oprimidos são dissecados em seus aspectos históricos e sociais e, não importando o que façam, sempre serão derrotados por sua herança social. Assim, a figura feminina em Verga irá enfrentar toda a sorte de preconceitos, de honra e de pudor, impostos pela sociedade, e sempre será vencida pelo ambiente social. Os personagens de sua fase verista já se encontram de antemão vencidos, porque, antes mesmo de lutar, eles já foram derrotados pelo determinismo social e histórico. Em Verga, e nos veristas de um modo geral, os excluídos e os oprimidos possuem uma marca, um sinal: ter cabelos vermelhos, ser órfão, ser acometido por uma insatisfação sexual, a desgraça econômica, e por aí vai. Já o humorista, que não acredita em uma única verdade, vê a realidade como uma construção humana: a "verdade" do mundo, que é uma ilusão, muda conforme o tempo, o lugar e a ocasião. O que é o justo? O que é o falso? Não há uma resposta definitiva para estas perguntas. Por isso o humorista não pode levar tão a sério a vida que gira ao seu redor (nem a dele mesmo). Ainda que o humorista perceba a derrota como inevitável, já que não consegue entrever uma via de saída que não seja o autoisolamento, ele, com sua amarga lucidez, tentará demolir os alicerces da sociedade, sacudindo seus contratos sociais.

A traição amorosa, preferencialmente feminina, é um tema comum tanto para os romances veristas italianos, quanto para os dramas naturalistas ao final do século XIX[58]. Como nos mostra

---

57 Discorso alla Reale Accademia d'Italia, *Saggi, poesie, scritti varii*.
58 O verismo, faceta italiana do naturalismo, começou a se impor na Itália por volta de 1870, dominando absoluto entre 1875 e 1890. Seu maior teórico foi Luigi Capuana. Com o verismo, o universo dos fracassados e dos oprimidos

a história, os maiores crimes contra a mulher são cometidos em nome da honra e do amor próprio masculino. Vítimas de uma sociedade pequeno-burguesa que as oprime, particularmente no plano sexual, a figura feminina terá um lugar privilegiado na obra do dramaturgo, especialmente em sua produção tardia e nos dramas inspirados em Marta Abba. De forma geral, até hoje, o tema é muito utilizado na composição de obras literárias em suas mais variadas expressões poéticas. O adultério sempre foi um dos principais argumentos escolhidos pelos escritores para a construção da fábula, seja ela narrativa ou dramática. O olhar e a atitude tomada pelos personagens diante da traição amorosa, sua reação, enfrentamento e medida, é que se modificam em função dos estilos, da época e da cultura observada, ou seja, em função do mundo de referência interno e externo do autor. Em relação a Pirandello, o tema da traição amorosa, já na fase dialetal, irá sofrer um forte impacto em seu aspecto reativo: ao final trágico dos dramas naturalistas franceses e veristas, que quase sempre terminam ou com a morte violenta da mulher adúltera pelas mãos do marido traído ou com um duelo de sangue entre o marido e o amante, se sobrepõe um final bem menos sangrento. São inúmeros os "cornos pacíficos da narrativa e do teatro de Pirandello: de Tarará a Ciampa, a Martino Lori, do empregado rural ao escrivão, ao Conselheiro de Estado"; cataloga Sciascia[59]. E completa: os personagens pirandellianos sofreram um processo de sofisticação em relação ao ilícito sexual feminino. Contradizendo a moral convencional siciliana e o tipo de amor próprio do homem siciliano, o escritor abandona a canônica equação ciúme e sangue dos finais trágicos veristas, e faz seus personagens absorverem a traição feminina de uma forma bem mais engenhosa, a partir de elaborados procedimentos racionais.

Sciascia, seguindo sua linha de pensamento de temática siciliana, acrescenta que estes personagens não são incoerentes

---

ganham forma poética. Os temas sentimentais, os ambientes refinados da aristocracia e da burguesia, o artificialismo romântico dos dramas burgueses e dos folhetins perdem espaço para a objetividade e a impessoalidade verista, na sua descrição (fotográfica) da realidade histórica e social do ambiente popular. Cf. Alessandro D'Amico, Il teatro verista e "il grande attore", *Il teatro italiano dal naturalismo a Pirandello*, p. 25-46.

[59] Cf. L. Sciascia, *Opere 1956-1971*. p. 1060. Reportado em M. Onofri, op. cit., p. 71-72.

ao tipo siciliano, como se poderia supor à primeira vista. Enquanto criaturas que buscam refazer as aparências, buscando reconstruir a imagem da honra e do pudor feminino, eles procuram satisfazer o consenso popular, reafirmando assim sua sicilianidade: são os mesmos sentimentos, pensamentos, preferências e as dificuldades inerentes ao homem siciliano. Em vez do septuagenário don Diego Alcozèr, no romance *Il turno* (*O Turno*) de 1895, duelar com um homem muito mais jovem (o que fatalmente o levaria à morte certa) ele resolve raciocinar, refletir sobre a causa e, sem maiores pudores, se aproxima do seu ex-rival Pepè Alletto como se fosse um "advogado" ou intelectual, sem nenhuma emoção:

– Na vida se chora e se ri. Mas como sou velho e não tenho tempo para fazer as duas coisas, prefiro rir. Então, chore você por mim... Pobre don Pepè, não acredita, mas eu me compadeço de ti! Para acabar de uma vez por todas com este embaraço, deixe-me dizer que eu sabia de tudo: sei que depois da minha morte almejava ter a mão de Stellina, e que Marcantonio estava de acordo. Por isso disse *nosso ex-sogro*. Ora que mal existe? Pelo contrário, eu lhe asseguro que ficava feliz com isto, e sabe por quê? Em parte é mérito seu, pois quando se deseja ardentemente a morte de alguém, esta não morre nunca. Você era muito querido para mim, como um amuleto.

E prossegue:

– Diga-me a verdade! Durante a minha doença, você foi ou ao menos se mostrou muito atencioso... sempre aqui, na minha casa, dia e noite... Bem: franqueza, hã? Em algum momento de distração... você, com Stellina...
– Está maluco? Gritou Pepè.
– [...] Não me importa, repito... Um a mais um a menos... Sou filósofo don Pepè! Cinco mulheres, compreendeu! Imagina a floresta sobre a minha cabeça. Certa noite, enquanto você estava a pensar e a suspirar sobre a sacada, fiquei refletindo e a senti crescer, crescer, para cima até o céu... crescer, crescer... Penso que, se eu mover a cabeça, devo incomodar com o cume o sistema planetário... Me servirão de escada, daqui a cem anos, quando morrer[60].

---

60 *Il turno*. Romance publicado em 1902 na Biblioteca popular do editor Gianotta.

O romance *Il turno* narra a história de um acordo de núpcias entre um velho e uma jovem. Don Diego Alcozèr, um homem de setenta e dois anos, muito rico, viúvo pela quarta vez, resolve se casar novamente com uma mulher bem mais jovem que ele: Stellina, filha de Marcantonio Ravì. Trata-se de uma conveniência entre genro e sogro: para don Diego, que odeia a solidão e que teme a companhia noturna dos fantasmas de suas ex-esposas, "uma companhia é uma necessidade maior que o pão", e, como ele mesmo diz, "companhia de gente jovem, bem entendido!". Para Marcantonio, trata-se da "felicidade" de sua filha, pois "raciocinamos", diz o personagem na intenção de convencer os vizinhos a lhe dar razão: "Se don Diego tivesse cinquenta ou sessenta anos, aí não: dez, quinze anos de sacrifício seriam muito para a minha filha". Don Diego Alcozèr é um personagem interessantíssimo, já traz em si, desde a descrição física ao sorrisinho ambíguo, repleto de significados obscuros, a marca dos futuros personagens pirandellianos do teatro de sua primeira fase teatral: magro, sem nenhum pêlo, com uma única madeixa de cabelo bem grande, banhada com uma tintura incerta (quase cor de rosa), a qual, dando voltas, de uma maneira bem estudada, consegue lhe cobrir um pouco melhor o crânio, don Diego foi um grande conquistador; hoje, velho e com medo da solidão, ama estar na companhia da juventude, suportando, "filosoficamente", e com fria inteligência, os risos e as troças dos mais jovens.

*L'esclusa* e *Il turno* são romances meridionais que retratam a maneira do povo siciliano viver a vida, seus costumes e "paixões" tipicamente meridionais. Embora tenham sido escritos com poucos meses de distância um do outro, possuem diferenças marcantes, especialmente na maneira em que enfrentam o tema da condição da mulher na família patriarcal e o tipo de casamento que dela deriva. Luperini analisa que, em *Il turno*, Pirandello enfrenta o tema de forma exteriorizada, com personagens de pouca ou nenhuma profundidade, e, por isso, sem grandes possibilidades de evolução: "prisioneiros de um *tic*, de uma máscara feita de gestos e de comportamentos que se repetem de modo fixo"[61]. De fato, os personagens não

---

61 *Pirandello*, p. 36.

se questionam, não apresentam remorso e nem nostalgia, e muito menos se rebelam contra a situação história apresentada: a jovem Stellina é um mero objeto para as diferentes necessidades masculinas e, no sentido exato da palavra, foi vendida pelo seu próprio pai. Os personagens se movem como fantoches, como máscaras fixas em torno da velha estrutura social burguesa oitocentista e esperam seu "turno" com a jovem Stellina. Mas, observa Luperini, no lugar de um rígido determinismo se observa uma sucessão de acontecimentos imprevisíveis. Os personagens serão atingidos pelo *beffe della morte e della vita* (título de uma significativa coletânea de novelas do mesmo período). Em ambos os romances o inesperado parece rir destes personagens. É o acaso, a sorte (sempre com um sorriso de escárnio no canto do rosto), contra todas as evidências, que decidirá o futuro das personagens. Pepè Alletto poderá usufruir de seu "turno" como marido de Stellina, mas isso não se dará como previsto pela lógica e pela razão, isto é, com a morte do velho Alcózer. O inesperável faz com que o antipático e frio Ciro Copa, ex-cunhado de Pepè, homem jovem e saudável, morra abruptamente logo depois de se casar com Stellina; o que acontece só no final do romance e sem muitas explicações.

As análises destes dois romances de final de século nos ajudam a identificar algumas características e qualidades que irão nortear o futuro personagem "humorista" ou "cerebral" de toda uma produção teatral que vai de 1910 até 1916, correspondente à primeira fase de sua dramaturgia. Nos romances, parece existir uma espécie de força, terrível e cruel, observando os personagens e que, sem muita piedade, testemunha a queda daquele que foi tomado por certezas absolutas. Personagens como Rocco Pentagora e Ciro Copa, fixos em seus papéis, ou se abandonam à corrente que os arrasta (no caso de Rocco a tal "marca trágica") ou orientam suas ações a partir de cálculos e de raciocínios lógicos, como fez Ciro, acreditando-se poderoso e totalmente invencível em seu amor próprio. Ambos serão implacáveis em seus julgamentos. Como grandes advogados, e Ciro Copa é de fato um advogado de carreira, eles não se movem um milímetro para fora de sua cega certeza, seguem numa linha reta, obstinados e certos de que jamais serão derrotados. Mas é neste momento que o inesperado chega para destruir suas ilusões e abrir os olhos daqueles que pensam que podem controlar a vida. Rocco perdoa a esposa grávida de outro homem e Ciro Copa morre de um ataque. Ao final, como não poderia deixar de ser, podemos quase ouvir um risinho de mofa saindo das páginas do romance. Este "risinho" do romance é o que acompanha o personagem humorista no teatro: em sua sapiência, ele observa, sem interferir muito, a queda daqueles que viviam iludidos, ou se diverte fazendo-os girar em torno das suas convicções[62]. Mas ainda estamos muito longe daqueles "pensamentos estranhos e inconfessáveis a nós mesmos" que foram descritos em "O Humorismo"; ainda é preciso esperar por aqueles seis personagens refutados.

A dramaturgia pirandelliana da primeira fase, como sugerido por Corrado Alvaro, se orienta fundamentalmente por um filão de literatura meridional: são peças que colocam em cena humilhados, oprimidos, frustrados que defendem duramente um resto de dignidade[63]. Mas, se na realidade do Sul, que o naturalismo de, por exemplo, Verga havia honestamente constatado, estes personagens eram fatalmente derrotados, em Pirandello, personagens como Toti, Ciampa, Chiarchiaro, Bonavino, Zi' Dima, Bellavita, conseguem, usando de astúcia e com atitudes imprevisíveis, virar o jogo contra os seus perseguidores. Se o drama verista exige o triunfo da "ordem moral" estabelecida pela sociedade, ou seja, o triunfo do *coro* (para usarmos uma expressão de Mario Baratto), da resignação e do conformismo moral, e consequentemente a derrota do "fraco", Pirandello exige a reviravolta total no destino deste. O personagem pirandelliano se desvia de sua matriz, a do personagem verista, para se vingar de seus opressores. Todo este teatro da

---

[62] André Bouissy analisa o personagem humorista pirandelliano enquanto *personagem alter-ego*, e o define como motor da revolução dramatúrgica pirandelliana: "o ato que anuncia a grande aventura da revolução pirandelliana é, a despeito dos preceitos de objetividade naturalista, a introdução de um personagem socrático, porta-voz do autor, decidido a convencer 'os outros' da sua loucura. Este personagem, em incubação nas peças de inspiração dialetal, conquistam uma função e um estatuto original em *Cosi è (si vi pare)*. Mas se destina a outras transformações", Riflessini sulla storia e la preistoria ..., op. cit., p. 2.

[63] Cf. C. Alvaro, Appunti e ricordi su Luigi Pirandello, *Arena*, n. 1.

primeira fase se desenvolve objetivando a desordem dos valores e dos papéis obrigatórios, sempre com a triunfal derrota do coro opressor. As situações dramáticas são criadas para dar relevo à lucidez do personagem humorista, ou "isolado", e a sua pretensa "loucura" se revela assim como a face insuspeitável do bom senso. A imobilidade do coro, este antagonista feroz do *homem só,* suas opiniões cristalizadas em torno de uma pretensa realidade, serve para demonstrar que a razão está sempre com o personagem isolado.

Em uma carta de 20 de julho de 1891, escreve Pirandello: "Habilitado a livre docência de filologia românica, procurarei imediatamente uma ocupação qualquer; mas fora, fora da Itália, fora deste país, no qual devo me envergonhar de dizer aquilo que sou e aquilo que sinto"[64]. No dramaturgo, a experiência do mundo real sempre será negativa, por isso a ideia recorrente de fuga. Como dirá, anos mais tarde, Moscarda, protagonista do romance *Um, Nenhum e Cem Mil*: "o sêmen lançado por aquele homem, meu pai, sem vontade; o meu vir ao mundo, daquele sêmen, involuntário fruto daquele homem, ligado àquele ramo, expresso por aquelas raízes"[65]. Segundo Bouissy, o trauma do nascimento, a repugnância em se inserir em uma descendência, o sentimento de estranheza e de despertencimento, em outras palavras, a temática da pressão social contra o indivíduo isolado, caracteriza o véu de proteção que dissimula o narcisismo do personagem humorístico[66]. Nesta primeira fase de sua obra, os pensamentos estranhos e inconfessáveis, tão abertamente declarados em "O Humorismo", ainda não tinham encontrado uma forma teatral propícia para se manifestar. Até *Seis Personagens* nenhuma manifestação do sonho, nenhuma alucinação, nada de fantástico

---

64 *Lettere della formazione, 1891-1898*, p. 67.
65 *Um, Nenhum e Cem Mil*, p. 83.
66 Em suas análises, Bouissy qualifica o personagem humorístico, *cerebral*, de *narcisista*: "uma das características do narcisista é expressar continuamente os próprios sintomas sem conseguir progredir até uma resolução, ou por falta de um conflito para resolver ou porque se subtrai ao momento do combate", op. cit., p. 36. Se pensarmos somente na estrutura dramática usada por Pirandello, sem questionarmos o termo em sua função psicanalista, o comportamento isolado por Bouissy para definir o personagem humorista é brilhante. Os procedimentos usados pelo dramaturgo quase sempre impedem ou adiam o conflito final entre os personagens.

ou surreal: "na trama cerrada no discurso lógico, no retículo da verossimilhança nenhum rasgão que permita ver o inconsciente palpitar"[67]. No entanto este "primeiro" personagem humorístico deve ser analisado para compreendermos inteiramente as declarações finais de Pirandello em *Os Gigantes da Montanha*.

## A LUZ DA OUTRA CASA

> *Dizia um cego: no entanto não é esta a verdadeira escuridão. Uma outra, bem maior, para a qual todos nós somos cegos, que também é funesta: cegos para a vida e para a morte*[68].

A terrível escuridão descrita pelo poema posto em epígrafe, a morte, a consciência de que ela é o nosso destino final, é o que impulsiona o personagem humorista a renunciar, a fugir de todo embate ou conflito. Por que se debater se logo ali na frente a ameaçadora morte, ou algum outro evento inesperado, pode destruir todos os seus sonhos? Para que lutar? pergunta-se o humorista. Sua atitude diante da vida será a de um observador, de um espectador, que espera sempre à margem. A sentença reaparece no romance *O Falecido Mattia Pascal*, que além de ser a primeira experiência prática do humorismo, fornece, em suas duas *premesse* alguns de seus pressupostos teóricos: "Copérnico estragou a humanidade irremediavelmente. Agora, todos já nos adaptamos, aos poucos, à nova concepção de nossa infinita pequenez e a nos considerarmos menos do que nada no Universo, com todas as nossas lindas descobertas e invenções"[69]. Nesta afirmação se observa o mal-estar e o sentimento de inutilidade e de impotência que assola o personagem humorista, e que o paralisa. Sabemos que a morte significa, entre outras coisas, a perda da identidade, a irremediável desaparição do sujeito, e, para esta escuridão que nos aterroriza, o Senhor Anselmo contrapõe sua "concepção filosófica":

---

67 Idem, p. 37.
68 L. Pirandello, *Taccuino di Harvard*, p. 8.
69 *O Falecido Mattia Pascal*, p. 14. O romance foi publicado em 1904 em *Nuova Antologia*.

Para nossa desgraça, nós não somos como a árvore, que vive sem se sentir a si mesma, e para quem a terra, o sol, o ar, a chuva, o vento não parecem coisas que ela não é: diferentes dela, amigas ou prejudiciais. A nós, ao invés, coube, ao nascermos, um infeliz privilégio: o de sentirmo-nos viver. [...] Uma lanterninha que cada um de nós traz acesa dentro de si; uma lanterninha que projeta, em nosso derredor, um círculo mais ou menos amplo de luz, para além do qual acha-se a sombra negra, a sombra assustadora, que não existiria, se a lanterninha não estivesse acesa em nós, mas que nós devemos, infelizmente, julgar verdadeira, enquanto a lanterninha se mantém viva em nós. Apagada, por fim, com um sopro, a fonte luminosa, seremos acolhidos por aquela sombra fictícia, pela noite perpétua, após o dia enfumaçado da nossa ilusão, ou não ficaremos, de preferência, à mercê do Ser que somente terá partido as formas vãs da nossa razão? [...] Se a morte, que nos mete tanto medo, não existisse? Se fosse tão só não a extinção da vida, mas o sopro que apaga em nós a lanterninha, ou seja, o infeliz sentimento que dela temos? É um sentimento penoso, assustador, porque limitado, definido por este círculo de sombra fictícia que se acha para lá do pequeno âmbito da escassa luz, que nós, pobres vaga-lumes perdidos, projetamos em torno a nós e em que a nossa vida fica como que aprisionada, como se fosse excluída por algum tempo, da vida universal, eterna, na qual parece-nos que algum dia deveremos reentrar. O limite é ilusório, é relativo ao nosso pouco lume, o da nossa individualidade: na realidade da natureza, não existe[70].

A luz da "lanterninha" simboliza a dificuldade do personagem pirandelliano em sair de si mesmo, de olhar para fora, para além de seu pequeno "lume". Novamente a imagem opressora de uma falta de horizonte, esta imensa área de sombra e de escuridão, que mantém o personagem fechado em si mesmo. A luz estabelece uma fratura, uma fronteira entre a personagem e o mundo, que ele não quer reconhecer e tão pouco se inserir. Se, por acaso, a luz desta lanterninha se apagasse, a sombra (tudo aquilo que lhe é estranho) decretaria a morte do personagem, anulando sua personalidade, ou o libertaria da fascinação de seu próprio espelho? O Sr. Anselmo vai dizer que a sombra é mais uma ilusão criada por nós mesmos que, por uma fundamental necessidade, escapa à própria razão que a criou. Esta é uma informação muito importante, pois insinua

70 Idem, p. 182-186.

que não existe um controle absoluto sobre aquilo que criamos, e que o mundo de fora é apenas uma ilusão; o que significa, em outras palavras, que cada um cria uma realidade diferente e que por isso estaríamos isolados em nós mesmos. Contudo, para poder existir, o personagem dramático precisa "criar" este mundo, ele precisa sair de seu autoisolamento e gerar o conflito. E aqui já se processa, de forma teórica, os pressupostos que irão deflagrar uma futura evolução no personagem dramático: O personagem romântico lutava contra a sociedade, a natureza ou contra Deus; era vencido, mas sua integridade psicológica permanecia intacta. No drama naturalista o personagem, determinado pelo meio, reduzia o seu conflito a um problema de adaptação aos códigos e leis sociais, sendo sempre vencido por eles, mas também não perdia a própria identidade. Em Pirandello, relembrando Mario Baratto, os personagens passam a não existir mais por eles mesmos. Sem uma identidade pré-estabelecida, eles se definem pelo conflito imposto pelo coro. A evolução do seu processo de isolamento causa a perda da identidade do personagem. Esta é, em resumo, a causa e a evolução comandada pelo personagem humorista, e sua consequente falta de interesses, político, social e cultural[71].

Este sentimento de exclusão, que sempre acompanhou Pirandello, encontra fermento ideológico em Roma, cidade onde iniciou sua carreira literária. Na cidade romana, Pirandello frequenta um ambiente literário formado por um grupo de intelectuais (Ugo Fleres, Giuseppe Mantica, Ugo Ojetti, Giovanni Alfredo Cesareo e Luigi Capuana) que ainda mantinham certo vínculo com a formação positivista e provinciana. O grupo – escreve Luperini – que em 1897 criou a revista *Ariel*, parece nascer de uma agregação de amigos, reunidos por uma exigência de autodefesa. Frequentado, sobretudo por sicilianos, era um núcleo de resistência que tomava conhecimento da crise do positivismo, gradualmente se afastando de tais posições, mas que, por outro lado, não tinha a intenção de

---

[71] Esta falta de interesse político-social-cultural se abranda em sua última produção dramatúrgica em função da atriz Marta Abba. Na busca de um teatro que possa servir à atriz e ao seu propósito artístico-cultural de mudança de paradigma em relação à profissão, o dramaturgo termina por tomar partido, se colocando ao lado da personagem atriz. *Trovarsi* seria seu maior emblema.

aderir às novas concepções, fossem às do simbolismo ou do irracionalismo decadente, ou, mais tarde, do neo-idealismo filosófico de Benedetto Croce: "A solidão cultural de Pirandello, que para estes novos movimentos sempre permaneceu alheio, encontrava no ambiente romano uma confirmação"[72].

No grupo, que se manteve propositalmente isolado dos outros intelectuais, Pirandello pode desenvolver sua sicilianidade: certo patriotismo oitocentista, uma racionalidade nunca intelectualmente satisfeita, a fé na demonstração lógica de um tema. Afinal, seja o ensinamento de Verga e Capuana, com a consequente herança positivista, seja o leopardismo, eram traços comuns entre Pirandello e seus amigos da revista *Ariel*. Além do que, o ambiente romano foi um observatório privilegiado para Pirandello analisar a crise dos velhos valores e das velhas ideologias, ou seja, a crise de uma geração inteira que nos últimos vinte anos do século entrava em decadência. É a tomada de consciência de uma crise geral, de um mal-estar intelectual não apenas individual, mas coletivo.

A consciência de que o mundo é uma ilusão criada pela nossa própria razão ("a realidade é uma para cada um e nunca a mesma para todos"), esvazia a vida de um sentido original, mítico ou sagrado. Luperini observa que a instância crítico-negativa de sua poética (do período humorístico) é fortíssima, e a mesma tradição do positivismo siciliano – aquela que ele podia tomar de empréstimo a Capuana, Verga e reencontrar em De Roberto – o induzia a entender a ciência mais como potência desmistificadora, capaz de destruir mitos e crenças, do que uma razão de esperança, de melhoramento ou de progresso. Mas, por outro lado, a arte se apresenta ao jovem Pirandello como uma compensação para a falta de sentido da vida: "nele, a carga negativa do pessimismo siciliano se encontrava com a influência de Leopardi, talvez muito mais decisiva – pelo menos no que tange à 'filosofia' de Pirandello e em particular o seu relativismo – do quanto até agora se tinha pensado"[73]. No epistolário de sua juventude já se observa

---

72 R. Luperini, op. cit., p.12.
73 Idem, p. 10-11. Sobre a influência de Leopardi em sua obra, é o próprio Pirandello quem cita: "Uma outra ideia, da qual não reivindico a invenção e que está sempre presente na minha obra, é aquela que o nosso grande poeta

alguns dos pressupostos descritos em O Humorismo, seja a consciência da falta de um sentido universal (e a justa fuga para o estudo e a arte como forma de compensação), seja a percepção da copresença de vários desejos contraditórios na alma (causando um duplo sentimento de estranheza, em relação aos outros e também a si mesmo). Desde jovem o escritor irá se debater sobre aquela sua famosa frase: "a vida ou se vive, ou se escreve". Viver a vida ou escrever sobre a vida, mantendo-se dela afastado? Ou talvez, amar ou escrever sobre o amor e, pela arte, jamais experimentá-lo? Em 1894, Pirandello escreve duas interessantíssimas cartas para Antonietta, sua futura esposa:

> É impossível que você não me entenda, minha Antonietta, e não me siga por esta via nobilíssima pela qual o destino deseja conduzir-me: a via da Arte. Você se entusiasmará com este fogo puríssimo e o seu coração se ampliará com a visão deste meu alto ideal. Da tristeza que a Arte sempre delega você me compensará com o seu amor, e você será a fonte na qual conseguirei energia e vivacidade nos momentos de desconforto e abandono. Como vê, também tenho a minha religião, e nenhum devoto nunca foi e nunca será mais fiel e mais puro do que eu.
> [...]
> Agora o sol nasceu para mim! Agora o meu sol é você, você é minha paz e meu objetivo: agora eu saí do labirinto e vejo a vida de forma diferente[74].

O labirinto mencionado pelo escritor significava aquela sua não disfarçada falta de interesse pelas coisas materiais da vida, ou por um ideal, uma rotina, ou uma ocupação, sem as quais, por outro lado, a vida parecia sem sentido, uma grande *pupazzada*. Mas a felicidade com Antonietta não durou muitos anos. Em 1903, a trágica notícia do alagamento da mina de

---

Leopardi muito genialmente desenvolveu no poema *La ginestra*". Cf. Sono io un distruttore?, *Il dramma*, n. 200, p. 41. O poema descreve o espanto do poeta diante da planta que cresce ao lado de um árido vulcão e de lá, agarrada na rocha, retira o alimento para sua existência, ignorando o ameaçador vulcão que a qualquer momento poderá matá-la).

74 As cartas foram reportadas, em M. L. A. D'Amico et al, op. cit., p. 79 e 82 respectivamente.

enxofre torna ainda mais evidente o distúrbio nervoso de sua esposa, provocando uma paralisia em suas pernas. O magro estipêndio que Pirandello ganhava como professor não era suficiente para sustentar mulher e três filhos. Assim, nosso escritor passa a considerar a literatura, que havia se aproximado de modo desinteressado, enquanto estratégia de fuga ou compensação para sua falta de objetivos, como uma necessária fonte de renda. Deste quadro de falência financeira, em 1904, nasce *O Falecido Mattia Pascal*. O romance é um sucesso (logo seria traduzido para o francês e o alemão) e lhe abre as portas para uma importante editora da época, a editora Treves. Mas as dificuldades econômicas permaneceram e a saúde mental de Antonietta se agravava dia a dia, alternando períodos de calma com dias de grave crise. Em uma carta à irmã Lina em 1906, Pirandello desabafa:

> O meu destino é realmente trágico, minha Lina. E para mim não tem escapatória. Fui atingido nos mais sagrados sentimentos e a vida perdeu todo seu valor aos meus olhos. Vivo unicamente não tanto pelo auxílio (pouco posso ajudar), quanto pela defesa dos meus filhos. Tenho a Arte, é verdade. Esta respondeu, ao menos um pouco, às minhas aspirações. Mas qual satisfação dela me veio? Posso estar contente? Todavia, ela é o que me resta. E se pensar nos meus filhos desafortunados me atormenta, encontro nela algum repouso e algum conforto[75].

Diante de tanta crise, Pirandello se refugia novamente na arte. Estamos a um passo de "O Humorismo". O sentimento de que a vida, sua própria vida, não faz nenhum sentido é decantado no romance *O Falecido Mattia Pascal*. O acaso dá ao personagem Mattia a oportunidade de experimentar sua própria "morte" (o que significa a possibilidade de um isolamento radical). No décimo capítulo do romance, o protagonista explica por que escolheu Roma para se esconder: "Escolhi Roma porque gostei mais dela do que qualquer outra cidade e, além disso, porque me pareceu mais apropriada para hospedar com indiferença, entre tanta gente de fora, um forasteiro como eu"[76]. Um viajante, um estrangeiro que perambula incógnito

---

75 Idem, p. 104.
76 *O Falecido Mattia Pascal*, p. 127.

pelas ruas de uma cidade como Roma deseja ou não existir para os outros, se alienando da sociedade, ou deseja conquistar uma nova identidade. E Mattia, que ainda não está pronto como Moscarda para abdicar definitivamente de uma identidade e voluntariamente afundar numa solidão que aos outros parece loucura, termina por inventar para si um novo nome: Adriano Meis. Uma nova identidade, sem nenhum passado, totalmente diversa, feita de novas experiências. Se, como pensa Mario Baratto, o personagem humorístico se define pelo conflito imposto pelo coro, e nunca por ele mesmo, isto é, são os outros que fazem com que ele exista negando o seu isolamento, Adriano Meis, em breve, estará em uma grande enrascada. Ao criar uma nova identidade, Mattia, necessariamente, acendeu aquele pequeno "lume" responsável por nossa existência autônoma, mas também gerou entre Adriano e o mundo uma fratura que só o conflito poderá resolver. E se Adriano Meis existe para o mundo, este mundo fatalmente irá se voltar contra ele (na ideia de um coro contra o indivíduo isolado).

A elaboração da própria morte pelo sujeito é o tema do romance *O Falecido Mattia Pascal*. Morrer para encontrar o novo. Esse é o desejo de Mattia: "Todavia, não seria o mesmo, afinal, também noutro lugar?"; questiona-se o próprio personagem. Mattia que inventou a própria morte com a esperança de tornar-se outro, de existir; em uma vida autônoma e totalmente nova, percebe que na verdade esta "nova vida" jamais poderá de fato existir, tanto ela quanto a outra estão comprometidas pelos seus perseguidores. No romance, a pressão social imposta a Adriano foi tão grande que Mattia se viu obrigado a renunciar e a anular a vida de seu personagem. O direito a uma existência autônoma, com Adriano, será novamente negado a Mattia, e ele testemunhará a personalidade individual de seu personagem ser expropriada pelo coro opressor. Depois de lutar inutilmente pela sua individualidade, Adriano Meis é derrotado, reduzido ao silêncio e finalmente se transforma em um fantoche, sem função ou objetivo:

> Outro homem, sim, mas com a condição de não fazer nada! E que espécie de homem então? Uma sombra de homem! E que espécie de vida? Enquanto me contentara com ficar trancado em mim e

ver os outros viverem, sim, pudera, bem ou mal, salvar a ilusão de que estava vivendo outra vida; mas agora, que me abeirava desta, até colher um beijo em dois lábios queridos, era obrigado a retirar-me dela, horrorizado, como se houvesse beijado Adriana com os lábios de um defunto, de um defunto que não podia reviver para ela![77]

Adriano Meis se transformou em uma carcaça seca, pesada, vazia e inútil; a solução será decretar a sua morte: "Eu não devia matar a mim, um morto, mas devia matar essa insana, absurda ficção que me torturava, que me martirizava durante dois anos, esse Adriano Meis, [...] esse Adriano Meis é que eu deveria matar"[78]. Mas, e quanto àquela reviravolta prevista para os personagens pirandellianos e que os afastam do conformismo moral verista? Conforme observado, o coro, este antagonista feroz que persegue o personagem considerado excêntrico ou "louco", jamais triunfa no Pirandello da primeira fase. A astúcia do humorista é justamente transformar o mal que lhe fizeram em um bem, isto é, na sua vingança:

Mas devia passar em branca nuvem a afronta daquele patife? Atacara-me à traição o covarde! Eu estava bem certo de que não tinha medo dele. Mas não eu, não eu, e, sim, Adriano Meis recebera o insulto. E agora justamente Adriano Meis matava-se[79].

Para Mattia não interessa se vingar dos perseguidores de seu personagem que, como ele mesmo diz, deve ser feito de estopa, papelão e tinta. Seu alvo era sua própria família, a família de Mattia Pascal. A verdade é que sua mulher e sogra jamais se interessaram em saber se aquele corpo encontrado sem vida era de fato o corpo de Mattia, elas queriam era se livrar daquele marido e genro inútil e desprezível, e com grande alívio confirmaram e aceitaram sem questionar, e sem nenhum sofrimento, a sua morte. A vingança de Mattia será o seu próprio renascimento.

O desenvolvimento da vida prática com Adriano Meis deixou em pedaços o sonho de uma existência livre e autônoma. Sua breve vida serviu para abrir os olhos de Mattia sobre a real,

---

[77] Idem, p. 211.
[78] Idem, p. 246.
[79] Idem, ibidem.

e miserável, condição da vida humana ("esta tristíssima bufonaria"). Embora soubesse, em seu interior, que todos os projetos e ideais estão destinados a se corromper, e que como eles sua existência individual e psíquica é também instável, Mattia preferiu refugiar-se desta verdade criando para si um personagem perfeito. Se deixando levar pelo fluxo das ilusões e das falsas esperanças, ele acreditou que estava protegido desta realidade fragmentada e contrastante, mas seu personagem se revela um fantoche, um homem de papel. Desperto do sonho da possibilidade de uma vida original e perfeita, Mattia percebe que o personagem que ele tem nas mãos está quebrado, e que dele não sobrou nada além de ruínas. A visão pessimista do humorismo aflora na ideia de que estamos condenados a viver numa eterna prisão, podendo, no máximo, passar de uma prisão para outra. Mas, por outro lado, com a consciência de que nada é eterno ou durável, o humorista adquire a agilidade para mudar de opinião e se adaptar a novas realidades, não se deixando mais "enganar". Exatamente como a pia de água benta que lhe serviu de cinzeiro, o personagem abandona Adriano e se transforma novamente em Mattia, mas desta vez saberá usar o imprevisto (sua ressurreição) em benefício próprio.

Luperini destaca que o humorismo de Pirandello está em sintonia com a arte moderna por ser também uma poética da dissonância e da contradição, afastando-se assim da concepção organicista tanto da arte clássica (da arte como harmonia) quanto da romântica (na ideia de composição da paixão): "aquela ordem e aquela coesão que Séailles invocava, e que o próprio Pirandello via como qualidade da 'obra de arte comum', não podem pertencer à arte moderna, que tende a ser, inversamente, uma arte da cisão e da contradição"[80]. No ensaio "Un critico fantastico", de 1905, Pirandello descreve o humorista usando uma bela imagem musical, *fuori di chiave* (desafinado): no humorista os contrários coexistem e sua arte é a expressão desta contínua luta de vozes dissonantes[81].

80 R. Luperini, op. cit., p. 20.
81 "Acreditem, não pode ser feliz a condição de um homem que se encontra quase sempre *fuori di chiave*, sendo ao mesmo tempo violino e contrabaixo; um homem cujo um pensamento não pode nascer sem que de repente lhe nasça um outro oposto, contrário", Un critico fantastico, *Saggi, poesie, scritti varii*, p. 363.

Neste ensaio sobre o crítico Cantoni, o escritor se mostra consciente do fato de que a arte moderna nasce da reflexão e da contradição. Contudo, a visão de mundo pirandelliana – o pessimismo e a perspectiva relativista – não deve ser apreendida como uma visão geral da arte moderna, ou mesmo confundida com uma "filosofia"; ela advém de uma experiência particular de vida que acabou encontrando um solo fértil neste período de crise. O aprofundamento da relação entre sentimento e reflexão, que está na base do posterior ensaio "O Humorismo", resulta da observação de um aspecto da vida: o mal-estar ante a desagregação. Em "Un critico fantastico", Pirandello vai explicar quem é o humorista:

> Uma experiência amarga da vida e dos homens. Uma experiência que, se por um lado não permite mais ao sentimento ingênuo ali pousar (na arte) e de lá se elevar como uma cotovia para lançar seu trinado no sol, sem que imediatamente essa (a consciência) a prenda pelo rabo no ato de levantar vôo, por outro lado o induz a refletir que a tristeza dos homens se deve à tristeza da vida, aos males de que essa é plena e que nem todos sabem ou podem suportar[82].

O humorista é aquela pessoa habituada ao longo e doloroso exercício de reconhecer, sempre e imediatamente, todo conhecimento e todo valor como provisórios e não confiáveis. Ele sabe que também é impossível confiar nos impulsos interiores, já que não possuem nem estabilidade e nem permanência. O seu comportamento crítico "desmonta" espontaneamente todas as imagens e os sentimentos (ingênuos) percebidos por ele. Submetendo-os a uma crua reflexão, ele reconhece imediatamente seus aspectos parciais e provisórios. O humorista é "um homem cujo um pensamento, ou um desejo, não nasce sem que imediatamente lhe nasça um outro, oposto"; descreve Pirandello no artigo "Un critico fantastico". Os sentimentos ingênuos, a crença nos valores, se tornam impossíveis em função da experiência amarga da reflexão. Nenhuma imagem unida a um sentimento ou a uma emoção escapa à reflexão, esta se insinua e decompõe todo o sentimento em seu contrário: "a reflexão é, sim, como um espelho, mas de água

---

82 Idem, p. 375.

gelada, em que a chama do sentimento não se mira somente, mas mergulha e se apaga, o chiado da água é o riso que o humorista suscita"[83]. Acreditar em um sentimento ingênuo foi o grande erro de Tullio Buti.

Se afastar da vida e se fechar em si mesmo foi o que fez Tullio Buti, personagem do conto "Il lume dell'altra casa" (A Luz da Outra Casa), de 1909. Vivendo pelas sombras da cidade, voltando para casa a "horas mortas", Tullio Buti parecia desejar enganar a vida, e fazia de tudo para despistá-la de seu caminho. No quarto que alugara ninguém sabia nada dele, a não ser que era advogado e funcionário público. Um dia, algo inesperado acontece: uma luz, uma luz inesperada, a luz da outra casa, invade a obscuridade de seu espírito: "era o hálito de uma vida exterior que vinha desfazer as trevas, o vácuo, o deserto de sua existência..."[84]. A luz suave lhe revela uma família pequena reunida em torno da mesa do jantar. A visão daquela intimidade trouxe ao seu espírito uma série de recordações de sua infância, dos poucos momentos felizes que tivera. Tullio Buti ficou ali, no escuro, por vários dias, como um mendigo, a saborear a suavidade daquela luz e a imaginar o sonho de paz e de amor que deveria reinar naquela família. Mas, surpreendentemente, a mulher da casa, às escondidas, começou a vir à janela por sua causa, atraída talvez pelo mistério de sua vida enclausurada, e, abandonando seus três filhos, ela foge com ele. Alguns meses depois, ele e a mulher retornam àquele quartinho e, às escuras, permanecem ali, como dois ladrões, esperando novamente a luz da outra casa:

Dessa luz deviam viver eles, assim, de longe. E a luz apareceu! Tullio Buti, a princípio, não pôde suportá-la. Como lhe pareceu gelada, agora, ríspida, cruel, espectral, criminosa! Ela, porém, com os soluços que lhe borbulhavam na garganta, teve sede daquela luz, bebeu-a de um hausto, precipitou-se para os vidros da janela, apertando o lenço com a boca. Os seus filhinhos... os seus filhinhos... os seus filhinhos estavam lá... à mesa, inocentes... Ele correu a ampará-la nos braços, e ambos ficaram ali, estreitamente unidos, como que pregados espiando [85].

---

83 O Humorismo, em J. Guinsburg (org.), op. cit., p. 152.
84 A Luz da Outra Casa, em *Novellas Escolhidas*, p. 8.
85 Idem, p. 14.

Tullio Buti foi envolvido pela luz da outra casa, uma luz familiar, reconhecível, uma luz que poderia redimir a ordem das coisas, que poderia, por um prodígio, fazê-lo voltar à vida; a mulher, seduzida pela aventura, se deixou envolver pela escuridão, pelo mistério do desconhecido, talvez pelo sabor da promessa do novo, ou talvez para se vingar de uma vida conjugal insípida. Ambos foram tocados por pensamentos e desejos há muito tempo esquecidos, obscurecidos e suspensos. Mas a luz que antes era viva, suave e quente, agora se transformou em uma luz cruel, ríspida e gelada.

O conto em questão pertence ao período de elaboração da poética do humorismo. Sua particular importância vem do fato de que ele, além de narrar a história de um adultério, simbolizado na dialética entre luz e escuridão, relata uma experiência nascida do inconsciente. Tullio e a mulher da outra casa se apaixonam, ela foge com o amante e perde o direito de ver seus próprios filhos. O conto não explica porque os dois, que só se conhecem apenas de longe, numa troca de olhares furtivos pela janela, resolveram viver uma inesperada relação de amor, largando tudo para trás. Mas isso não é o fundamental. O que devemos extrair do conto é a forma como ele apresenta "as características colhidas nas manifestações mais incongruentes" e "a vida nua, sem uma ordem aparente, plena de contradições", exigidas pelo ensaio "O Humorismo". Nem Tullio nem a mulher saberiam explicar porque se deixaram levar. O desejo entre eles é representado de uma forma tão inconsistente quanto os sonhos: um delito quase inocente, involuntário até. Eles não pensam, não se questionam, é como se uma força obscura os impulsionasse um em direção ao outro. E do adultério, cometido sem pensar, nascido na sombra da consciência, se insinua o fantasma da culpa e do remorso; reflexo de uma educação puritana. Se na narrativa pirandelliana ao início do século xx já é possível observar uma representação do inconsciente, no teatro de sua primeira fase, centrado no discurso lógico, e pelo qual o personagem se apresenta como pura razão, isto ainda era impossível. Mas continuemos com nossas análises referentes ao personagem humorístico, agora buscando sua categoria de "anti-herói".

## CARTA AOS HERÓIS

Claudio Vicentini e Romano Luperini afirmam que das obras de Goethe, Pirandello assimilou um dos princípios fundamentais da estética romântica[86]. Segundo este princípio, que reinou absoluto durante todo o período oitocentista, a criação artística é em tudo similar à formação dos produtos naturais. Karl Philipp Moritz e Goethe sustentavam que a criação estética, assim como uma planta, também nasce de um "embrião". Um som, uma imagem, uma cor, uma palavra, atingem o artista provocando uma emoção; ele, com o seu mundo interior (o terreno fértil), nutre este embrião e o desenvolve com a sua própria riqueza espiritual, sem no entanto interferir ou mesmo modificar o desenvolvimento da criação: a obra não deve ter nenhuma interferência externa e se realiza de forma orgânica. Seguindo este princípio romântico, a atividade artística desenvolve um "aperfeiçoamento" da natureza, pois, *in natura*, elementos externos, raios, tempestades, geadas, interferem em sua perfeita realização. Poucos organismos, em seu confronto com a dura realidade do mundo físico, conseguem completar de forma perfeita o projeto inicial. O artista deve ser capaz de realizar, no mundo de sua fantasia, aquilo que a natureza, por sua intrínseca fraqueza ou por impedimentos naturais, não conseguiu desenvolver, permanecendo somente na intenção. O produto artístico seria assim superior aos fenômenos naturais, já que os "aperfeiçoaria". Capuana e Séailles, que seguiram por esta via da superioridade da criação artística, também influenciaram a formulação estética pirandelliana do humorismo. Para Capuana a arte, em sua superioridade, "purificava" a natureza, eliminando os absurdos e as misérias provocadas pelas ações cegas do acaso. E Séailles entendia a criação artística como seleção e concentração daquilo que era essencial: eliminando as coisas insignificantes e as idiossincrasias, se produzia um "pequeno mundo" coerente e unitário, "menos real, mas muito mais verdadeiro" do que o mundo natural. Estes são essencialmente os termos em que Pirandello, no ensaio "O Humorismo" e em todos os outros

---

[86] Cf. C. Vicentini, *Pirandello il disagio del teatro*; R. Luperini, op. cit.

escritos teóricos produzidos em torno de 1908, apresenta e descreve o processo artístico[87].

Pirandello, no ensaio "O Humorismo", não se cansa de repetir que a alma do artista é apenas o "terreno" sobre o qual cai o "embrião" da obra de arte. Embora se nutra dos humores que encontram no artista, seu nascimento e seu desenvolvimento devem ser "espontâneos", e o artista deve respeitá-la, aceitá-la, sem jamais interferir. A iniciativa de todo o processo da criação artística seria assim de responsabilidade da própria obra de arte. Só desse modo a obra se realiza plenamente se constituindo como um mundo superior ao nosso mundo cotidiano: "utilizando as sugestões de Capuana, Goethe e Séailles, Pirandello traça a distinção capital entre o território da realidade material, que 'limita as coisas, os homens e suas ações; os limita e os deforma', e o reino fantástico da arte"[88]. Mas ao assimilar o idealismo romântico, da obra de arte como forma orgânica, autônoma e perfeita – analisa Vicentini –, Pirandello já estava construindo uma atormentada teoria da condição humana, capaz de explicar a crise de final de século gerada com a queda dos valores e dos ideais que até então orientavam a humanidade. A crítica corrosiva do pensamento positivista e racionalista, o conceito da relatividade de todas as coisas, detona um processo de dissolução sobre as antigas certezas morais e os processos psicológicos. Um mal-estar obviamente percebido por Pirandello:

> Para mim a consciência moderna se dá na imagem de um sonho angustiado, atravessado por rápidas larvas, ora tristes ora ameaçadoras; de uma batalha noturna, de uma mistura desesperada, na qual se agitam por um momento e depois desaparecem, para que outras apareçam, mil bandeiras, na qual as partes adversárias se sentem confusas e ameaçadas, cada uma em luta por si, pela sua defesa, contra o amigo e o inimigo. É uma contínua luta de vozes dissonantes, uma agitação contínua[89].

A inquietação provocada pela crise dos valores, os sintomas que emergem a partir da dissolução da ordem e dos princípios

---

[87] Cf. C. Vicentini, op. cit. As traduções de citação de Vicentini são de minha autoria.
[88] Idem, p. 42.
[89] Arte e coscienza d'oggi, *Saggi, poesie, scritii varii*, p. 906.

considerados absolutos, não são meras consequências de um período de crise, observa Pirandello, elas revelam a real condição do ser humano: nossa incapacidade de nos abandonar a normas e a princípios absolutos. Como muito bem simplificado por Vicentini, para nosso autor, "a relatividade de todo conhecimento e opinião, junto ao desesperado e insuprimível desejo de certezas que nos impulsionam a nos refugiar em autoenganos e ilusões, são elementos primários e inevitáveis à nossa vida"[90]. Por esta situação, inerente ao humano, dirá Pirandello, o conflito também será inevitável, pois sobre o homem e o mundo reina o princípio da desagregação, que não destrói apenas as nossas pretensões de estabilidade e de coerência, mas que penetra em nossa alma, em nossa vida interior, até destruir a unidade de toda consciência individual. É sobre esta visão catastrófica da condição humana que o mundo da arte, com obras perfeitas e harmônicas, parece a Pirandello um mundo totalmente apartado da realidade cotidiana. E isto significou um grande problema. Se para Goethe a estrutura profunda da realidade não era diferente daquela da arte, em ambas a atividade criativa se guiava pelo princípio de harmonia e perfeição, em Pirandello o horizonte cultural era totalmente diferente. Com a crise de fim de século, do dezenove, os ideais de harmonia e os princípios organicistas, próprios à cultura da certeza oitocentista, não encontram mais reflexo na vida cotidiana. O artista da crise deveria então reconhecer que o princípio fundamental da realidade em que ele vivia era o da desagregação, da desarmonia, dos contrastes. Um princípio oposto ao da criação artística sob o domínio romântico.

Uma obra de arte perfeita, harmônica e coerente não pode ser extraída de um mundo em plena crise, feito de conflitos e de rupturas. Esta arte seria, na verdade, uma falsificação que esconderia os elementos e as características essenciais deste mundo. Para realizar uma obra de arte perfeita, neste mundo em crise, analisa Pirandello no ensaio "O Humorismo", o artista deve remover toda a tensão e os contrastes profundos da vida interior. Imerso na confusão turbinosa e incoerente da vida cotidiana, o artista, guiado pelo princípio de harmonia, deve então descartar

90 *Pirandello il disagio del teatro*, p. 44.

quase todos os elementos contrastantes, as vicissitudes, as desarmonias inerentes à vida cotidiana, para daí criar a obra de arte perfeita. O resultado – avalia Pirandello – seria um mundo arbitrário e artificial: um "mundo de papel", estranho à realidade, um mundo fantasioso, onde tudo parece em plena harmonia, com seus elementos cuidadosamente escolhidos, mas privados de toda e qualquer "verdadeira realidade". O que Pirandello percebe – escreve Vicentini – é o inevitável conflito entre os ideais estéticos radicados na sensibilidade oitocentista e a nova percepção da realidade inaugurada com o novo século: uma realidade desagregada e contraditória. O próprio movimento das vanguardas, ao início do século XX, chegam para liquidar definitivamente com os conceitos da estética tradicional, colocando em cheque a própria noção de obra de arte. Mas, observa Vicentini, a posição de Pirandello era diversa dos movimentos de destruição das vanguardas, para ele não interessava liquidar com as categorias conceituais tradicionais; até porque ele não acreditava no futuro. O que importava era justamente a crise, o desconforto, a incerteza que nos assola nos períodos de transição: um lugar nenhum, que nos paralisa, que nos impede de voltar e que não nos oferece nenhum horizonte além da própria desagregação. Para nosso escritor, o mal-estar diante da ruína era o traço fundamental da condição humana. Era esta a angústia que a obra de arte deveria assimilar e expressar para ser de fato uma arte autêntica, radicada na realidade.

De frente a este problema, Pirandello realiza, no ensaio "O Humorismo", uma operação teórica extremamente sugestiva, única entre as poéticas literárias do início do século. Mantém corajosamente a noção oitocentista da obra como forma orgânica e completa, coerente e perfeita. Mas tenta, contemporaneamente, introduzir no processo da criação estética o contraste, a ruptura, a desagregação, que são inerentes à vida real. Deste modo emergirá um modelo de obra de arte capaz de refletir em si, na própria regra de sua composição, o desconforto do homem no mundo da desagregação[91].

Em resumo, o projeto estético de Pirandello, o humorismo, se baseia sobre o conceito de que a obra de arte se desenvolve a

---

91 Idem, p. 46.

partir de um "embrião" originário que o autor acolhe em seu íntimo, evitando interferir, com as suas próprias intenções particulares, o seu crescimento. Por isso, o resultado do processo ainda será uma forma "completa" e "perfeita" (na ideia de superioridade do mundo da arte). Mas, salienta Vicentini, a obra de arte que Pirandello chama de "humorística" possui uma característica diferenciada:

nutridas com as qualidades e características de um artista consciente do desconforto da condição humana, envolvidas no jogo dos contrastes conduzido pela reflexão sobre os sentimentos e sobre as imagens, elas apresentam internamente os aspectos da desagregação, da multiplicidade, das contradições[92].

O efeito sobre o leitor de uma obra com estas características será fundamental para compreender, um pouco mais à frente, o trabalho de composição da atriz Marta Abba, também fundamentado no contraste e na desagregação das imagens e das emoções. Uma obra humorística, em seu turbilhão de imagens e emoções contrastantes, impede o abandono do leitor a um sentimento preciso e exclusivo que possa lhe guiar ao interno da obra. Ele quer rir, mas, explica Pirandello, alguma coisa na própria representação turva este mesmo riso. Esta multiplicidade de imagens e sentimentos contrastantes – acrescenta Vicentini – também se reflete na questão estilística da obra, tornando-a completamente refratária a "harmonia" apresentada por obras comuns. Aspectos triviais, particularidades comuns, irão conviver com momentos de insensatez, num jogo de imprevistos e sobressaltos, totalmente adverso ao mundo idealizado e simplificado da arte de um modo geral.

Carlo Salinari também compartilha a ideia de que o humorismo, muito mais do que uma definição conceitual de um aspecto da arte, se trata de uma individuação, em imagem, de um estado de ânimo[93]. Do estado de ânimo de um homem que vem a ser sempre "*fuori di chiave*", "ao mesmo tempo violino e contrabaixo". De um homem no qual cada pensamento é acompanhado de seu contrário, de um homem que não pode

---

92 Idem, p. 47.
93 Cf. *Miti e coscienza del decadentismo italiano*.

abandonar-se aos seus sentimentos (ou desejos) sem que subitamente algo (a consciência, a reflexão) o advirta, causando-lhe um grande mal-estar. Segundo Pirandello, o humorista seria aquele indivíduo que, em função de uma amarga experiência da vida, passaria a observar em si mesmo, e em outras almas, as contradições e os pensamentos mais secretos, normalmente inconfessáveis, para, em seguida, revelá-los um a um. O prazer e a dor do humorista é saber da existência das nossas misérias; ele se compadece diante daquele que se ilude em sua prepotência, se acreditando grande, e que nem mesmo desconfia que a ilusão que mantém nosso pequeno lume aceso pode, com um simples sopro, se apagar de repente e nos deixar como cegos, assim, perplexos diante da vida: "Um dos maiores humoristas, sem sabê-lo, foi Copérnico"[94], conclui Pirandello.

Estamos ou não estamos num invisível piãozinho, para o qual um fio de sol serve de chicote, num grãozinho de areia enlouquecido, que gira e continua a girar, sem saber por que, sem chegar nunca à destinação, como se achasse muito divertido girar assim, para fazer-nos sentir ora um pouco mais de calor, ora um pouco mais de frio, e, no fim, fazer-nos morrer [...] nós, ainda hoje, acreditamos que a lua esteja no céu tão-só para dar-nos luz à noite, tal como o sol de dia, e as estrelas, somente para oferecer-nos um maravilhoso espetáculo. E com muita frequência esquecemos que somos átomos infinitesimais, passamos a respeitar-nos e admirar-nos reciprocamente e somos capazes de engalfinhar-nos por um pedacinho de terra ou de queixar-nos de certas coisas que, se estivéssemos compenetrados do que realmente somos, deveriam parecer-nos desprezíveis misérias[95].

A ilusão faz com que nos vejamos não como somos, mas como queremos ser. Quanto mais se é fraco, prossegue Salinari, mais se sente a necessidade de enganar os outros simulando uma força, ou uma certeza, que não se tem. O humorista revela o jogo e ri complacente, pois sabe que todos nós, por amor-próprio, acreditamos e nos fazemos acreditar que somos diferentes do que realmente somos. Esta teatralidade, que pertence a todos nós, nasce da necessidade de criarmos uma

---

94 O Humorismo, em J. Guinsburg (org.), op. cit., p. 174.
95 *O Falecido Mattia Pascal*, p. 13-14.

identidade, um caráter, uma forma social e com ela fazer uma boa figura, adquirir um elevado conceito sobre nós mesmos, para assim nos orgulharmos de nossa própria dignidade. Buscamos parecer com um modelo social e cultural de uma determinada época histórica e, com isso, dominamos e aprisionamos certos impulsos e desejos não muito "aceitáveis", que ficam lá, soterrados, embaixo de nossa máscara social, como o magma de um vulcão adormecido, mas em constante atividade. O humorista sabe que de uma hora para outra um sopro pode espantar as cinzas e revelar que embaixo de toda aquela matéria morta ainda borbulham aqueles desejos "proibidos" e repudiados pela consciência. Mas, por que todo este esforço para se parecer diferente daquilo que se é? Salinari observa (e esta pode ser uma boa resposta) que a hipocrisia se encontra na base do viver social porque é muito mais fácil, por meio de um código comum, conciliar tendências contrastantes. Mas o humorista não quer a harmonia e por isso se preocupa muito mais com a sombra do que com o corpo:

> O artista comum cuida somente do corpo: o humorista cuida do corpo e da sombra, e talvez mais da sombra que do corpo; nota todos os gracejos desta sombra, como ela ora se alonga, ora se encolhe, quase a fazer o arremedo do corpo, que, no entanto, não a calcula e nem se preocupa com ela[96].

"Sentir-se viver". Esta é a grande diferença entre o herói da tragédia antiga e o herói da tragédia moderna que, descrente de uma verdade universal, suspeita de si mesmo e de seu próprio julgamento. O humorismo significa o abandono da possibilidade trágica (mas não da experiência trágica), pois o geral sempre será visto como grotesco ou ridículo, e também de todo pressuposto de verdade absoluta ou de uma subjetividade capaz de recompor e unificar a realidade moderna, repleta de contradições e contrastes:

> seja a crença em um conhecimento objetivo, seja a crença no poder de um sujeito em condição de dar forma e sentido ao mundo e à própria vida, encontravam sua justificação no antropocentrismo;

---

[96] O Humorismo, em J. Guinsburg (org.), op. cit., p. 177.

derrubado este, entramos na época da modernidade ou do relativismo absoluto[97].

Não é sem razão que Pirandello vai dizer que Copérnico foi o primeiro humorista. Com suas descobertas despertamos para uma nova consciência da condição humana sobre a Terra, e, é claro, as manifestações artísticas e culturais, que vieram após o cientista, não poderiam deixar de retratar a consciência da impossibilidade (da obra de arte ou do artista) de fornecer um sentido justo e universal, válido para todos, que outrora se revelava na figura do herói e na famosa "moral da história". O fim da história já não existe mais, porque não há mais nenhuma verdade para ser revelada, e o herói, nosso salvador e guia, está morto. E se em toda nossa relatividade ainda quisermos nos levar a sério, como os heróis de outrora, nos tornaremos ridículos.

O humorista não reconhece heróis; ou melhor, deixa que os outros os representem; ele, por seu turno, sabe o que é o mito[98] e como se forma, o que é a história e como se forma: composições todas elas, mais ou menos ideais, e talvez tanto mais ideais quanto mais pretensões de realidade mostram; composições que ele se diverte decompondo, ainda que não se possa dizer que seja uma diversão agradável.

O mundo, se não propriamente nu, ele o vê, por assim dizer em mangas de camisa: em mangas de camisa o rei, que vos causa tão bela impressão quando a gente o vê composto na majestade de um trono com o cetro e a coroa e o manto de púrpura e de arminho[99].

"O humorista não reconhece heróis". Em Pirandello a tragédia não é mais possível porque a realidade não significa o absoluto, ela é apenas uma construção humana. Se ainda existe a "experiência do trágico" (inerente ao humano) é porque esta realidade, arbitrária, incongruente e normalmente opressora, será aceita como a vida propriamente dita. Afinal, diz Pirandello, ainda é necessário "iludirmos a nós mesmos com a criação espontânea de uma realidade". Diante desta *realidade*,

---

97 R. Luperini, op. cit., p. 48.
98 Na tradução de J. Guinsburg, que aqui utilizo, em lugar de mito temos a tradução por lenda. Neste contexto prefiro usar a palavra mito.
99 O Humorismo, em J. Guinsburg (org.), op. cit., p. 175.

todos aqueles que optarem, diante do conflito, por uma solução humana, mas não conforme, serão massacrados pelo coro opressor. Assim, o personagem viverá o trágico como uma experiência humana íntima e profunda: a experiência desta *realidade* é trágica porque ela desfia o drama íntimo de um indivíduo (ou indivíduos) que tem como cenário um momento histórico social adverso. O indivíduo isolado é, na verdade um *herói negativo*, pois ainda que declare a inviabilidade do mundo burguês, reconhecendo toda a sua negatividade e mazela, ele não consegue ser portador de um novo ideal, ou de um plano alternativo para substituir a decadente sociedade que ele renega. Enquanto o herói trágico renunciou a si mesmo para exprimir o universal e o homem do renascimento (da fé cristã) renunciou ao universal para tornar-se indivíduo, o humorista vai desmontar o indivíduo, em sua pretensão de univocidade, e o representar em suas incongruências (o futuro deste personagem será a alienação, com a desapropriação de sua individualidade pelos outros). Não é sem motivo que Mattia termina dizendo que só por "distração" ele pôde escrever alguma coisa sobre ele mesmo.

No romance, o senhor Anselmo pergunta: o que aconteceria ao títere que representa Orestes se no momento de sua vingança o céu de papel do teatrinho se rasgasse? – a resposta não poderia ser mais lúcida; o títere ficaria tão horrivelmente desconcertado com aquele buraco no céu de papel que seus braços cairiam. Ou seja, ele não conseguiria mais obedecer aos seus impulsos de vingança. O títere, que se pensava Orestes, se daria conta do que realmente é, ou seja, um títere, um boneco de madeira "recheado" com um nome (uma representação, um conceito). Percebida a cisão entre o corpo do títere (matéria) e o nome Orestes (significado) não resta nada mais do que uma alegoria vazia:

> Felizes os títeres sobre cujas cabeças de pau o céu se conserva sem rasgões! Nada de perplexidades angustiosas, de escrúpulos, de tropeços, de sombras, de piedade: nada! E podem dedicar-se com empenho e tomar gosto à sua comédia e amar-se e ter-se a si mesmos em consideração e apreço, sem nunca sofrer de vertigens ou tonteiras, pois, para suas estaturas e ações, aquele céu é um teto à altura[100].

100  *O Falecido Mattia Pascal*, p. 166.

O personagem pirandelliano só aparece quando se abre uma fratura entre uma vida íntima e um código social, e se tende, instintivamente e não conscientemente, a submeter-se a estas leis de maneira conformista, com os "reflexos" habituais[101]. Sobre um teatro inicial surge então um teatro de "segundo grau", sugere Baratto, com um efeito de surpresa em relação ao anterior. Do "drama" passamos para o "debate sobre o drama", no qual o novo personagem se transforma em um irritante diretor de cena: "ele obriga os outros a aceitar o terreno da reflexão, a 'distanciar-se', por um momento, dos acontecimentos. E os personagens provocados reagem, se defendem, atacam"[102]. Uma lei básica da Teoria do caos afirma que a evolução de um sistema dependerá de sua situação inicial. Se analisarmos o mesmo sistema sob diferentes condições iniciais, ele assumirá outros caminhos, evoluindo de forma totalmente diferente. Se transferirmos esta teoria para a estética de Pirandello, com o pressuposto de que seu teatro estabelece um choque entre uma vida íntima, individual, e uma situação adversa, concluímos que a importância dada ao coro, o poder a ele instituído, é o que irá proporcionar a evolução do personagem pirandelliano. Pois se na sua primeira fase o personagem ainda se mostra extremamente cerebral e racional, beneficiando-se com um julgamento favorável do autor que, diante do conflito imposto pela sociedade, o deixa vencer com sabedoria e astúcia, já que este sempre estará com a razão; na segunda fase este personagem, bombardeado com o acentuado relativismo do autor, obstinado a destruir a consistência dos destinos individuais, chega mesmo a duvidar de sua própria existência. Quando a pressão social chega a um limite insuportável, o personagem termina por renunciar ao direito de uma existência autônoma, calando-se (ou mesmo se matando) ou se fechando voluntariamente num profundo isolamento. Vejamos então como este personagem original, quase extravagante, se comporta diante do coro opressor na dramaturgia pirandelliana do primeiro e do segundo período.

---

101 Cf. M. Baratto, Per una storia del teatro di Pirandello, *Da Ruzante a Pirandello: scritti sul teatro*.
102 Idem, p.140.

A sociedade exige que todos se comportem em concordância com os códigos sociais e as convenções morais estabelecidas. O indivíduo deve parecer respeitável, seguir um modelo de conduta e jamais abandonar o papel que lhe foi concedido (e que é obrigatório). Mas entre parecer e ser existe uma enorme diferença, que de maneira nenhuma é tocada: o que importa é a aparência de cada um, é aquilo que se mostra. Suas paixões, suas fraquezas, as traições conjugais, nada disso precisa ser sufocado, contanto que não ultrapasse a margem entre o público e privado. Salvas as aparências cada um pode fazer o que quiser. Viver em sociedade é aceitar fazer parte de um silencioso pacto social, onde todos os dias, muito respeitosamente, e sem muito ruído, levamos às ruas o "fantoche" nosso de cada dia, máscaras que construímos cuidadosamente a partir dos critérios estabelecidos pela sociedade, a fim de alcançarmos respeito e não perturbarmos muito a ordem local. O velho escrivão Ciampa[103] é um homem inteligente e muito eloquente, mas não é mais do que um velho e pobre empregado do rico cavaleiro Fiorica, com o qual deve dividir sua jovem esposa. A peça é uma demonstração cáustica de que na sociedade o que conta é somente a aparência. De indivíduos passamos a personagens, já que a sociedade reduz as relações humanas, autênticas, a um jogo de papéis. A amargura e a sabedoria de Ciampa é ser consciente da superioridade do "papel" em relação a uma existência individual e, assim, constrói o seu próprio "boneco".

A história de Ciampa começa quando suspeita das pretensões da senhora Beatrice Fiorica em tornar pública a relação extraconjugal de sua jovem esposa com o marido dela, seu patrão, o Cavaleiro Fiorica. Sua reação é afirmar que para a sociedade somos apenas *bonecos*: "todo boneco, minha senhora, deseja ser respeitado, não tanto pelo que acredita internamente, quanto pelo papel que representa externamente"[104]. Se a verdade viesse a público, ele teria que obrigatoriamente representar o papel esperado pela sociedade, ou seja, ele teria que

---

103 *Il berretto a sonagli*, 1916. A peça foi escrita em dialeto siciliano para o ator Angelo Musco e é derivada de duas novelas *La verità* e *Certi obblighi*, ambas de 1912. Em 1918, Pirandello faz a versão em italiano.
104 *Il berretto a sonagli*, em *Maschere Nude* (I Mammut), p. 776.

matar a mulher e o marido de Beatrice. Pois se não o fizesse ele perderia o respeito, e a sociedade vestiria nele o ridículo chapéu de bufão. Ou seja, se a aparência fosse destruída Ciampa teria que seguir "o código" e defender sua honra com sangue. A senhora Beatrice, louca de ciúmes, não aceita de bom grado a sabedoria do velho escrivão e insiste em desmascarar a aparência. Com a cumplicidade de todos, ele a convence a passar três meses em um sanatório. Com a pretensa loucura de Beatrice, a aparência é salva e a maledicência é silenciada. Ciampa não precisará matar sua esposa simulando uma fúria de ciúme. Por fim, a hipócrita ordem aparente se restabelece para o melhor do pior dos mundos.

Ciampa é mais um dos fracassados e perdedores que abundam na obra pirandelliana com extrato "dialetal". São pobres diabos humilhados e ofendidos, resignados a fabricar um personagem de acordo com os códigos sociais, como única forma de viver e de se relacionar com a sociedade. Ainda que, com astúcia, consigam reverter o jogo e usar este papel imposto contra seus próprios perseguidores, estes personagens cerebrais, racionais, já se mostram muito avante no processo de renúncia e sempre procurarão fugir do combate imposto pela sociedade. A capacidade crítica e reflexiva do personagem humorístico o impede de se iludir com a possibilidade da existência de uma individualidade autônoma, ou mesmo de uma relação social autêntica, mas também não lhe permite ter prazer na vida. E ele vive como um morto-vivo, atrás de um boneco de papel (ainda que lute por um resto de dignidade).

Em *Cosi è (si vi pare)*, escrita entre março e maio de 1917, esta resignação cede lugar a um protesto inflamado do senhor Ponza contra a mesquinha curiosidade de seus inquisidores. Se no período anterior, do intelectual meridional, não existem referências que possam reconstruir o passado, a história regressa do personagem, algo que explique seu comportamento atual, a partir de *Cosi è (si vi pare)* os personagens ganham uma história particular e lutam para fazer valer seu direito a uma existência autônoma. E, diferentemente das peças meridionais, estes personagens não conseguem virar o jogo. De frente aos seus perseguidores, depois de se debater inutilmente, mas ferozmente, o personagem é vencido e vê sua identidade ser expropriada pelos outros; diz a Senhora Ponza diante da curiosidade mórbida do coro: "Para mim, eu sou aquela que me creem"; "Para mim, nenhuma! Nenhuma!"[105]. Lutar por uma identidade, mesmo construída, e vê-la arrancada de si, foi o que sempre aconteceu com Ersilia Drei, protagonista de *Vestire gli ignudi* (Vestir os Nus):

quis me dar, ao menos para a morte, um vestido decente. Entendem agora por que menti? Para isso, lhes juro. Em toda a minha vida nunca pude ter nenhum, para que eu pudesse de algum modo representar, um que não me fosse arrancado por tantos cães... por todos esses cães que nunca param de se lançar sobre mim, a cada volta pela rua... nem um só vestido que não tenha sido manchado por todas as misérias mais baixas, mais vis. Quis me dar um – bonito – para a morte – o mais bonito – aquele que teria sido como um sonho para mim [...] aquele de noiva; mas era para morrer, para morrer com ele, nada mais [...] Mas não pude ter nem mesmo este! Rasgado sobre mim, arrancada deste também! Não! Morrer nua! Descoberta, humilhada, e desprezada. [...] E agora saiam, saiam. Deixem-me morrer em silêncio: nua[106].

Nesta segunda fase do teatro pirandelliano se assiste a uma total e perversa destituição do eu. O personagem entra em crise e o seu caráter interior é completamente desmantelado. Diferentemente de Ciampa, Ersilia não terá direito nem mesmo a uma máscara. E deverá morrer nua, destituída de seu direito a uma existência autônoma, seja ela ficcional ou não. *Vestir os Nus* foi escrita entre *Seis Personagens à Procura de um Autor* e *Cada um a Seu Modo,* isto é, entre os dois primeiros textos da trilogia do teatro no teatro. Este seria apenas mais um dado cronológico caso não se notassem importantes pontos de contato entre as peças, no tocante à estrutura dramática: sua qualidade metateatral. A peça, a seu modo, é também uma reflexão sobre teatro: uma tentativa de separar o drama de sua representação. No primeiro ato se assiste a uma ficção (a protagonista se apresenta diferente do que ela realmente é e inventa que sua tentativa de suicídio teve como causa uma desilusão amorosa), e, ao segundo ato, ocorre o desmascaramento desta

---

105 *Cosi è (si vi pare),* em *Maschere Nude* (I Mammut), p. 528.
106 *Vestire gli ignudi,* em *Maschere Nude* (I Mammut), p. 449-450.

mesma ficção, uma espécie de revelação dos bastidores de toda composição. Esta dialética entre ocultamento/desnudamento é o ponto nevrálgico da peça. Ersilia está consciente de que para a sociedade o que vale é a aparência, e por isso deseja se "vestir" com uma máscara mais adequada, mais de acordo às convenções, para assim, finalmente, dar à sua vida de irrisão um aspecto mais bonito e menos sórdido. Em outras palavras, Ersilia desejava somente cobrir a sua vergonha, vestir-se, mas a proposta da peça é justamente outra: trata-se de revelar os aspectos obscuros, e pouco confessáveis que existem nos abismos da alma humana. Separado de sua representação, o drama, "nu", se revela muito mais cruel e terrível.

## OS PÁSSAROS DO ALTO

A grande questão estética de Pirandello foi introduzir o contraste e a decomposição no mundo harmônico da obra de arte. Mas na narrativa humorística ainda existia um elemento chave para a coesão formal da obra: o narrador. Por mais que a obra narrativa apresentasse contrastes, detalhes triviais e digressões, ainda assim ela contava com um eu narrador responsável por expor os fatos, as situações, os lugares e os personagens. E é exatamente esta consciência unitária que constitui a maior expressão de unidade interna na obra. A solução prática para este problema surge de forma clara com a obra *Tragedia di un personaggio*, escrito três anos depois do ensaio "O Humorismo". O doutor Fileno se apresenta como um personagem insatisfeito com o seu antigo autor. Seu discurso será muito semelhante com a teoria estética descrita em "O Humorismo". Mas existe um dado fundamental na sua fala que modifica, em muito, não só o conceito relacionado aos processos de criação do artista como, também, e principalmente, o resultado final da obra de arte. Segundo o doutor Fileno, o *personagem* é o único responsável por toda a obra de arte, é dele a iniciativa do processo criativo:

é o personagem que se prende, como um embrião, na fantasia do escritor, assume a própria iniciativa de seu desenvolvimento, se defende da nefasta influência do autor, para finalmente se realizar como um ser perfeito, completo e imortal, absolutamente superior à realidade das pessoas humanas[107].

Até então, o personagem era apenas mais um elemento entre tantos no conjunto complexo da obra de arte literária; ao seu lado estavam o enredo, o narrador, a descrição dos lugares, dos objetos, da situação e por aí vai. Na concepção romântica, e inclusive nas páginas de "O Humorismo", quem determinava a criação artística era a obra de arte em seu conjunto. Com o doutor Fileno, Pirandello propõe uma variante ao pensamento estético herdado do romantismo e impõe o personagem como *motor* principal da criação artística. É a partir dele, dirá Pirandello, que uma obra de arte é definida. Vicentini chama atenção ao fato de que esta substituição – da obra de arte pelo personagem – opera uma verdadeira revolução na concepção do processo estético. A criação não será deflagrada a partir de um elemento como imaginava Goethe (som, imagem, cor), mas a partir de um personagem que se apresenta "pessoalmente", exigindo a própria realização artística. O personagem é tão independente que pode, depois de nascido, abandonar a obra de origem e se insinuar para um outro autor. Não será a trama a estabelecer o caráter do personagem, será o personagem, com suas características particulares a determinar os acontecimentos[108]. Os personagens se apresentam na imaginação do escritor e entre eles criam um espaço comum (a obra de arte): "a obra nasce, do início ao fim, do jogo de uma pluralidade de iniciativas que pertencem a diferentes individualidades"[109]. O resultado, no contraste de tantas vontades, só pode ser uma obra

---

107 C. Vicentini, op. cit., p. 42.
108 No ensaio *L'azione parlata* de 1889, Pirandello já dá os primeiros passos em direção ao conceito: "Não é o drama que faz as pessoas, mas estas, o drama. E antes de qualquer coisa é necessário que existam pessoas: vivas, livres, operantes. Com elas e por elas nascerá a ideia do drama, o primeiro embrião onde estão encerrados o destino e a forma", La accion Hablada, *Ensayos*, p. 259. Mas se o escritor refuta a ideia romântica de que a obra nasce de uma ideia abstrata, de que primeiro se define a trama e os acontecimentos, para depois virem os personagens, adaptados ao contexto idealizado, ele ainda se mostra dependente ao pressuposto de um todo harmônico. O resultado do processo criativo ainda era o drama em seu conjunto e não o personagem.
109 C. Vicentini, op. cit., p. 49.

polifônica; segundo uma expressão usada por Pirandello no ensaio *Arte e coscienza d'oggi* – uma obra que se define por uma "luta de vozes dissonantes". O princípio da desagregação, que está na base da consciência moderna, é introduzido assim na própria estrutura literária. À diferença do conceito romântico, a obra perde seu *status* de universo pré-determinado e total e se reduz a um espaço provisório de aparição do personagem.

Esta operação radical, de transferir aos personagens a iniciativa do processo criativo, chega para Pirandello a partir das teorias do naturalismo. A ideia chave da estética naturalista era justamente neutralizar a presença do eu narrador na obra literária. Descartando o determinismo, a objetividade, o cientificismo, presentes na estética naturalista, Pirandello absorveu aquilo que lhe interessava: a exigência de "ocultar" a presença de um narrador por trás dos personagens (observamos, entretanto, que no teatro, especialmente da segunda fase, a "voz", ou a consciência do autor, é muitas vezes decantada no personagem *alterego*, identificado por sua capacidade "cerebral" e por não interferir diretamente no drama, e que normalmente se diverte assistindo aos outros personagens fracassarem em suas convicções[110]). Esta importante "virada" estética, Vicentini atribui às influências de Capuana, que em 1906 defendia a ideia de que um escritor deve esquecer de si mesmo e viver a vida de seus personagens. Porém, observamos que em 1887, muito antes de conhecer o escritor Capuana, e quando ainda iniciava seus estudos literários, Pirandello já se dizia "acompanhado por fantasmas", por homens e mulheres, personagens de ficção, que desejariam saltar para o palco[111]. Uma imagem do processo criativo que o irá acompanhar até o fim de sua vida. Se a teoria literária naturalista, do personagem como mola propulsora da obra artística, pareceu "orientar" Pirandello na sua equação estética, foi porque se adaptava como uma luva ao seu íntimo entendimento de obra artística ou, mais precisamente, de uma obra teatral. E aqui novamente um impasse.

A obra de arte construída a partir desta profusão de vozes, com tantos personagens independentes e contrastantes precisa

---

110 Como exemplo, destacamos os personagens Ludovico Nota de *Vestire gli ignudi* e Lamberto Laudisi de *Cosi è (si vi pare)*.
111 Reportado por A. D'Amico, em Cronologia, em *Maschere Nude*, p. xxxii.

de uma construção literária dramática, ou seja, dialógica e direta, em vez de narrativa. O discurso direto ganha assim uma importância particular neste sistema que exige a não interferência do autor. Se o personagem é o "embrião" da criação artística, se é dele a iniciativa da obra de arte, as palavras devem partir diretamente dele: as palavras do texto devem coincidir com suas ações. O uso da terceira pessoa no discurso narrativo, a consciência unificadora do eu narrador, representaria assim uma espécie de filtro que impediria o princípio da desagregação pretendido pelo "O Humorismo". A única maneira de destruir este filtro é projetar imediatamente no texto a ação do personagem. Em resumo, é a partir do *personagem-estrutura* que a obra humorística se delineia e se desenvolve, sua forma ideal é o discurso direto – características estas que pertencem essencialmente ao texto teatral. Uma situação paradoxal, pois se com o desenvolvimento das teorias do humorismo o escritor se vê inexoravelmente coligado ao modelo do texto teatral, à forma dramática, sua condenação à representação teatral, ao teatro, permanece inalterada. Ou melhor, a nova perspectiva teórica parece mesmo confirmar a incompatibilidade entre o "drama" e a "representação". Para o escritor, a passagem da obra dramática, considerada uma realidade superior, para a realidade material da cena significava um desvio, ou mesmo uma traição ao próprio personagem.

Na estética do humorismo ainda há um elemento de resistência ético-estética (neoidealista) que confere ao personagem um estatuto de superioridade e de autonomia em relação à vida cotidiana. Como dito pelo personagem O Pai na peça *Seis Personagens à Procura de um Autor*:

[...] se nasce para a vida de muitos modos, de muitas formas – [...]. E também se nasce personagem!
[...]
[...] quem tem a ventura de nascer personagem viva, pode rir-se até mesmo da morte[112].

Entre outras coisas, *Seis Personagens* é a representação do encontro falido entre o mundo da realidade cotidiana (o palco

---

112 Em J. Guinsburg (org.), op. cit., p. 190-191.

e os atores) com uma realidade superior, ideal e, contudo, similar a nossa: o mundo da arte. A ação da peça se constrói em cima da consideração estética pirandelliana de reprovação do teatro e do ator, considerado apenas como um tradutor ou ilustrador. Posição radicalmente modificada após seu encontro com a atriz Marta Abba. As reflexões em torno do elemento *ideal, divino* do personagem ficcional sofrem um importante alargamento em seu último decênio de vida. As protagonistas de Pirandello, principalmente os personagens escritos para Marta, têm sempre um traço "divino", "um elemento espiritual" que as aproximam do mundo "superior" da arte. Estas mulheres, figuras "elevadas", "suspensas", possuem um importante traço em comum: elas são a realização, obviamente sublimada, da relação entre o dramaturgo e a intérprete, são o resultado da idealização pirandelliana do ser atriz.

Existe aqui uma equivalência interessante. A ideia de superioridade do personagem, da obra de arte em relação à vida cotidiana, é um ponto essencial na estética pirandelliana, e com Marta Abba este caráter "divino" e "superior" da arte passa a ser também um traço característico da atriz: o produto artístico como "aperfeiçoamento" do fenômeno natural, equivale à personagem-atriz como "aperfeiçoamento" da mulher. Se o corpo do ator, a materialidade cênica, com seus instrumentos rígidos e aproximativos, condenava o personagem a uma pobre paródia dele mesmo, sob o influxo de Marta Abba o corpo do ator, entendido enquanto instrumento do espírito, com a nobre missão de renunciar à vida para doá-la aos seus personagens, representa o sublime desejo do anulamento físico, da sublimação catártica do corpóreo. É sobre esta constante corpo/espírito, alto/baixo, que a peça *Trovarsi*, recuperando uma antiga imagem juvenil da grua e do artista[113], compara a condição da atriz (superior, elevada) com a condição feminina (baixa, viscosa), sintetizada na equação da grua com a atriz: "Pobre da grua que pede para ser julgada pelas galinhas.

---

113 "Minha Lia, já viu o vôo das gruas? Aqueles pobres pássaros são loucos e não pousam quase nunca. Os ventos e as tempestades os assaltam, mas eles vão sempre avante. As galinhas, os pássaros burgueses, ciscam na lama e riem daqueles pássaros do alto, que passam estridentes, quase praguejando... o que você acha que aqueles galos e galinhas entendem", em *Maschere Nude*, p. XXIX; carta escrita em 1886, para Lia, sua irmã.

Uma grua não deve se sentir ferida da bicada de uma galinha. Voam tão altas as gruas (fazendo no ar uma longa reta) que talvez nem mesmo saibam que na terra ciscam as galinhas"[114]. Este procedimento estético, de mitificação da atriz, ultrapassa a dimensão da página escrita e propõe como resultado final o anulamento da mulher real: Marta Abba.

A metáfora da grua e do artista, *Gli uccelli dell'alto* (Pássaros do Alto), título de uma comédia escrita por Pirandello em 1886, infelizmente perdida, que retorna com uma distância de mais de trinta anos, tanto no epistolário quanto na peça *Trovarsi*[115], é uma reflexão sobre o tema da relação entre a realidade do artista e a realidade da vida. Reflexão que é na verdade uma variação sobre o tema da relação entre a vida do personagem e a vida do ator. Para o Pirandello do humorismo, a vida dos personagens era de um nível superior àquela dos atores, porém, a partir de Marta, o dramaturgo designa como "duplo sublime ideal da pessoa", o personagem escrito e também o ator, ou pelo menos um tipo de ator, que como Marta Abba se deixava "possuir" pelo personagem. O prodígio do teatro, sua essência "mágica", perspectiva final de Pirandello de *Os Gigantes da Montanha*, é esta passagem da criação fantástica da arte ao mundo material, corpóreo, dos homens. O fascínio pela atriz é também o fascínio pelo teatro, em sua insuprimível condição material. A atriz, que opera em um plano superior ao da mulher, faz de seu corpo um instrumento do espírito, ela não reproduz o cotidiano e nem imita o personagem, mas faz emergir no palco aquela existência "superior", que é a "realidade fantástica do personagem". Neste caso, o estatuto de sublimação da atriz corresponde a uma idealização fundamental: para que o trânsito contínuo entre uma vida de carne e osso e a vida "superior" dos personagens culmine em uma atmosfera fantástica de imagens, sem que a realidade cotidiana da atriz (vale dizer sua restrita vida de mulher) interfira na criação, a atriz deve renunciar à sua vida íntima, caso contrário, sua imagem de mulher impediria a realização

---

114 Carta de 1 de abril de 1931, *Lettera a Marta Abba*, p. 709.
115 Dirá Salò: "O que eu apenas discordo é que a 'normalidade' das galinhas possa compreender o vôo desesperado de uma grua [...]. A galinha é a moral comum, burguesa, com todos os seus preconceitos e preconceitos. Se julga pela profissão: uma atriz!", *Trovarsi*, em *Maschere Nude*, v. 4, p. 546-547.

plena da obra, pois o que veríamos no palco seria a atriz, com seus trejeitos e sua vida particular, e não o personagem. Para o dramaturgo, a atriz deve manter sua "aura mágica", isto é, não deve descer de seu plano espiritual para emergir na vida cotidiana, porque isso comprometeria sua neutralidade; uma espécie de "ponto zero" necessário para dar vida no palco, com grande capacidade plasmática, a muitas outras vidas. A esterilidade negativa que advinha da consciência de uma relatividade perpétua é suplantada pela fé de uma vida que vai além de nossa miserável cotidianidade: a fé no corpo sem nome da atriz.

É a partir da conclusão do romance *Um, Nenhum e Cem Mil*, que Luperini entende como concluída a fase da poética do humorismo, elaborada no primeiro decênio do século XX e voltada exclusivamente para a desconstrução analítica e para a desarticulação negativa. Em suas últimas composições inicia-se uma nova fase, muito mais voltada para a edificação dos "mitos" e de exploração do inconsciente do que para uma concepção relativista radical: da suspeição do sentido e da impossibilidade de participar do ritmo da existência (da qual nasce a grande literatura moderna), Pirandello procurará conceber uma narrativa onírica, um teatro de imagem, de poesia, que se destaca com a criação dos três "mitos" (*La nuova colonia*, mito social; *Lazzaro*, mito religioso e *Os Gigantes da Montanha*, mito da arte)[116]. Paralelo aos mitos, um "filão subterrâneo" vem à superfície com uma dramaturgia tardia que se estende de 1925 até o ano de sua morte em 1936. Uma produção teatral que por muitos anos a crítica pirandelliana qualificou, duramente, como o "teatro menor" de Pirandello. Como foi evidenciado, no percurso dramatúrgico de Pirandello se observa um período dialetal (1910-1916), um segundo período centrado sobre uma dramaturgia de ambientação burguesa (1917-1924) e um terceiro e último período, concebido sob a constelação da atriz Marta Abba, que denominamos como: um teatro para Marta Abba.

A carta escrita para Marta Abba, em 1 de abril de 1931, na qual o escritor descreve a fundamental diferença entre as gruas e as galinhas, também corresponde ao período de seu exílio

---

116 R. Luperini, op. cit., p. 5.

voluntário. A partir de 1928, com o fechamento do *Teatro de Arte*, o escritor decidiu partir da Itália e até 1932 não retornou em definitivo ao seu país. Antes de partir, Pirandello declarou:

> Sim, vou embora. Desfeita a minha companhia, não tenho mais o que fazer na Itália [...]. Eles têm a coragem de me dizer que a Itália deu, em mim, um escritor para o mundo. Mas a coisa foi bem diferente. Se não estou errado a minha grande fama chegou de fora. É lá fora que estão as minhas melhores representações e os mais amplos e serenos estudos sobre minha obra. Seria então o caso de relembrar que talvez tenha sido o mundo que deu, em mim, um outro escritor à Itália[117].

Quando jovem, "fora da Itália" para poder crescer e se desenvolver cultural e existencialmente, agora, na velhice, "fora da Itália" para escapar da náusea do mundo teatral de seu país. Durante sua fase de encenador e diretor de uma companhia de teatro, Pirandello colocou em cena importantes espetáculos que permaneceram entre as melhores encenações da época, tanto no teatro italiano como no internacional. Apesar dos três anos em que esteve à frente da companhia, encenando cerca de cinquenta espetáculos – que além de serem representados nas melhores cidades da Itália, fizeram com que o teatro italiano alcançasse um grande sucesso em cidades como Alemanha, Tchecoslováquia, Áustria, Hungria, Argentina, Uruguai e Brasil –, o *Teatro de Arte* fechou suas portas em grave crise financeira. O Maestro lutou intensamente para conseguir transformar sua Companhia em Teatro de Estado, o que jamais conseguiu. Esta frustração, aliada às dívidas e ao fechamento de sua companhia, lhe causaram uma grande desilusão e uma profunda desesperança em relação ao futuro do teatro na Itália. Justifica-se assim a sua decisão de ir embora de seu país e de buscar no exterior, com o cinema, as condições financeiras que lhe permitiriam, junto com Marta, retornar à Itália "*da patroni*" e realizar com os próprios meios um grande teatro de arte independente da subvenção do governo e da tirania dos trustes comerciais: se o governo fascista não queria um teatro artístico nacional, ele mesmo, com Marta, o faria.

---

117 Apud G. Giudice, *Luigi Pirandello*, p. 498.

O Teatro de Arte fez sua última apresentação em 15 de agosto de 1928, na cidade de Viareggio com o espetáculo *Senhora do Mar*, de Ibsen. Antes de a companhia fechar suas portas definitivamente, Pirandello já dava sinais de cansaço, o ressentimento contra empresários, proprietários de teatros, agências teatrais, que privilegiavam o teatro comercial, criando de fato um monopólio, aumentou ainda mais o seu velho preconceito contra a classe artística teatral. O escritor vai se sentir cada vez mais rodeado por inimigos. Mas, não é só Pirandello que se sentia exausto, em janeiro de 1928, ao retornar da América do Sul, a Companhia renunciou a mais de dez dias de apresentações em uma turnê pela Sicília em razão do esgotamento físico e emocional de Marta Abba. Pirandello repousa em Taormina, San Domenico, onde escreve *La nuova colonia* (A Nova Colônia), última peça encenada pela companhia. A peça estreou no Teatro Argentina, em Roma, no dia 24 de março de 1928, com sua direção e com Marta Abba como protagonista. Durante a existência do Teatro de Arte, entre 1925-1928, o Pirandello dramaturgo irá conviver lado a lado com o Pirandello encenador, uma experiência única, que irá mudar, sensivelmente, o seu modo de escrever para o teatro. O falimento do Teatro de Arte, a falta de esperança na possibilidade de um Teatro de Estado, subvencionado pelo regime, e a impossibilidade de continuar suas atividades de encenador acabam por impulsionar Pirandello ao exílio voluntário. Como bem analisa Alonge, o exílio voluntário de Pirandello é antes de tudo um protesto pela impossibilidade de continuar a ser um encenador na Itália e uma tentativa de capitalização para retornar ao seu país e desenvolver este papel.

A escolha inicial para o exílio voluntário será Berlim, cidade onde Pirandello tentará conquistar o cinema; única possibilidade de conseguir dinheiro suficiente para criar um novo grande teatro de arte sem subvenção estatal. Berlim era o local mais avançado da Europa em tecnologia cinematográfica e um trampolim para a verdadeira indústria do cinema: os Estados Unidos. O escritor tentou exaustivamente penetrar neste mercado milionário adaptando, cortando, costurando textos, reelaborando dramas e novelas, sempre pensando em Marta como a protagonista. Maria Luisa Aguirre D'Amico divide a temporada do escritor em Berlim entre dois períodos: quando chega à capital da Alemanha, em dez de outubro de 1928 com Marta (segundo Ortolani a data mais provável) e quando Marta o deixa para retornar à Itália. A partida da atriz lhe causou um enorme impacto emocional; Pirandello havia concentrado sua vida no sonho de ter Marta ao seu lado, a partida da atriz fez sua solidão tomar proporções insuportáveis. Contudo, o escritor permanece em Berlim e se põe a trabalhar intensamente. Exatamente como no passado, ele irá se refugiar no trabalho, e, obstinadamente, estuda meios para conquistar o cinema e, junto com o cinema, almeja reconquistar o teatro na Itália e, naturalmente, Marta Abba: "Você não deve se afastar de mim, devemos vencer energicamente contra toda a guerra dos nossos inimigos. Vencer com trabalho, vencer com valor, vencer com orgulho e com a perseverança; e não se render"[118].

Nesta carta de 25 de março de 1929, Pirandello, visivelmente contrariado com a partida de sua amada, expõe para Marta os benefícios da virtude da paciência. Para o escritor ela deveria saber esperar os acontecimentos, ficar ao seu lado, em Berlim, e não se deixar envolver por sua família, principalmente por seu pai, retornando, por influência deles, humildemente para a Itália. A coragem das gruas e o medo das galinhas. É desta forma que o escritor se vê em relação ao pai de Marta, aquele "pobre homem" que tem medo de tudo. Pirandello pede para Marta a coragem dos pássaros do alto, que seguem sempre em frente, sem medo e sem nunca pousar, enfrentando ventos e tempestades, voando sempre alto: "Você precisa respirar em outro clima intelectual, Você precisa arejar a alma em outros horizontes"[119]. Marta deve seguir o destino dos grandes, que não se deixam ferir pelo julgamento dos medíocres, deve seguir o seu destino de "criatura eleita". É nisto que ele acredita, esse é o seu plano: fazer Marta crescer e voar alto, mas tão alto de forma que não possa mais sentir as bicadas das galinhas, ou ainda melhor, de tão alto que nem mesmo precise tomar conhecimento da existência delas: dos inimigos que dominaram o teatro italiano, que o tomaram de assalto e o cercaram numa rede de intrigas, em mesquinhos e obscuros jogos de

118 Carta de 25 de março de 1929, *Lettere a Marta Abba*, p. 89.
119 Idem, ibidem.

interesse[120]. Mas para ser um pássaro do alto, Marta deve saber esperar, ver outras coisas, estudar a língua inglesa com coragem e força, para poder conquistar os palcos do mundo, enriquecer o espírito com outra cultura, ampliar seus horizontes e trabalhar muito, como o próprio Pirandello fez a vida toda. Numa outra carta deste mesmo período, o escritor se impõe a ela como seu deus. Diz que Marta "deve conservar-se digna do seu destino", e sem meias palavras afirma que o seu destino é ele: "E eu estou aqui por isto; eu estou aqui porque o seu destino (lembra-se!) *já lhe foi previsto uma vez*; e Marta não deve se afastar daquela *predestinação*[121]! Eu sou o seu homem; o homem que o seu destino lhe traçou. Sou o seu Destino, e nada mais"[122].

Foi em Berlim, ao final de 1928, que Pirandello começou a escrever *Esta Noite se Representa de Improviso*. Na peça se verifica de maneira inequívoca as percepções de Pirandello em relação à hipertrofia do papel do encenador no teatro do século XX, o que lhe parecia comprometer as possibilidades de um fazer teatral mais voltado para o compromisso ator-personagem. Gostaríamos de observar que embora muitos críticos tenham insistido em afirmar que o personagem Hinkfuss era uma caricatura do então mestre da cena alemã, Max Reinhardt, para o crítico Roberto Alonge a comparação não se sustenta, pois será o próprio Pirandello a enviar uma cópia da peça ao encenador com a seguinte dedicação: "A Max Reinhardt cuja incomparável força criativa deu vida mágica a *Seis Personagens à Procura de um Autor* sobre o palco alemão, eu dedico com profundo reconhecimento esta terceira parte da trilogia do *Teatro no Teatro*"[123]. Para Alonge, a alusão satírica à figura do encenador

---

120  Os inimigos de que fala Pirandello são o empresário teatral Paolo Giordani, que criou uma espécie de monopólio que lhe permitia controlar o repertório das companhias dramáticas, e a agência teatral Suvini-Zerboni, que controlava os maiores teatros italianos; empresa onde Giordani atuava como conselheiro. São estes os principais inimigos sobre os quais Pirandello e Marta Abba precisavam triunfar.
121  Grifos de Pirandello.
122  Carta de 28 de março de 1929, *Lettere a Marta Abba*, p. 95.
123  A dedicatória foi reportada em R. Alonge, *Pirandello, il teatro del XX secolo*, p. 99. Na peça, *Esta Noite se Representa...*, Pirandello faz uma crítica mordaz à hipertrofia da figura do encenador e Max Reinhardt, influenciado por Feist, recusa a direção da peça por acreditar que o personagem Hinkfuss era uma caricatura dele enquanto encenador.

seria uma crítica mais genérica sobre determinado tipo de práxis teatral de exaltação do encenador como um demiurgo da cena: "é provável que Pirandello refute aqui o excesso de dirigismo do encenador, a favor de uma concepção do papel menos potencializada, capaz de solicitar uma maior contribuição criativa do ator"[124]. Alonge também destaca as mudanças empreendidas por Pirandello entre *Seis Personagens* e *Esta Noite se Representa de Improviso*, primeiro e último elo da trilogia *Teatro no Teatro*. Ambas apresentam a mesma problemática, a relação autor-ator-diretor. Mas o que muda radicalmente é a visão pirandelliana sobre o papel dos atores e o uso de uma nova "presença": a do encenador. As experiências como encenador e, naturalmente, o influxo de Marta Abba, irão corroborar para uma mudança de olhar do dramaturgo em relação à importância do teatro para a obra escrita e a do trabalho do ator para a cena teatral.

Se em *Seis Personagens* os atores se mostravam frívolos, superficiais, incapazes de qualquer capacidade crítica, intelectual ou sensível na análise do texto dramático, em *Esta Noite se Representa de Improviso* eles terão uma participação fundamental na construção da peça por fazer, interferindo, reprovando e refletindo sobre todas as propostas cênicas do encenador[125]. Os atores em *Esta Noite* demonstram profissionalismo, técnica, respeito à profissão, consciência sobre o trabalho teatral e, principalmente, sobre a importância do seu papel na construção do espetáculo. Se em *Seis Personagens* os atores eram quase ridicularizados, acusados de empobrecer a obra poética do autor, com seus histrionismos e exibicionismos, aqui eles serão vistos como os verdadeiros responsáveis pela comunicação teatral, portadores de grande seriedade e uma invulgar responsabilidade sobre o material dramático. Em

---

124 Idem, p. 99-100. Uma carta de Marta Abba para o Maestro confirma a hipótese de Alonge; escreve a atriz: "uma sátira contra o diretor existe, mas isso não significa que o Senhor seja contra Reinhardt, que foi o responsável pelo sucesso de *Seis Personagens* em Berlim, e de quem o Senhor é tão grato que lhe quis dedicar esta mesma obra", carta de 5 de junho de 1930, em M. Abba, *Caro Maestro...*, p. 110.

125 Nota-se que o vocábulo *encenador* só começa a se difundir na Itália nos anos de 1930, desta feita, em *Seis Personagens*, seguindo a tradição do teatro italiano, a figura em questão é denominada como *diretor de cena* (*Capocomico*).

relação à presença do encenador, Pirandello dava um passo em direção às transformações da época: do *teatro do ator* (típico do século XIX) encaminhava-se para um *teatro de encenador*, característico do século XX. Embora criticando o excesso de dirigismo por parte do encenador, o que para o dramaturgo comprometia a ideia de organicidade da obra de arte, fundamentada na presença do *personagem estrutura*, o dramaturgo se mostrou sensível a esta "nova" presença: o personagem Hinkfuss não era um ator que se fazia de diretor, e nem mesmo um simples diretor de cena, mas um elemento forte e decisivo para o funcionamento e coerência estética do produto teatral. Estas mudanças se fundamentam na própria experiência de Pirandello como encenador e diretor de uma companhia teatral, nas influências de Marta, na impressão que os atores e as atrizes da Alemanha lhe causaram com seu método de trabalho, e sobre a dedicação exaustiva na qual eles se entregavam ao trabalho e à profissão[126].

O clamoroso fracasso da estreia da peça *Esta Noite se Representa de Improviso* em 31 de maio de 1930, e a batalha que se seguiu, fizeram Pirandello abandonar Berlim. Escreve o dramaturgo para Marta: "Ousei tocar no Deus, entendeu? Max Reinhardt [...]. Todos quiseram ver no Dr. Hinkfuss a sátira do deus dos encenadores alemães, Max Reinhardt"[127]. Isto explicaria a tempestade de fúria que se abateu sobre o dramaturgo. Para Pirandello, foi o próprio Feist (tradutor de Pirandello para o alemão) quem sabotou a estreia, levando as pessoas a acreditarem que ele quis satirizar Max Reinhardt, e justamente na festa de seu jubileu; grande insulto e ainda mais grave porque feito por um estrangeiro. A grande coincidência, o que nem mesmo Pirandello sabia, era que Hartung, diretor do espetáculo, era considerado o rival de Max Reinhardt. Com isso, ele acabou provocando uma enorme batalha entre dois lados: entre os que eram a favor de Reinhardt e entre aqueles que não

---

126 Em Berlim, Pirandello aprende um modo diferente de fazer teatro. Na Alemanha as atrizes tinham que estudar canto, do contrário não poderiam exercer a função. Outra diferença em relação ao modelo italiano é que enquanto na Itália bastava uma semana de ensaios para se estrear a peça, em Berlim se levava em torno de cinquenta dias (que foi o tempo de ensaio da peça *Esta Noite se Representa de Improviso*).

127 Carta de 3 de junho de 1930, *Lettere a Marta Abba*, p. 502.

o consideravam como um deus, muito pelo contrário. Depois do escândalo da estreia, a peça foi de fato um grande sucesso, o público ovacionava Pirandello de pé. Mas, para o escritor foi um grande constrangimento passar, em terra estrangeira, como o condutor de uma batalha pessoal, coisa que em nenhum momento lhe passou pela cabeça. Como ele mesmo vai dizer, foi uma invenção pérfida de uma canalha, que ele jamais pensaria que chegasse a tanto. Muito embora Marta Abba o estimulasse para voltar à pátria ("E o senhor Maestro não se abata, pois ainda tem, graças a Deus, o seu público na Itália, que o ama [...]. Verá Maestro que o senhor também se reconciliará com a nossa terra"[128]), o exílio voluntário do Maestro ainda não tinha acabado. Pirandello deixa Berlim provavelmente em 13 de junho de 1930, mas não retorna em definitivo para a Itália, transferindo-se para Paris.

Em Paris, Pirandello continua com o seu exílio voluntário, sempre vislumbrando oportunidades e projetos em relação ao cinema, alimentando a esperança de um dia reconstruir, ao lado de Marta, o tão sonhado Teatro de Arte. Porém, em 1930 as realizações práticas foram quase nulas, muito em função da crise econômica e social da Alemanha e da depressão econômica que atingiu os Estados Unidos. Mas o triunfo de *Come tu mi vuoi*, primeiro em Turim, depois em Chicago e Nova York, trouxe um novo ânimo a Pirandello: depois do sucesso da peça na Broadway em 1931, finalmente Hollywood procura Pirandello e compra o argumento de *Come tu mi vuoi* por quarenta mil dólares, uma cifra fabulosa naquele tempo. Em 1932, a Metro-Goldwyn-Mayer roteiriza a peça (adaptação de Gene Markey) e roda o filme *As You Desire Me*, direção de George Fitzmaurice, com Greta Garbo vivendo o papel da Ignota (personagem escrito sob medida para Marta Abba), Eric Von Stroheim e Melvyn Douglas, como Salter e Bruno respectivamente. As cartas de 1931 para Marta, como não poderiam deixar de ser, estão impregnadas desta atmosfera de triunfo e de glória. O sonho de acumular uma fortuna e assim financiar um teatro de arte independente parece mais próximo da realidade. Uma onda

---

[128] Carta de 3 de junho de 1930, M. Abba, *Caro Maestro...*, p. 109. A atriz estava temporariamente em paz com o ambiente teatral italiano em razão do sucesso de *Come tu mi vuoi*.

de sucesso estimula o escritor a retomar sua atividade criativa, ainda que sua saúde esteja fortemente debilitada, e, principalmente, lhe faz pensar que talvez seja o tempo de voltar para a Itália, de voltar para Marta Abba[129]. No dia treze ou catorze de maio de 1932, Pirandello oficialmente suspende o seu exílio voluntário e retorna a Roma, estabelecendo-se temporariamente na casa de seu filho Stefano. Ano em que o dramaturgo irá concluir três de suas peças: *La favola del figlio cambiato* (A Fábula do Filho Trocado); *Trovarsi* e *Quando si è qualcuno*.

Em abril de 1930 Pirandello comunica a Marta que está pensando em escrever *Quando si é qualcuno,* drama sobre o envelhecimento de um poeta ainda jovem de espírito. Embora a composição da obra esteja datada entre os meses de setembro-outubro de 1932, em seis de abril de 1930 já existe um comentário sobre seu argumento. Ora, em 1930 o dramaturgo tem 63 anos e ele próprio já começa a sentir o peso da velhice. Quando escreve para Marta em janeiro de 1931, sobre o estupor da velhice e o contrapasso entre um corpo velho e um coração jovem e quente, a peça *Quando si è qualcuno* já está em plena gestação. Em *Trovarsi*, Pirandello vai dizer mais uma vez aquilo que sempre disse: "a vida ou se vive ou se escreve"; agora aplicado ao universo do ator. O ator para criar vidas, deve renunciar a própria vida e doá-la para suas criaturas, hoje uma, amanhã outra. Para Pirandello e Marta Abba, o teatro não era só uma profissão, era um sacerdócio, uma missão das mais nobres, uma vocação que responde a um chamado do alto. Para o dramaturgo, a idealização da atriz significava, em seu aspecto profundo, a proibição e a renúncia da sexualidade. Em ambas as peças a relação entre biografia e dramaturgia se mantém fortemente amparada. Como as gruas, a atriz e o dramaturgo devem voar para o alto, sua missão, explica Pirandello, é "doar a vida aos personagens" e não ter nenhuma para si: ser um corpo sem nome, no caso da atriz, e um viajante sem bagagens, no caso do dramaturgo. Claro que esta imagem

---

129   O período foi muito produtivo para Pirandello: em Paris, o escritor alcança grande sucesso com a difusão de sua obra literária. São inúmeros os pedidos para encenar seus dramas, nos melhores teatros e com os melhores atores parisienses; a Comédie Française se mostra propensa a abrir as portas para o escritor, coisa rara para autores não franceses vivos.

idealizada, de sublimação erótica, da musa que rejeita a vida para doá-la aos personagens atormentados, nascidos do poeta e do dramaturgo que escreve a vida contemplando a musa, se imbrica com uma outra imagem bem menos "casta": uma dimensão erótico-sensual, cuidadosamente velada, de onde emana o desejo proibido e o sofrimento carnal. Sua última dramaturgia decanta, de maneira penetrante, a ambiguidade de sua relação com Marta: são personagens masculinos, normalmente mais velhos, que gostariam de ver na protagonista a musa inspiradora, mas que também gostariam, contemporaneamente, de ver nelas a parceira de uma relação bem mais envolvente.

# 3. Teatro: Amor e Fracasso

*Oh, o teatro dramático! Eu o conquistarei.
Eu não consigo entrar lá sem deixar de experimentar
uma emoção viva, sem deixar de experimentar uma
sensação estranha, um excitamento do sangue
por todas as veias.*

LUIGI PIRANDELLO[1]

Nesta carta aos familiares, escrita em novembro de 1887, Pirandello retoma o argumento de sua velha paixão o teatro e precocemente já revela alguns conceitos chaves de sua futura poética[2]:

nunca entro (no teatro) sozinho, mas sempre acompanhado pelos fantasmas da minha mente, pessoas que se agitam em um centro de ação, que ainda não está fechado, homens e mulheres do drama

---

1 Reportado por A. D'Amico, em Cronologia, em *Maschere Nude*, v. 1, p. XXXII.
2 Recordamos que durante sua adolescência, em Girgenti (1875-1879), o escritor improvisou um teatrinho no jardim da sua casa. Junto com as irmãs e alguns amigos, Pirandello dirigia pequenos espetáculos, dramas, tragédias e comédias, em sua maioria de Goldoni, como também algumas peças escritas por ele. Nesta época, Pirandello escreveu e encenou a tragédia *Barbaro* (perdida) e um outro drama sem título e incompleto, o fragmento deste drama se pode examinar no Apêndice de *Maschere Nude*, v. 1.

e da comédia, que vivem no meu cérebro, e que gostariam de imediatamente saltar sobre o palco. Normalmente me acontece de não ver e de não escutar aquilo que realmente se representa, mas de ver e escutar as cenas que estão na minha mente[3].

O núcleo de criação da peça *Seis Personagens à Procura de um Autor*, composta 34 anos mais tarde, já se apresenta aqui: personagens dramáticos, *vivos*, que o perseguem e que se agitam em um drama ainda "por fazer" e que gostariam de "saltar" imediatamente da fantasia para o palco. Trata-se de uma vocação teatral que se impôs cedo, desde 1886, quando já pensava na comédia *Gli uccelli dell'alto* (Os Pássaros do Alto): um trabalho "colossal" que significava uma batalha contra ele mesmo, escreveu o escritor; uma luta contra a apatia, contra o seu desinteresse pela vida. Com a descrição do argumento da peça se constata que o jovem dramaturgo vive o ato de escrever como se fosse um observatório de estudo da pretensa normalidade da vida alheia e piedosamente ou malignamente às contrapõe: "no contraste da vida como ela é, e da vida vivida por aqueles meus pássaros do alto"[4]. Como se vê, o exercício dramatúrgico não foi uma experiência tardia em sua atividade artística; escrever para teatro não foi um acidente, ou um desvio de um escritor de romances e de novelas que na casa dos cinquenta anos resolveu se aventurar numa via nunca antes testada ou mesmo desejada. A publicação do *Epistolário Familiar Juvenil: 1886-1898*, organizado por Elio Providenti em 1986, já provou que entre os vinte e os trinta anos nosso autor era particularmente interessado na cena teatral. As cartas fornecem informações preciosas sobre as peças que Pirandello escreveu quando jovem e nos revelam a expectativa do escritor em vê-las representadas por atores famosos da época, como a atriz Eleonora Duse; para a atriz o jovem dramaturgo escreveu uma comédia com sete cenas, infelizmente jamais encenada. O epistolário surpreende porque revela planos para a criação de uma linguagem subversiva ao tradicional jogo cênico, de superação da antiga barreira que opõe palco

---

3 Reportado por A. D'Amico, em Cronologia, op. cit., p. xxxii.
4 Idem, p. xxix.

e plateia. Com *Gli uccelli dell'alto* o jovem Pirandello imaginou a seguinte cena:

> Estou seguro que suscitará rumores favoráveis, seja pela novidade do conceito, seja pela novidade da ação. Imagina que no primeiro ato obrigo os espectadores do teatro a passar por atores na minha Comédia, e transporto a ação do palco para a orquestra[5].

Sem dúvida nenhuma uma revolução para a época, mas que, no entanto, jamais foi executada no palco. As tentativas do jovem Pirandello em conquistar o teatro foram todas fracassadas e a febre pelo teatro parece que se exaure em 1899. Com trinta anos já havia publicado quatro volumes de poesia (o primeiro, *Mal giocondo*, foi publicado em 1889), uma coleção de novelas (*Amori senza amore*, de 1894) e nenhuma de suas peças tinha sido ainda montada. Ou seja, em 1899, depois de um longo e febril período compondo vários atos únicos e comédias, que o levou a procurar atores e companhias para suas peças, Pirandello se fechou em um silêncio teatral que perdurou por mais de dez anos[6]. Inclusive, em 1907, quando Nino Martoglio pediu ao escritor um texto para a sua Companhia Dialettale Siciliana, ele simplesmente não escreveu nada. De 1899 até 1910, Pirandello irá se dedicar quase exclusivamente à narrativa. Se ainda pensa em teatro é de uma forma totalmente diferente, com o olhar do crítico e do articulista. É deste período os ensaios "L'azione parlata" (A Ação Falada) (1889); os fundamentais "O Humorismo" e "Illustratori, attori e traduttori" (Ilustradores, Atores e Tradutores) (ambos publicados em 1908); e mais alguns outros ensaios críticos a respeito do teatro da época. Sobre o teatro italiano e seus atores Pirandello nos dá uma viva ideia de sua opinião em uma de suas cartas aos familiares, em janeiro de 1888: "Vou sempre

---

5 Idem, p. xxix.
6 Todas as peças do período ou se perderam ou permaneceram apenas em fragmentos. Suas peças de juventude nunca foram representadas e tampouco incluídas pelo autor no *corpus* de *Maschere Nude*. Os títulos comentados no *Epistolário Juvenil* são: *Gli uccelli dell'alto* (1886); *Fatti che or son parole* (1887), destinada à atriz Eleonora Duse; *La gente allegra* (1887); *Le popolane* (1888); *Provando la Commedia* (1891); *La signorina* (1892); *Perchè?* (1892), ato único, a peça completa foi publicada na *L'O di Giotto*, suplemento semanal de *La Tribuna*, em 12 de junho de 1892.

ao teatro, e me divirto em ver a cena italiana tão rebaixada, [...] especialmente pela interpretação dos atores, os quais não entendem a sutiliza da cena siciliana"[7]. Se a interpretação dos atores incomodava o escritor, isso não era sem razão. Na Itália, durante a segunda metade do século XIX, ainda era comum a figura do "grande ator", senhor do palco, que, além de conceber o autor como um artesão ao seu serviço, baseava sua interpretação na repetição de fórmulas já desgastadas. O termo "grande ator", assim entre aspas, define um tipo característico de ator que nasce na época do romantismo (século XIX) e que termina por dominar a cena dramática, tanto artisticamente quanto materialmente (o primeiro ator normalmente era o "dono" da companhia), em detrimento dos outros elementos do espetáculo. Sua decadência se inicia com os primeiros anos do século xx. Neste ponto se faz necessário um breve entendimento da história do teatro italiano nas últimas décadas do século xix, momento em que começa a se impor no panorama teatral uma literatura dramática verista.

Alessandro D'Amico em seu artigo "Il teatro verista e il 'grande attore'", faz um excelente compêndio sobre a história do teatro verista na Itália e da batalha ocorrida contra a ditadura do "grande ator" que, no país, alcançou um peso e uma importância muito maior do que no resto da Europa (Inglaterra, França e Alemanha), significando, propriamente, a luta do ator por sua sobrevivência. Durante a primeira metade do século XIX os atores italianos se encontravam em uma situação miserável: a falência das grandes companhias estáveis do período napoleônico, a opressão da concorrência dos melodramas e das operetas, a falta de um repertório nacional decente, determinaram uma série de escolhas que acabaram condicionando a vida teatral italiana por quase um século. Para não morrer de fome, o ator italiano abandona o respaldo literário e a ideia de estabilidade, se abre ao repertório estrangeiro (menos custoso e mais seguro) e reorganiza a companhia sobre papéis fixos. Estas escolhas terminam por afastar o teatro de uma dramaturgia nacional legítima, fortalecendo a autonomia do ator, que passa a reinar absoluto. Claro que os atores,

---

[7] Reportado em A. D'Amico, Cronologia, op. cit., p. xxxii.

(auto) promovidos a patrões do teatro, não aceitaram de bom grado uma imediata interferência do dramaturgo em sua arte e, durante os anos de 1840 até 1870, poucos autores italianos conseguiram se destacar de sua posição subalterna e se impor à ditadura do ator. Porém, no último quarto do século se verifica uma reaproximação, apesar de precária, entre o teatro e a literatura. Foi um movimento muito mais de literatos, narradores e de poetas do que de dramaturgos propriamente dito. Na verdade, o encantamento com a arte dramática só dizia respeito ao trabalho do dramaturgo, e escritores como Verga, Capuana, Di Giacomo, De Roberto, em razão de seus pressupostos estéticos, vão se sentir cada vez mais atraídos para a arte dramática. Para estes intelectuais, a arte dramática era a única que poderia realizar a plena união entre o ideal e o real, a única que poderia criar, em função do discurso direto, personagens "reais".

Historicamente, diz D'Amico, o verismo nasce e atinge seu apogeu com Umberto I. Seu reinado significou um período de grande desenvolvimento econômico (surgem os primeiros grandes complexos industriais) e de luta contra o analfabetismo. Mas, significou também um período de crise social (daí a questão meridional), de repressão aos movimentos proletários, e, principalmente de leis protecionistas, que acentuavam a divisão entre um Norte industrial e um Sul agrícola. E é exatamente nesta dupla Itália, diz D'Amico, que o teatro verista constituiu, em reflexo, um "teatro meridional" e um "teatro setentrional". D'Amico assim define suas principais características e suas diferenças: Ao Norte se privilegia o ambiente burguês, a vida familiar entre quatro paredes. Como principais temas, a castidade, o dinheiro e a carreira, a fidelidade e o adultério, a corrupção política e a ambição. O estilo de linguagem é o "falado", cotidiano; como exemplo cita *Tristi amori* (Tristes Amores), de Giacosa; *La Famegia del santolo* (A Família do Padrinho), de Gallina; *La moglie ideale* (A Esposa Ideal), de Marco Praga. Ao Sul encontramos um teatro das grandes paixões elementares, da força da natureza, onde o amor entra em conflito com a honra, e não com o dinheiro, a disputa se dá entre os proprietários e os trabalhadores da terra, o amor e o ciúme não são artifícios dos ricos, mas sensualidade rudimentar, trágica, habitada pelo sentimento do pecado. Tragédia da paixão e do sentimento, herança sacra e culpa primordial. Como exemplo, Verga, Capuana, Salvatore Di Giacomo. Em comum, entre as duas versões do verismo, o determinismo social e o pessimismo: "Cinza e contido no Norte (o burguês esmagado por tarefas maiores do que ele). Liricamente gritado ao Sul (o povo marginalizado e subjugado por um obscuro destino)"[8]. Dois tipos de realidade que, segundo a concepção verista, só o autor dramático, com sua arte e sensibilidade, poderia penetrar para criar personagens reais.

Agora, no momento em que a obra dramática sai do papel e vai para a materialidade do palco, no momento em que o ator intervém com sua corporalidade, no momento em que o drama se transforma em teatro, nasce uma grande desconfiança entre os veristas, principalmente em relação à capacidade dos atores em conseguir encarnar a imagem idealizada pelo poeta. Diante dos pressupostos veristas, de condenação do teatro e da arte do ator, pode-se imaginar em que clima se deu o encontro (ou desencontro) entre "o grande ator" e o teatro verista, ou seja, entre o "senhor do palco" e os escritores que trabalhavam em plena autonomia artística, esquecendo que o teatro é também uma arte cênica, espetacular. Quando Pirandello se queixa da qualidade interpretativa do ator, que não entende a cena siciliana, já estamos no coração da poética naturalista, segundo a qual o autor deve desaparecer (se apagar) para deixar nascer em total plenitude a criatura artística, ou seja, o personagem dramático. Ora, o "grande ator" não se preocupava exatamente em compor um personagem, ao contrário, sua atuação era voltada para uma apresentação "pessoal", a cena servia para demonstrar sua grande personalidade e suas qualidades na criação de um papel fixo. Pirandello, formado no clima verista, de concepção fortemente organicista da obra de arte, também define a cena teatral como uma mera ilustração da palavra do poeta e o ator como um mal necessário: encenar um drama é como tentar ressuscitar um cadáver, teoriza o escritor, pois toda tradução de uma obra perfeita significa sua morte. Ao comentar a decadência da cena italiana em 1888, Pirandello faz uma crítica direta ao estilo de atuação do "grande ator", que, ao se basear em

---

8 A. D'Amico, Il teatro verista e il "grande attore", em *Il teatro italiano dal naturalismo a Pirandello*, p. 26.

um sistema de papéis, não se adequava às exigências do verismo. Sobre o "grande ator" e o seu estilo de atuação comenta D'Amico:

> A linguagem do "grande ator" em meio século foi utilizada para dar uma imagem unitária dos sentimentos e das paixões, em personagens aristocráticos ou populares, míticos ou históricos (quase nunca burguês), todos eles encarnações de um ideal verdadeiro. Já a dramaturgia verista pede que se passe de uma "verdade" ideal para muitas "verdades" particulares[9].

O não entendimento por parte dos atores da "sutileza da cena siciliana", apontado por Pirandello, perpassa pela ideia de particularidade do personagem indivíduo contra a uniformidade do personagem universal ou exemplar.

O ano de 1910 será o grande debute de Pirandello no teatro. Pela primeira vez o dramaturgo vê um trabalho seu sendo representado no palco. Foi novamente de Nino Martoglio a iniciativa. Com a dissolução de sua antiga companhia siciliana, Martoglio funda em Roma o Teatro minimo a Sezioni e lhe encomenda dois trabalhos em um ato: *La morsa* (O Torniquete), inicialmente chamada *L'epilogo*, escrita em 1892; e *Lumie di Sicilia* (Limões da Sicilia), escrita em 1910 especialmente para a ocasião; um tímido retorno à forma dramática, mas que jamais esmoreceu[10]. O argumento de *Lumie di Sicilia* foi tirado de uma novela homônima de 1900. A peça foi representada no dia 9 de dezembro de 1910 no teatro Metastasio di Roma, juntamente com *La morsa* (um dos poucos textos da produção jovem pirandelliana que escapou da destruição). A partir desta experiência Pirandello passa então a se interessar um pouco mais pelo teatro, e, aparentemente sem nenhuma solicitação externa, escreveu pequenas peças de um ato: *Il dovere del medico* (O Dever do Médico), de 1911 e *Cecé*, de 1913. A partir de 1915 o escritor passa a trabalhar mais intensamente e de modo continuado na linguagem dramática, escrevendo até os anos de 1920 mais de quinze peças teatrais, mas o grande "mergulho" do escritor na atividade teatral acontece mesmo a

---

9 Idem, p. 36.
10 Fato que leva Vicentini a pensar nos anos de 1910 a 1915 como uma fase de lenta incubação, mas definitiva, para o dramaturgo descobrir o teatro como o meio mais intrinsecamente coligado com sua atividade criativa.

partir dos anos vinte, com o grande sucesso de *Seis Personagens à Procura de um Autor*, e com a criação da companhia Teatro de Arte de Roma em 1925. Seu retorno à forma dramática, até as vésperas de sua morte em 1936, não foi uma linha contínua de sucessos, foi uma construção feita de altos e baixos, com grandes momentos de crise existencial e de indignação com o estado da arte de seu país; mal-estar testemunhado por estas duas cartas, a primeira para o filho Stefano e a segunda para Marta Abba, ambas de 1935:

o contato contínuo de três meses com esta gente que se ocupa de espetáculos, que vive de espetáculos, e que ofende brutalmente a arte, em tudo que ela tem de mais íntimo e secreto, me encheu de náusea. Tenho novamente saboreado o gosto da arte narrativa, que fala sem voz, de uma página escrita, diretamente a um leitor. Escrevi cinco novelas e trabalhei um pouco também no romance. Não quero saber de outra coisa agora[11].

E para Marta:

Ouvi que Ruggeri anunciou a estreia de *Non si sa come* no Carignano de Torino para outubro. Espero me organizar para assistir aos ensaios; mas a ideia de enfrentar mais uma vez o julgamento do público me repugna. Gostaria de poder trabalhar quieto no meu romance (*Informazioni su un involontario soggiorno sulla terra*) e nas minhas novelas (parte delas reunidas no volume *Una giornata*). O desprezo que eu sentia no início pelo teatro voltou[12].

O retorno deste desprezo pelo teatro, referido por Pirandello, não se relaciona com a questão da especificidade teatral. O mal-estar do Maestro se dá em razão do acúmulo de tentativas frustradas para fundar em seu país um teatro de arte independente e, principalmente, em razão das condições "insalubres" da arte dramática na Itália que, na visão do dramaturgo, estava dominada por empresários mal intencionados: "profissionais" inescrupulosos que almejavam com o teatro apenas o lucro. Segundo Pirandello, a visão mercadológica do teatro, a imposição de um teatro comercial, em detrimento de um teatro de alto ní-

---

11 Reportado em Maria L. A. D'Amico et al., em *Album Pirandello*, p. 294.
12 Carta de 23 de setembro de 1935, *Lettere a Marta Abba*, p. 1225. As informações entre parênteses são minhas.

vel artístico dedicado à criação original, era o grande responsável pelo quadro de falência da arte teatral italiana. Em todo o epistolário Pirandello-Abba, o dramaturgo delineia, segundo a sua visão, o "estado da arte" na Itália. Suas opiniões e comentários em relação aos aspectos da vida teatral do seu tempo, na grande maioria das vezes, não são elogiosas, ao contrário. Pirandello define o teatro na Itália como desastroso e subdesenvolvido. Isso advém, segundo ele, em função da exploração comercial de peças de sucesso popular e, principalmente, pela falta de uma política cultural séria, e de subsídios financeiros que estimulassem um teatro independente e de arte. Sua náusea, descrita nas cartas, não foi provocada pela especificidade do teatro, ou de um anacrônico pensamento quanto à representação teatral; em 1935 o dramaturgo já havia modificado e muito a sua visão do teatro. Mas ainda assim existe uma condenação que retorna.

A radical condenação ao mundo do teatro se anunciou com todas as suas cores em 1907, no fundamental ensaio "Illustratori, attori e traduttori". Após um longo período tentando "conquistar o teatro dramático", parecia que Pirandello havia se "curado" da febre teatral que nos últimos anos do século XIX o impulsionou a procurar insistentemente por companhias e artistas da época. Roberto Alonge observa que o "balde de água fria" no entusiasmo do jovem aspirante à dramaturgo acabou trazendo importantes consequências no confronto futuro de Pirandello com o teatro:

Afastado e distanciado, o teatro acaba por tingir-se com tintas obscuras e malignas. Os profissionais de teatro – vistos de longe, sem o entusiasmo do dramaturgo neófito – são para Pirandello vulgares comerciantes, em obsceno comércio com o dinheiro[13].

Para o crítico, a justificativa de tal postura teórica, a condenação do teatro, se encontra no aborto pré-maturo de sua carreira de jovem dramaturgo. Mas é claro que em uma perspectiva mais ampla, para além de uma simples amargura, observa-se que esta sua radical posição se coaduna com as tensões do novo século que se abria com uma profunda crise do modelo teatral vigente.

13 Introduzione, em R. Alonge (org.), *Pirandello: Il meglio del teatro*, p. VII.

Nas poucas páginas do ensaio "Illustratori, attori e traduttori", o escritor tece duras análises sobre o fazer teatral e não reconhece na representação cênica uma forma de arte, ela seria nada mais do que uma cópia degradada, uma simples "tradução cênica", mera necessidade prática e material da obra escrita e idealizada pelo poeta. O ensaio tenciona de forma aguda a relação nem um pouco serena entre texto e espetáculo, entre autor e ator:

> Um é o drama, obra de arte; já expressa e viva em sua ideologia essencial e característica; outro é a representação cênica, tradução ou interpretação desta, cópia mais ou menos semelhante que vive em uma realidade material e por isso mesmo fictícia e ilusória[14].

Pirandello vai afirmar de modo eloquente que o trabalho do ator é somente uma mediação (incômoda, mas necessária) entre o personagem e o público: "Sempre, infelizmente, entre o autor dramático e sua criação, na materialidade da representação, se introduz necessariamente um terceiro elemento imprescindível: o ator"[15]. Esta radical condenação ao ator, concebido como um "terceiro elemento" ilustrador da forma dramática, é muito relevante não só para compreendermos as bases do seu fazer dramatúrgico, do período humorístico, como também para dimensionarmos o tamanho da evolução reflexiva sobre o fenômeno teatral operado durante seus últimos trabalhos. Claudio Vicentini diz que as teorias apresentadas neste ensaio representam a ossatura e o motivo profundo da dramaturgia pirandelliana da fase humorística. A prova cabal é que são os mesmos argumentos em torno dos quais se constrói a ação de *Seis Personagens à Procura de um Autor*. No artigo "Il problema del teatro nell'opera di Pirandello" (O Problema do Teatro na Obra de Pirandello), de 1990, Vicentini propõe que *Seis Personagens* seria a ilustração precisa e fiel, quase didascálica, das considerações pirandellianas contra o teatro desenvolvidas em "Illustratori, attori e traduttori". Tese bastante pertinente se considerarmos como possível interpretação para *Seis Personagens*, a história de uma tentativa fracassada de representação:

---

14 Illustratori, attori e traduttori, em *Saggi, poesie e scritti varii*, p. 224.
15 Idem, p. 215.

"Tragédia que impõe, de toda maneira, sua representação e, finalmente, a comédia que sempre surge da tentativa vã de uma representação cênica feita de improviso"[16].

Em vários momentos é possível reconhecer esta familiaridade contextual entre os pressupostos do ensaio e a peça *Seis Personagens*. Por exemplo, em "Illustratori, attori e traduttori" Pirandello propõe que o leitor imagine, por algum prodígio, personagens de romance ou de novela pulando *vivos* do livro diante de nós, falando com sua própria voz, se movendo em completa independência das páginas escritas. Este "acontecimento" surpreendente é, na verdade, a mola propulsora do drama das seis personagens que, recusadas pelo autor, se dirigem ao palco para ver seu drama representado. Outra passagem do ensaio, que não deixa dúvidas quanto a *Seis Personagens* ser uma "tradução em módulos dramatúrgicos das velhas convicções do ensaio 'Illustratori, attori e traduttori'"[17], encontra-se na afirmação de que o ator, por mais que se esforce, jamais poderá sentir o personagem da mesma forma que o autor o sente. O ator sempre dará, quando muito, uma ideia aproximada do personagem concebido pelo autor. Que ingrata surpresa para o escritor ver sua obra assim deformada diante do público, seu desejo seria gritar: "Não! Assim não! Assim não!", enfatiza Pirandello. É com uma reação como esta que os personagens recusados de *Seis Personagens* reagem aos atores escalados para representá-los no palco:

A ENTEADA (*divertindo-se*): Como? Como? Eu, aquela ali?
*Desatará numa gargalhada.*
[...]
Mas não era por sua causa, creia-me!, era por mim, que não me vejo em absoluto na senhora, é isso.
[...]
O PAI: [...] a representação que o senhor fará, mesmo forçando-se com a maquiagem a parecer-se comigo... – quero dizer, com esta estatura... (*todos os Atores rirão*) dificilmente poderá ser uma representação de mim, como realmente sou. Será antes – deixando de lado a aparência – será antes sua interpretação de

---

16 Prefácio do Autor, em *Seis Personagens à Procura do Autor*, p. 10. (Coleção Teatro Vivo).
17 R. Alonge, Introduzione, op. cit., p. XXIII.

como sou, de como me sente – se é que me sente – e não como eu me sinto dentro de mim[18].

A peça, fiel aos argumentos do ensaio, também exibe atores superficiais, frívolos, inconsistentes e limitados. O embate entre o Diretor e O Pai, confirma a radical condenação do espetáculo teatral; o dramaturgo carrega nas cores ao descrever o aspecto risível, e até ridículo, de qualquer tentativa de representação por parte dos atores daqueles seis personagens. Enfim, "Illustratori, attori e traduttori" não foi apenas o fruto de um (compreensível) desgosto pelas infinitas e inúteis tentativas de fazer com que representassem seus textos. O fato é que quando Pirandello escrevia seu ensaio, figurava no meio intelectual da época a ideia do teatro como arte "dependente", ou seja, enquanto fruto da realização cênica de um texto literário, este sim dotado de autonomia e valor próprios, podendo ser apreciado plenamente através da simples leitura. O conceito de submissão do teatro ao texto teatral foi um dos pressupostos da revolução cênica conduzida pelos experimentos do teatro naturalista do último decênio do século XIX, sendo, inclusive, a plataforma teórica que, ao final do século XIX e início do XX, acabou favorecendo a consolidação da figura do encenador sobre os palcos europeus (o que, consequentemente, significou o enfraquecimento do "grande ator").

Uma contradição profunda entre o texto e a cena animava as experiências teatrais ao início do século XX, com uma extrema consequência: se o teatro era uma arte impossível, por que fazê-lo? A solução encontrada por Pirandello, para sair do longo silêncio em que se fechou entre os anos de 1899 e 1910, foi aceitar o teatro como arte degradada e fazer da representação uma paródia e escárnio de si mesma, promovendo assim sua própria autodestruição. A condenação do espetáculo teatral como "tradução" cênica de um texto literário, não veio só com os naturalistas, também vinha de um de seus maiores opositores. Com uma perspectiva oposta aos teóricos do naturalismo, Gordon Craig (1872-1958), logo nos primeiros anos do século XX, precisamente em 1905, já havia teorizado, no

---

18 *Seis Personagens à Procura de um Autor*, em J. Guinsburg, *Pirandello: do Teatro no Teatro*, p. 210-212.

ensaio "Da Arte do Teatro", o aspecto danoso e supérfluo do espetáculo teatral que se utiliza de uma obra (o texto teatral) que, por sua natureza, é expressão artística completa e perfeita. Ligado às concepções estéticas do movimento simbolista, Craig entendia que o espetáculo que se utiliza da palavra escrita não apenas insinua que a obra dramática necessita ser aperfeiçoada por meio de um tratamento cênico, sendo por isso imperfeita, como também, por outro lado, subordina a cena teatral ao texto dramático, tornando-a dependente:

> Se os dramas shakespearianos tivessem sido compostos para serem vistos, ter-nos-iam parecidos incompletos à leitura. Ora, ninguém que leia *Hamlet* achará a peça aborrecida ou incompleta, enquanto que mais de uma pessoa, depois de ter assistido à representação do drama, dirá com desgosto: "não, isto não é o *Hamlet* de Shakespeare"[19].

Em outra passagem, Craig vai teorizar sobre a diferença entre um artífice e um encenador:

> Quando ele interpreta as obras do dramaturgo com auxílio dos seus atores, cenógrafos e outros artífices, é ele próprio um mestre-artífice. Quando, por sua vez, souber combinar a linha, a cor, os movimentos e o ritmo, tornar-se-a artista. Nesse dia já não teremos necessidade do dramaturgo. A nossa arte será independente[20].

Gordon Craig, e também outros homens de teatro como Adolphe Appia e Vsevolod Meierhold, mantinham uma posição antitética àquela do naturalismo ou do verismo psicológico. Concentrando suas reflexões e suas atividades práticas em torno da autonomia da arte do teatro, uma nova figura, o encenador, passa a ser considerada como o elemento central do teatro, o único capaz de dar corpo a uma expressão artística autônoma, o verdadeiro criador do espetáculo. Sua postura teórica vinha ao encontro de uma revalorização da arte em relação à ciência. Em nome de um conhecimento superior que não o do mundo empírico, isto é, na busca da realidade espiritual, a arte deveria renunciar a tudo que diz respeito à

---

19 Da Arte do Teatro, em *Cadernos de Teatro*, n. 89, p. 10.
20 Idem, p. 11.

realidade material das coisas, como, por exemplo, o psicologismo, e buscar como expressão deste conhecimento a forma pura. Ora, no teatro o ator, com o peso de sua presença física, representava um grande obstáculo ao ideal de arte pretendido pelos simbolistas, exatamente por isso que quase todos os teóricos do simbolismo que se ocuparam de teatro polemizaram contra a presença do ator. E Craig, que tinha como suas maiores preocupações afirmar a autonomia do teatro e definir o encenador como seu único criador, entende que a criação artística deve banir tudo que impede o teatro de ser a expressão absoluta de valores absolutos. E o ator, representante de tudo que existe de casual, precisa, para ser aceito neste mundo autônomo e perfeito (em plena harmonia), se comportar como uma supermarionete, um autômato completamente submisso e obediente ao encenador. Uma proposta de concepção artística formal, que busca a "pureza" da arte e que exige, de forma extrema, a não contaminação da arte pela vida. Inclusive em relação ao espectador, que deve observar a obra em silêncio, como se esta fosse uma visão, uma obra de arte completa e absoluta.

É importante lembrar que um determinado paradigma se sustentou durante séculos no teatro europeu, ou ocidental, marcando uma radical diferença estrutural com o não europeu, como, por exemplo, o teatro nô japonês ou o kathakali indiano, composto primordialmente de danças, cantos e música: o paradigma "teatro dramático". O teatro dramático significa tradicionalmente a realização de diálogos e de ações sobre a cena graças a uma imitação produzida pelo jogo dramático. Esta fórmula está presente desde Aristóteles em sua célebre definição de tragédia: "Imitação de uma ação importante e completa, de certa extensão [...], imitação que é feita pelas personagens em ação e não através de um relato, e que, provocando piedade e terror, opera a purgação própria de tais emoções"[21]. Tanto é assim que Bertold Brecht, para qualificar a tradição que ele deveria romper, utilizou a designação "Teatro Dramático", para operacionalizar e classificar as diferenças propostas à cena a partir do que ele designou "Teatro Épico". O Dramático determina o que denominamos a matriz histórica e cultural do teatro

---

21  Da Tragédia e de suas Diferentes Partes, *Arte Retórica e Arte Poética*, p. 248.

tradicional europeu. Muito mais do que a noção de gênero empregada no sentido literário ou taxonômico do estruturalismo, o Dramático é antes de tudo uma estratégia de comunicabilidade que passa a regular o teatro tradicional ocidental. Entre os elementos teóricos do Dramático, as categorias de imitação e ação ocupam um lugar primordial. Inerente a essas categorias, na intenção de reforçar por meio da caixa cênica a ilusão do teatro como imagem do mundo, uma espacialidade que separa, pela emoção e pelo intelecto, o público e a cena. Esta divisão não possui uma função puramente estética, ela provoca o que teoricamente se denomina "catarse" (do grego *katharsis*, purgação): instauração de um reconhecimento e de uma identificação afetiva graças aos sentimentos de piedade e terror proposto pelo drama e seus traços constitutivos. Estes traços constitutivos não podem ser tão facilmente dissociados do paradigma "Teatro Dramático", isto significa dizer que a matriz dramática é muito mais do que uma variante possível da arte do teatro, pois acabou se tornando um princípio regulador desta arte. Ele, o teatro, é concebido implicitamente como *teatro do drama*. Tanto isso é verdade que a ruptura definitiva entre estes dois pólos, teatro e drama, e sua emancipação recíproca, é o que irá caracterizar o fim do teatro moderno, ou teatro dramático (1880-1950), e o nascimento do assim denominado "teatro novo", ou segunda vanguarda.

Luigi Pirandello já havia pré-concebido esta incompatibilidade entre teatro e drama em "Illustratori, attori e traduttori". O ensaio é uma condenação clara e sem reservas da realização cênica enquanto fenômeno dependente de algo exterior a ele, ou seja, enquanto elemento subordinado ao texto dramático. Embora repleto do pré-conceito, advindos do meio acadêmico e literário da época, o ensaio adverte sobre o inevitável fracasso da equação: representação (arte do gesto, do corpo, da presença viva do ator) e drama (a palavra escrita anterior à ação, arte do autor). Ainda que tenha tencionado e levado a crise para dentro do modelo conceitual vigente, Pirandello não chega a romper exatamente com a fórmula, servindo-se da estrutura teórica aceita *a priori*. É importante observar que no teatro moderno a escritura cênica é comandada pela lógica do texto escrito. Como bem observa Hans-Thies Lehmann, embora nos séculos xviii e xix as *dramatis personae* (personagens do drama) sejam caracterizadas muitas vezes por um repertório não verbal, feito de gestos, de movimentos e de mímica, a personagem humana continua a se definir principalmente por seu discurso, por aquilo que ela diz ou dizem dela[22]. Ou seja, no teatro dramático se mantém uma forte conexão entre o texto e a representação cênica que a ele se reporta. O contrassenso se instaura quando a cena, que é totalmente dependente do cosmos fictício do texto teatral, deseja manter uma ilusão de verdade; nada poderia ser mais paradoxal. A relação entre teatro e drama não é, como veremos, uma relação pacífica, mas sim uma relação cheia de contradições e tensões. Trabalhar esta cosmologia do dramático na arte teatral é extremamente importante para entendermos o posicionamento final do último Pirandello em relação à cena, sua evolução e clareza de pensamento sobre o fenômeno cênico.

Para Luperini, as críticas de Pirandello em relação ao teatro também decorrem em razão das dificuldades que o escritor encontrava para impor, na convencional forma dramática, elementos "subversivos" às duas principais poéticas da época – o naturalismo e o simbolismo –, que tanto nos romances quanto nas novelas não pareciam para ele um problema. A única alternativa ao teatro naturalista e às suas consequências na prática cênica italiana, totalmente subordinada ao modelo francês do teatro de *boulevard*, parecia o retorno ao texto literário e, consequentemente, à primazia da literatura sobre o momento cênico:

a experiência dominante parecia aquela do escrever "belo" de D'Annunzio, enquanto sob o fundo se delineava, no primeiro decênio do século, a redução do teatro à palavra promovida pelas tendências simbolistas (sobretudo Maeterlinck)[23].

Existiria, assim, uma oposição de valores, uma contradição, entre o teatro e a literatura que precisaria de algum modo ser resolvida: se por um lado, contemplamos a ampla liberdade inventiva dos atores e sacrifício do texto, por outro encontramos uma pureza literária completamente indiferente às exigências da cena e entregue à retórica do escrever "belo".

---

22  *Le Théâtre postdramatique*, p. 27.
23  *Pirandello*, p. 85.

Como, então, resolver esta contradição entre teatro e literatura sem se deixar levar por um dos lados?

Segundo Pirandello, o grande problema, tanto do teatro das comédias leves quanto do teatro literário, era a tentativa de estabelecer na forma dramática um domínio absoluto do seu meio de expressão: no teatro de *boulevard* é o ator quem impõe seu *estilo* pessoal sobre o personagem dramático; no teatro literário é o autor quem se impõe sobre o personagem dramático. Ambos, ator e autor, aprisionariam a única coisa viva da obra de arte: os personagens do drama. Por *estilo* acatamos o significado dado pelo próprio Pirandello no ensaio "Teatro y letteratura" (Teatro e Literatura): faltaria ao escritor dramático, especialmente Gabriele D'Annunzio, escreve Pirandello, saber renunciar ao seu estilo, ao seu modo particular de expressão em prol da personagem dramática. Se o autor impõe seu estilo, a obra parece demasiadamente feita pelo autor e pouco nascida dos personagens do drama. Os personagens (para serem verdadeiramente *vivos*) precisam de uma individualidade própria, ou seja, a obra dramática deve parecer escrita por muitos e não só por um autor, ou melhor, "composta pelos personagens no fogo da ação, e não por seu autor"[24]. A solução de Pirandello para por um fim à "ditadura" do estilo se dá através de dois procedimentos: a plena autonomia dos personagens em relação ao autor e a aceitação do aspecto desviante do trabalho artístico. Com estas medidas, se desenvolve a capacidade do teatro em reduzir a "aura" da literatura, ao mesmo tempo em que projeta formas capazes de se autocontestarem, o resultado será o debate interno no próprio jogo teatral. O objetivo de Pirandello é duplo: fazer com que tanto o autor quanto os atores redimensionem sua importância em prol da parte *viva* da obra, os personagens, que, por sua vez, se estabelecem como o terceiro lado de uma relação triangular conflitante (autor-personagem-ator). Autonomia do personagem em relação ao seu criador, e autonomia do personagem em relação ao seu intérprete; este é o duplo compromisso firmado por Pirandello. Esta é a via de saída para escapar do escrever "belo" dannunziano – que sobrepõe seu estilo particular e seu ponto de vista pessoal aos personagens – e

---

24 Teatro y Literatura, *Ensayos*, p. 259.

disciplinar os intérpretes que usam de uma exagerada liberdade na criação dos personagens, sacrificando a obra em despropositadas improvisações.

Ao processo histórico de separação entre teatro e drama, que se iniciou a partir da crise do drama ao final do século XIX, seguindo pelas vanguardas históricas, passando pela explosão da nova vanguarda nos anos cinquenta e sessenta, e que culminou com as radicais formas teatrais pós-dramáticas ao final do século XX, Pirandello deu sua contribuição propondo um meio termo entre as propostas de vanguarda e as exigências do teatro tradicional: assumir a incompatibilidade entre as instâncias sem, no entanto, implodir com o paradigma do dramático. Bernard Dort também contribui com esta afirmação no artigo "Une écriture de la représentation"[25] de 1986. Fundamentado no ensaio "Illustratori, attori e traduttori", entre outros documentos, Dort conclui que a certeza da incompatibilidade entre drama e representação não provocou no dramaturgo a radical separação entre os pólos, o escritor não depositou simplesmente seu interesse na forma dramática, abandonando a representação à sua condição servil. E tampouco recusou a representação em prol do texto falado, como fizeram os dramaturgos simbolistas e seu maior representante Maurice Maeterlinck. Pirandello experimenta inscrever a crise da representação dentro do próprio drama. Sua desconfiança em relação à cena se dá no âmbito da dificuldade do personagem autônomo (ou isolado) se impor enquanto indivíduo, de forma independente à representação: ao representar sua história o personagem não será julgado pelo drama que ele idealizou, mas pela forma como os outros enxergam e interpretam este mesmo drama (isto é, a partir uma perspectiva particular, o que indubitavelmente não estará em concordância com a idealização anterior). Em conformidade com as ideias expressas no ensaio "Illustratori, attori e traduttori", pelo qual o drama seria uma "obra de arte já expressa e viva em sua idealidade essencial e característica", e o teatro uma degradação desta idealidade, Pirandello, no próprio texto, já

---

25  Em *Théâtre en Europe*, n. 10, edição especial dedicada a Pirandello.

se antecipa à "traição" da história idealizada, contaminando-a com uma reinterpretação feita por outros personagens.

Estes são os pressupostos que guiaram sua dramaturgia do período humorístico, mais propriamente àquela que se desenvolveu entre 1917 e 1924. Ao desenvolver as potencialidades internas de autocontestação do produto artístico, Pirandello não só atenuou suas próprias desconfianças no confronto com o teatro, mas, principalmente, possibilitou uma nova alternativa para o sentimento de "inutilidade do teatro" que se instaurou entre os principais operadores do teatro europeu no início do século XX, como também foi uma resposta sua, pessoal, para os anos de guerra. O teatro passa a atrair Pirandello porque é o lugar onde o texto escrito pode se transformar em ação, onde *as verdades*, não *a verdade*, encontram voz e expressão: nem ao lado do autor, nem do ator, (e muito menos ao lado do encenador), o dramaturgo se posicionou ao lado do personagem. O palco de Pirandello não será apenas o depositório de todos os fracassos e de todos os fracassados, ele é o espaço possível para muitas vozes, é o pódio para que se possa tentar um novo começo (mesmo que este começo seja um novo engano, pois a marca do fracasso é sempre começar de novo). Aquilo que foi narrado, o fato consumado, é novamente mostrado e reinterpretado no presente da cena e, por isso mesmo, estará sujeito a ser transformado, ameaçado ou mesmo alterado. Pirandello se interessou pela ideia de que a relação entre drama e teatro, relação que caracteriza o teatro dramático tradicional, está fadada ao fracasso. É a crise, a tensão gerada por estas duas partes tão distintas, drama e teatro, que interessam ao dramaturgo. O que irá restar deste conflito, ou melhor, o que irá ultrapassar esta contradição interna será a poesia da cena, o mistério que emana do encontro entre esses dois mundos tão aparentemente inconciliáveis: a invenção fantástica e o espaço material do palco. Como disse o dramaturgo em 1934, no *Discorso en el coloquio "Volta" sul teatro drammático*, "o teatro não pode morrer": "Falar da morte do teatro em um tempo como o nosso, tão pleno de contrastes e, por isso mesmo, tão rico de matéria dramática é verdadeiramente um contrassenso"[26].

---

26 Discurso em el Colóquio "Volta" sobre o Teatro Dramático, *Ensayos*, p. 284.

## PIRANDELLO ENCENADOR

> Eu me transformei na marionete
> da minha paixão: o teatro.
>
> LUIGI PIRANDELLO[27]

Pirandello dirigiu o Teatro de Arte de Roma entre 1925 a 1928. Como diretor artístico e encenador de uma companhia privada, o dramaturgo estreitou seus laços com o fenômeno cênico e com a práxis concreta do fazer teatral. Roberto Alonge analisa sua dramaturgia sob dois grandes períodos: antes e depois de suas experiências com o Teatro de Arte. O crítico ainda observa que a última estação pirandelliana é a mais atenta, a mais sensível às exigências da cena. Como exemplo, a questão do espaço: não se tem mais aquele salão compacto e plenamente iluminado das peças precedentes, mas um novo salão, inesperado, com ângulos de luz e jogos de claro-escuro[28]. Claro que *Seis Personagens* já tinha significado uma revolução formal do gênero, pois pela primeira vez um texto teatral foi concebido como matéria de reflexão sobre as características, limites e significados da cena teatral[29]. Com a fórmula do "teatro no teatro", o dramaturgo não só formaliza sua condenação ao mundo teatral como também, ao transformar esta operação em uma representação teatral, que se desenvolve concretamente no palco, em frente aos olhos do público, propõe algumas coincidências

---

27 En confidence, *Le Temps*, Paris, 20 de julho de 1925.
28 Cf. Introduzione, em *Pirandello, il meglio del teatro*, p. XXIV.
29 A comédia estreou no Teatro Valle de Roma, em maio de 1921, pela companhia de Dario Niccodemi, e não obteve sucesso, muito pelo contrário. O primeiro e o segundo ato não foram tão mal, apesar dos sinais de incômodo da plateia. Agora, com o final do terceiro uma verdadeira batalha explodiu entre o público, "talvez a mais violenta de que se lembra o Valle", anotava um crítico. De um lado, uma minoria de satisfeitos, de outro uma grande massa de espectadores que, vaiavam, gritavam em coro: "manicômio, manicômio!". Apesar disto, o sucesso de *Seis Personagens à Procura de um Autor* seria confirmado alguns meses depois pelo público milanês, em 27 de setembro no Teatro Manzoni. Após a turbulenta estreia, o texto se difundiu pela Europa e pelos Estados Unidos. Mas assim mesmo não deixou de sofrer perseguições. Em Londres, novembro de 1922, a peça estreou em um clube privado porque o Lorde Chamberlain vetou sua execução pública por considerar a história escabrosa. Em dezembro estreou em Nova York, no Fulton Theatre. Mas foi em abril de 1923 que a peça conquistou Paris, graças à memorável encenação de Georges Pitoëf. Cf. C. Vicentini, *Pirandello, il disagio del teatro*, p. 70.

que colocam em risco a convencional fronteira entre *teatro e vida*, transbordando assim os limites entre realidade e ficção. O lugar imaginado pelo texto e o lugar real, o palco onde se desenrola a ação, são idênticos. A peça descreve uma representação teatral que se desenvolve no teatro, e é no teatro que esta ação será representada. E, principalmente, os atores possuem a mesma identidade do eu espetacular: os atores representam a si mesmos, isto é, representam atores. Em princípio nada muito diferente de todo teatro que se utiliza desta fórmula. Porém, em Pirandello, existe um dado a mais que se pode extrair para além do artifício dramatúrgico, e que o aproxima das vanguardas, como também das propostas do Teatro Novo[30].

Enquanto o texto proclama a existência de uma fratura inconciliável entre o mundo fantástico da arte e o mundo real da cena, com uma perda irreparável da potencialidade e da qualidade do primeiro, se este vem a ser representado sobre o palco, sua estrutura indica instigantes pontos de contato e de fusão entre estes dois mundos: entre o teatro e a cena imaginada pelo autor. Esta tensão interna, entre o texto e o procedimento dramatúrgico, indica, ainda que de forma embrionária,

---

[30] A aproximação entre teatro e vida, que está na base das vanguardas do início do século XX, repousa sobre dois principais pontos: negação de um teatro concebido só como ficção e como representação; negação da divisão clara entre atores e espectadores. Marco de Marinis propõe nomear o conjunto de experiências e propostas teatrais que surgiram nos Estados Unidos e na Europa entre 1947 e 1970, em oposição ao teatro oficial e institucionalizado, como "Teatro Novo". A defesa do termo, em substituição aos de uso mais frequente como "teatro experimental" ou "teatro de vanguarda", explica, corre em duas vias: primeiro porque o termo, em relação aos outros, é menos condicionado ideologicamente e, em segundo lugar, seu uso se deu naturalmente entre os homens da prática teatral. O novo, neste caso, significa a linha de orientação totalmente inédita que fenômenos como o *happening* ou os espetáculos do Living Theatre, nos anos de 1960, introduziram no horizonte teatral. A busca de novas alternativas tanto no plano da linguagem, das formas e dos estilos, como, e principalmente, no plano da produção, culminou em um processo radical de *desteatralização* teatral. A aproximação entre teatro e vida, que está na base das vanguardas ao início do século XX, se radicaliza com as experiências de vanguarda do segundo pós-guerra: ator e personagem se mesclam em uma espécie de presença que torna o personagem tão real quanto o primeiro. O ator, dentro deste processo de criação, cria uma alteridade (personagem) tão forte e "real" que atinge (por contágio) de modo profundo o público. A distinção entre vida e ficção fica muito tênue, o espectador acaba por vivenciar uma possível identidade entre o criador e a criatura. Cf. M. de Marinis, *El Nuevo Teatro, 1947-1970*.

já que o dramaturgo não visualizava um modelo alternativo ao paradigma do dramático, um possível ponto de contato entre o universo material da realidade do palco (o teatro) e o reino da arte (vida superior): a sobreposição do palco imaginário com o palco real, e com atores que se autorrepresentam, é uma tentativa, sem dúvida nenhuma, de aproximar teatro e *vida*. Mas que tipo de vida seria esta? De maneira nenhuma se trata da vida cotidiana ou da realidade social, totalmente condenável como inautêntica, pouco sincera e artificial; a *realidade superior*, de que fala Pirandello, são as máscaras teatrais, isto é, os personagens do drama. O teatro pode coincidir com o mundo imaginado pelo autor, quando, por um prodígio, conseguir ser *vida*, isto é, quando se projetar como espaço-tempo da autenticidade e da sinceridade, desmascarando com sua *verdade* as mentiras do dia a dia. Esta "revelação" se anuncia com a chegada dos seis personagens. Contrapondo sua "realidade superior" com a vida cotidiana, com o espetáculo da aparência, eles fazem cair, mesmo que temporariamente, as máscaras da hipocrisia, revelando assim a "verdade" do indivíduo ou da comunidade que eles fazem parte.

Com *Seis Personagens*, analisa Vicentini, a dificuldade do dramaturgo em aceitar o teatro toma um novo rumo. A peça se transforma numa espécie de "manifesto" do teatro pirandelliano: a condenação do mundo material da cena e dos atores, traduzida em texto teatral, liberta o dramaturgo para a atividade dramatúrgica. Ao mesmo tempo em que se apresenta como uma paradoxal justificativa de si mesmo, a obra testemunha a aceitação do próprio Pirandello em relação à contradição que percorre sua atividade de dramaturgo. Esta contradição interna constitui o caráter único e exclusivo de seu teatro, é aquilo que lhe determina as características. O desenvolvimento desta concepção de teatro, de um teatro que pode "coincidir" com aquela realidade autêntica que existe no mundo imaginado, e que na vida real nos é negada, o levará em direção a uma visão do teatro enquanto espaço-tempo *sacro*; onde *Os Gigantes da Montanha* parece ser o êxito final deste percurso (visão que o aproxima de Antonin Artaud[31]). O fato é que depois de *Seis*

---

31 Em maio de 1923, no número 24 da revista *La Criée,* Antonin Artaud publica sua crítica ao espetáculo *Seis Personagens à Procura de um Autor.* Entre tantos

*Personagens* Pirandello termina por se render ao ambíguo fascínio do mundo teatral:

> Em 1921 escreve *Enrico IV*, depois *Vestir os Nus* e *La vita che ti diedi* (*A Vida que te Dei*), [...]. Em 1923 termina *Cada um a Seu Modo*. E em abril do ano consecutivo, sua rendição ao mundo do teatro, ao ambíguo fascínio pelos instrumentos "materiais" da cena, parece completa: Entrevistado em Milão, durante os ensaios da peça, divulga sua intenção em se colocar à frente de uma empresa teatral, um "teatro de arte", onde se ocupará não apenas da escolha do repertório, mas também da encenação e da direção dos atores[32].

A ideia de fundar uma Companhia estável em Roma não foi propriamente sua, mas de seu filho Stefano Landi, Orio Vergani e de outros jovens intelectuais; entre os quais Massimo Bontempelli e Corrado Alvaro. O projeto teatro *d'eccezione* (como foi chamado inicialmente), idealizado em outubro de 1923, objetivava ser um celeiro para jovens autores e diretores teatrais. Era uma nova tipologia de companhia teatral que se firmava na época: guiadas por um dramaturgo-encenador, estas companhias contrastavam com o tipo dominante no panorama teatral italiano: companhias teatrais nômades e centralizadas na figura do ator. Fundar um teatro de arte também não foi uma ideia pioneira, em quase todas as capitais da Europa já se encontrava bastante difundido esse tipo de atividade e a Itália começava a dar seus primeiros passos em direção a esta nova tendência do teatro europeu. Convocado a aderir ao projeto, Pirandello não só irá patrociná-lo, como também se empenhará pessoalmente na fundação e na direção artística do novíssimo Teatro de Arte. Em 1925 declara: "Para mim não foi suficiente escrever peças de teatro, fazendo-as serem representadas. Hoje sou diretor e encenador

---

outros interessantíssimos comentários, destacamos aquele que nos parece mais pertinente ao entendimento da "visão" pirandelliana do *teatro como vida* (ainda que por uma via negativa de rejeição ao teatro – que na verdade era o teatro de sua época). A contraposição entre os Atores e os Personagens pareceu a Artaud como o desencontro entre, de um lado, um teatro, que se propõe o falso problema de "reteatralizar o teatro", contaminando-o com a vida cotidiana, e, do outro, um teatro que se confronta com o problema real de "reencontrar" a vida, mas não a vida *no* teatro, e sim a vida do teatro. Cf. F. Ruffini, Pirandello e Artaud. Una nota, em A. Tinterri (org.), *La passione teatrale*.
32  C. Vicentini, *Pirandello, il disagio del teatro*, p. 71.

de uma Companhia dramática. Os senhores devem acreditar, ainda que seja absurdo"[33]. Por que absurdo? Precisamente porque Pirandello sempre sustentou em seus argumentos teóricos que o teatro não seria nada mais do que uma ilustração do texto dramático, e que o ator, por sua vez, seria um terceiro elemento incômodo, infelizmente indispensável, entre o poeta e o público. Então, porque se envolver tão de perto com o fenômeno cênico, fundando uma companhia teatral? Talvez para dar às suas obras uma "concepção" cênica mais próxima possível da autoral, já que o autor sempre deixou muito claro o seu descontentamento em relação ao teatro de sua época.

Em uma entrevista ao jornal *L'Impero* no dia 11 de abril de 1925, Pirandello declara que ele mesmo pretende encenar, com sua companhia, boa parte de suas peças, inclusive aquelas que ainda não tinham sido montadas, para que finalmente entendessem como ele desejaria que elas fossem representadas[34]. Mas, muito mais do que se "rebelar" contra a má interpretação de suas obras, suas atividades no Teatro de Arte foram uma escola para o dramaturgo. O dia a dia do palco, o convívio diário com cenógrafos, eletricistas, técnicos e atores, deram ao escritor uma maior consciência cênica. Como observa Alonge, a superação dos velhos preconceitos não foi para Pirandello algo espontâneo ou tumultuadamente imediato, mas sim o fruto de um crescimento intelectual relativamente lento, correspondente ao amadurecimento de uma prática profissional. Sobre este ponto escreve Leonardo Bragaglia:

> Além de se rebelar contra os arbítrios de algumas encenações das próprias peças, pelas quais Luigi Pirandello, com o "Teatro de Arte de Roma", se inventou "teatrólogo militante", encenador, dramaturgo e Poeta de Companhia, ele adquiriu consciência – dia após dia – da absoluta autonomia do Teatro, da Obra de Arte no Teatro, "que não é mais o trabalho de um escritor, que se pode sempre salvaguardar do resto, mas um ato de vida a se

---

33  En confidence, *Le Temps*, Paris, 20 de julho de 1925. Reportado em A. D'Amico; A. Tinterri, *Pirandello capocomico: La compagnia del Teatro d'Arte di Roma, 1925-1928*, p. 5.
34  Idem, ibidem

criar, instante por instante, com a adesão do público que se deve alegrar"[35].

Com o Teatro de Arte, o Maestro deu os primeiros passos em direção ao entendimento da especificidade do fenômeno teatral: um "ato de vida", conclui Pirandello, construído diante do público e que está muito além da página escrita[36]. Conclusões que jamais seriam possíveis se o dramaturgo permanecesse "do lado de fora" do mundo do palco. Foi necessário experimentar a função de encenador e de diretor de uma companhia teatral para Pirandello ver o teatro como arte, como espaço de criação artística, e abandonar o preconceito que lhe fazia enxergar o teatro como um mero mundo postiço e convencional pelo qual a obra dramática perderia inevitavelmente sua "verdade ideal e superior". Alonge observa que apesar de não ter conseguido, objetivamente, se transformar em um verdadeiro homem de teatro, passando definitivamente de dramaturgo a encenador, esta experiência foi capital para mudanças em sua linguagem dramatúrgica, pois o que se verifica em sua dramaturgia tardia é a "imersão surpreendente, mas tonificante, no mundo da cena, na materialidade do fazer teatral"[37]. O Teatro de Arte foi sem nenhuma dúvida a mola propulsora para o dramaturgo buscar novas formas de escritura:

> A dedicação na direção acelera *a educação teatral* de Pirandello e o impele, de um lado, em direção às conclusões que a vanguarda europeia já havia chegado há muito tempo, e, de outro lado, incide duravelmente sobre toda a sua produção posterior, inclusive sobre aquela que parece distante dos movimentos da trilogia e inclusive nos textos que parecem – erradamente ou com razão – mais sensíveis a um retorno aos módulos tradicionais da dramaturgia[38].

---

35 *Carteggio Pirandello-Ruggeri*, p. 51. As cartas selecionadas correspondem aos anos de 1932 a 1936, a última parte do texto entre aspas é uma citação de Pirandello. A declaração de Pirandello do teatro como "ato de vida" comparece na sua introdução ao *La storia del teatro italiano* de Silvio D'Amico, p. 26.
36 Esta sua opinião, do teatro como "ato de vida", se manifesta de forma prática na peça *Cada um a Seu Modo*. Na peça, os atores infringem a barreira entre a vida e a arte, entre o teatro e o público.
37 *Pirandello, il teatro del XX secolo*, p. 76.
38 Idem, p. 77.

Em setembro de 1924 o Teatro Odescalchi, em Roma, torna-se disponível para abrigar a companhia de Pirandello. Vittorio Podrecca (dono do Odescalchi) decide transferir sua companhia para o exterior: um acordo estabelecido entre Vergani e Romano Fidora (sócio de Podrecca) fará do teatro a futura sede do Teatro de Arte. Em sua primeira entrevista como diretor de uma companhia teatral, em novembro de 1924, o dramaturgo anuncia que o diferencial de sua companhia em relação aos outros teatros de arte com proposta também experimental, se comparado especialmente ao *Indipendenti* de Bragaglia (ativo desde janeiro), seria o cuidado com a produção e a preparação artística de cada peça. Segundo o Maestro, cada espetáculo seria trabalhado em sua particularidade artística e técnica (cenografia, iluminação, figurino, e por aí vai); a companhia seria formada por um elenco numeroso (quatro primeiras atrizes, três primeiros atores), justamente para facilitar na escolha do ator mais apropriado ao papel. Sobre a preparação dos atores, Pirandello pretendia realizar um maior número de ensaios à mesa, sua ideia era proporcionar uma maior familiaridade do ator com o texto e assim dispensar a presença do ponto. Como se pode notar, desde o início do projeto se vê, além da preocupação com o repertório e com a excelência da produção artística, uma expectativa quanto à interpretação dos atores. Este é o primeiro sintoma de uma tomada de consciência (que irá aumentar cada vez mais) sobre a importância do ator para a produção de sentido de uma obra teatral.

Em relação à composição do elenco, em fevereiro de 1925 a companhia já estava praticamente completa: Lamberto Picasso (primeiro ator), Lia Di Lorenzo (partes primárias), Gino Cervi (primeiro ator jovem), Jone Morino (primeira atriz jovem), Maria Morino (atriz jovem), Enzo Biliotti (brilhante), Egisto Olivieri (característico). No entanto, para a primeira atriz Pirandello ainda não tinha um nome certo, ele perambulava entre os nomes de Helena Wnorowska (que atuou na companhia apenas na peça *Il calzolaio di Messina* de De Stefani), Maria Laetitia Celli (co-fundadora e sócia do Teatro de Arte) e Emma Gramatica. No último momento chega de Milão a notícia do sucesso de uma jovem atriz, Marta Abba. Sem nem mesmo conhecê-la Pirandello encarrega Guido Salvini de contratá-la como primeira atriz de sua companhia. A estreia de Marta Abba no Teatro de Arte foi em 22 de abril de 1925 com a peça *Nostra Dea*, de Bontempelli. Um clamoroso sucesso que por várias vezes entrou em cartaz no Odescalchi. Até o fim de sua vida Pirandello irá receber muita influência de Marta Abba, inspiração de sua última estação dramatúrgica. Para Marta, mais ainda do que foi para outros atores da companhia como Picasso, Marchi, Salvini, trabalhar com Pirandello foi uma etapa fundamental e decisiva na sua carreira artística.

Como diretor do Teatro de Arte, coube a Pirandello a escolha do repertório, a direção geral das montagens teatrais e a escolha do pessoal artístico: cenógrafos, iluminadores, elenco. Para a primeira temporada, Pirandello previu um repertório constituído de 20-25 peças inéditas: "de muitos jovens italianos, de alguns jovens expressionistas alemães; entre os franceses, Vildrac e Romains. Um ou dois húngaros, um ou dois pós-bolchevistas"[39]. Como se vê, um repertório eclético, constituído com obras de autores italianos e estrangeiros[40]. No entanto, com a montagem de *Seis Personagens* em 1925, encenação de Pirandello para a turnê de Londres e Paris, se processa uma mudança radical em relação ao repertório da companhia. Se até aquele momento o Maestro permanecera fiel ao projeto inicial de encenar textos de outros autores, um pedido explícito feito pelo empresário inglês Cochran lhe obriga a mudar seus propósitos e a preparar rapidamente um programa exclusivamente pirandelliano. Para a primeira turnê internacional, foram apresentados os seguintes textos: *Seis Personagens*, *Henrique IV*, *Così è (se vi pare)*, *Il piacere dell'onestà* (O Prazer da Honestidade). Alessandro Tinterri observa que se inicialmente esta mudança foi uma condição imposta, logo se transformou numa tendência. Registra-se que em três anos de atividade o Teatro de Arte realizou 770 representações pirandellianas contra 210 de outros autores, um número que

---

39 Reportado em A. D'Amico e A. Tinterri, *Pirandello capocomico*..., p. 15.
40 Sobre a escolha do repertório do Teatro de Arte consultar: A. Tinterri, Autori italiani e stranieri nelle scelte di Pirandello capocomico (1925-1928), C. Vicentini, Il repertorio di Pirandello capocomico e l'ultima stagione della sua drammaturgia, em E. Scrivano (org.), *Pirandello e la drammaturgia tra le due guerre*, p. 61-77 e p. 79-98, respectivamente.

não deixa dúvidas quanto às modificações operadas sobre o projeto original idealizado por Orio Vergani e Stefano Landi.

Quanto a sua arquitetura, o Teatro Odescalchi de Roma foi totalmente reformado e reestruturado por Virgilio Marchi para ser a sede do Teatro de Arte. O projeto de Marchi, que já tinha em seu currículo a criação da Casa d'Arte Bragaglia e o anexo Teatro degli Indipendenti, era bem diferente do clima vanguardista exigido por Bragaglia. Pirandello não queria um teatro "experimental" e tampouco "desalinhado", mas sim uma sala aconchegante, funcional, bem aparelhada. Em harmonia com o clima de oficialidade que pairava sobre o Teatro de Arte, Marchi deu ao teatro um estilo barroco, bem diferente do estilo expressionista do Indipendenti. O resultado foi um teatro aconchegante, de gosto refinado, com 348 lugares numerados, dotado de um palco de verdade, de um amplo foyer. Mas a riqueza do prédio não diz tudo sobre a obra: uma das inovações mais importantes do projeto de Marchi foi a diminuição da altura do palco italiano para 1 metro, eliminando assim o inconveniente de um palco muito alto. Pirandello acompanhou de perto todo o projeto de reforma do teatro, particularmente no que tange às características do palco. Colocar em comunicação a plateia e o palco, dotando este último com duas escadas, foi uma exigência do dramaturgo que planejava usá-las ao final do espetáculo inaugural, *Sagra del Signore della Nave*[41] (Festa do Senhor do Navio). Esta foi a primeira obra idealizada pelo dramaturgo para o transbordamento da ação teatral para a plateia. É o início de uma prática que logo será retomada com a nova e definitiva edição de *Seis Personagens*. A preocupação com a espacialidade cênica é um importante diferencial em relação à sua dramaturgia posterior, em nenhuma peça anterior ao Teatro de Arte se viu tamanha sensibilidade com o aspecto material do espetáculo. Pirandello usava pela primeira vez uma linguagem que provinha da práxis teatral e não da literatura:

---

41 Inaugurou-se a dois de abril de 1925 no teatro Odescalchi a primeira temporada da companhia com as peças *Sagra del Signore della Nave* de Luigi Pirandello, comédia em ato único escrita em 1924 (com argumento de uma novela datada de 1916 *Il Signore della Nave*), e *Gli dei della montagna* (*The Gods of the Montain*), do irlandês Lord Dunsany.

Para a representação desta *Sagra* será necessário preparar uma coligação entre o palco e a plateia. Assim que os espectadores de bom estômago estiverem em seus lugares, e a cortina se levantar, uma ponte de passagem com cerca de dois palmos e meio de altura deslizará ao longo do corredor entre as duas filas das poltronas, mediante um dispositivo mecânico que tanto poderá elevá-la como apoiá-la ao solo[42].

Em uma entrevista ao jornalista Léopold Lacour do *Comoedia* de Paris, falando a respeito de sua montagem para *Seis Personagens*, Pirandello observa que a escada de acesso ao público deve ser usada com grande discrição, reservando-a somente para casos particulares. O recurso, bem empregado, continua, é um excelente auxiliar na encenação, pois "aquela escada com os seus cinco ou seis degraus acrescenta realidade à ilusão teatral, realidade cômica ou trágica"[43]. Nesta mesma entrevista, declara a importância da iluminação em seus espetáculos, explicando que suprimiu a "falsa iluminação da ribalta" para poder trabalhar com grandes efeitos de luz: "no meu teatro (Odescalchi) eu tenho um riquíssimo aparato elétrico e de projetores não apenas sobre o palco, mas também na sala que me fornecem todos os jogos que desejo, de sombra, penumbra, de luz intensa, de cores"[44]. Em suma, a atividade de encenador terminou por "contaminar" sua linguagem dramatúrgica com elementos materiais, efeitos e imagens cênicas próprios ao mundo do teatro. Alonge vai dizer que de uma *escritura dramatúrgica*, baseada na palavra, Pirandello passou a desenvolver uma *escritura cênica*. Era da cena, da problemática do palco, que brotavam essas novas imagens. Sem medo de exagerar podemos dizer que a materialidade do palco, sua espacialidade física, movimentação cênica, efeitos de claro e escuro, a sonoridade do palco, as relações de temporalidade e seus efeitos sobre a plateia, a interpretação dos atores, provocaram em Pirandello uma reação estética muito significativa, proporcionando em sua escritura uma maior complexidade cênica. Fato que nos leva a pensar, junto com Ferdinando

---

42 *Sagra del Signore della Nave*, em *Maschere Nude* (I Mammut), p. 829.
43 Reportado em La mise en scene di Pirandello, em *L'arte drammatica*, ano LIV, n. 35, p. 2.
44 Idem, ibidem.

Taviani, em um "novo Pirandello"[45]. E o interesse deste "novo Pirandello" se concentra especificamente na figura do intérprete, na busca de um diálogo criativo que possa expressar em profundidade o encontro entre sua técnica dramatúrgica e a qualidade interpretativa de um ator. Possibilidade que só foi concretizada, em toda sua complexidade e sofisticação, com a atriz Marta Abba.

Homens como Stanislávski, Craig, Meierhold, Brecht (contemporâneos a Pirandello) sabiam da importância da preparação do ator para o fenômeno cênico e cada um, ao seu modo, construiu uma metodologia de trabalho, dedicando grande parte de suas pesquisas ao trabalho do ator. A corporalidade do ator, seus gestos, movimentos, a escolha dos ritmos, aquilo que chamamos hoje de partitura física, era o que instigava estes reformadores da cena a experimentar e a propor novos métodos de abordagem ao texto. Caminho este que os levaram a concluir que a ação física seria de fato o elemento fundante da cena teatral. Pirandello não fala em momento algum de ação física, aliás, isto seria um contrassenso à sua concepção de arte. No entanto, ao se dedicar a um número intenso e exaustivo de leituras, durante as quais ele mesmo lia a peça para os atores com todas as entonações e inflexões do texto, se pode conjecturar que o dramaturgo objetivava levar os atores a experimentar uma espécie de transe, ou de exaltação mental, um estado diferente de consciência que os pudesse conduzir ao mundo de seus personagens. Não é difícil acreditar nesta hipótese, se lembrarmos que para o dramaturgo o ato de criação artística sempre se associou a um estado de consciência alterado, quase-hipnótico[46]. Logo, não seria estranho imaginar que o dramaturgo quisesse, com estas leituras, provocar no ator um tipo de "transe", com o objetivo de desencadear no intérprete um processo de evasão da realidade. Uma "técnica" que ajudasse o ator a se alienar de seu mundo real, de sua identidade, podendo transportá-lo para uma outra realidade:

---

45 Cf. F. Taviani, Il nuovo Pirandello, em *La rivista dei libri*.
46 Como exemplo, o trecho de uma carta de 1893 escrita à irmã Lina: "Escrevo inconscientemente como se alguma coisa que não está em mim me ditasse pensamentos e imagens", em *Maschere Nude*, v. 1, p. xxix; ver também o ensaio Arte e Scienza.

o mundo do personagem. Sem, no entanto, deixá-los esquecer da contradição existente entre os dois mundos: o do personagem e o do ator, com a óbvia supremacia do primeiro. Quanto ao "método" usado na preparação do intérprete, o Maestro assim declara à *Comoedia* de Paris:

*fazer ensaiar não os atores, mas os personagens.* E, para me fazer entender, só começar os ensaios concretamente, depois de um intenso trabalho pessoal, íntimo, profundo, que faz de cada ator o personagem que verdadeiramente deveria ser se vivesse. Para esta tarefa, eu ajudo com conversas, nas quais explico ao intérprete primeiro o espírito geral do trabalho, depois o espírito particular que existe no personagem que lhe foi confiado. E quando todos os artistas tiverem assimilado este duplo pensamento, conseguindo realizar um por um o milagre espiritual necessário à transubstanciação, então reúno todos eles e junto os explico como devem se mover, como devem falar, qual tom de voz, quais entonações devam usar. Em outros termos, no lugar do trabalho mecanizado dos habituais diretores, somente ocupados em afinar as entradas, as saídas, os movimentos que devem fazer os atores sobre a cena, o meu método faz uma preparação químico-moral da qual nasce, depois, quase inadvertidamente, àquela verdade, àquela naturalidade que é o meu sonho de escritor[47].

Para desenvolver este seu "método de autor", como ele mesmo diz, Pirandello precisaria necessariamente de uma companhia fixa de atores, um espaço onde ele pudesse realizar o encontro criativo entre sua invenção dramatúrgica e uma particular presença cênica, ou seja, a técnica interpretativa de um ator. Um lugar onde se pudesse desenvolver o encontro entre estas duas linguagens, o estilo do escritor e a técnica do ator, dois mundos que se provocam e que se interferem mutuamente, solicitando respectivas soluções e invenções. A busca por este encontro criativo, sem dúvida nenhuma, foi um dos principais motivos que levaram Pirandello a assumir a direção do Teatro de Arte, dedicando grande parte do seu tempo e de sua energia ao lado dos atores, acompanhando ensaios e estreias, e, na grande maioria das vezes, reescrevendo cenas em fun-

---

47 Reportado em *La mise en scene* di Pirandello, *L'arte drammatica,* ano LIV, n. 35, p. 2.

ção do jogo cênico. Para Vicentini, isto explica, em parte, a emoção profunda sentida pelo Maestro, logo ao início das atividades da companhia, ao descobrir Marta Abba. A imagem da atriz, sua qualidade interpretativa e personalidade, a forma como se dedicava ao estudo do papel, a rapidez na compreensão de sua linguagem e de seu pensamento artístico, fazem Pirandello ver na atriz os elementos próprios e consoantes à sua poética[48]. Como veremos um pouco mais adiante, o dramaturgo encontra em Marta a atriz que ele esperava, a sua *Nostra Dea* (Nossa Deusa), uma mulher camaleão em cena: ao mesmo tempo delicada e caprichosa, impulsiva e meiga, ácida e doce, afetada e sincera, leve e forte. Sua interpretação "esquizofrênica" traduzia em cena aqueles elementos incongruentes e contraditórios, aqueles pensamentos estranhos e inconfessáveis exigidos pelo humorismo.

O plano inicial da companhia era se estabelecer no Teatro Odescalchi. A utopia de um teatro estável, numa cidade importante como Roma, organizado com um repertório de arte, vinha ao encontro de um movimento empreendido pelos intelectuais da classe teatral da época: uma luta contra a tradicional realidade das companhias nômades de teatro que, por sua característica itinerante, impossibilitava uma maior qualidade nos espetáculos. O Teatro de Arte colocou em cena cinquenta espetáculos, vinte e oito textos de autores estrangeiros e nacionais, e vinte e dois do próprio Pirandello, todos dirigidos por ele. O critério na escolha do repertório, propositalmente eclético, foi assim defendido pelo dramaturgo em uma entrevista ao *Giornale d'Italia*, em 31 de janeiro de 1925: a diversidade na escolha de autores tão diferentes, entre românticos e expressionistas, entre autores consagrados e jovens desconhecidos, serviria para oferecer um quadro "das várias escolas e dos diferentes estilos, italianos e estrangeiros" e contribuir com o enriquecimento da cultura e da experiência do público no campo da arte teatral[49]. Os autores escolhidos possuíam um

---

[48] Cf. C. Vicentini, *Pirandello. Il disagio del teatro*, p. 159.
[49] M. Matteucci, Pirandello ci presenta il "teatro d'arte", em *Il giornale d'Italia*, Roma, 31 gennaio 1925. Reportado em C. Vicentini, Autori italiani e stranieri nelle scelte di Pirandello capocomico (1925-1928), em *Pirandello e la drammaturgia tra le due guerre*, p. 61.

denominador comum: uma *dramaturgia de arte*, que os distanciava da qualidade e da proposta dos teatros de *boulevard*. Fatos estes que revelam o sonho de um grande empreendimento: uma Companhia de Teatro profissional, bem estruturada, estabilizada, com sede própria, promovedora de uma consistente e diversificada dramaturgia nacional e estrangeira, com o claro objetivo de reformar o teatro italiano.

O sonho de uma companhia estável com sede própria durou pouco mais de dois meses, exatamente sessenta e cinco dias, dívidas contraídas com a reestruturação do teatro obrigaram a companhia a rescindir o contrato de ocupação. A última apresentação no Odescalchi se deu em 03 de junho de 1925 com o espetáculo *Ciò che più importa* (Aquilo Que realmente Importa) de Evrêinov. Privada de uma sede estável, a companhia, ao retornar de sua primeira turnê internacional, em 12 de novembro de 1925, começa a sentir as dificuldades inerentes a uma companhia itinerante. Como consequência imediata podemos observar a queda na qualidade do aparato físico dos espetáculos: as peças já não poderiam mais gozar de uma cenografia própria, elas deveriam se "arranjar" com o que já havia sido construído anteriormente. No entanto, analisa Tinterri, não obstante as dificuldades próprias a uma companhia nômade, as encenações de Pirandello conservaram um caráter de novidade, de qualidade artística, que provocavam uma grande expectativa do público por suas produções. Como foi o caso da encenação de *L'uomo, la bestia e la virtù* (O Homem, a Besta e a Virtude) no teatro Chiarella de Turim em 25 de junho de 1926:

> A particularidade daquela encenação residia no fato de que os atores representavam com o rosto coberto por máscaras, as únicas exceções que conservaram o próprio semblante foram Alessandro Ruffini e Guido Riva, respectivamente o professor Paolino e o doutor Nino Pulejo. Quanto aos outros intérpretes, vestidos com as máscaras feitas por Giovanni De Rossi, transformavam o palco em uma grotesca caravana de animais[50].

Nem mesmo Marta Abba escapou de cobrir seu rosto com máscaras: interpretando a senhora Perella, a atriz teve que alternar

---

50 A. Tinterri, Pirandello regista del suo teatro: 1925-1928, *Quaderni di teatro*, n. 34, p. 59.

sua atuação entre duas máscaras, sendo uma da virtude e a outra do vício. O aspecto mais importante e revelador desta produção, declaradamente um sucesso na época, foi que Pirandello finalmente conseguiu ver realizado no palco o próprio conceito que tinha a respeito de um trabalho seu. A ideia da encenação já havia sido expressa em uma carta de 15 de abril de 1919 aos filhos; para o descontentamento do autor, a ideia não foi acatada pelo diretor Gandusio:

> Gandusio tem um medo enorme de se lançar no assustador grotesco, que seria a máxima eficiência do trabalho, e o conserva num cômico híbrido e vulgar, se arriscando a não acertar. Eu lhe expliquei que não é um paradoxo afirmar que quanto mais corajosamente impertinente se torna a máscara da comédia, tão mais educativa essa se transforma. Não o entende, pelo menos até agora. Mas alguns atores da companhia, mais inteligentes do que ele, já compreenderam. Espero conseguir induzi-lo a adotar, se não propriamente as máscaras, alguma coisa de símile: por exemplo, um estilizamento bestial bem acentuado. E chamarei a comédia apólogo[51].

Foi exatamente com máscaras bestiais que os atores do Teatro de Arte se apresentaram no palco sob direção de Pirandello. O anúncio do espetáculo dizia, entre outras coisas, que a encenação trazia uma nova roupagem ao texto, polemizando com as encenações anteriores. A inovação vinha no estilo de interpretação grotesco que, malgrado todas as indicações presentes nas didascálias do autor, jamais tinha sido operado anteriormente pelos atores de outras companhias. D'Amico e Tinterri, no livro *Pirandello capocomico*, observam que o único encenador a adotar as máscaras, sem saber nada sobre a encenação de Pirandello, foi Carlo Cecchi, em 1975. Porém, afirma Arnaldo Picchi, as didascálias que descrevem os personagens com ar e aspecto de animais nunca foram integralmente acolhidas, salvo na própria encenação de Pirandello[52]. Em carta a Ruggeri datada de 04 abril de 1919, Pirandello escreve: "Creio que *L'uomo, la bestia e la virtù* seja uma das mais ferozes sátiras

---

51 Idem, p. 59-60.
52 Cf. Didascalie. Una descrizione de *L'uomo, la Bestia e la Virtú*, *Quaderni di teatro*, n. 34, p. 65-76, é um bom exemplo de análise sobre o aspecto grotesco e animalesco da peça.

que já tenha sido escrita contra a humanidade e seus valores abstratos. Me conforta a ilusão de que o público talvez não entenda a amargura da sátira ou que a tempere com o riso"[53].

Ao dirigir seu próprio texto, o dramaturgo-encenador teve a chance de criá-lo conforme suas próprias indicações e testar, na realidade do palco, o efeito das máscaras sobre a interpretação dos atores, sobre o público e sobre o próprio texto. Ou seja, ele pôde experimentar a totalidade de sua invenção dramatúrgica em confronto com a realidade concreta do palco. Em relação à encenação de Pirandello, destacamos uma crítica anônima estampada no jornal *La Nazione*:

> Poucas comédias reúnem, como esta, o tormento derivado do contraste imanente entre o homem e a besta que existe em cada homem. Só faltava a maneira de representá-lo, e Pirandello, cuidando da execução desta sua comédia, que corretamente chamou Apólogo, com meticuloso amor, conseguiu admiravelmente o intento. [...] a novidade das máscaras conferem ao trabalho, como já dissemos, um tom de excepcional originalidade. Assistimos, poucos dias atrás, a representação deste trabalho em outra cidade e, a cada final de ato, notamos o público se deter perplexo e indeciso antes de abandonar-se ao aplauso rumoroso. Talvez, naquele segundo, os espectadores atraídos inconscientemente pelo famoso princípio Pirandelliano, do espelho, conseguiram se ver verdadeiramente naquele terrível espelho da alma e tiveram medo de si mesmos...[54]

A intenção "didática" pretendida pelo dramaturgo se realizou completamente; o confronto com as máscaras grotescas exerceu um grande impacto sobre o público e a crítica. Refletindo sobre sua obra alguns anos depois, em outubro de 1931, o dramaturgo explica porque decidiu chamá-la Apólogo: "porque representa precisamente um homem em meio às bestas, um homem sensível, pleno de sentimento e de inteligência, sincero e capaz também de mentir", um homem preso entre a "hipócrita e estreita moral burguesa – máscara da virtude – e a bestialidade humana". A moral amarga que emana da peça, aquilo que é bestial, conclui o dramaturgo, é "sofrer como um homem, enquanto os homens vivem em sua maioria como

---

53 Idem, p. 75.
54 Reportado em A. D'Amico; A. Tinterri, *Pirandello capocomico...*, p. 208.

bestas, enquanto a moral não é outra coisa que hipocrisia"[55]. Não estaria Pirandello se referindo ao seu próprio sentimento em relação ao mundo?

O espetáculo *L'uomo, la Bestia e la Virtù* pertence ao segundo período do Teatro de Arte, que vai de março de 1926 a fevereiro de 1927, fase nômade da companhia. Para esta segunda temporada foram encenados dezessete textos, entre os quais dez são de Pirandello[56]. No total, o Teatro de Arte realizou três estações teatrais e teve três momentos de vida bem diferentes: a fase no Odescalchi, a fase nômade entre 1926-1927 e a fase de uma nova tentativa de estabelecimento entre os anos 1927-1928 no Teatro Argentina. Apesar das dificuldades e desilusões ao longo do caminho, a dedicação de Pirandello à sua Companhia teatral, em seus três anos de existência, foi absoluta. Pirandello a acompanhou em suas peregrinações, por várias vezes empregou seu próprio dinheiro na produção das peças e lutou para mantê-la de pé. Seu grande sonho, transformar sua companhia em um Teatro de Estado, jamais conseguiu ser realizado[57].

Suas atividades como *metteur en scène* foram traumaticamente interrompidas em 1928; não por ter sido considerada um erro ou um desvio constrangedor em sua carreira de dramaturgo, ao contrário. Bontempelli, anos depois do fechamento da Companhia, ainda recorda com nostalgia o trabalho de direção de Pirandello. Ele dizia, entre outras coisas, que estava convencido de que o Maestro era tão grande encenador como dramaturgo. Sua visão artística, o repúdio declarado à estética naturalista e à formalista, o método particular de pensar a direção dos atores, são partes da história de um artista que se dedicou com paixão à arte teatral. O Pirandello encenador "ensinou" ao Pirandello dramaturgo a reconhecer

---

55 Artigo de Luigi Pirandello escrito para *Paris midi*, em 9 de outubro de 1931. Reportado em *Il dramma*, ano vii, n. 125, p. 27.
56 São eles: *Due in una; Il giuco delle parti; Ma non è una cosa seria; La vita che ti diedi; L'uomo, la Bestia e la Virtù; Il berreto a sonagli; L'uomo dal fiore in bocca; Come prima, meglio di prima; Pensaci, Giacomino!* e *Diana e la Tuda*, escrita para Marta Abba.
57 Com a primeira intervenção do fascismo no teatro, em 1934, voltaram a falar da possibilidade de um Teatro de Estado dirigido por Pirandello, mas o projeto jamais se concretizou.

as necessidades do teatro, sua beleza e sua magia. O dramaturgo descobriu a autonomia criativa do espetáculo, que, por ser um ato de vida, não pode ser controlado nem pelo autor, nem mesmo pelo encenador, como pensava o Doutor Hinkfuss de *Esta Noite se Representa de Improviso*: "dentre todos os escritores de teatro [se refere a Pirandello] é talvez o único que mostrou ter compreendido que a obra do escritor termina no ponto exato em que ele acaba de escrever a última palavra". E acrescenta: "Porque no teatro a obra do escritor não existe mais [...]. A obra do escritor, ei-la aqui [mostra o rolo e papel]. O que faço com ela? Tomo-a como a matéria da minha criação cênica e dela me sirvo"[58]. A peça demonstra que o Doutor Hinkfuss está errado; a instância totalizante do encenador-demiurgo, desenvolvida por Craig e codificada pelo teatro moderno, naufraga diante do elemento "vivo" do teatro, que, para o dramaturgo, em sua fase tardia, acontecia a partir do encontro entre o ator e o personagem dramático.

São muitas as interpretações sobre a peça, e o ponto comum entre elas gira em torno das reflexões de Pirandello sobre o teatro: da cena em confronto com o texto, dos atores em confronto com o personagem, sobre o papel do encenador e do público em confronto com a obra. Em sua essência *Esta Noite...* representou uma grande virada em seu pensamento originário, demonstrado no ensaio "Illustratori, attori, traduttori". O ator não será mais o elemento degradante que se coloca entre o texto concebido pelo autor e o público. O encenador não se apresenta como um demiurgo, mas também não é mais um simples servo do texto, ele passa a ser uma força criativa dentro do espetáculo. O próprio texto não se define mais como um elemento fechado em si mesmo, ele se abre a interferências externas e isto não significa necessariamente um prejuízo. Como analisado por Alonge: a palavra escrita, que até *Seis Personagens* possui valor imutável em relação à causalidade da encenação, lhe parece, inesperadamente, como o lugar de um rito fúnebre. "Pirandello parece descobrir que – contra todas as aparências exteriores – o Texto é a Morte, e a Cena é a Vida. Na cena se morre, mas só porque se renasce e se revive continuamente"[59].

---

58  *Esta Noite se Representa de Improviso*, em J. Guinsburg (org.), op. cit., p. 246-247.
59  R. Alonge, *Pirandello, il teatro del XX secolo*, p. 97.

Em seu percurso final, Pirandello chega à conclusão de que para um texto teatral existir é necessário que ele seja conduzido à cena, é necessário que ele se mescle à dimensão física do teatro, adquirindo assim uma nova vida: é somente na cena, na diversidade da representação, na mudança dos tempos, nas novas interpretações, nos diferentes contextos, que o texto se transforma em teatro, em evento, um amalgama heterogêneo feito de elementos técnicos, capacidade criatividade, sensibilidade artística e de genialidade. Mais uma vez tomamos como exemplo uma fala do Doutor Hinkfuss:

> Se uma obra de arte sobrevive, é só porque ainda podemos removê-la da fixidez de sua forma; fundir essa sua forma dentro de nós em movimento vital; e a vida, então, somos nós quem lha damos; a cada tempo diversa, e variando de um para o outro de nós; muitas vidas, e não uma só; [...] lhes digo que muitas vezes aconteceu-me pensar com angustiado espanto na eternidade de uma obra de arte como uma inatingível e divina solidão, da qual também o próprio poeta, logo após tê-la criado, permanece excluído – ele, mortal, daquela imortalidade. [...] Tremenda, essa eterna solidão das formas imutáveis, fora do tempo[60].

O que está em jogo aqui é a relação entre o texto e a cena. Se com *Seis Personagens*, Pirandello acreditava na imortalidade da obra textual, e de sua superioridade em relação à efemeridade da cena, agora ele vislumbra o outro lado da moeda, ele percebe e experimenta o texto como se fosse a câmara mortuária do artista. É nesta virada de perspectiva que se pode dimensionar o tamanho de sua ferida ao ver o Teatro de Arte fracassar, ao ver suas peças enfrentando dificuldades para serem montadas em seu próprio país. *Esta Noite* revela uma profunda mudança de olhar sobre a palavra escrita. A peça é a expressão da descoberta pirandelliana de que o drama, enquanto obra de arte viva e completa, possui na verdade pés de barro. Esta dura reflexão sobre o trabalho do dramaturgo, insere Pirandello no clima de desconfiança que se adensava no século xx: no movimento das vanguardas históricas, na crise do drama, na hipertrofia da figura do encenador e no consequente esvaziamento do texto.

---

60 *Esta Noite se Representa de Improviso*, em J. Guinsburg (org.), op. cit., p. 248-249.

Caminho que levará seus pares a concluir a morte do teatro, e, posteriormente, a morte do autor. Claro que Pirandello irá reagir a esta crise à sua maneira, o adeus ao texto, ou ao teatro, não será em *Esta Noite* um adeus definitivo: o ardil de Pirandello será *escrever um texto* que fala *da morte do texto*. Sem dúvida nenhuma é uma grande tática do autor para se colocar ao lado do texto. Afinal, não se pode pretender que Pirandello faça uma exaltação à abolição do texto ou à vocação de demiurgo do encenador. Ainda que tenha se transformado por alguns anos em diretor de teatro, Pirandello jamais deixou de ser um dramaturgo, jamais abdicou ao exercício da escrita e nunca fez o salto definitivo dentro do universo da encenação. O curioso em *Esta Noite* é que o espetáculo, abolido o texto pelo encenador, se constrói a partir dos atores, isto é, a partir de uma espécie de rito, de evocação "mágica" conduzida pelos intérpretes, que atrai para a cena os personagens, um ser estranho e superior, completamente distante do planeta dos homens.

## *PRIMA STAGIONE*: PIRANDELLO ENCENA *SEIS PERSONAGENS À PROCURA DE UM AUTOR*

> *É isso! Muito bem! É dar vida a seres vivos, mais vivos do que aqueles que respiram e vestem roupas! Menos reais, talvez! Porém mais verdadeiros!*[61]

Pouco tempo depois do estabelecimento da companhia Teatro de Arte (cerca de três meses), Pirandello parte com seus atores para uma turnê no exterior. O primeiro trabalho apresentado fora da Itália foi a obra-prima *Seis Personagens à Procura de um Autor*; nada mais coerente com a alma pirandelliana, se pensarmos que a última consequência da peça é uma declaração de falimento do teatro dramático. Apresentada em 18 de maio de 1925 no teatro Odescalchi, a peça seguiu em uma longa temporada de apresentações no exterior (ao todo foram treze cidades), com Marta Abba no papel da Enteada e Lamberto Picasso no papel do Pai, transformando-se no espetáculo-símbolo da

---

[61] A personagem O Pai, sobre o ofício dos atores, *Seis Personagens à Procura de um Autor*, em J. Guinsburg (org.), op. cit., p. 190.

companhia. A peça se caracteriza por um produto concebido em etapas, e foi no Teatro Odescalchi, em 18 de maio de 1925, que a versão definitiva se concretizou. Conforme demonstrado pelos novos estudos pirandellianos, houve uma influência decisiva da cena sobre a escritura final. A partir do contato com os atores, das interferências da realidade cênica e da influência de outras encenações, Pirandello "editou" a nova versão do próprio texto. E não foram simples ajustes de melhoria nos diálogos, foram mudanças significativas, de ordem estrutural, isto é, foram mudanças relacionadas aos elementos e aos procedimentos de concepção do próprio texto: houve um considerável aumento das didascálias, que se enriqueceram com novas indicações sobre a movimentação, e mudanças na caracterização dos seis personagens, que assumem uma maquiagem mais acentuada, um pouco expressionista, com figurinos estilizados.

Tinterri e D'Amico no livro *Pirandello capocomico* observam pelo menos três significativas mudanças para esta nova montagem, que contrastam com as famosas edições anteriores (os espetáculos de Berlim, Paris e Nova York; respectivamente Reinhardt, Pitoëff e Pemberton na direção): os seis personagens não surgem mais dos camarins, eles se apresentam pelas costas do público, e sobem no palco depois de atravessar toda a plateia. Sobre a escada que liga o palco e a plateia, se desenvolve um novo e agitado vaivém do Diretor. Ao final do espetáculo, a Enteada-Marta Abba sai de cena por este mesmo caminho, enquanto os outros personagens são reduzidos a silhuetas por trás do fundo transparente do palco. A versão final da peça se parece com um "caderno de direção", onde se podem reconhecer traços da encenação conduzida por Pirandello para o Odescalchi, como a indicação das duas escadinhas que o dramaturgo mandou construir para a reforma do teatro e toda esta nova movimentação dos seis personagens e do Diretor[62]. As didascálias da versão de 1925 se desenvolvem a partir da cena, absorvendo também algumas das soluções cênicas sugeridas por Pitoëff em 1923. Em uma entrevista a Léopold Lacour para a revista *Comoedia* de Paris, Pirandello declarou: "O senhor Pitoëf desceu os meus *Seis Personagens* sobre o palco

---

62 Cf. A. Tinterri, Pirandello regista del suo teatro: 1925-1928, em *Quaderni di teatro*, n. 34, p. 54-64.

por um elevador e se isto me pareceu num primeiro momento muito arbitrário, eu acabei aprovando-o"[63].

A sensação de potencialidade provocada pela aparição singular dos seis personagens, como personagens "vivas" abandonadas pelo autor, justifica a aprovação do autor. Mas para sua própria encenação, Pirandello preferiu substituir o elevador por uma solução mais simples, pois, segundo ele, nesta mesma entrevista ao *Comoedia* de Paris, o cenário nunca deve chamar mais a atenção do espectador do que a obra em si. Fazê-los entrar pelo fundo da plateia e depois, aos olhos do público, fazê-los subir ao palco, proporciona uma maior aproximação entre a realidade e a ilusão teatral: rompendo com a fronteira palco/plateia não só se subverte a noção de quarta parede, como se cria um mecanismo de intensificação da "realidade" destes seis personagens, que, na concepção do autor, já nascem como personagens *vivos*. Não é que o autor desejasse, com este recurso, fazer dos seis personagens "pessoas humanas", muito pelo contrário, ele queria impor estes personagens como *personagens vivos,* signo de uma outra realidade, muito diferente da realidade humana e por isso mais *verdadeiros*. Os seis personagens não são um prolongamento da vida humana, como queria a estética naturalista, eles são um prolongamento do teatro, do *teatro como vida*; como categoricamente, nos sugere a didascália de sua apresentação:

As *Personagens* não deverão, com efeito, aparecer como *fantasmas*, mas como *realidades criadas*, elaborações imutáveis da fantasia e, portanto, mais reais e consistentes, do que a volúvel naturalidade dos Atores. As máscaras ajudarão a dar a impressão da figura construída por arte e imutavelmente fixada cada uma na expressão de seu próprio sentimento fundamental, que é o remorso para o Pai, a vingança para a Enteada, o desdém para o Filho, a dor para a Mãe, que terá lágrimas fixas de cera na lividez das olheiras e ao longo das faces, como as que se vêem nas imagens esculpidas e pintadas da *Mater Dolorosa* das igrejas. Os vestuários também deverão ser de tecidos e modelos especiais, sem extravagância, com pregas rígidas e volume quase estatuário[64].

---

63 Reportado em La mise en scene di Pirandello, *L'arte drammatica*, n. 35, p. 2.
64 *Seis Personagens à Procura de um Autor*, em J. Guinsburg (org.), op. cit., p. 188.

As mudanças no texto de Seis Personagens, cunhadas a partir das mediações oferecidas pelas encenações de Pitoëf e Reinhardt, e de sua própria experiência como encenador, são tão contundentes (ao ponto de Alessandro D'Amico afirmar que a escritura original de 1921 e a versão revista e corrigida da edição de 1925 são na verdade duas versões da mesma peça) que não deixam dúvidas quanto à decisiva influência da cena sobre a escritura pirandelliana[65]. Tomando o texto como exemplo desta mútua influência entre cena e escritura na obra pirandelliana, examinemos, com um pouco mais de atenção, a encenação de Pitoëf de 10 de abril de 1923. Nesse espetáculo, como se sabe, os seis personagens chegam ao palco por um elevador, no porta-carga de serviço do teatro, envolvidos por uma luz esverdeada. O impacto dramático desta aparição misteriosa sobre os espectadores foi enorme, e causou um grande frisson na crítica especializada. Esta aparição inusitada, revelando "figuras de outro mundo, pálidas, vestidas de negro, suspeitas, agitadas" – como observou maravilhado um crítico francês da época[66] –, foi uma genial intuição de Pitoëf que, por meio de uma ousada marcação cênica, soube dar a estas figuras, que se autoapresentavam como personagens saídas da imaginação do autor, declarando-se entidades superiores, a força necessária para convencer o público de que realmente estavam diante de algo extraordinário:

Segundo o texto de 1921 os *seis* entram por uma "passagem do palco", a mesma pela qual chegam os atores da companhia. Pitoëf separa com um relevante símbolo os seus destinos; os *personaggi*, enquanto realidade extraterrestre, descem do alto, lentamente, como em um rito mágico de encarnação. Os veste completamente de preto para reforçar a contraposição, radicalizando até mesmo onde não foi previsto pelo autor (para Pirandello o Pai usa "calça clara e paletó escuro"; para Pitoëf está todo de preto). Há um grande esforço, da parte de Pitoëf, para tornar evidente o contraste entre estes dois universos diferentes e separados[67].

---

65 Para uma análise completa das mudanças operadas em Seis Personagens consultar C. Vicentini, Pirandello riscreve *i Sei personaggi in cerca d'autore*, em *Pirandello. Il disagio del teatro*, p. 73-117.
66 L. Gillet, Deux pièces étrangères à Paris, *Revue des Deux Mondes*, 1 mai 1923, p. 226. Reportado em R. Alonge, Le messinscene dei *Sei personaggi in cerca d'autore*, em E. Lauretta (org.), *Testo e messa in scena in Pirandello*, p. 65.
67 Idem, p. 65-66.

Se inicialmente Pirandello sentiu-se incomodado com a solução do elevador (observa-se que o dramaturgo, ao demonstrar sua contrariedade, ainda não tinha assistido ao espetáculo; do projeto artístico de Pitoëf só havia recebido notícias), em Paris, ao assistir a encenação, foi tomado imediatamente por um sentimento de fascínio: "Pitoëf havia atingido o núcleo da obra Pirandelliana e o havia desenvolvido em todas as suas articulações. Havia dado força e densidade ao encontro-desencontro entre o mundo da arte e o mundo dos homens"[68]. Fazer os seis personagens entrarem pela mesma porta dos atores não lhes dava a força necessária para se impor como uma realidade "superior", totalmente estranha àquela que se estabelece no plano ordinário do palco. No entanto, a solução encontrada por Pitoëf criou uma atmosfera de irrealidade em torno aos seis personagens que absolutamente desagradava ao dramaturgo, pois seu maior objetivo era provocar um efeito de desorientação pelo qual o espectador não conseguisse mais distinguir as circunstâncias reais do acontecimento fantástico. Como visto, a própria estrutura dramatúrgica utilizada, a fórmula do teatro no teatro, possibilita a criação de "coincidências" entre a circunstância material da representação e a situação imaginária descrita na obra, e o elemento permanente que oferece esta base, para a fusão do plano real e do plano fantástico, é justamente o palco real. A possibilidade de fusão entre o universo da realidade cotidiana do teatro e o mundo da criação fantástica se reforçaria se os seis personagens chegassem ao palco através da plateia, como criaturas "reais", absolutamente "vivos", mas "irrepresentáveis", já que feitos de uma outra matéria, inegavelmente superior[69]. Como escreve Vicentini, não é de se espantar que boa parte do público na ocasião da estreia italiana tenha gritado "manicômio! manicômio!":

> A própria configuração do trabalho, onde a construção dramatúrgica se move em direção contrária ao conteúdo explícito do

---

68 Idem, p. 67.
69 O tema da autonomia dos personagens já se observa muito antes na narrativa pirandelliana, basta consultarmos a novela *Personaggi*, de 1906; *La tragedia di un personaggio*, de 1911 e *Colloqui coi personaggi*, de 1915.

texto, o esforço constante de ocultar, de confundir sobre o palco a distinção entre o plano da realidade material e o da criação fantástica, faziam da peça uma obra de difícil compreensão. [...] (a fórmula do teatro no teatro) produzia pontos de contato *reais*, onde a realidade fantástica da obra tende a coincidir com as condições materiais da encenação. [...] (o palco) se revela inesperadamente como o lugar privilegiado do encontro entre o reino da arte e o mundo da realidade material. O que na perspectiva teórica de Pirandello era uma heresia, mas também uma tentação irresistível[70].

Como dissemos, a entrada dos seis personagens pelo fundo da plateia possui como consequência profunda a quebra da barreira entre palco e plateia, o que coloca Pirandello em sintonia com as experiências de vanguarda, na busca do transbordamento dos limites entre realidade e ficção. Lembramos que a imposição feroz e implacável de separação entre palco e plateia como dois mundos distintos, se desenvolve somente a partir do final do século XIX, mais precisamente com Wagner, na ideia de que sobre o palco deve se manifestar o mundo ideal do mito, contraposto ao mundo real representado pela plateia. E que nada deve perturbar o espaço reservado à evocação fantástica. Para Zola e seus discípulos é também indispensável o rigor na separação entre palco e plateia, obviamente por motivos opostos ao de Wagner. Para Zola, o palco deve prolongar a vida, isto é, deve reproduzir exatamente a realidade cotidiana. Esta separação absoluta entre palco e plateia é também um instrumento de proteção à criação teatral, utilizada por encenadores como Stanislávski. Mas o recurso se mostra limitado no confronto com obras de épocas passadas, ou de outras formas de teatro que não o ocidental, que explicitamente sugerem uma ligação entre o público e a cena. Um passo para se perceber que a rígida divisão entre palco/plateia representava muito mais um problema do que uma solução, já que impedia o desenvolvimento de efeitos cênicos, de exploração de novos espaços e de novas espacialidades, impedindo principalmente a concreta introdução do espectador na ação desenvolvida sobre o palco. A explosão do espaço cênico, sua dissolução, se faz imediata, solicitando, em diferentes modos, com diferentes

---

70 C. Vicentini, *Pirandello. Il disagio del teatro*, p. 80-81.

propostas, uma relação mais estreita entre o público e os atores. As experiências da primeira vanguarda teatral (futurismo, surrealismo, dadaísmo, expressionismo) se unem em torno de um principal motivo: a participação do público e de seu envolvimento. Experimentos que Pirandello, em parte, conhecia:

> de Lugné-Poe a Reinhardt, de Gémier a Meierhold e Marinetti, a vantagem das antigas propostas de projetar a ação na plateia parecia extremamente ampla: a recuperação arqueológica das formas do teatro do passado, a remoção da "moldura" do quadro cênico, para dar maior liberdade às invenções da direção, ao ideal do teatro de massa, ao jogo entre a teatralidade da cena e a cotidianidade da vida, e enfim, em âmbito futurista, a destruição dos modos habituais, estáticos e passivos de assistir ao espetáculo teatral[71].

A recuperação da fórmula do teatro no teatro significou para Pirandello a possibilidade de restaurar a arte no mundo físico do teatro, e isto é o que o afasta das propostas destrutivas da vanguarda. Como analisa Vicentini, o dramaturgo secretamente produzia sobre o palco as condições para que o mundo fantástico da arte pudesse efetivamente se unir com a realidade da vida material. Quando o espetáculo termina, os personagens estão sozinhos em cena, projetados em "grandes e destacadas sombras"; o que Pirandello está insinuando (e afirmando) é que estes seis personagens, *vivos*, pertencem ao teatro. É neste sentimento de pertencimento ao teatro que Pirandello soube ouvir a lição de Pitoëf. Escreve Alonge: o elevador usado pelo encenador parisiense é um elemento de serviço da cena, ele pertence ao teatro, não é um adereço, ou um elemento cenográfico, ele é real. Os personagens em Pitoëff descem sim para a terra, para o palco, mas o céu deles é também o teto do teatro: "Os personagens chegam (e partem) por meio de um percurso típico da maquinaria cênica; de qualquer modo *pertencem ao teatro*"[72]. E o teatro destes seis personagens não deve ser de forma alguma um teatro fechado nos limites da convenção mimética-representativa, não deve ser apenas a reprodução ou o reflexo da realidade cotidiana, ele é sobretudo *produção*. Em

---

71 Idem, p. 94.
72 R. Alonge, Le messinscene dei *Sei personaggi in cerca d'autore*, em E. Lauretta (org.), op. cit., p. 71.

outras palavras, não é a vida cotidiana que fornece o modelo para o teatro reproduzir, mas, ao contrário, é o teatro que produz os modelos para a vida. Como dito tantas vezes por Pirandello: "a arte pode antecipar a vida". Na peça *Cada Um a Seu Modo*, os protagonistas, ao se verem representados no palco, passam a ter consciência do quanto estão apaixonados. Se na primeira parte da peça a arte imitava a vida, agora será a vida que imitará a arte; como bem observado pelo Espectador Inteligente: "Tiveram de fazer diante dos nossos olhos, sem que o quisessem, aquilo que a arte havia previsto"[73]

A versão definitiva de *Seis Personagens* é o exemplo mais contundente de que a escritura textual é o produto de uma acumulação entre texto e cena. Como disse Patrice Pavis, a dramaturgia é a arte da composição de peças que levam em consideração a prática cênica e, completamos, ela só se realiza com e na presença de uma teatralidade anterior[74]. A cena influenciou a nova versão do texto *Seis Personagens*, mas a via inversa também existe: como dito por Alonge, a intuição de Pitoëf sobre o texto de Pirandello fez com que o encenador tocasse o núcleo de sua poética; ora, só podemos falar de intuição quando existe alguma coisa em estado latente para ser descoberta. Sendo assim, podemos dizer que a dramaturgia opera uma conjunção de elementos e de códigos cênicos que, operacionalizados em forma de escritura pelo dramaturgo, propõe em si uma forma cênica virtual, ou seja, pré-existiria ao texto dramático uma ideia de representação. Compreendendo a dramaturgia enquanto a escritura de uma forma cênica virtual e, ao mesmo tempo, como um produto mediado por experiências cênicas anteriores, concluímos que o espetáculo de Pirandello é, ao mesmo tempo, resposta a uma teatralidade anterior e a concretização, em parte, de uma forma cênica virtual latente no texto[75].

Da forma cênica virtual à forma cênica concreta, um longo caminho se deve percorrer; e Pirandello, como encenador de si-mesmo, provavelmente não conseguiu realizar a risca aqui-

---

[73] *Cada Um a Seu Modo*, em J. Guinsburg (org.), op. cit., p. 383
[74] P. Pavis, *Le Théâtre contemporain*.
[75] O desenvolvimento do conceito de virtualidade cênica na escritura dramática pode ser consultado no meu artigo A Dramaturgia (en) Cena: a Escritura de uma Teatralidade, *Scripta*, n. 4, 161-167.

lo que ele pensava do texto. Ainda que ele tenha escrito o texto ficcional, este se abre para uma nova realidade no momento em que ele o leva para o palco. Diferentes elementos passam a interferir, como a luz, o espaço, a interpretação dos atores, e as próprias referências cênicas do encenador. Uma conjunção de fatores que inevitavelmente produzem novas direções e significados ao texto concebido e idealizado pelo escritor. A passagem da forma cênica virtual à forma cênica concreta é um curto-circuito entre vários mundos que se auto-influenciam: o mundo ficcional escrito pelo autor, o mundo de referência cênico e humano do encenador, o mundo dos atores e o mundo do palco. Não é nenhum absurdo constatar que diversos achados de Pitoëf foram absorvidos e adaptados por Pirandello para sua trupe. Como por exemplo, o uso de um piano, que não existia na edição original de 1921; o movimento de dança dos atores ao início do espetáculo, marcando o clima descompromissado e vivaz dos atores sem a presença do diretor; o grito que anuncia a chegada do diretor, como um sinal para o retorno da disciplina. Claro que, mesmo absorvendo muitos aspectos da encenação de Pitoëf, Pirandello criou um espetáculo seu, a partir de suas próprias referências e experiências cênicas:

> Pirandello *metteur en scène* define um modelo de espetáculo em difícil e frágil equilíbrio entre a tradição *nórdica* (de Pitoëf e de Reinhardt) e a tradição *mediterrânea* (essencialmente dos diretores italianos do segundo pós-guerra), entre a interpretação *filosófica* dos *Seis Personagens* e a sua releitura em chave *realística*. Desaparecido Pirandello, se perde a hereditariedade do Teatro de Arte, aquele admirável e problemático ponto de equilíbrio se rompe[76].

O que Alonge observa não está muito longe do que Gramsci intuiu anos atrás: que sendo o teatro o terreno mais próprio de Pirandello, a expressão mais completa de sua personalidade, muito se perde separando Pirandello encenador de sua obra escrita. Recordemos as palavras do próprio Gramsci:

> Quando Pirandello escreve um drama, não expressa "literariamente" (isto é, com palavras) senão um aspecto parcial de sua

---

[76] R. Alonge, Le messinscene dei *Sei personaggi in cerca d'autore*, em E. Lauretto (org.), op. cit., p. 73.

personalidade artística. Ele "deve" integrar "a redação literária" com sua obra de ensaiador e de diretor. O drama de Pirandello adquire toda a sua expressividade somente na medida em que a montagem for dirigida por Pirandello ensaiador, isto é, na medida em que Pirandello suscitar nos atores em questão uma determinada expressão teatral e na medida em que Pirandello diretor criar uma determinada relação estética entre o complexo humano que representará e o aparato material do palco. Ou seja, o teatro pirandelliano é estreitamente ligado à personalidade física do escritor e não apenas aos valores artístico-literários "escritos"[77].

A interferência mediterrânea se observa na crítica de Gabriel Bouissy ao espetáculo: "Novamente, a companhia do Sr. Pirandello, desprezando os efeitos complicados ou fantasmagóricos, procura pela expressão do homem, somente a pessoa humana, o aspecto, o rosto e a voz. Método essencialmente mediterrâneo"[78]. O equilíbrio alcançado por Pirandello encenador encontra-se em sua preferência pela simplicidade da forma cênica e na busca pelo realismo na interpretação dos atores. É no contraste entre a atmosfera surreal do texto e a forma cênica realista que reside a riqueza de Pirandello: a história extraordinária de *Seis Personagens* torna-se, aos nossos olhos, realmente possível. Sim, ela pertence ao sonho, à fantasia, mas, com a intervenção de seu método de trabalho, e na qualidade interpretativa dos atores envolvidos, aqueles fantásticos seis personagens (intrigantemente) ganham plausibilidade. Enquanto as montagens de Pitoëf e de Reinhardt se comprazem em dar aos seis personagens um vôo quimérico, reforçando a atmosfera de sonho, a montagem de Pirandello faz com que estes seis personagens se equilibrem entre o fantástico e o real. Os atores da companhia Teatro de Arte, especialmente Lamberto Picasso (o Pai) e Marta Abba (a Enteada), e aqui nos serviremos mais uma vez das observações de Gabriel Bouissy, dão aos personagens fictícios uma grande vida interior, transformando-os em verdadeiros seres vivos, "sombras que se transformam em homens pelo mistério da

---

77 A. Gramsci, O Teatro de Pirandello, em *Literatura e Vida Nacional*, p. 59.
78 G. Bouissy, La Troupe italienne joue *Six personnages en quête d'un auteur*, *Comoedia*, Paris, 10 de julho de 1925; reportado em A. D'Amico; A. Tinterri, (orgs.), *Pirandello capocomico*..., p. 143.

arte" e fazem com que os personagens reais (o Diretor e sua trupe) se revelem "nada mais do que marionetes, por sua deformação profissional"[79].

Por este princípio, Pirandello não poderia deixar de estranhar a solução de Marx Reinhardt proposta para o espetáculo de 30 de dezembro de 1924 na cidade de Berlim; escreve Alonge: "encenada sobre um fundo escuro para suscitar uma aura de mistério, foi capaz de fazer dos seis personagens fantasmas de um pesadelo, sombras evanescentes"[80]. Nada mais contrário aos desígnios do dramaturgo que, em sua encenação, acentuou nos seis personagens o aspecto concreto, realístico. Sem contar que para a Enteada, personagem de Marta Abba, delineou um perfil bem mais sensual do que aquele proposto na versão de 1921. A atriz, entre todas aquelas que até o momento tinham interpretado o papel, Vera Vergani, Ludmilla Pitoëf, Franziska Kinz, foi a única que se apresentou com os braços nus e com uma saia que lhe deixava uma parte das pernas descoberta. É no contraste entre o argumento textual e a forma cênica que Pirandello se afasta tanto de Reinhardt quanto de Pitoëf. Acreditando no grito do Pai ao final do terceiro ato, "Que ficção qual nada! Realidade! Realidade, senhores! Realidade![81]", Pirandello faz da fantasia uma realidade mais viva, mais "real" do que a realidade falsa e artificial do mundo cotidiano. Observa-se que o modelo de espetáculo proposto por Pirandello, em chave realística, só foi realmente absorvido no segundo pós-guerra, primeiramente com as encenações de Orazio Costa (entre 1946 e 1949), que se esforçou para libertar a peça do estigma cerebral, sofístico. E depois, seguindo nesta mesma direção, o espetáculo de Strehler, diretor do *Piccolo Teatro di Milano*, de 1953[82]. Pirandello não pôde assistir a estes espetáculos, e a insatisfação em ver sua obra-prima interpretada de forma *filosófica*, cerebral, em ver os seis personagens interpretados sem a devida humanidade, o acompanhou até o

---

79 Idem, p. 144.
80 R. Alonge, Le messinscene dei *Sei personaggi in cerca d'autore*, em E. Lauretto (org.), op. cit., p. 72.
81 *Seis Personagens à Procura de um Autor*, em J. Guinsburg (org.), op. cit., p. 238.
82 Como observado por Alonge, as encenações do segundo pós-guerra, embora com todas as limitações, recuperaram em parte aquilo que Pirandello imaginou para o seu teatro.

fim de sua vida. Mas uma carta escrita para Ruggero Ruggeri em setembro de 1936 (três meses antes de sua morte) coloca a questão em outros termos:

> Gostaria que esta nova edição atualizasse inteiramente, ou pelo menos do melhor modo possível, a visão que tive do trabalho quando o escrevi. Precisa se evitar o erro que sempre se comete: fazer os Personagens parecerem sombras ou fantasmas, em vez de fazê-los como entidades superiores e com grande força, porque "realidade criada", forma de arte fixa e imutável para sempre, quase estátuas, se comparados à mobilidade natural mutável e quase fluida dos atores. Para obter isto, é suficiente dar ao Diretor-ensaiador e aos cômicos (corifeo e coro) o máximo de movimento, uma vivacidade ora divertida ora assustada, com roupas leves e quase esvoaçantes; aos Personagens, em vez disto, uma poderosa imobilidade e uma expressão fixa, que certamente se conseguiria melhor com uma máscara ao estilo da tragédia grega. Máscaras novas, obviamente feitas por escultores, que expressassem o comportamento mais característico: o "remorso" para o Pai, a "vingança" para a Enteada, a "dor" para a Mãe, o "desprezo" para o Filho[83].

A carta demonstra um Pirandello sempre insatisfeito, sempre em busca de novas iluminações para sua obra-prima. E demonstra também que sua própria encenação, acentuadamente concreta e realista, não se guiou por estas suas últimas ideias que sem dúvida nenhuma afastam os seis personagens de todo e qualquer aspecto humano vivo e verdadeiro. *Seis Personagens* é uma obra que atravessa o próprio tempo do autor, ela está presente em todas as diferentes fases do artista, cada mudança de perspectiva do dramaturgo, em relação ao significado da arte em confronto com a vida, faz com que estas seis personagens adquiram uma nova face, um novo *modus*. A obra é sempre o ponto de partida de Pirandello e seu eterno retorno. Na carta, o frágil equilíbrio entre o metafísico e o mediterrâneo, observado por Alonge, se rompe completamente em favor do aspecto metafísico. Os seis personagens, explica o dramaturgo, são personagens trágicos, máscaras fixas que sofrem dores elementares, que mais parecem esculpidas em mármore

---

[83] Carta de 21 de setembro de 1936, reportado em L. Bragaglia (org.), *Carteggio Pirandello – Ruggeri*, p. 55.

(o uso das máscaras propõe a "desumanização" dos personagens, transformando-os em criaturas metafísicas). Já o coro que os assiste possui toda a fluidez, a leveza e a plasticidade das coisas que por natureza são mutáveis: são artistas do mundo, cheios de vida e feitos de carne. Uma declaração que revela a lição aprendida pelo dramaturgo em seus dez anos de convívio com o teatro e com a atriz Marta Abba: a obra de arte, ainda que perfeita, é privada de vida, enquanto o corpo do ator (da atriz) é vida, é movimento. É com os seis personagens que tudo termina e que tudo recomeça. Eles são a jornada de sua própria vida dentro do mundo da arte.

## *SECONDA STAGIONE:* PIRANDELLO ENCENA *DIANA E LA TUDA*

> *Quando consegue imprimir naquela argila a imagem dela, a vida que movia os seus dedos naquela argila, a vida daquela imagem permanece ali na sua frente suspensa, sem nenhum movimento: parada. E nela não sente o mesmo terror que se sente diante da morte, de frente a alguém que pouco antes era vivo, e que agora está ali, sem se mexer mais?*[84]

*Diana e la Tuda* foi o primeiro fruto da relação artística entre o Maestro e Marta Abba[85]. A peça foi escrita especialmente para a atriz entre outubro de 1925 e agosto de 1926. Eleita a intérprete ideal de suas peças (nos três anos de vida da companhia Teatro de Arte foram encenados cinquenta espetáculos teatrais, sendo trinta e seis protagonizados pela atriz), e inspiração de sua última dramaturgia, muito mais do que interpretar papéis femininos na dramaturgia pirandelliana, Marta Abba reuniu, em uma única imagem, as duas metades do imaginário feminino pirandelliano: a mãe santa e a prostituta; conforme sugerido por Alonge[86]. Uma figura de mulher

---
84 *Diana e la Tuda*, em *Maschere Nude* (I Mammut), p. 196. A fala é do personagem Giuncano ao jovem escultor Sirio.
85 A peça estreou na Itália, com a companhia Teatro de Arte, no Teatro Eden na cidade de Milão em 14 de janeiro de 1927. Depois seguiu viagem se apresentando em diversas cidades, inclusive no Rio de Janeiro, em 14 de setembro de 1927.
86 Sobre este ponto, ver R. Alonge, *Madri, baldrache, amanti. La figura femminile nel teatro di Pirandello*.

A Atriz Marta Abba em 1925, na época de Seis Personagens
à Procura de um Autor. *Arquivo: Centro Studi Teatro Stabile
di Torino*

que carrega em si uma dupla imagem, de sensualidade e de reserva, uma imagem que personifica qualidades opostas, e que está em absoluta harmonia com a qualidade interpretativa da atriz. A modelo Tuda, interpretada obviamente por Marta Abba, o velho escultor Giuncano (Camillo Pilotto) e o jovem escultor Sirio Dossi (Alessandro Ruffini) estabelecem entre eles um incomum triângulo amoroso. O velho Giuncano destrói todas as suas estátuas, e passa a contemplar Tuda, o corpo jovem e sensual da modelo, como o símbolo do milagre da vida. Tuda se oferece a Sirio, que não a deseja como mulher, ela então se oferece ao velho, que a rejeita por pudor ou por orgulho. Para se vingar de Sirio, Tuda se oferece como modelo ao pintor Caravani. Quem trai Sirio é a modelo e não a mulher, que embora fascinante, de uma beleza tentadora, se mostra fria e impassível às insinuações de Caravani, reagindo às suas investidas com uma sonora bofetada: "Ai de você, repito, se me tocar! Venho apenas para lhe servir de modelo!"[87]. Como se vê, a realização erótica da mulher sensual, apaixonada, jovem e provocante foi negada três vezes: pelo jovem, pelo velho e pela própria Tuda; o que se configura como implicação da influência de uma imagem idealizada de Marta Abba sobre a última dramaturgia de Pirandello.

O argumento da peça nasce para Pirandello de forma traumática. Todo o primeiro ato foi escrito em uma noite inteira sem dormir, durante a turnê de sua companhia na Alemanha. Em 28 de outubro de 1925 escreveu aos filhos: "Trabalhei a noite toda e quase terminei o primeiro ato de *Diana e la Tuda*. Mais três noites assim e termino a peça. Mas pode acontecer que eu chegue ao fim junto com a peça"[88]. Porém, *Diana e la Tuda* permaneceu ainda um bom tempo em construção, junto com outras criações do dramaturgo: *La moglie di prima* (A Primeira Mulher), *La nuova colonia* (A Nova Colônia), *L'amica delle mogli* (A Amiga das Mulheres), *O di uno o di nessuno* (Ou de Um ou de Nenhum). Da peça em três atos, *La moglie di prima*, só temos notícia de um fragmento da primeira cena e da lista dos personagens. Para além

---

87 *Diana e la Tuda*, em *Maschere Nude* ( I Mammut), p. 212.
88 Disponível em A. D'Amico; A.Tinterri (orgs.), *Pirandello capocomico*, 1995, p. 222.

da análise dramatúrgica, que voltaremos depois, cabe ressaltar a grande contribuição de Marta na tessitura da peça; não só nesta como em todas as outras posteriores ao seu encontro com o Maestro. Benito Ortolani, organizador do epistolário Pirandello-Abba, sublinha que o autor reescreveu *Diana e la Tuda* várias vezes, sempre consultando a atriz, e sempre com grande expectativa sobre suas impressões, como de fato se pode constatar nas cartas:

> Graças a minha elevada capacidade em me abstrair de todas as misérias da vida, pude – mesmo neste dias de grande tempestade – reler *Diana e La Tuda*, e refazer, mais dramaticamente, e acredito que agora de forma perfeita, toda a segunda metade do III ato. E estou esperando até agora a sua impressão, segundo a promessa que me fez, de reler o trabalho com a mente descansada. Estou aguardando, com grande ansiedade[89].

Ou ainda:

> Esperei e ainda estou esperando, a sua impressão de *Diana e la Tuda*. Mas gostaria que Você lesse o terceiro ato como está agora. De qualquer modo, a sua impressão dos dois primeiros atos sempre me seria útil[90].

Se quase todas as cartas do Maestro a Marta foram conservadas e publicadas na edição italiana, à exceção de duas cartas e de alguns fragmentos que não foram autorizados pelos herdeiros de Pirandello[91], o mesmo não se pode dizer sobre o epistolário Abba-Pirandello. Dos anos de 1925, 1926, 1927 e 1928 só restaram três cartas: uma delas, escrita em oito de agosto de 1926, e as outras duas em setembro de 1928 (que coincidem com o período de dissolução do Teatro de Arte). É justamente na carta de 1926 que podemos colher as considerações de Marta sobre a peça; opiniões estas concentradas sobre o ritmo da ação e sobre o perfil do personagem a ela confiado. O que particularmente se nota em suas impressões,

---

[89] Carta de 5 de agosto de 1926. *Lettere a Marta Abba*, p. 14.
[90] Carta de 10 de agosto de 1926, idem, p. 16.
[91] A coleção completa das cartas, doadas por Marta Abba em novembro de 1986, pode ser consultada na biblioteca da Universidade de Princeton.

ainda que muito delicadamente, são as observações negativas sobre o caráter pouco solar e vibrante de Tuda. O que já é um sinal da preferência da atriz por personagens mais dinâmicos e febris, em uma palavra: Marta preferia heroínas um pouco mais "diabólicas", decididas, sensuais e brilhantes, em detrimento das tristes e românticas sofredoras. A atriz não se sentia muito atraída por Tuda que, embora jovem e muito sensual, lhe parecia muito submissa e pouco vivaz:

> *Diana e la Tuda*, eu li duas vezes. No final do primeiro ato alguma mudança levíssima, como também no final do segundo ato, para ficar mais rápido. O terceiro ato me parece apropriado; bem concentrada a tragédia final, depois da morte de Sirio. Tuda não possui expressões felizes e claras, sobretudo para serem assim cortadas; em minha opinião seria melhor mudar a última fala[92].

A dimensão da dependência do dramaturgo por Marta permaneceu desconhecida aos seus biógrafos até a publicação das cartas; tanto que a natureza desta relação foi durante muito tempo objeto de interpretações opostas, que oscilavam entre um amor casto e uma banal relação de fundo sexual. Esta última hipótese fica totalmente descartada com a leitura das cartas. Por outro lado, o epistolário também revela que Pirandello sentia pela atriz bem mais do que um deserotizado carinho paternal. Ainda que lutasse para sublimar seu desejo por Marta, o dramaturgo alimentava sua libido imaginando a atriz em sua vida íntima, exigindo detalhes de sua rotina diária. Mesmo usando uma linguagem controlada, o escritor deixa escapar nas cartas os sinais de um intenso desejo erótico, o que muito delicadamente Marta contrapõe ao teatro. Segundo Ortolani, somente um amor totalizante pode explicar a forma obsessiva e mórbida em que o autor contava os dias e as horas esperando pelas cartas da atriz; apesar de estar consciente de que as palavras tão desejadas nunca substituiriam as enfáticas expressões de afeto respeitoso. Jamais, enfatiza Ortolani, Marta abandonou, falando ou escrevendo, a formalidade do "senhor", usando sempre reverência e respeito ao homem que para ela era o seu Maestro ou "pai espiritual". Mas este amor

---

92 *Caro Maestro...*, p. 30.

"totalizante", decantado em sua dramaturgia tardia, esconde uma face bem mais obscura, de dessexualização da mulher real: Marta Abba.

A matriz autobiográfica do drama é evidenciada pelos estudos críticos da atualidade. São vários elementos que nos impelem para esta direção. Segundo Annarita Letizia, sob o véu da ficção teatral, Pirandello colocou a nu sua relação com a atriz. Como não ouvir Marta chamando Pirandello, quando Tuda chama Giuncano de "Maestro"? Como não reconhecer o inquietante espectro do incesto, quando um homem de idade avançada se apaixona por uma jovem que lhe chama de "papai Giuncano"? – pergunta-se Annarita[93]; talvez o desinteresse de Marta pelo personagem viesse do exato incômodo de se ver violada em sua própria intimidade. O pudor da velhice (seus filhos eram mais velhos que Marta), sua situação civil, o fantasma recorrente do incesto, o reconhecimento da atriz como sua "filha espiritual", davam ao impulso erótico do Maestro uma face proibida e por isso rejeitável. Paixões que se inflamam a cada trecho da peça. No confronto entre o velho escultor Giuncano, que renunciou ao ofício por desprezar toda forma imutável e privada de vida, limitando-se a contemplar a beleza da modelo, e o jovem escultor Sirio, que sonha em colher na modelo a fugidia perfeição, imortalizando-a numa estátua, existe Tuda, uma jovem ninfeta que desperta no velho escultor pulsões proibidas: no texto podemos intuir que Giuncano é o pai biológico de Sirio (um ex-amante de sua mãe). Pirandello evoca novamente o tema tabu de *Seis Personagens*, sempre obviamente velado e mascarado: Giuncano é apenas o sogro de Tuda, assim como O Pai é apenas o padrasto da Enteada. Não existe de fato uma ligação de sangue entre os personagens, mas isto não impede Giuncano de sentir vergonha e horror diante do desejo incontestavelmente incestuoso entre um senhor de certa idade e uma jovem ninfeta que o chama de "pai":

> Giuncano: A vida não deve recomeçar para mim! Não deve recomeçar!
> Tuda: Mas se já recomeçou!
> Giuncano: Não quero! Não quero!

---

93  A. Letizia, Le ultime figlie di Pirandello, *Angelo di fuoco*, ano III, n. 5, p. 7-54.

Tuda: Não está em nós...
Giuncano: (*com força*) Não: está em nós, quando não se deve! A qualquer custo: quando não se deve!⁹⁴

Segundo Alonge, a jovem Tuda se oferece ao velho não por amor, mas por um misto de várias coisas: subalternidade em relação ao famoso escultor; pelo masoquismo da mulher que sente um "nada" em relação ao gênio; por vingança contra o jovem escultor que não a ama; por piedade do velho que a ama com loucura. E soma a estas observações a seguinte conclusão: a rejeição de Giuncano reflete, muito provavelmente, a própria reação negativa que Pirandello teve em relação a Marta durante uma turnê de sua companhia na cidade de Como, em outubro de 1925:

É toda a dramaturgia inspirada em Abba que insiste em continuar confirmando os contornos deste fantasma. Nem sempre tem um velho, mas sempre tem uma mulher que se oferece e que se lança [...] nos braços de um homem, que ao final sempre se mostra indigno dela⁹⁵.

Segundo o crítico, Pirandello da última estação não faz outra coisa que escrever e reescrever a mesma história: a história de seu amor que terminou sem nem mesmo começar, em uma misteriosa "noite atroz passada em Como"⁹⁶. Ao compor *Diana e la Tuda*, o dramaturgo revela o próprio impasse que o manteve suspenso em relação a Marta: se a peça nasce a partir de sentimentos obscuros e "proibidos", do fascínio exercido por Tuda sobre o "papai Giuncano", a escolha do escritor ainda será a sublimação do erotismo impedindo o despertar

---

94 *Diana e la Tuda*, em *Maschere Nude* (I Mammut), p. 211.
95 R. Alonge, *Pirandello, il teatro del xx secolo*, p. 106-107.
96 A citação desta noite atroz se pode consultar em Carta de 26 de agosto de 1926, *Lettere a Marta Abba*, p. 20. A companhia do Teatro de Arte esteve por duas vezes na cidade de Como: no período de 1-6 de outubro de 1925 e de 11-21 de maio de 1926. A hipótese mais aceita é que Marta teria se declarado ao dramaturgo que, por motivos morais ou sociais, a teria rejeitado. Benito Ortolani, em nota, confirma como a data mais provável para o evento a primeira das duas visitas a Como; observando também que um possível reflexo do fato, catastrófico para a sua relação com Marta, compareceria ao segundo ato de *Quando si è qualcuno*, no qual Veroccia se oferece ao velho poeta que a rejeita. Cf. *Lettere a Marta Abba*, p. 1398.

da modelo como mulher. Ao final, Giuncano estrangula Sirio, repetindo seis vezes a palavra "cegueira"; é Pirandello quem toma emprestada a voz de Giuncano para confessar, ainda que de forma inconsciente, a parte proibida de seu amor por Marta Abba. Destruindo Diana se destrói a imagem solene e desencarnada de Tuda, quem sobrevive é a mulher, cujo corpo provoca o desejo erótico, mas esta é uma mulher que não se pode ter, que só se pode olhar e desejar de longe; conforme evidenciado em *Diana e la Tuda*:

Tuda: (*ainda por trás da cortina*) Papai Giuncano, que pena que ainda estou deste jeito (*subentende-se, nua*); Iria lhe dar um beijo! Mas lhe dou daqui mesmo, sobre o meu braço, escuta – (*ruído*) – Deus, está frio como se estivesse morto[97].

Entre Tuda, Sirio e Giuncano se estabelece um confronto que vai além do velho esquema triangular adulterino. Já na superfície do drama se observa que o conflito não se baseia na disputa entre dois homens pelo amor de uma mulher: Sirio não ama Tuda, ele apenas depende da modelo para criar sua obra-prima. Então não teríamos propriamente um conflito amoroso, pois a mulher Tuda estaria livre para amar quem ela quisesse; inclusive o velho Giuncano. Já como modelo, Tuda não possui esta mesma liberdade: Sirio, obcecado pela sua criação artística, exige que a modelo pose exclusivamente para ele e, por isso, a pede em casamento, dificultando as coisas para Giuncano. Mas, o que torna esta relação instigante é a possibilidade de Giuncano e Sirio, bem mais do que pai e filho, serem a mesma entidade ficcional, desdobrada em dois desejos antagônicos: um deles, o mais jovem, ama a arte, o outro, o mais velho, ama a mulher. Dois desejos que no mundo imaginário de Pirandello são inconciliáveis. Ou bem a musa, ou bem a mulher. Uma invalidaria a outra. O problema é que Tuda talvez deseje ser amada tanto como musa quanto como mulher, ao mesmo tempo, e pelo mesmo homem. E nisto reside o conflito: se o imaginário feminino pirandelliano, fraturado entre duas imagens-guia obsessivas, a mãe e a prostituta, após seu encontro com Marta Abba, se recompõe

---

[97] *Diana e la Tuda*, em *Maschere Nude* (I Mammut), p. 191.

em uma única imagem de mulher, o mesmo não se pode dizer a respeito do olhar do homem pirandelliano sobre a mulher. A conciliação entre a mulher eroticamente fascinante com a imagem espiritual da mãe ainda se mostra difícil no confronto entre os sexos. Na peça, o masculino ainda não consegue refazer dentro de si estas duas metades, o que fatalmente levaria a mulher ao sofrimento, pois ou ela se classifica como mulher-anjo (Mãe-Madona), iluminada e santa, ou como mulher erótica, infernal e desprezível. O que Pirandello insinua é que esta nova mulher, sensual e honesta, deve renunciar a uma vida sexual real, pois, ao contrário, ela arruinaria a sua vida: ou bem ela se transforma em mãe, desprovida de todo erotismo, ou permanece como *fêmea fatal* sofrendo toda sorte de abusos. Para existir absoluta, desejada e sublimada, esta nova mulher deve se manter divinamente intocável.

O ano de 1925 determinou uma grande virada na vida de Pirandello, tanto artística como existencial: ele assume a direção do Teatro de Arte e conhece Marta Abba. A partir deste período o dramaturgo começa a compor peças com uma linguagem mais *visual,* em consonância com a matéria cênica, sempre contemplando a qualidade interpretativa da atriz, com situações dramáticas que parecem refletir o episódio vivido na cidade de Como; obviamente que não de forma simétrica. Os exemplos mais contundentes são *Diana e la Tuda* e *Quando si è qualcuno* (no argumento da jovem que se oferece a um velho e que por ele é rejeitada). O que não nos exime de dizer que toda a produção do último período – de 1925-1936 – esteja imbricada com as razões deste encontro falido: os personagens pensados para Marta Abba são mulheres ruivas, belas, jovens, sensuais e cheias de vida, mas também intocáveis, demonstrando pouco ou nenhum interesse pelo sexo. Se elas se entregam, como fez Donata em *Trovarsi,* sua experiência sempre será frustrante. São mulheres que podem ser admiradas, amadas, mas jamais abraçadas ou possuídas. De *Diana e la Tuda* a *Os Gigantes da Montanha* será a presença feminina a marcar sua dramaturgia. Toda sua produção do período problematiza estas duas fundamentais descobertas: o teatro e Marta Abba; dois pólos que terminam se encontrando na imagem idealizada da *personagem-atriz*. Como escreve o dramaturgo: "Estou agarrado a duas coisas apenas: a Você e à Arte; mas primeiro a Você; e tudo o mais não tem sentido e nem valor, se não consigo interpretá-lo a partir de Você e a partir da Arte"[98].

Sob o influxo da atriz Marta Abba, uma considerável mudança de percepção sobre a figura do ator começa a se processar. Se em *Seis Personagens* se creditava ao ator o papel de mero tradutor da criação ideal, em *Diana e la Tuda* esta perspectiva se inverte. No lugar de valorizar a forma final criada pelo artista, é a modelo, ou a atriz, quem passa a ocupar um plano de destaque na criação da obra de arte: pois ela é o canal para a vida, é nela que se encontra a "matéria ardente", como descrito por Giuncano, capaz de dar vida à criação. Como consequência imediata deste encantamento, sua escritura passa a refletir com mais intensidade a materialidade cênica. Na peça acentua-se a sensibilidade de Pirandello para o aspecto cênico do texto, ou seja, as didascálias não se preocupam apenas em descrever a cena, mas em criar, com o uso dos elementos materiais do palco, a atmosfera necessária ao drama. Se, por exemplo, na peça *Il Giuoco delle parti* (O Jogo dos Papéis) de 1918, as didascálias se preocupavam em descrever os detalhes de um cenário naturalista, sem maiores contribuições com o aspecto conceitual do drama, em *Diana e la Tuda* se observa a descrição de um cenário mais simbólico, mais teatral, com indicações que contribuem de forma absoluta com o sentido do drama:

> Muros brancos, altíssimos. Nas grandes janelas iluminadas, cortinas negras. Tapete negro, móveis negros. Ao longo das paredes, posicionadas de forma simétrica, reproduções em gesso de antigas estátuas de Diana [...]. Uma grande cortina branca arriada quase até a metade do palco, suspensa por um suporte e drapeada nos anéis, protege a modelo nua, que está de pé sobre um pedestal. Uma luz forte acesa nas suas costas faz sua sombra se projetar negra, enorme, sobre a parede de fundo[99].

A cenografia, a iluminação e o figurino não são apenas meros adereços de composição para uma ambientação bur-

---

98 Carta de 8 de junho de 1931, *Lettere a Marta Abba*, p. 807.
99 *Diana e la Tuda*, em *Maschere Nude* (I Mammut), p. 190.

guesa, eles traduzem em linguagem cênica o conceito da peça. Os muros altos e brancos do estúdio de Sirio são muito mais do que simples muros altos e brancos, eles significam algo que vai muito além de sua mera descrição física. Eles representam paredes de uma prisão, ou melhor, lápides de uma sepultura onde habitam os mortos. Os mortos são as obras criadas por Sirio, são as Dianas imóveis e imutáveis que se repetem pelas paredes brancas do estúdio, réplicas de cera da modelo Tuda, a mulher viva que emparedada por aquelas paredes agoniza lentamente para dar fôlego à suposta obra-prima do artista. O estúdio de Sirio é o jazigo perpétuo de Tuda e o leito de morte do artista. O luto também está representado pelos móveis negros e por cortinas negras, que impedem a entrada do sol, da vida, do ambiente exterior. Todo o cenário é construído em preto e branco, não existe nenhuma cor, como se descrevessem páginas de um livro, ou as imagens dos sonhos (ou dos pesadelos). Na composição de suas peças, Pirandello vai usar a luz cada vez com mais habilidade, proporcionando à cena um intenso jogo de claro-escuro. Um jogo de aparição e desaparição, que tem como função seduzir e envolver o espectador na encenação. Imagens em preto-e-branco, de Diana e Tuda, a estátua e a sombra, se confundem na parede ao fundo. Ver a exuberante nudez de Tuda não nos é permitido, sua carne é velada por uma enorme cortina branca transparente. Por trás desta cortina o velho Giuncano a espia, imaginando sua carne nua:

TUDA: Dorme Maestro?
GIUNCANO: Fumo. Te vejo através da sombra.
TUDA: Sou bonita?
GIUNCANO: Sim, querida. – (*pausa*) – Morta.
TUDA: Como, morta?
GIUNCANO: (*como um grito*): Imóvel!
TUDA: Eh, disse morta...
GIUNCANO: Exatamente porque ele te deseja imóvel desse jeito[100].

Tuda não deixa de provocar o desejo do velho Giuncano com sua nudez velada: o trunfo da sedução é arte de revelar e esconder. A sedução – escreve Baudrillard – "é um desafio,

---

[100] Idem, p. 195.

uma forma que tende sempre a perturbar as pessoas no que se refere à sua identidade, ao sentido que esta pode assumir para elas"[101]. A cortina que vela e que desvela o corpo de Tuda, os efeitos de iluminação de claro-escuro são pontos fortes na peça *Diana e la Tuda* (efeitos que também comparecem de forma abundante na peça *L'amica delle mogli*), insinuando uma maturação artística na escritura dramatúrgica pirandelliana. O espaço cênico criado pelo dramaturgo para a peça provém da linguagem cênica e não da literatura; são os recursos físicos do palco que passam a lhe fornecer os elementos de construção de sua dramaturgia. Resta acrescentar que o encantamento com o mundo do teatro, sua linguagem, trunfos e mistérios, coincide com a descoberta do amor por Marta: Pirandello desperta tanto para o corpo da mulher quanto para o do teatro. Há aqui uma dupla sedução que se reflete em sua escritura cênica, tornando-a mais física, mais material. O fascínio do corpo da mulher e o fascínio do corpo do teatro se unem e se confundem em um único corpo: o da atriz. Nada mais fascinante (e por isso desviante) do que os mistérios de um corpo que se deixa possuir por outras almas, transfigurando-se em outros corpos. Marta Abba representa para o Maestro o encontro vivo entre o mundo da arte e o mundo dos homens.

É também neste período que se aguça a polêmica do escritor contra o monopólio do empresário italiano Paolo Giordani –empresário responsável por uma importante agência teatral, a Suvini-Zerboni, que controlava um grande truste de teatros e decidia o repertório italiano e estrangeiro a ser apresentado no país –, fato que trará grandes consequências ao Maestro e à atriz. Pirandello acusava Giordani de controlar as principais praças do teatro italiano, objetivando o lucro puro e simples, o que tornava impossível o desenvolvimento artístico teatral italiano. O Teatro de Arte, encontrando forte resistência do sistema de truste, era, na maioria das vezes, condenado a representar em cidades pequenas onde não poderia se apresentar mais do que uma semana, chegando algumas vezes a ficar em cartaz por apenas três dias. Se sentindo estrangeiro na própria pátria, Pirandello apela a Mussolini, sem muito

[101] *Senhas*, p. 24-25.

sucesso. O regime fascista subvencionava a companhia, mas os recorrentes atrasos de uma burocracia engessada não lhe davam o respaldo necessário para se impor ao poder de Giordani. Como protesto, o dramaturgo declara que a primazia sobre os seus novos dramas será dada aos teatros estrangeiros. De fato, *Diana e La Tuda* estreia em versão germânica (*Diana und die Tuda*) no dia 20 de novembro de 1926, enquanto o público milanês só veio a conhecer o novo trabalho de Pirandello, o mais ilustre dramaturgo italiano da contemporaneidade, no ano seguinte. Sobre Giordani, Pirandello não hesita em tecer publicamente duras críticas, como demonstra uma carta publicada no jornal *Il Tevere*, em 19 de dezembro de 1925:

> Desejo que na Itália surjam logo os Teatros de Estado: pelo menos três em princípio, um em Milão, um em Roma, um em Turim: teatros responsáveis, que defronte aos estrangeiros que visitam a Itália, demonstrem que no nosso País a arte cênica é organizada e respeitada como no deles; que permitam uma existência decorosa para os atores e o desenvolvimento de dignos programas artísticos. Tudo isto que o advogado Paolo Giordani, comerciante e especulador e desfrutador do talento dos outros, não consegue enxergar, como se tivesse fumaça nos olhos[102].

Todavia, menos de um ano depois, apesar das polêmicas e da recíproca aversão, os dois antagonistas terminam por estabelecer um acordo para viabilizar o projeto de um Teatro de Estado. Em primeiro de dezembro de 1926, os jornais *Corriere della Sera* e *La Stampa* anunciam que Pirandello e Giordani tinham se reconciliado, apresentando a Mussolini um projeto em comum para a fundação do Teatro Dramático Nacional de Estado, uma tríplice estrutura envolvendo as cidades de Milão-Roma-Turim. Pirandello contava em realizar o sonho de ver sua companhia oficialmente reconhecida como Teatro de Estado, com sede no Teatro Argentina e com a possibilidade de utilizar os teatros de Milão e de Turim. O projeto previa a constituição de um único organismo composto por três teatros de propriedade estatal: o Teatro Argentina, em Roma; o Teatro Manzoni, em Milão; o Teatro de Torino, em Turim, geridos

---

102 Reportado em R. Alonge, *Pirandello, il teatro del xx secolo*, p. 74 e também no volume de A. C. Alberti, *Il teatro nel fascismo. Pirandello e Bragaglia*, p. 189.

por uma única companhia. A direção geral deste organismo *"uno e trino"* seria confiada a um diretor, auxiliado por três diretores técnicos (um para cada teatro), e por uma comissão de especialistas. Segundo Alonge, a "reconciliação" do escritor com o empresário (que se poderia julgar erroneamente como um cínico oportunismo) deve ser analisada como a atitude daqueles que enfrentam até o próprio diabo para ver seu sonho realizado. Esta, segundo o crítico, é a prova de que o trabalho como diretor-encenador não foi para Pirandello apenas um evento ocasional e temporário, mas uma passagem capital, de crescimento e sem retorno. Os documentos informam que a determinação de Pirandello em manter a companhia ativa foi enorme, levando-o a aplicar, por diversas vezes, o próprio dinheiro no empreendimento; o que infelizmente não impediu o fechamento por falência do Teatro de Arte. Com o fim da companhia, lhe parece uma grande tortura voltar a escrever no isolamento de seu gabinete; a necessidade de continuar o diálogo criativo entre sua arte e a arte do ator passa a se concentrar quase de forma exclusiva em Marta Abba.

## *TERZA STAGIONE*: PIRANDELLO ENCENA *L'AMICA DELLE MOGLI*

A trupe de Pirandello assume a nova denominação Companhia do Teatro Argentina (mas conservando entre parêntesis o antigo nome) em 10 de março de 1927, data da estreia romana de *Diana e la Tuda* (com Picasso substituindo Pilotto no papel de Giuncano), e lá se estabelece por três meses. O ano de 1927 significou o retorno da companhia de Pirandello a Roma, que por quase dois anos deixou de se apresentar na capital do país; a última apresentação da companhia em solo romano se deu em 11 de junho de 1925 com a peça *L'Enrico IV*, também no Teatro Argentina. A nova temporada atinge seu ápice com a montagem da peça *L'amica delle mogli* em 28 de abril de 1927; segunda peça dedicada a Marta Abba. O argumento do drama foi retirado de uma novela homônima de 1894, mas com a adaptação para o teatro o caráter da protagonista sofreu consideráveis mudanças. Pia Tolosani (como chamava o personagem na novela) era uma mulher com qualidades, mas sem nenhum poder de atração. Já Marta Tolosani (seu novo e significativo batismo) é dona de um caráter irresistível que seduz invariavelmente tanto homens quanto mulheres. Admirada por sua força e personalidade, Marta é uma mulher fascinante que renunciou à própria sexualidade como meio de conquistar liberdade e independência. Como principais intérpretes: Marta Abba (Marta Tolosani); Lamberto Picasso, (Francesco Venzi); Piero Carnabuci (Fausto Viani) e Lina Paoli Verdiani (Elena, esposa de Fausto). Considerada como o maior sucesso da temporada, *L'amica delle mogli* conquistou muitas reações positivas, não só da imprensa como também de seus pares. Sobre a encenação, considerada esplêndida, Dario Niccodemi chegou a pedir se poderia "copiá-la" para a sua companhia. Quem relembra o fato é o cenógrafo Virgilio Marchi:

> Dario não perdeu tempo, escreveu imediatamente e pediu a prioridade para a sua magnífica Compagnia al Manzoni de Milão e, fato interessante, por um escrúpulo honesto em relação a um sucesso passado, desejava que a representação acontecesse da mesma forma e da mesma maneira daquela de Roma[103].

Em relação ao espetáculo, reportamos uma interessante crítica de Marinetti:

> O autor quis e conseguiu criar um potente e envolvente drama de carne viva lacerada e lacerante sobre a fatalidade que acompanha algumas mulheres eleitas, equipadas com qualidades espirituais e donas de um fascínio irresistível, que dominam, seduzem e que ao mesmo tempo intimidam. Os homens normais se apaixonam por elas, mas não ousam se aventurar na grande e perigosa obrigação que elas impõem e terminam em um banal matrimônio de menor esforço, com uma das muitas mulheres monótonas e apáticas. Marta Tolosani é uma mulher que Venzi, Berri e Mondini sonharam, mas que não esposaram. Marta se transformou em guia e conselheira de suas jovens esposas, incapazes de construir a sua própria vida conjugal[104].

---

103 Virgilio Marchi, Ricordi sul Teatro d'Arte, em *Teatro Archivi*, n. 4. Reportado em A. D'Amico; A. Tinterri (orgs.), op. cit., p. 419.
104 F. T. Marinetti, *L'Impero*, 30 de abril de 1927. Reportado em A. D'Amico; A. Tinterri (orgs.), op. cit., p. 252.

As notas críticas da época indicam que *L'amica delle mogli* significou um novo período para a dramaturgia pirandelliana. Na realidade, os críticos foram pegos de surpresa, pois o novo drama não trazia nada de desconcertante ou inusitado. Acostumada a ler a dramaturgia pirandelliana com os famosos contornos do "pirandellismo" (invenções cerebrais, situações incompreensíveis, personagens pouco verossímeis), a crítica se surpreendeu com a súbita mudança para um quadro mais realista. A intenção de Pirandello era mesmo fazer com que este espetáculo resultasse num realismo impressionante, seja na interpretação dos atores seja na encenação. Ainda que a cena da morte de Elena não pudesse ser vista em sua totalidade pelo público, já que acontecia por trás de uma cortina de veludo verde semicerrada, o Maestro dirigiu os atores aconselhando-os a fazer todas as ações de maneira realista, como se de fato pudessem ser vistos pelo público por trás daquela grossa cortina. Escreve Marchi: "No último ato Pirandello queria que a protagonista, invisível no quarto ao fundo, e doente ao extremo, permanecesse de verdade sobre o leito [...]. A cena acontecia fiel à realidade, o público não podia assistir, mas era como se tivesse espectador"[105]. Em harmonia com o tom realista proposto por Pirandello, Marchi realizou um cenário elegante e agradável; escreveu o crítico Alberto Cecchi, ressaltando com grande entusiasmo o jogo de luz do espetáculo que, segundo ele, foi responsável por dar o tom trágico e opressivo do terceiro ato[106]. O papel da luz ganhava assim um destaque cada vez maior nos espetáculos de Pirandello, consequência imediata do contato assíduo e direto com a práxis teatral e de uma aguda sensibilidade para suas particularidades técnicas. A luz sempre chamou a atenção do dramaturgo, por isso sua preocupação em construir para o Teatro Odescalchi um sofisticadíssimo sistema de iluminação que pudesse atender a todas as suas necessidades criativas.

Não era só a luz que ganhava uma maior participação na dramaturgia de Pirandello, em *L'amica delle mogli* já se observa uma especial atenção em relação ao aspecto espetacular

---

105 Reportado em A. D'Amico; A. Tinterri (orgs.), op. cit., p. 414.
106 Alberto Cecchi, *L'amica delle mogli* al teatro Argentina, 22 luglio, 1928. Reportado em A. Tinterri, Pirandello regista del suo teatro: 1925-1928, *Quaderni di teatro*, n. 34, p. 62.

da cena: uma busca por soluções plásticas que, pouco a pouco, seja no movimento, na teatralização da cena, no cenário, na ação, começam a colocar de lado a palavra. Não que esta vá desaparecer, mas Pirandello começa a valorizar cada vez mais o uso da imagem cênica como solução para seus dramas; fato indiscutível em *Trovarsi* ou em *Os Gigantes da Montanha*. Mas, não obstante o excelente resultado alcançado com *L'amica delle mogli*, em sua apaixonada experimentação dos instrumentos cênicos, especialmente na riqueza plástica dos efeitos de luz, indicados nas didascálias:

> Na escuridão da saleta, algum trepidar vivo de luz, de lá do arco, deveria incidir cortante na prega da cortina próxima à abertura, ressaltando a sua tinta verdíssima. O risco de luz também poderia se alongar para cá, sobre o pavimento[107].

Pirandello ainda parecia em dissonância com o público de Roma. Sua temporada de três meses no Teatro Argentina não conseguiu alcançar um bom resultado de bilheteria, o que sem dúvida nenhuma precipitou a dissolução de sua companhia. Ao delinear um balanço sobre a temporada romana, conclusa em 22 de maio de 1927, Alberto Spaini levantou duras críticas em relação ao despreparo do público em receber um espetáculo dirigido pelo Maestro:

um espetáculo encenado e dirigido por Pirandello, que teria sido um acontecimento em todo o mundo, em Roma se apresentou para uma magra fila de admiradores. Um espetáculo que teria sido um acontecimento em todo o mundo, mas que deveria ter sido duas vezes maior em Roma, onde não estamos verdadeiramente habituados a ver, nos grandes palcos, espetáculos que se aproximam das exigências do teatro moderno [...]. Nos teatros grandes, nos teatros oficiais, são sempre os homens e os fatos de 1830 que imperam; e Pirandello, com os seus sessenta anos bem vividos, é o único jovem que lá existiu[108].

Para o crítico, nos espetáculos de Pirandello existe uma "grande consciência moderna do fazer teatral"; escreve: "poucos

---

107 *L'amica delle mogli*, em *Maschere Nude* (I Mammut), p. 666.
108 A. Spaini, Luigi Pirandello e l'arte del "régisseur", em *Il Resto del Carlino*. Reportado A. D'Amico; A. Tinterri (orgs.), op. cit., p. 44.

autores certamente tiveram a exata intuição da teatralidade e da realidade cênica como Pirandello"[109]. De fato, o Maestro era um apaixonado pela maquinaria cênica. A busca por soluções técnicas, capazes de criar sobre o palco uma atmosfera intensa e eficaz, o esforço de coordenar os truques e os efeitos visuais com os elementos da cenografia e com as cores e as formas do figurino, sempre estiveram presentes em sua trajetória de encenador (inclusive na fase nômade de sua companhia). Nesta sua apaixonada experimentação dos elementos cênicos, Pirandello se encontrava indubitavelmente muito além das reais condições que o teatro italiano poderia oferecer[110]. Nos anos vinte, e praticamente até o final da Segunda Guerra Mundial, a sistematização da cena nos teatros italianos se resolvia, no melhor dos casos, com um fundo de papel ou de tela pintado. Estes telões, herança oitocentista, simulavam ambientes *Standard* (padrões), que poderiam ser reutilizados na peça seguinte: o quarto pobre, o salão burguês, o salão de festa, o jardim, o bosque, a rua, e por aí vai. Estes "cenários" se enriqueciam com móveis avulsos que a companhia, normalmente nômade, alugava, de cidade em cidade, em firmas próprias para este fim. Os adereços eram sempre os mesmos e se repetiam a cada espetáculo, servindo para todas as companhias que viessem a se apresentar no local. Era raro o caso de uma produção criar uma cenografia própria. Além da questão estética, a fragilidade dos cenários de papel interferia na atuação dos intérpretes, pois qualquer movimentação mais rude poderia provocar um deslocamento maior de ar, e fazer um grande estrago. As janelas e as portas tremiam a cada passo, ameaçando tombar em pleno espetáculo a um leve toque. O figurino era de responsabilidade dos atores que, com seus próprios recursos, se vestiam segundo as características do personagem e da época retratada pelo texto. Enfim, as produções do Teatro de Arte, sobretudo nos seus primeiros meses, utilizando cenários e figurinos desenhados e criados especialmente para cada espetáculo, constituíam uma exceção à regra.

A tecnologia usada do Teatro de Arte não foi algo fácil para os atores, argumenta Vicentini. Acostumados a desenvolver

---

[109] Idem, p. 45.
[110] Cf. C. Vicentini, *Pirandello. Il disagio nel teatro*.

a ação em ambientes genéricos, definidos por um fundo pintado e por pouquíssimos objetos arrumados meio ao acaso, os atores do Teatro de Arte sentiam-se perdidos diante do esplendor da caixa cênica proposta por Pirandello. Desaparelhado, com o palco praticamente nu, os espetáculos se baseavam quase exclusivamente sobre a "declamação". Os atores podiam mover-se como bem quisessem, obviamente respeitando a hierarquia do primeiro ator, que sempre buscava se posicionar no melhor ponto do palco, para atrair a atenção do público e exibir sua própria personalidade. Agora, trabalhar dentro de um quadro cênico complexo, cuidadosamente estudado, onde as ações, os movimentos (inclusive o figurino dos personagens) deveriam estar atentamente harmonizados com os elementos da cenografia, aos efeitos de luz e à movimentação dos outros personagens, era outra história: "os atores se achavam diminuídos por este mecanismo complicado, do qual não possuíam mais o controle. Os melhores, os mais espertos e sensíveis também reclamavam, resistindo aos mais elementares pedidos da produção"[111].

Se Pirandello sentia-se, cada vez mais, atraído pelos elementos cênicos, foi porque via nestes o meio indispensável para evocar sobre o palco as figuras imaginadas e criadas por ele. As inovações técnicas, os dispositivos luminosos, as cabines de projeção, ajudavam o encenador e os atores a criarem sobre o palco a realidade mágica imaginada pelo dramaturgo:

eram o instrumento para tornar a cena mágica, vaporosa, flexível, apta para se adaptar a todos os movimentos da fantasia, e, portanto, semelhante ao espaço da imaginação interior, onde as figuras da nossa psique se unem e se associam livremente. Somente a técnica, com todos os seus milagres, permitiria que o palco do teatro se trans-

---

[111] Ruggeri, que trabalhou com a companhia no verão de 1925, se recusava a usar um figurino novo, especialmente desenhado para o personagem Enrico IV. Ele não queria abandonar sua habitual indumentária negra, que para ele foi a responsável pelos maiores sucessos em sua carreira. Precisaram lhe explicar pacientemente que a túnica púrpura não só se harmonizava com os figurinos dos outros personagens como também valorizava os efeitos de luz. Mesmo Marta Abba, sempre fiel ao *maestro*, se mostrava intolerante com o "excesso" de atenção que Pirandello dispensava aos efeitos de luz, baseado nos testemunhos de Virgilio Marchi em *Ricordi sul Teatro d'Arte*. Cf. Vicentini, *Pirandello. Il disagio nel teatro*, p. 125.

mutasse, concretamente, em um lugar encantado, profundamente afim com o espaço mental do autor. Assim, o palco estaria em condições de atrair e de acolher na frente dos espectadores as criaturas nascidas da sua fantasia[112].

Como encenador, Pirandello tinha um único propósito: investigar meios para dar concretude material aos seus personagens. Ainda que os aspectos cenográficos fossem vistos como uma preciosa ajuda para evocar as criaturas nascidas de sua fantasia, o principal elemento desta "transmutação" ainda era o ator. Segundo Rina Franchetti, que participou da companhia entre 1927 e 1928, Pirandello conseguia estabelecer com os atores um contato tão intenso que bastava um olhar para ele comunicar todas as nuances do estado interior do personagem: "um estado de ânimo, uma angústia, um desejo, uma incerteza". Dirigia "com os olhos mais do que com as palavras ou com os gestos" – se recorda a atriz –, era uma direção "feita de brilho, iluminada"[113]. Esta sintonia, descrita por Franchetti, se contrasta com o testemunho da mais ilustre atriz pirandelliana: Marta Abba. Segundo a atriz, a capacidade do dramaturgo como encenador era inegável, a forma como iluminava a cena, resolvendo-a cenicamente, era extraordinária, mas entre Pirandello e os atores, na maioria das vezes, existia uma dificuldade de comunicação: "É cortês nos ensaios, mas gostaria que todos os seus pensamentos fossem traduzidos instantaneamente durante a ação. Perde a paciência muitas vezes, mas rapidamente se acalma"[114]. Marta ainda acrescenta que para a maioria dos atores era difícil conseguir acompanhar a velocidade do seu pensamento, ainda mais com a presteza desejada por ele: "precisa, ao seu lado, de uma pessoa que compreenda a jato as nuances de cada ideia, que as faça sua, e que as transmita aos outros, segundo as normas de uma conduta acessível a todos"[115]. Esta pessoa foi a própria Marta Abba. A atriz absorveu profundamente o pensamento pirandelliano, não por meio da razão, mas por uma intensa identificação íntima que

---

112  Idem, p. 135.
113  Reportado em C. Vicentini, *Pirandello. Il disagio del teatro*, p. 122.
114  *Parlo del maestro*, p. 9.
115  Idem, ibidem.

ia muito além da compreensão teórica. O Maestro, por seu lado, via a atriz como a própria encarnação de seus personagens. No testemunho de Virgilio Marchi, a chegada da atriz significou uma grande mudança para todos do Teatro de Arte, principalmente para o seu diretor:

> A sugestiva criatura encarnando a vida dos personagens afastou sensivelmente o Maestro da nossa intimidade. Expliquemos. Não é que tenha diminuído a sua afabilidade habitual, mas ele não parecia mais o mesmo que tinha chegado com a confusão da construção do Odescalchi: atencioso conosco, com o nosso fazer, nossos pontos de vista, nossos sonhos [...]. Um outro frescor o acompanhava, o ajudava a plasmar o espírito de personagens futuros[116].

A atriz Marta Abba, como já dito inúmeras vezes, exerceu um forte impacto sobre a dramaturgia pirandelliana do último período; esta afirmação transparece no absoluto protagonismo da figura feminina a partir de 1925. É a partir da impostação cênica da atriz, e da idealização do Maestro sobre ela, que um novo rosto de mulher se configura na paisagem feminina pirandelliana: uma mulher sensual, apaixonante, mas divinamente intocável, que não quer ou que não pode se entregar a ninguém. Marta Tolosani, a amiga das mulheres, é discreta, reservada e atraente, mas nunca se casou. Não demonstra grandes interesses pelas aventuras amorosas, apesar de despertar grandes paixões, tornando-se assim uma espécie de "modelo" ou de "heroína" para suas amigas. Na descrição do personagem encontramos novamente a imagem física de Marta Abba: "É belíssima: ruiva; olhos da cor do mar, límpidos, plenos de luz"[117]. São grandes as semelhanças com a atriz que, como salienta Ortolani, sempre mostrou uma postura negativa em relação ao mundo dos sentidos: "Desde muito jovem, a encantadora atriz foi extremamente reservada em sua conduta privada, demonstrando-se inacessível, apesar do mundo nada casto do teatro e do cinema"[118]. Numa brevíssima biografia sobre a vida amorosa de Marta Abba, Ortolani cita que a atriz foi noiva quando jovem, mas que logo desfez o compromisso,

---

116 A. D'Amico; A. Tinterri (orgs.), op. cit., p. 414.
117 *L'amica delle mogli*, em *Maschere Nude* (I Mammut), p. 638.
118 B. Ortolani, Introduzione, em *Lettere a Marta Abba*, p. xv.

vindo a se casar somente em 1938, menos de dois anos após a morte de Pirandello, com um rico americano, o senhor Severance A. Millikin (ocasião em que abandonou o teatro). Sua união termina com um divórcio em 1952.

Se em *Diana e la Tuda*, o dramaturgo imaginou uma jovem modelo ainda aderida a um corpo carregado de erotismo, pelo qual o velho Giuncano treme de desejo, em *L'amica delle mogli* ele criou um personagem que representa o retrato ideal de Marta: uma mulher bela, muito atraente, mas que parece distante de si mesma, como se estivesse para além de seu próprio corpo, uma mulher que escolheu por vontade própria renunciar à sua sexualidade. Quando Elena, a mulher de Fausto, adoece gravemente, vindo a morrer logo em seguida, Francesco enlouquece de ciúmes só de imaginar a possibilidade de ver Fausto, viúvo e livre, se casando com Marta, e termina por matá-lo friamente. Ao final, Marta pronuncia as palavras do que parece ser o destino de toda protagonista pirandelliana do último período: "Me deixe sozinha! Desejo ficar sozinha! – Sozinha, – sozinha, – sozinha!"[119]; um destino não muito diverso ao da própria atriz Abba.

---

119 *L'amica delle mogli*, em *Maschere Nude* (I Mammut), p. 672.

# 4. O Último Pirandello e sua Intérprete Marta Abba

O decênio 1925-1936 será a fase mais conturbada e complexa na experiência artística e existencial de Pirandello: o dramaturgo se envolve com os problemas concretos do fazer teatral, questiona a própria poética que o atormentou a vida inteira e, principalmente, mantém com a jovem atriz Marta Abba uma complexa e angustiada relação pessoal e artística. De difícil compreensão, pois substancialmente desconhecida, a dramaturgia pirandelliana do último período, à exceção da trilogia dos mitos, foi escassamente discutida, se comparada ao número de estudos da fase imediatamente anterior. Posta de lado, pelo menos até os anos de 1980 e 90, a dramaturgia tardia de Pirandello testemunha uma grande explosão de contribuições críticas a partir de 1995; ano de publicação do epistolário Pirandello-Marta Abba. A obra, comprimida entre um *pirandellismo* estéril e formulações inesperadamente construtivas e positivas que pareciam em sintonia com uma ideologia fascista, é de certa forma *esquecida* ou analisada como suspeita, especialmente os três mitos, pela crítica dos anos de 1960. Muito em função do preconceito estético que sofreu durante anos, considerado como um teatro "menor", decadente e desviante da poética do escritor, como também em função da problemática dos direitos autorais[1], a obra em seu conjunto também foi muito pouco explorada cenicamente. De forma geral, faltava ao panorama de estudos pirandellianos algo que abrisse a discussão em torno da última dramaturgia pirandelliana de uma forma nova, sem suspeitas ou reservas. Somente nos anos de 1970 e 80 é que uma nova perspectiva de leitura, diversa da crítica de inspiração marxista, começa a se delinear no panorama crítico dos estudos pirandellianos, abrindo o caminho para uma maior compreensão desta dramaturgia tardia[2].

1 A atriz Marta Abba herdou do Maestro todos os direitos sobre nove de suas peças de teatro: *Diana e la Tuda; L'amica delle mogli; La nuova colonia; O di uno o di nessuno; Come tu mi vuoi; Trovarsi; Quando si è qualcuno; Non si sa come; I giganti della montagna*. Suas exigências como herdeira, no que se relaciona à encenação, acabaram dificultando a montagem destas peças.
2 A última dramaturgia pirandelliana, posterior a 1924, já havia sido contemplada com estudos anteriores, mas sempre de forma preconceituosa, condenada como indigna de qualquer exegese crítica. Com exceção, é claro, dos três *mitos* que Marziano Guglielminetti no livro *Il teatro mitico di Pirandello* de 1967, recuperou como as articulações de uma arrancada irracionalista. Já no clássico *Storia di Pirandello*, 1978, de Arcangelo Leone de Castris, que representa o fechamento de um ciclo, de uma época, a inspiração marxista é evidente, sua leitura propõe um Pirandello *realista* da decadência burguesa. Em razão da destruição da imagem do herói, o personagem do teatro pirandelliano nasceria de uma lúcida consciência sobre a ruína e falimento da sociedade do século xix. No entanto, permanece a incompreensão – que já existia em Mario Baratto (*Le théâtre de Pirandello*, 1957) – da última estação pirandelliana, posterior a 1924. No capítulo final do livro de Castris – I drammi simbolici e la velleità surrealistica – um texto capital como *Esta Noite* (excepcional pela riqueza e complexidade dos fios que o ligam ao contemporâneo debate sobre o nascimento da encenação, na Itália e na Europa) é liquidado como exemplo de um declínio que nos porta "da poesia à técnica". Castris assim o define: "técnica e espetacular animação de um postulado teórico e polêmico, de uma fórmula teatral que parece haver definitivamente perdido o seu valor ideológico e representativo" (em *Storia di Pirandello*, p. 180). Na medida em que Pirandello se afasta da sua primitiva inspiração – poeta da angustiosa condição trágica da sociedade burguesa – e experimenta evasões espiritualísticas ou surrealísticas, com fugas ao irracional, Castris analisa esta dramaturgia como um desvio, uma crise, um *desnaturamento* de sua poética. Uma nova perspectiva de leitura para esta dramaturgia tardia, alternativa a esta de inspiração marxista, se observa em dois ensaios de Roberto Alonge: Pirandello tra realismo e mistificazione, de 1972 e Subalternità e masochismo della donna nell'ultimo Pirandello, de 1978, incluído no volume *Struttura e ideologia nel teatro italiano fra '500 e '900*. Estudos que apontam para uma nova chave de leitura que, a partir dos anos de 1970 e 80, será cada vez mais explorada: os grandes temas tabus da escritura teatral pirandelliana – a sublimação de eros, o sexo, a noite, o inconsciente, a morte. Definitivamente, a modalidade de leitura que se impôs nos anos de 1980, e que hoje já domina a maior parte dos estudos pirandellianos, foi aquela que

Em 1986, cinquenta anos depois da morte de Pirandello, realiza-se um congresso em Brescia com o escopo de discutir exatamente o *último Pirandello*, não somente a dramaturgia, mas todo o conjunto da obra referente ao último período[3]. Não obstante as diferentes opções de leitura (literária, dramatúrgica ou teatral), os ensaios, mais uma vez, se concentraram em torno do assim denominado "teatro dos mitos": *La nuova colonia, Lazzaro* e *Il giganti della montagna*. Propondo para esta dramaturgia tardia uma característica comum e unificadora, a fase mítica, os ensaios não chegam a enfrentar, de forma satisfatória, a dramaturgia declaradamente inspirada em Marta Abba. O *esquecimento* desta grande fatia da produção pirandelliana talvez se explique pelo fato de que a crítica continuava a enxergar dramas como *Diana e la Tuda, L'amica delle mogli, Come tu mi vuoi, Quando si è qualcuno, Trovarsi*, o exemplo mais evidente das influências de Tilgher sobre a inspiração pirandelliana. Assim, um congresso que teve como escopo a discussão do último Pirandello termina por limitar esta dramaturgia em torno dos três mitos, deixando de lado uma importante *fatia* de sua produção. Considerado por Renato Barilli como o principal traço distintivo do último Pirandello[4], a trilogia mítica, no entanto, não consegue explicar por si mesmo o nascimento de um novo perfil de mulher que se apresenta e que se impõe no horizonte tardio desta dramaturgia. Este novo perfil de mulher, que nasce a partir de sua

---

tende a privilegiar a sondagem na profundidade da escritura pirandelliana. Como, por exemplo, os estudos de Giovanni Macchia, *Pirandello o la stanza della tortura*, 1981; Massimo Castri, *Pirandello ottanta*, 1981; André Boussy em suas notas ao segundo volume de *Théâtre complet*, 1985; Enzo Lauretta na organização de uma série de congressos agrigentinos, nos anos de 1980 e 90, promovido pelo Centro Nazionale di Studi Pirandelliani, contribuindo indubitavelmente para a renovação dos estudos pirandellianos; Umberto Artioli, *L'officina segreta di Pirandello*, 1989; Claudio Vicentini, *Il disagio del teatro*, 1993. Cf. R. Alonge, *Luigi Pirandello*, em seu excelente capítulo Spostamenti progressivi della critica pirandelliana, no qual o estudioso traça o percurso da crítica pirandelliana de 1950 até o final dos anos 90, informando ao estudante e ao pesquisador interessado, de forma generosa, os caminhos percorridos e o estado atual da pesquisa pirandelliana.

3  *L'ultimo Pirandello 1926-1936*, atti del Convegno Brescia 12-13 dicembre 1986, organização Laura Granatella.
4  R. Barilli, Conferme e aperture nell'ultimo Pirandello, em L. Granatella (org.), *L'ultimo Pirandello 1926-1936*, atti del Convegno Brescia, p. 21.

musa inspiradora, é o resultado de um violento intercâmbio entre estímulos biográficos da própria Marta Abba (ou pelo menos da visão pirandelliana sobre ela, a partir de seu olho mental) e de seu estilo interpretativo. Se nos períodos anteriores Pirandello escrevia fundamentalmente papéis masculinos de alta complexidade, tendo em mente o estilo interpretativo dos atores Angelo Musco e Ruggero Ruggeri, a partir da atriz o dramaturgo passará a pensar em personagens femininos que possam atender à versatilidade interpretativa da atriz: são mulheres complexas, inteligentes e ricas espiritualmente. Um perfil completamente diferente das anteriores, que eram descritas como imbecis ou como Madonas ou mesmo como "meretrizes" (conforme Enrico IV define a mulher na tragédia de mesmo nome).

O projeto de Pirandello será doravante escrever grandes papéis femininos, ou mesmo encontrá-los em outros autores, para que Marta Abba possa ser vitoriosa: "Deus só precisa me conceder a graça de Te ver conduzida pela estrada certa da glória"[5]. Este será o maior desejo do poeta, ver sua *criatura* e *criadora* ascender ao mais alto grau da fama. Toda sua vida destes últimos anos será dedicada a isso: "tudo o que ordenar em relação ao meu teatro, para mim está sempre bom. Ele é coisa Sua, deve servir somente a Você e a mais ninguém. A dona absoluta é Você"[6]. Para escrever para Marta, Pirandello precisa saber dela, precisa receber suas notícias para, mesmo de longe, *vê-la*, senti-la, imaginá-la; e ele, a sua maneira, seguiu todos os passos da amada: "como vê estou no Vendôme, e ocupo o quarto de n. 5, o mesmo ocupado por Você, e durmo na mesma cama sobre a qual Você dormiu durante as Suas férias parisienses"[7]; deitar no mesmo leito da amada é uma maneira (e claro que Pirandello não vai dizer isso de forma clara) de sentir, de imaginar, o cheiro, o corpo, a respiração de Marta. No epistolário, Pirandello deixa ver, ainda que de forma cifrada, o quanto a deseja fisicamente, o quanto necessita *vê-la* em sua intimidade diária. Mas, tanto no epistolário quanto nas peças, Pirandello vai camuflar a própria obsessão

---

5 Carta de 4 de novembro de 1929. *Lettere a Marta Abba*, p. 298.
6 Carta de 3 de março de 1930, idem, p. 315.
7 Carta de 12 de março de 1930, idem, p. 327.

sexual num processo, cada vez mais intenso, de dessexualização da mulher: o sexo visto como pecado será recoberto com o véu do sentimentalismo melodramático; tanto nas cartas escritas para Marta Abba quanto nas peças escritas sob sua influência.

Nas cartas, os impulsos eróticos são sublimados a partir da santificação da atriz, em descrições de Marta Abba como luminosa no corpo e gloriosa no espírito: "única Luz e único respiro"; "boa, bela divina santa criança"; "A mais pura, a mais justa, a mais santa entre todas as mulheres"; "A maior, a mais original Atriz do mundo"[8]. Nas peças, as personagens femininas, embora altamente sensuais, são envolvidas por uma espécie de *aura* mística, que as afastam de uma vida erótica própria, tornando-as etéreas; o sexo para estas mulheres ou é negado ou é apenas sofrimento, desilusão e amargura. Em uma carta de 9 de julho de 1928, a censura pirandelliana sobre a libido é reveladora: "desci um pouco na praia [...]. Certas mulheres... [...] Certas cenas! Certas exposições! Subi novamente ao meu terraço enjoado"[9]. Ou ainda quando fala de peças teatrais consideradas por ele "obscenas": "Tenho muito respeito por Você, de sua tão refinada e nobre sensibilidade feminina, para te fazer entender, mesmo de longe, o que aconteceu entre os dois amantes naquela cena do segundo ato"[10]. Existe em Pirandello um medo tanto do corpo quanto da sensualidade feminina, e sua reação será sempre de fuga – "a vida ou se vive ou se escreve"; escreveu tantas vezes Pirandello. O impulso sexual e a tentação da carne serão sublimados na página em branco. No teatro, o desejo será exorcizado a partir de um perfil de mulher que é ao mesmo tempo sensual e santa, uma figura de mulher por nós definido como *vamp-virtuosa*: mulheres jovens, belas, poderosas e atraentes, mas que, todavia, renunciam aos prazeres da carne. Justamente porque os homens tendem a reduzi-las a mero objeto de consumo, como se fossem apenas um corpo, essas mulheres negam a própria

---

8 Cartas de 3 de janeiro de 1933, p. 1074; 27 de janeiro de 1931, p. 623; 11 de junho 1931, p. 809; 8 de fevereiro 1931, p. 638; respectivamente.
9 Carta de 9 de julho de 1928. *Lettere a Marta Abba*, p. 42.
10 Idem, p. 39. O *Maestro* ataca veementemente o drama *Melo* do francês Henry Bernstien sobre o qual Marta Abba expressou comentários favoráveis.

libido, tornando-se distantes e frias (ou frígidas). O teatro, da última estação dramatúrgica pirandelliana, nasce assim como um instrumento de sublimação da relação do Maestro com a atriz Marta Abba; uma relação feita de orgasmos físicos negados e de orgasmos cerebrais realizados; como analisado mais de uma vez por Alonge. O teatro da última estação pirandelliana se abre assim com um inquietante triângulo entre o dramaturgo, as personagens teatrais do dramaturgo, e sua intérprete teatral.

Para falarmos deste novo perfil de mulher, distintivo de sua dramaturgia tardia, é necessário compreendermos, de forma geral, a figura feminina no *corpus* do teatro pirandelliano (anterior ao influxo de Marta Abba). Não levando em consideração suas peças de um ato e aquelas que estão perdidas, Pirandello escreveu em torno de 34 peças teatrais (de dois ou três atos). Não iremos comentar todas as peças de Pirandello referentes às duas fases precedentes, nosso escopo é traçar um pequeno panorama do personagem feminino, destacando seu comportamento e caráter, para elucidar, por comparação, o novo perfil de mulher que nasce a partir do influxo da atriz. Para tal empreitada, tomamos como referência o ensaio "Il paesaggio femminile nelle didascalie pirandelliane" de Roberto Alonge, um estudo inovador de análise do teatro pirandelliano pelo viés da personagem feminina, importantíssimo para o entendimento de sua produção final[11]. Neste estudo, que será acompanhado de forma atenta, Alonge nos fornece um "retrato" da mulher pirandelliana que parece recorrente desde 1916. Claro que exceções irão existir, mas o que se observa é a presença quase absoluta de um arquétipo principal: a figura da mãe. As personagens femininas da fase anterior a Marta Abba se unificam a partir de um desejo comum, uma espécie de libertação de todo e qualquer "pecado": a maternidade fisiológica. Através da maternidade, a mulher se dessexualiza e se santifica. A força deste arquétipo é tão grande, escreve Alonge, que a figura da mãe, especialmente no ciclo dos mitos (em *La nuova colonia* e *Lazzaro*), tende a se

---

11 R. Alonge, Il paesaggio femminile nelle didascalie pirandelliane, *Angelo di fuoco*, n. 2, p. 25-39.

impor como a Grande Mãe: divindade telúrica, centro motor de uma nova sociedade matriarcal[12].

## ENTRE A TRANSGRESSÃO E A SUBLIMAÇÃO: A PERSONAGEM FEMININA EM PIRANDELLO

Para Alonge, *o primeiro e verdadeiro* texto referente ao novo empenho pirandelliano no teatro será *Pensaci, Giacuminu!* (*Pensaci, Giacomino!*; traduzido para o italiano). Escrita em dialeto siciliano, esta comédia em três atos foi composta entre fevereiro-março de 1916[13]. A protagonista da peça, Luzzida, é marcada por uma intrínseca fragilidade e passividade fisiológica. A mulher, no panorama siciliano do início do século, é, por lei da natureza, apenas o receptáculo do prazer masculino e ao homem deve ser submissa: primeiro ao pai, depois ao marido. Anestesiada, inativa e temerosa, essas mulheres ainda eram qualificadas pelo nascimento ou pelo matrimônio. Mas voltemos à nossa protagonista. Grávida de Giacuminu, Luzzida, uma jovem solteira de 24 anos, irá pedir ajuda ao professor de história natural Agustinu Toti, 65 anos. O velho professor, que nunca se casou, vê como saída para a moça o casamento, mas não com o pai da criança, que a família da jovem não aceita porque é um morto de fome, e sim com ele mesmo. O casamento com Toti representa para a jovem uma verdadeira salvação moral e espiritual, pois ela viverá com o velho professor como filha e poderá continuar a se encontrar com Giacuminu, tudo com a permissão do professor. A criança, fruto de seu amor com Giacuminu, nascerá em uma família honrada e terá, assim, um futuro. A imagem da mulher construída por

---

12 Para Alonge, o mito da Grande Mãe atinge sua plenitude com *La nuova colonia* (maio 1926 – julho 1928), na qual o amor de uma mãe pelo seu filho é capaz de fazer a terra temer e arrastar qualquer um que ouse separá-la de seu filho. Porém, em nossas análises, a personagem La Spera, de *La nuova colonia*, irá pertencer a um novo arquétipo que se impõe na produção teatral pirandelliana sob o influxo de Marta Abba: o arquétipo da personagem-atriz.

13 A primeira peça escrita por Pirandello (com exceção daquelas que se perderam) foi *La ragione degli altri* (denominada em primeira instância *Il Nido*, depois *Il Nibbio*, *Se non cosi è*), mas, como é uma peça vinculada ao século XIX, escrita em 1895, Alonge não a considera como referência para o estudo do teatro pirandelliano.

Pirandello é de uma criatura fraca, implorante, chorosa, meio estúpida, sem nenhuma autonomia sobre sua própria vida. Diante desta criatura frágil e desesperada, que de vergonha sempre esconde o rosto entre as mãos, se eleva a figura de um homem protetor, consolador e principalmente assexuado, que se impõe não como homem, mas como um pai; muito embora se saiba que em seu íntimo desejasse viver um outro tipo de papel, bem menos *paterno*: "Tivesse – digo pouco – vinte anos a menos! Mas com setenta, pai, e nada mais!"[14].

Entre Luzzida e o professor Toti se estabelece um "carinho paternal", de auxílio e socorro: "você será a minha filhinha, a minha bela filhinha; venha... venha... (coloca a cabeça dela sobre o peito e, acariciando delicadamente seus cabelos, sai pela direita)"[15]. Sobre esta ação, na carícia delicada dos cabelos da jovem, termina significativamente o primeiro ato. Alonge chama a atenção sobre a relação tabu que já se insinua na profundidade do texto: o desejo incestuoso entre uma figura paterna e uma figura feminina. Uma ligação equívoca entre *pai e filha* que, posteriormente, irá se desenvolver, ganhando o contorno de uma tragédia, no texto *Seis Personagens à Procura de um Autor*, de 1921 (ainda que Pirandello a censure na forma de uma relação entre padrasto-enteada). Claro que a comédia não pretende se desenvolver sobre este eixo; *Pensaci Giacuminu!* pertence a fase dialetal pirandelliana e foi construída *exteriormente* para ser uma peça ingênua, com personagens realmente bem-intencionados em suas ações. Procedendo pela via da análise dramatúrgica, isto é, privilegiando o argumento e a trama em detrimento de um eventual subtexto, a peça desenvolve a seguinte ação dramática: solteiro, o velho Toti resolve se casar com a jovem Luzzida, que está grávida do jovem Giacuminu, para protegê-la contra a hipocrisia de uma sociedade machista e também para pregar uma peça no governo que, com sua morte, terá que pagar uma pensão para a jovem viúva. Mas, este será apenas o invólucro exterior do drama, que protege e sela o núcleo autêntico da escritura teatral pirandelliana, o percurso fatal e irreversível da figura feminina, sua transformação de mulher em mãe: "No momento em que

---

14 *Pensaci, Giacomino!*, em *Maschere Nude* (I Mammut), p. 734.
15 Idem, p. 738.

se transforma em mãe, a mulher perde toda a sensualidade; para ela, a vida do corpo é intencionalmente enterrada"[16].

A maternidade santifica, a imagem mãe-filho é uma imagem sagrada e nada pode ameaçar este núcleo da vida, nem mesmo o pai da criança. Quando Giacuminu ameaça abandonar a mulher e o seu filho, porque não aguenta mais viver sob a pressão do riso da sociedade que sabe que ele frequenta Luzzida – oficialmente mulher de Toti –, o velho professor grita, chora convulso, e parte em defesa de uma pobre mãe que não terá ninguém para lhe assistir e lhe guiar depois de sua morte. É clara a ideia de que uma mulher necessita de um homem ao seu lado, que a defenda da sociedade, que a proteja e que a aninhe sobre o peito. A sentença em Pirandello é somente uma: a mulher sozinha não tem condições para enfrentar por si mesma a sociedade. O retrato da mulher pintado por Pirandello é de uma criatura indefesa, perdida no mundo, sempre a espera de um homem que a ajude e a ampare. Ela sempre se curvará e sempre será vista como vítima da prepotência masculina. Para ela não haverá nenhuma possibilidade de escolha sobre sua própria vida, os homens é que decidirão o seu destino, e se ela se perde (em função de uma sexualidade juvenil, descontrolada e desatenta, fruto de uma ingenuidade primitiva) sua salvação virá através de uma estratégia oculta engendrada por um homem que se institui como seu protetor; normalmente seu próprio amante.

Este mesmo perfil de mulher frágil e dócil irá configurar as personagens Donna Sarina e Donna Mita, de *Il berretto a sonagli* (Um Chapéu de Guizos) (ago. 1916) e *Liolá* (ago.-set. 1916) respectivamente. Escritas em dialeto siciliano (e depois traduzidas para o italiano pelo próprio autor), compõem, junto com *Pensaci, Giacuminu!* a estação dialetal pirandelliana. Três mulheres distintas, em três comédias diferentes que, no entanto, possuem a mesma qualidade de caráter: submissas e dependentes, todas são tratadas como objeto do orgulho masculino. Em sua única aparição, ao final do primeiro ato, Donna Sarina (mulher do protagonista) mantém os "olhos baixos" e será o próprio marido a recordar a correta postura de uma

---

16 R. Alonge, op. cit., p. 22.

mulher em público: "olhos baixos, e direto para casa!"[17]. Se Donna Sarina tem como amante o patrão de seu marido, talvez seja por submissão ao próprio marido. Ser a amante do chefe pode trazer benefícios profissionais ao traído; contanto é claro que tudo fique guardado no mais absoluto segredo. A situação perversa de Donna Sarina é ser usada pelo próprio marido – o escrivão Ciampa – como objeto de vassalagem sexual. Em seu caso, a estratégia de acobertamento da traição virá de Ciampa, que não deseja em absoluto um escândalo de adultério, porque, se assim fosse, teria a obrigação de matar a ambos: sua mulher e o amante; perdendo obviamente seus privilégios. Seu ardil será fazer com que a esposa de seu patrão (que descobriu o adultério) seja presa como louca. Já Donna Mita será duplamente submissa: ao marido, um velho estúpido que a maltrata por não engravidar, sendo ele próprio estéril (ou talvez impotente), e ao amante ocasional, Liolá, o homem que irá tramar a estratégia para engravidá-la e assim fazer com que o velho consiga um herdeiro. Cada uma delas irá recorrer ou ao marido ou ao amante para pedir ajuda ou ser amparada, e todas elas serão descritas como vítimas de uma sociedade machista, mero objeto do prazer masculino. Somente quando se torna mãe é que a mulher consegue alcançar a felicidade e o prazer que concerne à alma feminina. É na maternidade que a mulher finalmente se liberta de sua vida de escrava sexual, pois a relação mulher-homem, em Pirandello, nunca será prazerosa para a mulher, ela sempre será marcada por uma falta, um erro ou uma punição. A partir de *Liolá* isso se tornará cada vez mais evidente, o sexo cada vez mais será visto apenas como um meio para a mulher atingir seu verdadeiro objetivo: ser mãe.

Uma vez satisfeito o instinto da maternidade, uma vez realizada a vocação materna, não existe mais o desejo na mulher, não existe mais o interesse pelo *partner* (como ainda existia em Luzzida de *Pensaci, Giacuminu!*) [...]. A repressão se empossa da mulher transformada em mãe, não há qualquer hipótese de uma vida erótica paralela. Como disse precisamente Baldovino: "Para vocês,

---

17 *Il berretto a sonagli*, em *Maschere Nude* (I Mammut), p. 781.

com a maternidade, é fundamental que o amante morra – Vocês não são outra coisa que mãe"[18].

A mãe começa a se afastar cada vez mais da mulher, até que se separam definitivamente em dois perfis distintos: a mãe, santa e plácida de um lado, e a mulher erótica de outro lado. A mãe significa a castração da mulher, ela deixa de ser um corpo feminino, desejável e desejoso, se dessexualiza e reprime qualquer interesse carnal. Por outro lado, a mulher que não se torna mãe sempre será sofredora, fraca e submissa aos desejos do homem ou até mesmo um pouco masoquista; como por exemplo, Donna Mita que permite os maus-tratos do marido estéril como forma de autopunição por não ser mãe. A única redenção para a mulher será a maternidade. A visão do sexo como mera função de procriação e da santificação da mulher-mãe, que aflora em *Liolá*, irá se acentuar cada vez mais, até transformar-se numa obsessão, como demonstram *Il piacere dell'onestà* (abril – maio 1917) e *L'innesto* (out. – dez. 1917). No primeiro caso, Agata Renni, grávida de um homem casado, precisa de um marido formal para garantir uma gestação socialmente aceita. Seu perfil é também de uma vítima, sem escolha sobre seu próprio destino, o amante e a sua própria mãe a obrigam a fazer um casamento de aparência com Baldovino, um homem a quem nunca viu na vida, para assim salvaguardar a respeitabilidade de sua família. O interessante é que Agata, depois que se casa, não pensará em outra coisa que no filho e não aceitará ter mais nenhum contato com o amante, dedicando-se inteiramente à criança. Já em *L'innesto*, a protagonista, Laura Banti, assim como Donna Mita, também se casou com um homem estéril, mas a sua gravidez virá de um ato brutal: o estupro[19]. A peça se abre com a notícia da violação de Laura, que convulsa demonstra nojo pelo próprio corpo. Mais uma vez o sexo é visto como sofrimento, que arrasta a mulher, física ou espiritualmente, para a dor e a ruína.

---

18  R. Alonge, op. cit., p. 28.
19  O fantasma da violência sexual contra a mulher aparece claramente em três textos de Pirandello: *L'innesto*, *Giuoco delle parti* e *Come tu mi vuoi*; mas podemos acrescentar dois outros textos, nos quais o desejo de tomar a mulher à força é muito intenso, mas censurado e contido pelo autor: *L'amica delle mogli* e *Sogno (ma forse no)*.

Porém, logo depois, Laura se descobrirá grávida, e a gravidez (mesmo sendo a obra de uma ação violenta) novamente se impõe como objetivo único e autêntico do desejo feminino. E Laura convence o marido de que o filho que ela espera, espiritual e amorosamente, é dele e não de um bruto qualquer. Com a maternidade a mulher pirandelliana se realiza, descobre a paz e a felicidade; como demonstra a última didascália da peça: Laura, após garantir a felicidade futura de seu filho, se apresenta "radiante, feliz". É a confirmação do triunfo do amor materno sobre toda e qualquer realidade: "Para além do suplício do estupro, a mulher pirandelliana pode chegar até a plenitude da felicidade, supremamente divina, animada somente em função da condição materna"[20].

Outra peça que propõe a tipologia de uma figura feminina frágil e passiva é *O Homem, a Besta e a Virtude* (jan.-fev. 1919). As didascálias são profusas, a senhora Perella "tem os olhos baixos; só os levanta de soslaio para demonstrar ao senhor Paolino, escondida de Nonò, a sua angústia e o seu martírio"; a mulher resulta "aterrorizada", "trêmula", "lamentosa", "assustada", "hesitante" e por aí vai. Grávida do amante, o senhor Paolino, a senhora Perella participa de um ardil (tramado pelo amante) para seduzir o próprio marido e assim dar ao filho que ela espera um pai oficial. E novamente a gravidez vai triunfar sobre o adultério: depois de uma noite de amor com o marido, após o triunfo do artifício criado por ela e seu amante, a senhora Perella irá dispensar o amante e viver a plenitude de ser mãe e virtuosa. Em resumo, a mulher pirandelliana, quando se transforma em mãe, alcança um outro patamar, uma pureza sacro-santa, e deixa de ser vista em seu potencial erótico. Os exemplos são muitos, e confirmam a extraordinária unificação do imaginário pirandelliano, concentrado em antigas perguntas sobre o papel feminino e masculino sob a égide opressiva da Grande Mãe. É a partir desta compreensão que Roberto Alonge aponta como evidente o limite da crítica marxista, que não sabendo ver além das contradições do viver burguês, analisado a partir da contraposição entre corpo social e o antagonista solitário, deixou de compreender

---

20 R. Alonge, op. cit., p. 30.

os mitos e os fantasmas originais da escritura pirandelliana. Ainda que *Il piacere dell'onestá* abra a estação do grande ciclo burguês (lembrando que *Liolá* fecha a estação dialetal), o tema e o conflito permanecem o mesmo da estação dialetal, o que vemos é a oscilação entre *a mulher carnal* e *a mulher espiritual*. Enquanto a primeira é desprezada, porque exalta o lado animalesco do homem, a outra assume de maneira total a figura materna (o que também pode corresponder a uma infantilização do masculino[21]). Se existe uma grande diferença entre o teatro dialetal e o do salão burguês, esta se encontra na paisagem e no acento linguístico, pois o horizonte dos problemas apontados por Pirandello não irá mudar: estamos sempre de frente a mulheres-mães, mulheres-amantes e supostos pais. Se Agata Remi, de *Il piacere dell'onestá*, no primeiro ato, é apresentada como a amante (grávida) de Fabio Colli, um homem casado a partir do segundo ato ela se transforma apenas em mãe, e os conflitos que antes existiam se desfazem completamente. Com a maternidade Agata irá ganhar uma nova dignidade, um espaço que é só seu: o poder matriarcal. "*Il piacere dell'onestá* individualiza um percurso totalmente feminino, aquele que conduz a mulher de amante para mãe, uma passagem irreversível, definitiva"; dirá Alonge, e conclui: "O percurso dramatúrgico mais autêntico de Agata é aquele que a eleva de *donna* a *Madonna*"[22].

Em oposição ao tema da maternidade, se abre no panorama das personagens femininas pirandellianas um outro perfil de mulher, de grande apelo erótico: em 1918, entre julho e setembro, Pirandello compõe *Il giuoco delle parti*. Pela primeira vez o autor constrói um perfil de mulher que, diferentemente daquele da mãe, possui uma grande exuberância e sensualidade. Silia Gala não tem filhos, tem um amante e, surpreendentemente, não é nenhuma estúpida ou fraca. Nela existe uma

---

21 A infantilização da figura masculina é um tema recorrente na escritura pirandelliana. Cito um diálogo da peça *Il dovere del medico* de 1911: "Com trinta e oito anos, e ainda uma criança, capaz de discutir seriamente com Didi e Frederico, até se irritar"; comenta Anna a respeito do marido na frente da própria mãe dele, *Il dovere del medico*, em *Maschere Nude* (I Mammut), p. 822. Voltaremos a este tema um pouco mais à frente nas análises de *Trovarsi*.
22 R. Alonge, *Madri, baldracche, amanti. La figura femminile nel teatro di Pirandello*, p. 40.

extraordinária consciência sobre a condição feminina comparada ao homem, que nos faz lembrar em muitos aspectos ao personagem Donata de *Trovarsi* – a grande diferença entre as duas é que Donata ainda se mantém pura e virtuosa, como se o desejo masculino pelo seu corpo não maculasse seu elevado espírito. Já Silia irá se deixar corromper: consciente de seu papel de mulher, mero objeto do desejo masculino, um corpo apenas, ela se deixará possuir, sem se envolver emocionalmente, apenas para se vingar dos homens e de sua própria condição feminina. Como o próprio texto indica, sempre de forma moderada, Silia é uma mulher frígida, que jamais provou o prazer do orgasmo:

GUIDO: Como se estivesse numa prisão!
SILIA: Mas estou, estou numa prisão!
GUIDO: E quem te prende?
SILIA: Você... todos... eu mesma... este meu corpo. Quando me esqueço que é de mulher, o que não deveria nunca esquecer, pelo modo como todos me olham... Mas me esqueço... e o que pensa que acontece?... olho... E pronto, vejo de repente, certos olhos... Oh Deus! Desabo a rir, várias vezes... Mas é claro, digo para mim mesma, é verdade, eu sou mulher, sou mulher...
GUIDO: Me desculpe, mas eu acho que você não tem razão para se queixar.
SILIA: Certamente porque... agrado. (*Pausa. Continua:*) Resta saber o quanto nisto entra também o meu prazer, de ser mulher, quando não o quero.
GUIDO: Como esta tarde.
SILIA: *O prazer de ser mulher, eu jamais experimentei*[23].

Para Alonge, a frigidez de Silia é uma maldição, tipicamente pirandelliana, que recai sobre todas as mulheres que não querem ou que não podem ascender à sacralidade da condição materna[24]. Por esta via, o ódio de Silia contra o marido, Leone Gala, se justifica pelo sentimento de falta que advém de uma gravidez-negada e não, como se costuma pensar, em

---

23 *Il giuoco delle parti*, em *Maschere Nude* (I Mammut), p. 256, grifo nosso. Voltaremos a esta citação mais tarde, quando na discussão de *Trovarsi*.
24 Cf. R. Alonge, *Madri, baldracche, amanti. La figura femminile nel teatro di Pirandello*, p. 47.

razão da superioridade intelectual e verborrágica do marido que a observa com insistente ironia (este seria mais uma vez o véu que recobre o verdadeiro núcleo de sua escritura). A falta da maternidade e a frigidez de Silia terminam por assumir um significado diverso e muito interessante em sua personalidade (como também inusitado na poética pirandelliana): ao mesmo tempo em que se nega ao orgasmo, refutando o universo masculino fundado sobre o valor do prazer, a personagem conquista o cinismo, consequência de sua condição não maternal, fato que tende a aproximá-la do universo masculino pela via de uma sexualidade mais livre e mais provocante. Se existe, como crê Alonge, um ódio de Silia *contra todos os homens*, contra Leone que não lhe deu filhos e contra o amante que a usa somente como objeto de satisfação de seu desejo mesquinho e egoísta de homem, sua vingança será a hipertrofia de sua própria sensualidade, somada a uma frieza e a um distanciamento em tudo diverso da personalidade doce e acolhedora da mãe. Interrompida sua *evolução natural*, de mulher a mãe, Silia transformar-se numa *fêmea fatal*, ou seja, numa *vamp*[25] (uma mulher transformada em *monstro* em função de impulsos puritanos masculinos). E se Silia refutou seu amante durante todo o primeiro ato, punindo-o em seu desejo mais genuíno, antes do baixar das cortinas ela se entregará a ele com grande erotismo; cena bastante rara em Pirandello. Silia é uma mulher experiente e de certo modo cruel, e saberá provocar no amante os desejos mais ardentes:

SILIA: pobres rapazes... sabe que eu os tratei realmente muito mal?
GUIDO: É, eu queria lhe dizer exatamente isso. Não havia razão para tanto.
SILIA: (*de novo brusca, imperiosa, não querendo continuar a discussão sobre o mesmo assunto*) Ah, não! Isso não!
GUIDO: Erraram... Te pediram perdão!
SILIA: Já te falei, basta com este assunto! (*Pausa.*) Digo por eles... em si, pobrezinhos... tão bobos... (*Com um doloroso suspiro*

---

[25] Termo norte-americano para designar a fêmea fatal, ou a "inimiga". Interpretada e transformada em monstro, essas mulheres, ou melhor, a mulher e seu corpo, isto é, sua sexualidade, causavam estranheza, desconfiança e medo. Transgressoras das leis estabelecidas, ao invés de complemento do homem, elas eram fortes, corajosas, sensuais e não maternais.

*de inveja*) Que caprichos, de noite podem ter os homens... A lua... Me queriam ver dançando, sabe? Na praça... (*Baixinho, quase de ouvido*) nua...
GUIDO: Silia...
SILIA: (*Reclinando a cabeça para trás, lhe acaricia com os cabelos o rosto*): Quero ser a sua menina louca[26].

Além da vingança por uma frigidez ontológica, apontada por Alonge como uma estratégia de não-colaboração e condenação moral ao egocentrismo masculino, se verifica uma tentativa de apropriação do universo masculino a partir da inversão da polaridade sujeito-objeto: o papel sexual de Silia, perante aos homens, será completamente diferente das outras personagens pirandellianas. Ela não será nem trêmula nem titubeante, não esconderá o rosto com as mãos, não falará baixo e saberá usar de seu poder de sedução, do seu corpo desejável, como uma poderosa arma de excitação sexual. Assumindo completamente a *mulher-carnal* em um tipo de feminilidade agressiva e instigante, ela faz dos homens um objeto de *seu* prazer, não sexual, mas cerebral. Diante desta mulher quase *infernal*, o homem se deixa arrastar por seus próprios desejos, e de dominador passa a ser dominado por uma alma feminina transgressiva e extremamente fascinante, que, conhecendo bem as preferências sexuais masculinas, sabe provocar no homem as fantasias eróticas mais extravagantes. Por exemplo, na cena imediatamente anterior à transcrita acima, assistimos a invasão da casa de Silia por quatro jovens embriagados, que de tão bêbados a confundem com uma prostituta de nome Pepita. No entanto, Silia não pedirá ajuda ao amante, ao contrário, o trancará em seu quarto, enfrentando sozinha o perigo iminente de um estupro. Sua reação, ao perceber o engano dos quatro rapazes, será uma estridente e diabólica risada para, logo em seguida, entrar no jogo como se realmente fosse a prostituta Pepita. O clímax da cena se dá quando Silia-Pepita se propõe a dançar nua em plena praça pública, ultrapassando e reformulando de forma ainda mais transgressora e picante o pedido dos quatro rapazes, que desejavam vê-la dançando nua apenas privadamente. A cena do engano termina quando

---

26  *Il giuoco delle parti*, op. cit., p. 268.

os vizinhos invadem a casa de Silia para salvá-la de tal embaraço. Os rapazes vão embora e Silia liberta Guido. No decorrer do diálogo o amante intui que a mulher provocou todo aquele acidente somente para constranger o marido, Leone Gala, a um duelo de morte. Revelada sua frieza e seu pragmatismo diabólico, Silia, para envolver o amante em seu plano homicida, o seduz, o provoca, com aquilo que mais o excita eroticamente: *ver* a imagem da mulher amada nua, dançando em plena praça púbica, sendo tocada, desejada e, talvez, sendo possuída por outros homens.

Vimos que o triângulo mulher-amante-marido, tipologia largamente usada pelo teatro burguês do século XIX, será reutilizado por Pirandello diversas vezes ao longo de sua escritura. Mas existe uma grande diferença no uso desta matriz: se Pirandello acolhe o esquema dramatúrgico convencional do teatro burguês, o seu procedimento produz um contorno bem mais sombrio do que podemos supor a primeira vista; e esta é a primeira pista do que podemos encontrar de oculto e de tabu em sua oficina secreta: de cada triângulo amoroso proposto, existe sempre alguém que se afasta e que se exclui, mas que não desaparece completamente da cena, ao contrário, que ali permanece, observando o casal, como se os olhasse, os espionasse, por um buraco da fechadura. E é aqui, neste ponto, que se verifica o prazer mórbido, perverso, e fundamentalmente solitário de quem se oculta por trás da porta: o prazer de colocar-se como *voyeur* – prazer naturalmente ofuscado pelo esquema burguês do marido-mulher-amante, imposto como um véu de proteção para esta imagem mais inquietante. É o caso de Guido de *Il giuoco delle parti*, que se excita ao imaginar a amante, Silia Gala, dançando nua para outros homens. Em *La signora Morli una e due* (A Senhora Morli, Uma e Duas), escrita durante o verão-outono 1920, o prazer *voyeur* não só se insinua como é claramente confessado pelo marido, Ferrante Morli, que após ter abandonado a mulher e o filho por quatorze anos, retorna incógnito a casa da mulher abandonada. Sem revelar sua verdadeira identidade, o senhor Morli conversa com o atual companheiro da senhora Morli, tranquilamente, até ser descoberto pela esposa abandonada. Surpreendido, ele confessa: "Não consegui resistir à tentação de vir até aqui para ver..."[27]. Como conclui acertadamente Alonge: "Por trás do código do triângulo adulterino emerge o código mais sinistro de um olhar *voyeur*"[28].

Defronte ao casal que tem diante de si, o olho *voyeur*, do terceiro excluído, se encarregará de *criar* essencialmente a figura feminina. A mulher pirandelliana se divide, se estilhaça em pedaços, sempre obedecendo a lógica do desejo masculino (determinante desta multiplicidade de imagens). Uma hora é uma, outra hora é outra. Na peça a protagonista, Eveline, jamais será chamada por este nome: o primeiro marido a denomina Eva; e o segundo (aquele de fato) a denomina Lina. Duas em uma. Recordamos que o teatro pirandelliano é pleno de mulheres divididas: Lina e Giulia de *Cosi è (se vi pare)*; Gasparotta e Gasparina de *Ma non è una cosa seria* (Mas não é uma Coisa Séria); Fulvia e Flora de *Come prima, meglio di prima*; Cia e Elma de *Come tu mi vuoi*. E será mais uma vez Alonge a observar uma polaridade entre *normalidade* e *transgressão* na mesma figura feminina. Por exemplo: Eva é uma mulher plena de vida e de alegria, já Lina é a dona de casa, mulher de um advogado sério; Fulvia é a mulher casta que se escandaliza com os desejos eróticos do marido, enquanto Flora é uma mulher desprovida de pudor, disposta a tudo; Cia é a mulher angelical, doce e frágil, já Elma é o nome de guerra de uma dançarina, mulher da noite e fêmea fatal. É a confirmação da divisão da mulher em duas faces distintas e opostas: uma é doce, casta, esposa, filha e mãe, a outra é transgressora, erótica e sem pudor, pronta para realizar os desejos masculinos mais insólitos. Duas faces inconciliáveis – mãe (ou filha) de um lado e a amante (ou prostituta) do outro – uma é espírito e a outra é a carne, na primeira o desejo é reprimido, na outra o desejo se manifesta; duas metades do imaginário feminino pirandelliano (herança siciliana), que por alguma razão misteriosa ou terrível se polarizaram.

Até o aparecimento de Marta Abba, o universo feminino pirandelliano se configurava por esta figura de mulher. Polarizada entre duas metades, a mulher pirandelliana ou é corpo, objeto passivo do prazer masculino, ou é espírito, encarregada da

---

27 *La signora Morli, una e due*, em *Maschere Nude* (I Mammut), p. 693.
28 R. Alonge, *Il paesaggio femminile nell dedascalie pirandellane*, p. 37.

mais sublime missão, de gerar e criar os filhos. Mas, a imagem final desta figura de mulher se constitui pela imagem e corpo de uma mulher em especial, a atriz Marta Abba (obviamente sublimada em seu modo de interpretar): modelo único e autêntico de toda dramaturgia tardia de Pirandello. Se for verdade, como crê Alonge, que Marta Abba foi a realização viva de uma imagem de mulher que Pirandello sempre sonhou e imaginou (ainda que de forma polarizada), podemos supor que a máxima pirandelliana de que *a arte precede a vida*, ou seja, de que a *vida copia a arte*, e não vive-versa, foi comprovada, e desta vez pelo seu próprio autor. Pirandello viu na atriz a própria encarnação viva de sua arte. Para o escritor, se Marta existia, era porque ele a tinha imaginado primeiro. Por este princípio, a atriz seria *de fato* uma *criatura* sua (como acredita e diz claramente Pirandello no epistolário), ela seria a própria materialização de sua imaginação, um personagem seu que *escapou* para ganhar vida própria. Numa carta de 1929 Pirandello reitera aquilo que ele já disse diversas vezes:

vejo *tão vivas* as criaturas da minha fantasia, *tão independentes de mim*, que não consigo mais contê-las na composição que devo fazer: escapam de mim por sua própria conta; mais do que nunca tendem a sair da parte atribuída para fazer outra coisa, falar de outra coisa, as coisas mais impensadas[29].

A complexa e perversa tortuosidade erótica em obras como *Trovarsi*, *Come tu mi vuoi*, e até mesmo em *Quando si è qualcuno* e em *L'amica delle mogli*, irão encontrar suas raízes autobiográficas no conteúdo das cartas que Pirandello, por onze anos, escreveu para a atriz Marta Abba.

Ainda explorando os grandes temas tabus da escritura teatral pirandelliana, uma outra imagem extrema e ainda mais perturbadora do que o olhar *voyeur* se pode extrair da profundidade de suas peças, a imagem verdadeiramente tabu do seu teatro: o fantasma, a obsessão do incesto. Cronologicamente, seguindo o percurso dramatúrgico pirandelliano, aportamos em 1921, o ano e a vez da peça que deu fama mundial ao escritor, *Seis Personagens à Procura de um Autor*. Na trama, um marido

---

29  Carta de 27 de setembro de 1929, *Lettere a Marta Abba*, p. 269.

cruel expulsa a mulher de casa e a obriga a viver com um outro homem, que ele próprio escolheu para ser seu amante. O perverso da situação é que este mesmo marido não irá desaparecer por completo da vida de sua esposa. Ele, o Pai, a seguirá de longe, observando oculto, o modo como ela vive com sua nova família, chegando até mesmo a acompanhar o desenvolvimento da primeira filha do casal, a Enteada (que depois da morte do seu verdadeiro pai se vê obrigada a prostituir-se como forma de remediar a miséria de sua família). Quando a menina completa dezoito anos, o Pai a procura na casa de Madame Pace, uma cafetina da cidade, famosa por propiciar encontros eróticos entre jovens e homens com idade para serem pais destas meninas. Embora a linguagem permaneça muito controlada, elusiva apenas, a indicação do desejo incestuoso, do olhar voraz de um adulto sobre a imagem de uma jovem-mulher é muito clara, e liga o desejo *voyeur* com o tema da obsessão do incesto. Claro que em um escritor fundamentalmente *casto* como Pirandello, a indicação incestuosa se "abranda" em um tipo de relação semi-incestuosa, e não consumada, pois a Mãe intervém antes que alguma coisa de concreto suceda.

Se enveredarmos pelo discurso subterrâneo e cifrado da escritura pirandelliana, a partir do qual os personagens aparecem como variantes independentes de um discurso oculto, constatamos que muito ainda existe para descobrir e individuar a respeito do mundo secreto do autor. Para Alonge, o que se escava no subtexto pirandelliano, na sequência de homens maduros, de meia idade ou velhos, que de forma patológica se prostram diante de uma figura por assim dizer *filial*, é um fantasma substancialmente incestuoso. Do professor Toti de *Pensaci, Giacuminu!* ao tio Simone de *Liolá*, do Pai de *Seis Personagens* a Giuncano de *Diana e la Tuda*, de Salter de *Come tu mi vuoi* ao protagonista de *Quando si è qualcuno*, é a mesma imagem que se repete: um homem velho, *paternal*, que deseja e seduz, por sua fama, inteligência, poder ou "bondade", uma jovem figura feminina; uma imagem tabu que se esconde por trás da construção triangular adulterina. Embora em *Quando si è qualcuno* não exista, concretamente, o terceiro excluído, a figura de Dèlago, um fantasma criado pelo velho escritor sem nome para ser seu alter ego, serve ao propósito de velar e ao mesmo tempo justificar um obscuro desejo incestuoso: não será o velho escritor o amante da jovem Veroccia, mas Dèlago, imagem jovem e viril projetada por seu imaginário. Assim, o escândalo do incesto é aplacado pela projeção de uma imagem ideal: sob as vestes do personagem Dèlago, por trás de uma máscara de juventude, o velho escritor poderá amar e desejar eroticamente e sem culpa a imagem filial de sua jovem amante. O tema do incesto, decantado em *Seis Personagens*, se reproduzirá de forma obsessiva a partir de seu encontro com Marta Abba. Lembramos que Antonietta Portulano, mulher de Pirandello, em seu delírio escandalizou a todos ao fazer infames e dolorosas acusações sobre a relação do marido com a filha Lietta. E Marta Abba será muitas vezes nomeada pelo autor como sua *segunda filha*, uma filha espiritual e não carnal, e a senhorita Abba era ainda mais jovem que Lietta, três anos, e, exatamente como a filha de Pirandello, nasceu em junho. Claudio Vicentini em seu excelente *Pirandello, il disagio del teatro*, ilumina de forma definitiva as raízes autobiográficas do drama dos seis personagens.

Em 1915 o ciúme patológico de Antonietta se agrava de forma dramática:

o ciúme doentio da mulher já tinha sido representado de forma transparente nas longas páginas do romance *Si gira!*, terminado nos primeiros meses de 1915. No romance, Pirandello descreve a loucura da senhora Nene (a mulher de Pirandello se chamava Antonietta) que vive com o marido e a filha Luisetta (Lietta na realidade)[30].

Transformado em um tipo de obsessão, a mulher se volta contra a própria filha, imaginando que entre Lietta e o pai exista uma relação do tipo incestuosa, obscura e secreta. Com apenas dezoito anos, Lietta vive uma vida de inferno e perseguições, o delírio de sua mãe a obriga a se refugiar constantemente fora de casa. Desesperada, Lietta tenta o suicídio em abril de 1916 com um pequeno revólver e "por sorte", escreve Pirandello à irmã Lina, "a bala do revólver não saiu porque a cápsula não explodiu". No outono de 1918, depois de

---

30 C. Vicentini, op. cit., p. 62.

uma última fuga que a fez vagar por toda Roma, encontrando refúgio num colégio de freiras, Lietta se muda para Florença, para a casa da irmã de Pirandello. Alguns meses depois, em fevereiro de 1919, Antonietta será internada em uma casa de repouso. Vicentini observa que se a angústia diante do ciúme de sua mulher era facilmente transferida de sua vida privada para as páginas escritas, bem mais difícil será proceder do mesmo modo com o tema da acusação de incesto. E, por isso, o fantasma do incesto se transforma em uma espécie de núcleo temático, o mais terrível e inconfessável de sua escritura. Derivado dos dolorosos acontecimentos que atingiram a vida privada do escritor em 1915, este fantasma não consegue encontrar uma imediata liberação na sua obra: "Provavelmente vem à tona, protegido por um travestimento quase impenetrável, em alguns textos insuspeitáveis, como *Così è (se vi pare)*[31]. E em forma explícita se deposita finalmente no projeto de um romance"[32]. Pensado por volta de 1917, o fragmento romanesco narra justamente a história de uma infortunada família, na qual o incesto entre o pai e a enteada, que por um terrível equívoco estava para ser consumado numa casa de tolerância, só é evitado no último momento.

Da ideia do romance, restou um fragmento onde, por longas páginas, o escritor descreve os pensamentos que atravessam a mente do pai enquanto este caminha em direção a casa de Madame Pace, um bordel onde a enteada se prostitui. No entanto, o projeto não decola. Precisar o motivo pelo qual a obra não foi avante é impossível, porém, dirá Vicentini, sendo o tema do incesto o argumento mais delicado e angustioso de sua vida privada daqueles anos, não é difícil pensar nas dificuldades sentidas pelo autor ao comparar seus próprios problemas com a forma narrativa. Ao mesmo tempo em que o tema se impunha com extrema violência, exatamente por concentrar as mesmas angústias que atormentavam o escritor, ele lhe parece repugnante, e por isso mesmo rejeitável. Assim, Pirandello tentará procurar uma

---

31 O motivo do incesto em *Così è (se vi pare)* aparece pela primeira vez na interpretação do encenador italiano Massimo Castris no livro *Pirandello ottanta*, p. 93-131. Com uma leitura nova e instigante sobre o teatro de Pirandello, Castri influenciou a crítica pirandelliana que lhe foi contemporânea, assim como a posterior.
32 C. Vicentini, *Pirandello, il disagio del teatro*, p. 63.

"solução narrativa capaz de expressar, *ao mesmo tempo*, tanto a rejeição do autor quanto a exigência de escrever a narrativa"[33]. Sua ideia foi associar a história desta família, de difícil narração, com o tema da visita dos personagens, criaturas de sua fantasia que o assediavam insistentemente e das quais inutilmente ele tentava se livrar. Pirandello escreve:

o belo é que me largaram para representar entre eles as cenas do romance, exatamente como deveriam ser. As representavam diante de mim, mas era como se eu não estivesse ali, como se não dependesse de mim, como se eu não pudesse impedir[34].

Deste modo, resume Vicentini, Pirandello encontra a solução para expressar, superando sua própria dificuldade emocional, tanto a rejeição, na impossibilidade de narrar o drama, quanto à exigência em narrá-lo. A ideia do romance toma corpo em 1921, na forma de um texto teatral: *Seis Personagens à Procura de um Autor*. Os seis personagens não irão mais perturbar um escritor, na quietude e solidão de seu escritório, eles irão se dirigir ao teatro para tentar convencer uma companhia teatral a interpretar no palco essa terrível história de suas vidas. De um romance "por fazer", *Seis Personagens* se transforma em uma "comédia por fazer"[35]. Confrontada com a atividade dramatúrgica de Pirandello daqueles anos, a peça revela um outro desencontro: uma irresistível atração ao mundo teatral (que a partir de 1917 ganha um espaço cada vez maior na produção pirandelliana) e sua insistente condenação.

Sob a condenação do teatro emerge novamente o fantasma obsessivo do incesto, decantado com a chegada da mãe na casa de Madame Pace que, providencialmente, interrompe o encontro entre o pai e a enteada. Um fantasma que no curso

---

33 Idem, p. 64.
34 Carta da Pirandello ao filho Stefano datada de 23 de julho de 1917, em *Almanacco letterario Bompiani*, 1938, p. 43. Reportado em C. Vicentini, op. cit., p. 208.
35 Na carta para o filho Stefano, Pirandello escreve: "*Seis Personagens em Busca de um Autor*: romance por fazer (*da fare*). Talvez você entenda. Seis personagens, presos em um drama terrível, me procuram para que eu os componha em um romance, uma obsessão. E eu não quero nem saber, lhes digo que é inútil, que não me importo com eles, que não me importo com nada. Eles me mostram todos os seus lamentos e eu os mando embora... – e assim, ao final, o romance por fazer será consumado", em op. cit., p. 43.

da ação se colore com referimentos precisos, embora mascarados, aos acontecimentos privados de Pirandello. Citamos: O tiro de revólver ao final do terceiro ato (mesma imagem que comparece no diário de Lietta[36]), concretizando o suicídio do filho mais jovem; a fuga e o vagar de Lietta por Roma, em busca de um refúgio, encontram eco na fala da Enteada que declara não ver a hora de escapar, de fugir para longe de todo acontecimento infame; a separação do filho da mãe (a família do escritor por vários anos esteve separada, os filhos homens ficavam com Pirandello e Lietta morava com a mãe na Sicília). Um jogo de espelhos entre biografia e evento artístico que assume novos e inesperados reflexos no tratamento cinematográfico de *Seis Personagens* em 1928[37]. O roteiro irá ultrapassar os elementos de referência biográfica da obra original, já que o próprio Pirandello será ator e autor dos seus personagens e de si mesmo. Uma das exigências do dramaturgo para a transposição cinematográfica era fazer dele mesmo o ator protagonista, o personagem o Pai, ao lado de Marta Abba como a Enteada. É o desnudamento do nó de uma condição pessoal, a confissão de uma situação tensa e "atroz", para usarmos o adjetivo do episódio de Como: Pirandello-Pai seduz e deseja Marta-Enteada, mas o pano de fundo escolhido para este amor será o terrível e repugnante incesto. Mais uma vez Pirandello transformou o drama de *Seis Personagens* no símbolo de uma tensão entre atração e rejeição, entre necessidade e condenação. E, desta vez, o argumento da peça será usado como solução capaz de expressar ao mesmo tempo a impossibilidade do escritor em amar a atriz, sua vergonha e culpa diante de uma sexualidade tardia e sua irresistível necessidade em narrar ou *viver* de alguma forma este amor.

Se é verdade que não pode existir uma relação direta entre autobiografia e arte, é igualmente verdade que as duas dimen-

---

36 Escreve Lietta em seu diário em outubro de 1915: "pousada sobre a superfície da escrivaninha, retirada do prego, a minha pequena pistola. O cano está voltado para mim e eu olho aquele pequeno furo negro de onde eu posso libertar, basta querer, a morte". Reportado em M. L. A. D'Amico, *Vivere con Pirandello*.
37 Em Berlim, Pirandello escreve, em colaboração com Adolf Lantz, o roteiro cinematográfico de *Seis Personagens,* o filme nunca foi realizado. Sobre o roteiro cinematográfico: Cf. L. Termine, *Pirandello e la drammaturgia del film*; F. Càllari, *Pirandello e il cinema. Con un raccolta completa degli scritti teorici e creativi.*

sões se confundem, se diluem uma na outra. A tese de que não foi por acaso que Pirandello escolheu fazer ele mesmo o papel do Pai no roteiro cinematográfico, já foi sustentada anteriormente por Roberto Tessari[38]. O encontro do personagem Pirandello-Pai com a jovem é fundamental para entendermos o quão esfumado é biografia e arte no nosso autor. No roteiro, Pirandello rejeita a jovem que se oferece em seu escritório. Surpreendida com a atitude do poeta, ela se afasta para não deixá-lo perceber sua profunda infelicidade. Penosamente embaraçado com a situação, o poeta segue a jovem com o olhar absorto, para depois lhe dizer: "Poderia te amar como uma criatura minha!". A jovem não entende e vai embora. Angustiado o poeta caminha em direção a sua poltrona. Fuma um cigarro. A fumaça se mistura com a neblina que envolve o quarto e nela "se distingue a figura da jovem. Provocante, ela se aproxima e a ele se oferece". Pleno de erotismo, o fragmento reproduz exatamente o que Marta Abba era para o autor: "criatura imaginada e pessoa física milagrosamente fundida na mesma identidade"[39]. Unânime em diagnosticar em *Seis Personagens* elementos da vida privada do dramaturgo, a crítica pirandelliana dos últimos vinte anos tem apontado a peça como emblemática ao tema do incesto; um fantasma que irá retornar de forma obsessiva em quase toda produção pirandelliana escrita para Marta Abba, sua *filha-espiritual*.

## *NOSTRA DEA*: SENHORITA ABBA

O primeiro encontro de Marta Abba com Pirandello se mistura com o nascimento do Teatro de Arte e também com a primeira representação de *Nostra Dea* de Massimo Bontempelli em 16 de janeiro de 1925. Em 1947, o autor (Bontempelli) se recorda que foi o próprio Pirandello quem o convidou a escrever para o repertório da nova companhia. A partir deste estímulo, ele retoma um antigo argumento que o obcecava

---

38 Cf. R. Tessari, Sei persone in fuga da un autore, em R. Vittori (org.), *Il trattamento cinematografico dei "Sei personaggi"/ Testo inedito di Luigi Pirandello e Adolf Lantz*, p. 7-13.
39 A. Letizia, Le ultime figlie di Pirandello, *Angelo di fuoco*, ano III, n. 5, p. 25.

desde 1922, mas que, por diversos motivos, não conseguia colocar no papel: a história de *Nostra Dea*. A protagonista Dea é uma mulher excepcional que muda completamente o caráter e o comportamento em função da roupa que veste: "se usa uma roupa exuberante – diz a camareira Anna – é exuberante...; se usa uma roupa tímida é tímida...; e muda completamente, fala de um outro modo; é uma outra..."[40]. Uma *mulher-camaleão*, provocando nos homens que por ela se apaixonam um permanente estado de angústia e deslumbramento, pois são tantos os aspectos de sua personalidade complexa e mutável que é impossível saber quem ela é ou do que é ela capaz. Um personagem feminino extremamente difícil de ser elaborado e que, para atingir sua plenitude artística, necessitaria de uma intérprete que fosse capaz de mudar radicalmente – sem nenhuma preparação ou razão psicológica – o próprio ritmo, a melodia da voz, o movimento dos gestos, o olhar, de maneira rápida e violenta, sem, no entanto, cair no terreno da farsa. E na companhia de Pirandello ainda não havia uma atriz com estas características.

Em abril de 1925 foi inaugurado o Teatro de Arte de Roma com *La sagra del signore della Nave*, de Pirandello e *Gli dèi della montagna* de, Dunsany[41]; trabalhos estes que não necessitavam de uma primeira atriz e muito menos de uma atriz especial. Mas com *Nostra Dea* era diferente, insólito tanto na concepção como na linguagem, o drama de Bontempelli exigia uma interpretação à altura da sua protagonista, ou seja, exigia uma interpretação ousada, original, revolucionária até, que respeitasse o espírito da peça. Não seria fácil achar uma atriz jovem e bela com tamanha capacidade de transformação física e que ao mesmo tempo aceitasse se engajar numa arrojada empreitada como foi o Teatro de Arte. A procura pela primeira atriz termina com a descoberta de um entusiasmado artigo de Marco Praga no jornal *Illustrazione Italiana* em 13 de abril de 1924. O crítico se mostrava animadíssimo com a intensidade e o talento de uma jovem atriz da companhia de Virgilio Talli, que demonstrou um grande estilo pessoal na criação do per-

---

40 M. Bontempelli, *Nostra Dea*, em *Comoedia*, ano VII, n. 15, p. 799.
41 Vide a cronologia dos espetáculos do Teatro de Arte, em A. D'Amico; A. Titerri (orgs.), *Pirandello capocomico...*, p.103.

sonagem Nina, da peça *A Gaivota* de Anton Tchékhov; tratava-se de Marta Abba:

a senhorita Abba foi uma revelação. Para uma jovem que, como dizem, está nos palcos há apenas poucos meses, ouso dizer que ela foi uma Nina – considerando, precisamente, que é muito jovem e em início de carreira – magnífica. Existe nesta jovem um caráter de atriz e, acrescento, de primeira atriz. A sua bela figura cênica, a sua máscara, a sua voz, que é de um timbre muito doce e ao mesmo tempo muito quente, a inteligência que provou ao fazer a protagonista do drama tchekhoviano, a sua segurança e desenvoltura, a fazem nata para a cena, e imediatamente madura para afrontar este grande papel[42].

A indicação parecia perfeita e Guido Salvini (um dos fundadores do Teatro de Arte) partiu para Milão e fez de Marta Abba a primeira atriz da companhia. O texto *Nostra Dea* lhe foi enviado e, algumas semanas depois, terminado o seu trabalho com Talli, a atriz parte para Roma onde todos ansiosamente a esperavam. Recorda Bontempelli: "Iniciamos imediatamente o primeiro ensaio; os atores tinham o texto em mãos, ela já sabia a sua parte de cor", e acrescenta:

quando Dea de repente se faz exuberante em razão do audacioso vestido [...], [Marta] se agitou toda, lampejou, criou um vórtice pronunciando "sim me caiu bem". De uma distância pré-natal, em menos de um segundo, conquistou a terceira dimensão, entrando em cheio na primeira das suas encarnações[43].

A declaração de Bontempelli não deixa dúvida quanto à capacidade da atriz em se transformar, de partir do ponto zero, da neutralidade absoluta, a um estágio impressionante de expressão e de vida em poucos segundos, apenas com o uso de sua voz e de seu corpo, com escasso recurso externo[44]. Como

---

42 M. Praga, Il gabbiano, *Cronache teatrali 1924*, p. 103.
43 M. Bontempelli, Nota a *Nostra Dea*, em *Teatro di Massimo Bontempelli*, p. 203.
44 A capacidade transformativa de Marta Abba se manifesta nas diferentes expressões que a atriz construía para os seus personagens. É suficiente compararmos as fotos da atriz em seus mais diversos personagens para percebermos que não há uma que se assemelhe a outra; é como se, de fato, a atriz esculpisse seu rosto a partir do personagem. Outro fato importante é a forma como Marta Abba usava a voz em cena, empregando um ritmo lento ao texto, uma docilidade calma e quente, como se pensasse em cada palavra, ora alongando-as,

se recorda Marta Abba, dez anos mais tarde nas páginas do *Il dramma*, revista quinzenal de teatro turinese dirigida por Lucio Ridente, a peça "era perigosíssima, paradoxal e explosiva, caminhava sobre o fio da navalha"[45].

A peça *Nostra Dea* é, de fato, um desafio para quem faz a protagonista: se por um lado o texto possui um mecanismo exterior e marionético, farsesco mesmo, que não explica como e nem porque emana das roupas esta potência extraordinária que faz Dea adquirir tantas e diversas personalidades, por outro lado esta aparente superficialidade carrega em si um significado mais "filosófico", irônico e amargo; segundo analisou Silvio D'Amico:

> À *crença* que nega o mundo externo, reduzindo-o a uma mera criação do sujeito pensante, ele (Bontempelli) contrapôs esta outra *crença* brutal: na qual o sujeito pensante, por si mesmo, não existe, sendo uma mera criação daquilo que o circunda e daquilo que o veste[46].

No que se refere à interpretação de Marta Abba, escreveu D'Amico: "se apresentou com uma segurança, uma desenvoltura, com uma variedade de tons e de entonação, admiráveis sob todos os aspectos"; e continua, "conhecemos, passo a passo, uma Abba impertinente, passiva, doce, sonhadora,

ora decepando-as. Para, de repente, em alguns momentos, nos fazer pensar que perdeu o controle sobre o ritmo, como se o pensamento não fosse capaz de conter o desejo da alma e acabasse por se trair. Artifícios próprios ao jogo do ator e que Marta sabia manejar de forma apaixonante, alcançando assim um extraordinário efeito de contraste entre a voz e o gesto. Só pudemos chegar a esta importante constatação após escutar um precioso documento que resgata em parte os fantasmas do passado: um texto radiofônico onde a atriz, já na casa dos oitenta anos, interpreta Donata Genzi de *Trovarsi*. Trata-se de um programa da Radio Svizzera italiana de 1983, disponível na Università di Torino, no DAMS, por gentileza de Alessandro D'Amico. Graças a este documento, fornecido por Roberto Alonge, ouvimos pela primeira vez a voz de Marta Abba.

45 M. Abba, La mia vita di attrice, *Il dramma*, 1936, p. 5. Em 1936, a atriz, apresenta na revista a cronologia de sua vida artística a partir dos primórdios de sua carreira. Sua autobiografia, narrada em três números sucessivos – 237, 238, 239 –, constitui uma importante documentação até hoje muito pouco explorada, e que só pudemos ter acesso graças aos esforços de pesquisa e de documentação do Centro Studi del Teatro Stabile di Torino e ao seu responsável, Pietro Crivellaro.
46 S. D'Amico, *Cronache del teatro*, v. I, p. 505, em referência ao autor Bontempelli e à peça *Nostra Dea*.

pérfida, aflita, implorante, e por aí vai. Procedimentos, dado à natureza da farsa, de caráter exterior"[47]. Baseando-nos sobre este juízo, "de caráter exterior", podemos quase afirmar que o trabalho de Marta Abba como atriz seguia um estilo formalizante, isto é, muito mais centrado na composição física, no domínio da máscara, do que no aprofundamento psicológico. Esta afirmação se verifica ainda mais se levarmos em consideração as palavras da atriz quanto ao seu processo de criação da personagem Dea:

> Eu a tinha estudado profundamente. E naquele momento, no meu camarim, experimentava, frase por frase, a minha voz em diversos tons, para achar as díspares entonações e os diferentes ritmos próprios a cada cena, e assim exprimir as inumeráveis facetas da protagonista, que muda de alma mudando de roupa. E espontaneamente, com as entonações e com os ritmos, me nasciam os gestos e os movimentos[48].

O personagem, como se pode constatar na fala de Marta Abba, foi construído a partir de um trabalho de composição física: a atriz dava forma às diferentes máscaras de Dea renunciando, por assim dizer, ao mito do ator encarnado, que sem nenhum esforço técnico, de preparação ou estudo, se deixa possuir pelo personagem. Sua fala descreve um trabalho de natureza estética e formal, extremamente moderno do ponto de vista atorial. Um processo de criação que intuitivamente (pois sem sistematização prática) construía o personagem a partir da Ação Física. Através de uma experimentação sonora, rítmica e gestual, a atriz construía uma partitura física, hoje denominada *dramaturgia atorial*, que lhe permitia atingir o estado emocional e psíquico do personagem. Ou seja, a construção do ser ficcional procedia de fora para dentro, a partir do conhecimento do sistema atorial (gestos, voz, ritmo, movimentação) e não a partir de uma vivência subjetiva e pessoal. Marta Abba tinha a consciência de que seu estilo de interpretação divergia do estilo das outras atrizes, que seguiam, ou ten-

---

47 Idem, p. 506.
48 M. Abba, La mia vita di attrice, *Il dramma*, n. 237, p. 5. *Nostra Dea* estreou em Roma, no Teatro Odescalchi em 22 de abril de 1925 e foi o primeiro trabalho da atriz para o Teatro de Arte.

tavam seguir, o estilo de Eleonora Duse, que na relação com o personagem estabelecia uma verdadeira relação intra-humana, de *compaixão*, que a permitia *sentir junto* com o personagem. Este era o ideal de interpretação da época, fazer do personagem um ser humano e provocar, a partir desta relação interssubjetiva, um estado de identificação total entre o personagem e o público. Para a crítica, habituada e envolvida com um estilo de interpretar marcado pelo envolvimento emocional, era difícil aceitar, ou mesmo compreender, um trabalho de ator que em sua relação com o personagem renunciasse a esta identificação com o mundo empírico, propondo como realidade cênica, não uma pessoa, um indivíduo, e nem mesmo o tipo – construção fixa e coerente em si mesma –, mas a *máscara* em sua natureza mutável[49]. O caráter exterior do trabalho de Marta, indicado por D'Amico, nos faz pensar não propriamente na farsa *stricto senso*, mas numa interpretação que se aproxima daquilo que Bertold Brecht designou como "ator-épico": um tipo de ator que faz falar e agir não o *personagem-homem*, mas a máscara em suas inúmeras mutações: "O ator épico – diferentemente daquele naturalístico ou estilizante à maneira antiga – não vê os homens como personalidades imutáveis: os vêem super mutáveis"[50].

A polêmica entre a intuição artística e a vivência pessoal no que se refere à arte do ator, foi amplamente discutida por Pirandello e Marta Abba. Para a atriz, assim como para o dramaturgo, a arte e a vida do ator pertencem a mundos diferentes, quiçá inconciliáveis: "quem falou que uma atriz deve 'experimentar' para criar um personagem no palco? A arte é fruto da intuição. E a mim sempre me bastou intuir. A experiência não é outra coisa que a prova de uma intuição"[51]. Este conceito, que se repete na peça *Trovarsi*, diz muito sobre o

---

49 Usamos o termo máscara para definir, de forma geral, o ser ficcional.
50 B. Brecht, Teatro epico, straniamento, em F. Marotti (org.), *Attore e teatro nelle teorie sceniche del novecento,* v. 2, p. 505. O distanciamento proposto pelo personagem pirandelliano, e concretizado pelo estilo de interpretar de Marta Abba (que obviamente não é de obediência brechtiana), insiste em contradizer ator e personagem, texto e representação, como se cada elemento conservasse sua autonomia, muito embora permaneça o desejo de fusão entre as partes, com a nítida idealização de possessão do intérprete pelo personagem.
51 M. Abba, Un'attrice allo specchio, come sono nella vita e come vivo nell'arte, *Gazzetta del Popolo,* p. 3.

ideal artístico de Marta e, obviamente, reflete a concepção teórica de Pirandello sobre a arte do ator. Ivan Pupo, no artigo "Un uomo d'ingegno e una donna di cuore. Ipotese sul repertorio di Marta Abba"[52], que também recupera este importante depoimento da atriz, observa no conceito, que é na verdade um "esboço" de teoria, um sentido oposto àquele desenvolvido por Stanislávski ao falar de memória emotiva. Em Pirandello, o ator é chamado ao esvaziamento de si e da própria experiência emotiva. Ao contrário de Stanislávski, Pirandello não queria que os atores entrassem nos personagens, mas que os personagens entrassem nos atores. Por exemplo, uma atriz que interpreta o papel de uma amante apaixonada não precisa necessariamente ter conhecido o amor, é suficiente que ela "intua" o modo como o personagem percebe o amor. De maneira oposta à impostação naturalística, o dramaturgo entende que o intérprete não deve "entrar" no personagem, transformando sua imagem, experiências, e a própria vida interior, ao ponto de torná-las semelhantes àquelas da criatura fantástica. O ator deve "esvaziar-se" da própria personalidade renunciando a tudo que é seu.

A tentativa de *esvaziamento* do ator produz, num primeiro momento, uma relação ator-personagem mais "racional" e um tipo de interpretação mais voltada à construção do artifício, isto é, à composição da máscara: sem a interferência da própria vivência, o ator não se preocupa em se identificar com o personagem, sua primeira postura diante dele será de observação e de distanciamento. A partir desta postura "distanciada", o ator, já liberto de sua própria personalidade, poderá realizar a "evocação" do personagem, uma espécie de "ritual" no qual o ator tenta atrair para si mesmo, aos olhos do público, um ser totalmente diferente da nossa realidade e que pertence ao mundo superior da Arte (para usarmos os termos da concepção teórica pirandelliana em relação ao trabalho do ator). Por isso afirmamos que a atitude "racional" do ator pirandelliano diante do personagem se configura apenas ao primeiro momento de aproximação, no instante em que o ator assume o aspecto exterior do personagem. O uso da ma-

---

52 Cf. *Angelo di fuoco*, ano I, v. 2.

quiagem, a procura pelos gestos, a modulação da voz, o estudo do ritmo e da movimentação cênica são instrumentos usados pelo ator pirandelliano, não para produzir ou oferecer ao público uma figura semelhante àquela do personagem, mas para evocar o ser ficcional, para conduzi-lo à cena. Em outras palavras, o intérprete usa de todo seu aparato profissional como um meio para atrair o personagem. Se inicialmente imita seu aspecto, seu comportamento exterior, suas razões emocionais, seu objetivo é um só: seduzir o personagem e invocar sua presença. A primeira atitude do ator é, por assim dizer, "fria", "distanciada", pois de frente ao espectador o intérprete não teria a intenção de representar o personagem, mas de conduzi-lo ao palco. Assim, o ator executa os gestos, repete as palavras, iniciando um processo emotivo que, se tudo der certo, transforma o palco em um lugar "mágico", pois não será o ator a representar o personagem, mas o personagem, ele próprio, que virá ao palco, criando, com o seu poder, a realidade da cena.

Este tipo de interpretação, que não tenta esconder ou dissimular que o que se assiste no palco é também o resultado do estudo e do esforço de composição de um ator sobre determinado personagem, tende a produzir no público uma percepção muito diferente daquela obtida através da aproximação emocional, que se esforça para dar ao personagem um aspecto "natural", como se não houvesse nenhum trabalho de composição artística. Cesare Molinari, citando o ator Eduardo De Filippo como exemplo de interpretação naturalística, descreve: "trata-se daqueles atores que, quando são grandes atores, manifestam um milagre pela absoluta – pelo menos aparentemente – naturalidade do seu comportamento. Aquela *facilitas* que parece excluir todo esforço e todo artifício"[53]. Um outro tipo de ator, segundo o próprio Molinari, seria o daqueles que – como Carmelo Bene – "criam um estilo de interpretação, fundado sobre um ritmo particular de dicção, [...] sobre uma escolha particular dos gestos e de sua impostação"[54]. Dois aspectos diferentes de atuar, dois estilos completamente antagônicos: um naturalístico e outro formalizante. Claro que não queremos comparar Marta Abba com Carmelo Bene, isso seria

---

53  C. Molinari, La maschera e il volto, em *L'attore e la recitazione*, p. 58.
54  Idem, ibidem.

absurdo e despropositado, o que queremos ressaltar é que o estilo de interpretar da atriz provavelmente estava muito mais voltado a um processo inicial de composição racional e estetizante do que ao seu contrário. Vejamos o que diz pes (Enrico Polese Santarnecchi)[55] a propósito da atuação da atriz em *A Gaivota* de Tchékhov: "Marta Abba é uma bela promessa. Foi um sucesso quinta-feira, mas ainda tem muitos, muitos defeitos. Principalmente o excessivo maneirismo que a leva a ser *pouco sincera, pouco natural* e, consequentemente, declamando mais do que apenas interpretando"[56].

"Pouco sincera e pouco natural". É a antítese de um estilo de interpretar espontâneo e dramático, isto é, direto, intersubjetivo, em tempo presente, que tem por escopo a ilusão de que o drama representado acontece ali, naquele exato momento, sem nenhuma preparação antecedente. A interpretação dita "natural" tem como objetivo máximo o "desaparecimento" do ator e sua fusão com o personagem, e como Marta Abba mostrava em cena o artifício necessário à evocação do personagem, sua atuação sofria o preconceito inerente ao vício por um estilo natural de interpretar, o que provavelmente levou o crítico a estigmatizar sua performance como maneirista. Comparando outro comentário crítico, desta vez de D'Amico, torna-se ainda mais evidente o quanto a intérprete era revolucionária para a época. Ao ver a atriz interpretar o canto quinto do *Inferno* de Dante no espetáculo *La pietra di paragone* de Molnàr, sem a cadência e uma entonação que respeitassem o lirismo do cântico dantesco, experimentando interpretá-lo de uma forma mais aproximada ao discurso cotidiano, isto é, desobedecendo a metragem rítmica e o vigor lírico que, segundo D'Amico, seriam fundamentais para a fruição da poesia, o crítico elabora um duro comentário que na verdade entrega o tradicionalismo de sua postura crítica. A "placidez" com que a atriz interpretou o canto quinto do *Inferno* irritou o crítico que termina por julgá-la "insensível" ao texto, à poesia. Quanto à concepção atorial de interpretar os versos de Dante de forma "falada", dirá D'Amico: "com um

---

55 Crítico e diretor do jornal *L'arte drammatica*, que assim assinava seus escritos. Santarnecchi era também o agente que controlava os teatros da empresa Suvini-Zerboni e outras empresas associadas.
56 Cronaca dei Teatri Milanesi, *L'arte drammatica*, n. 18, p. 2. Grifo nosso.

modo lento e tranquilo, de quem narra uma prosa cotidiana"[57]. Marta Abba optou por interpretar uma lírica sem cantar os versos, e o crítico, não satisfeito com esta "chave de leitura", baseando-se na ideia de que "o canto de Francesca *é um canto*"[58], e que como tal deve ser assim entoado, derruba a escolha da atriz servindo-se de uma crítica *purista* segunda a qual uma experimentação que fuja do rigor métrico trai a poesia dantesca: "o que faltava era o drama; era o inferno; era o canto. Em suma, faltava Dante"[59].

Se a técnica de interpretação de Marta Abba negava ao público (e a ela mesma) a ilusão de que ela, a atriz, estava fazendo algo "natural" ou espontâneo no exato momento da cena, isso não significa que sua interpretação era "maneirista" ou farsesca. O que a atriz buscava transmitir com sua atuação era a verdade da ficção, isto é, uma construção feita por um ator a partir de uma escolha rítmica, gestual, vocal e de movimento. Embora a atriz não tivesse plena consciência de seu estilo "formalizante" (o que não significa dizer desprovido de sentimento, mas crítico em relação ao comportamento dito "natural" de representar um papel), referindo-se muitas vezes ao seu trabalho de forma confusa e contraditória, Marta Abba sabia que sua maneira de atuar possuía um estilo próprio, uma "marca" pessoal, que a afastava e a diferenciava do estilo das outras atrizes. Este modo particular de representar, de citar o personagem, de mostrar a composição da máscara, provavelmente produzia a atmosfera "fria" que muitos críticos da época diziam envolver a atriz. Ora, grande parte de sua interpretação era um meio para "atrair" o personagem à cena, a partir da imitação de seus gestos, da repetição de suas palavras. Um procedimento que, em um primeiro momento, não prevê o abandono da atriz à situação dramática, mas que progressivamente tende a instalar um espaço *sur-real* pelo qual o próprio personagem, convulso e contraditório, se fará presente, sem dúvida nenhuma estabelece um tipo de interpretação inquietante e transgressora dos limites da arte burguesa;

---

[57] S. D'Amico, La serata di Marta Abba Al Valle, em *Cronache del Teatro*, v. 2, p. 142. Crítica de 1 de março de 1931.
[58] Idem, ibidem.
[59] Idem, ibidem.

um estilo de atuar que causava grande incômodo e embaraço aos críticos da época. Avaliar um trabalho atorial que não seguia o padrão interpretativo da época, isto é, que não se voltava para uma identificação total entre ator e personagem, e ainda por cima tinha uma finalidade "mágica", provocava uma série de reações contraditórias: variando da admiração à rejeição, Marta Abba, de forma geral, foi avaliada por D'Amico como uma atriz de "grande força natural" e de "pouca disciplina interior e exterior"[60]. Recordando as palavras de Eugenio Bertuetti, de 1935, era como se a atriz sofresse de um mal misterioso, uma espécie de chama fria, a *"fiamma del diavolo che non consuma"* ("chama do diabo que não se consome")[61]:

> A arte de Marta Abba, ainda que tenha escolhido encarnar-se numa criatura alourada, harmoniosa e luminosa, sofre de um mal diabólico, que não sei o que poderia curá-lo. [...] *a sua interpretação tem a qualidade do vidro: transparência gélida.* [...] dentro deve existir uma chama – vejo-a, sinto-a – *mas o calor não existe. Chama do diabo que não se consome*[62].

A intuição de Eugenio Bertuetti sobre a técnica de Marta Abba – "qualidade do vidro: transparência gélida" – já comparece alguns anos antes na *Gazzetta del Popolo* em 15 de fevereiro de 1933. A propósito da interpretação da atriz em *Trovarsi* escreve o crítico:

> Marta Abba, afrontando o personagem de Donata, com fervor, vontade e inteligência, deu novamente a medida de suas grandes possibilidades [...]. *O personagem talvez seja, entre aqueles de Pirandello, o*

---

60 Idem, p. 143.
61 O crítico Eugenio Bertuetti se utilizou desta imagem para definir o modo de interpretar da atriz, uma forma interessante de intuir o principal aspecto da técnica da atriz: sua capacidade de "distanciamento". Para críticos como D'Amico, que gostariam de ver um modo naturalista de representação, esta forma de atuar parecia uma falta, uma incapacidade da atriz em atingir um estado propriamente humano. Trata-se, na verdade, de uma técnica que não se baseia sobre o ideal de personagem-homem, mas, ao contrário, se baseia sobre a "artificialidade" da máscara. Gigi Livio já recuperou este importante testemunho de Bertuetti sobre a técnica da atriz no artigo "Fiamma del diavolo che non consuma. Marta Abba attrice 'frigida'", *L'asino di B.*, n. 11, p. 49-50.
62 E. Bertuetti, *Ritratti quasi veri*, p. 13-14. Grifo nosso.

*mais difícil, porque, ainda que privado de humanidade teatral, vive em virtude de um fogo interior, prisioneiro, que queima congelando* [...]. E aqui a atriz nos parece, mais do que nunca, tomada pela necessidade de tornar límpido e sincero o nó tortuoso da dialética pirandelliana[63].

Vejamos a crítica de Silvio D'Amico, *La Tribuna* de 15 de janeiro de 1933, feita ao mesmo espetáculo:

Marta Abba, atriz que sem dúvida nenhuma possui um temperamento trágico, nos ofereceu, ao primeiro ato, a imagem de uma Donata absorta, destacada, já com o pressentimento do drama que está por explodir; o qual no segundo ato ela verdadeiramente proferiu entonações de uma notável e angustiosa sinceridade. No terceiro nos parece que *o afã prevaleceu excessivamente em certas cadências, e no quase vicioso ritmo de sua dicção* [64].

E ainda a crítica de Renato Simoni de 24 de março de 1933, também à *Trovarsi*:

A dor que existe em Donata, revelada ou subentendida, ora pasmada, ora impaciente, ora erguida pela esperança, ora perdida, foi expressa por ela com uma voz que parecia ressoar um profundo sofrimento. E que admirável distribuição de entonações [...]. A repreenderei somente na segunda parte do segundo ato: *uma dicção exagerada e igualmente ritmada*[65].

Comparando os argumentos críticos, verifica-se entre eles uma interessante coincidência de olhar sobre a arte da atriz: todos falam de uma particular construção rítmica, uma cadência vocal marcada e estudada, uma face esculpida, um gestual preciso e trabalhado de forma a compor um quadro de beleza quase inumano, enfim, um tipo de interpretação de tal forma construída e elaborada que parecia não permitir à atriz se envolver completamente com a situação dramática: uma interpretação sem o "calor" de uma vida humana, "real", uma interpretação em que não se apagaria o esforço de composição da atriz, no qual se vê de forma transparente a construção da máscara. Uma forma de atuar muito diferente do *ideal* de inter-

---

63  *Trovarsi*, tre atti di Luigi Pirandello, *Gazzetta del Popolo*, p. 4. Grifo nosso.
64  *Trovarsi*, di Luigi Pirandello al Valle, *La Tribuna*, p. 3. Grifo nosso.
65  *Trovarsi*, em *Trent'anni di cronaca drammatica*, v. 4, p. 31. Grifo nosso.

pretação esperado, pelo qual o ator deveria compor de forma harmoniosa os personagens de ficção, como se estes fossem nascidos da vida real e não de uma obra ficcional, criada e imaginada por um autor. "Chama do diabo que não se consome" traduz de forma precisa um estilo de atuar no qual o ator, embora colado à máscara, não mergulha, isto é, não imerge totalmente na situação dramática a ponto de esquecer que o que está se vivendo ali é uma obra de ficção. Mario Corsi, em 1947, também chama atenção sobre o estilo cerebral e revolucionário de atuar da atriz; escreve o crítico:

> O encontro de Marta Abba com Luigi Pirandello não deixou de produzir resultados. O dramaturgo esperava a *sua* intérprete: uma atriz que soubesse destacar-se nitidamente das características teatrais oitocentistas, encontrando suas raízes no século XX. Isto é, decidida, preferencialmente voltada ao racional que ao sentimental, mais ativa do que contemplativa, mais reflexiva do que impulsiva [...]. Vittorio Tranquilli observou, alguns anos atrás, que talvez em nenhum outro teatro um intérprete tenha se empenhado de maneira assim tão afinada e de forma escarnada à sua filosofia como Marta Abba se empenhou por dez anos consecutivos ao teatro de Pirandello. *La signora Morli una e due*, a modelo de *Diana e la Tuda*, a atriz de *Trovarsi*, a protagonista de *Come tu mi vuoi* e de *L'amica delle mogli*. Todas estas figuras de mulher [...], foram penetradas por Marta Abba com profunda intuição e com um intenso trabalho cerebral, como não se estava habituado a ver sobre nossos palcos[66].

Mario Corsi define Marta Abba como uma atriz em perfeita sintonia com o teatro pirandelliano:

> Cada personagem dele (Pirandello) se transformava em seu, como se já fizesse parte dela. E não demorou muitos anos para Marta Abba se tornar dona de si, encontrando no teatro pirandelliano o seu mundo moral e estético, forjando neste a sua excepcional personalidade de atriz[67].

Uma atriz de "temperamento pirandelliano", mas o que exatamente isto significa? Talvez um estilo de interpretação que não objetive a completa identificação ator-personagem ou

---

66 Un' esule: Marta Abba, *Chi è di scena?*, p. 27-29.
67 Idem, p. 28.

que corresponda, no confronto do ator com o personagem, à máxima pirandelliana: "a vida ou se vive ou se escreve". Se escrever a vida é observá-la de longe, isto também deve valer para a arte do ator, pois representar a vida é apresentá-la uma segunda vez, e o ator deve ser capaz de "esvaziar-se" ou, em outras palavras, de estabelecer uma distância entre ele e a ação executada para, a partir disto, "atrair" ou apresentar o personagem em todas as suas incongruências. E como o personagem pirandelliano, para existir em cena, deve se apresentar com uma determinada máscara (normalmente a consciência ou a alma que dominou aquele instante, aquela ação conflituosa passada), nesta "segunda apresentação" reside o aspecto perverso e cruel do teatro pirandelliano, pois se "nós temos dentro de nós quatro, cinco almas em luta entre si"[68], o que veremos em cena será exatamente a luta entre a reflexão presente e aqueles "pensamentos estranhos" e "inconfessáveis inclusive a nós mesmos, como surgidos deveras de uma alma diversa daquela que normalmente reconhecemos como nossa" que dominaram aquela ação passada[69]. Mas para não ficarmos apenas no terreno abstrato do conceito do humorismo, recorremos às palavras da atriz Marta Abba para uma maior compreensão do que venha a ser para ela uma "atriz pirandelliana":

> Atribuíram-me um temperamento pirandelliano. Não sei precisar o que significa "temperamento pirandelliano". Sentir, pensar, viver como sentem, pensam e vivem as criaturas de Luigi Pirandello? Elas sentem, pensam, vivem de cem modos diferentes. Uma se diferencia substancialmente da outra. Cada uma delas está de fora de todas as tradições, livre de todo convencionalismo. Por isso eu amei todas elas; por isto eu "senti" todas elas. E o público se quiser pode me recriar sob cem aspectos diferentes[70].

Para a atriz, ter um "temperamento pirandelliano" é "viver, sentir e pensar como as criaturas de Pirandello". Ou seja, é ser li-

---

68 O Humorismo, em J. Guinsburg (org.), op. cit., p. 175.
69 Se para Pirandello o sentimento trágico é aquele que emana de um estado de consciência sobre nossos conflitos internos, será por meio desta consciência, da procura e da revelação de um desconhecido interior, que a dor se tornará concreta, dilacerante e real.
70 *Parlo del Maestro*, p. 8.

vre, é ser revolucionária, pois além de "viver em cem modos diferentes", estas personagens femininas não pertencem à tradição e também possuem a faculdade de "pensar". É no uso do verbo "pensar" que Marta Abba nos oferece a chave para a compreensão do seu estilo como intérprete. Ao se referir ao personagem feminino pirandelliano, como um ser pensante, a atriz nos informa que o personagem e consequentemente ela mesma, como intérprete, não se permitem abandonar ao *transe* de uma vida e de uma atuação guiadas somente pela emoção. Em sua interpretação, Marta irá cultivar a capacidade de reflexão do personagem. Não permitindo ser arrastada pela emoção, a atriz consegue expressar de forma surpreendente o universo do autor, compreendendo, elaborando e transmitindo a realidade convulsa do ser ficcional. Claro que isso não significa que a atriz atuava de forma completamente "fria", sem nenhuma emoção, ao contrário, se fosse assim não emanaria de seus personagens aquele sentimento trágico e terrível tantas vezes mencionado pelos críticos. A atuação de Marta, personalíssima e inusitada para a época, soube colher a essência espetacular do teatro pirandelliano, pois sua linguagem atorial sabia iluminar o rosto medonho e condenável que se esconde por trás do personagem dito "cerebral". Uma atuação que dava a real dimensão entre o temor de um rosto condenável, e por isso mesmo rejeitável, e a necessidade incontrolável de mostrá-lo ao mundo. Mas afinal, como era a performance de Marta Abba? Ou melhor, como a sua "dramaturgia atorial" conseguia ilustrar ao mesmo tempo a rejeição e a tentação do personagem, em mostrar esta sua outra e terrível face? Tomando como testemunho os depoimentos de Giovanni Calendoli e de Ezio D'Enrico, que puderam ver Marta Abba no palco, é possível, sem muito esforço, concluir que o seu desempenho se baseava num jogo cênico marcado pelo uso de procedimentos contraditórios, e surpreendentes, responsáveis por traduzir materialmente (voz, gestos, movimentos) a exasperação do personagem pirandelliano:

> Através de ritmos contraditórios, e através de entonações rasgadas, através de um gestual motivado pela intolerância, Marta Abba conseguiu, pela primeira vez, convencer o espectador de que o invólucro dialético dos personagens pirandellianos não é uma vestimenta obrigatória, mas uma barreira que eles procuram

abater internamente, e em vão, porque aquela barreira condiciona e ao mesmo tempo sustenta e justifica a sua existência[71].

Esta bela e estranha atriz interpretava de um modo pessoal e inusitado para aquela época. Movendo-se agitadamente pelo palco como uma fera enjaulada, refugiava-se num canto, os ombros em uma coxia, para fazer frente ao antagonista, depois saltava como uma mola. De vez em quando passava, entre as ruivas e desordenadas madeixas, uma mão alva, num gesto de desespero, que talvez estivesse para além do diálogo, mas que me sobressaltava, como se, com aquele gesto, a atriz também me agarrasse pelos cabelos, eu que seguia ofegante a ação, aferrado ao braço da poltrona. Hoje interpretar descabelada não maravilha ninguém, mas naquele tempo somente Marta Abba poderia se permitir fazê-lo. Do mesmo modo como podia "jogar" de forma convulsa os diálogos, com aquela voz fora de tom, um pouco metálica e um pouco sufocada, que quinze anos depois se definiu como sexy pela exposição feita por Marilyn Monroe[72].

Para Pirandello o ator deve construir o personagem a partir da negação de si mesmo. Ora, isto também significa que o personagem deve ser construído a partir da dessemelhança com a realidade. Esta estratégia permite ao personagem se manter selvagem e imprevisível, pois sendo uma máscara, uma ficção, este não precisa manter com a realidade uma relação de identidade, ou de verossimilhança, e, portanto, pode permanecer livre para agir. A compreensão de Marta sobre este conceito se nota a partir do uso de uma gestualidade fraturada, angulosa e desconectada. Esse modo de agir, frenético e descompassado, que naturalmente agradou a Pirandello, contrastava com a voz da atriz, que, como dito pelos críticos italianos da época, oscilava entre o quente-baixo e o metálico. Se formos capazes de juntar todas as informações sobre o estilo de Marta, podemos visualizar um modo de atuar que se caracteriza por uma luta entre a ação e a não-ação, entre um corpo que deseja se libertar e uma alma que mantém o desejo deste corpo sob controle. Esta forma de atuar se mostra ainda mais desconcertante se pensarmos que a ambientação das peças pirandellianas era quase sempre realista: uma atriz que

---

71  G. Calendoli, Un drammaturgo e un'attrice, *Il drama*, n. 362-363, p. 76.
72  E. D'Enrico, Marta o del "pirandellismo", *Il dramma*, n. 362-363, p. 77.

se comporta em cena, num cenário burguês, de uma forma contraditória e descompassada, só pode causar um grande assombro em quem desejaria ver em cena uma representação harmônica em todas as suas partes. Este comportamento neurótico, ou "descontrolado" da atriz, que fez Silvio D'Amico declarar por várias vezes que lhe faltava um maior domínio do palco, era exatamente o que traduzia a essência dos personagens femininos pirandellianos, inspirados na atriz: mulheres exuberantes, belas, desejáveis, porém frígidas, neuróticas e reprimidas sexualmente. Como se recorda Ezio D'Enrico, Marta Abba

interpretava em sobressaltos, como um combatente que avança sobre o fogo inimigo. De vez em quando parava quase desmemoriada, olhando para a escuridão da plateia, com seus grandes olhos, assombrados, dos quais lampejavam uma centelha de loucura[73].

Como analisado anteriormente, a personagem feminina, a partir de Marta Abba, irá concentrar as duas metades do imaginário feminino pirandelliano: a mãe e a prostituta. Estas duas metades, concentradas em um único perfil, produzem uma forte tensão interna no personagem, já que este será guiado por duas imagens absolutamente contraditórias, dois pólos que em princípio não poderiam conviver: a carnalidade, uma dimensão mais solar e mais *mediterrânea* da mulher, e a dimensão solene, casta e sacra da mulher espiritual, inatingível e intocável. Duas silhuetas que se contrapõem, provocando um efeito catastrófico na psique da personagem: o sofrimento da carnalidade, isto é, o desejo e sua repressão[74]. Uma atriz, para interpretar o drama pirandelliano, deve estar sensível a este extrato masoquista que emana dos personagens femini-

---

73 Idem, p. 78.
74 A experiência do corpo sempre será frustrante para o personagem feminino em Pirandello. O escritor irá negar à mulher o prazer do orgasmo físico. Como exemplo: Silia de *Il giuoco delle parti* e Donata de *Trovarsi*, sendo que esta última, já sob o influxo de Marta Abba, terá a arte e o teatro como compensação ao Eros negado. Privada do sexo, o personagem feminino conquista sua liberdade e sua independência, e talvez por isso Marta Abba tenha amado e admirado tanto os personagens escritos e pensados para ela, já que estas personagens só puderam existir a partir da sublimação dos impulsos sexuais de Pirandello sobre a atriz.

nos: sofrimento e necessidade, atração irresistível ao mundo material e ao mesmo tempo sua condenação. E Marta Abba, aos olhos do Maestro, concentrava em sua forma de atuar esta dupla capacidade: conduzir a situação de forma distanciada, "fria" e "cerebral" e, ao mesmo tempo, levar o personagem a se trair, oferecendo aos olhos do público aquela porção inconfessável e condenável do personagem feminino: o desejo, o vício, a carne. Sobre o palco, Marta Abba deu vida a este perfil de personagem e criou, por assim dizer, este seu "temperamento pirandelliano": uma mulher "mediterrânea", para usarmos a expressão que Pirandello se referia a ela, em fusão com uma mulher casta, distante e gelada como o vidro[75].

Observemos este outro depoimento da atriz, datado de 1931: "No meu fabuloso mundo serei, uma de cada vez, todas as mulheres, [...] se não posso *ser*, por lei da natureza, todas as mulheres, quero *representar* todas as mulheres"[76]. Viver a possibilidade de ser inúmeras mulheres – "Mãe e amante, filha e irmã, esposa e mulher, amiga e demônio, deusa e rainha"[77] – é a compreensão de Marta Abba sobre o significado da palavra atriz: atuar significa metamorfose e transitoriedade. Mas significa também, em um sentido mais profundo, submeter-se, doar-se, isto é, oferecer o próprio corpo ao olhar do outro para que este o vista e o julgue como deseja, e o outro, neste caso, será Pirandello. O escritor vai "vestir" sua musa com palavras, pois seu amor é feito de palavras, e de longe, como um *voyeur*, ele a olha e a observa através das máscaras, vivendo o desejo proibido, a metade recalcada, negada, obscura e maldita de sua face humana de mulher: o desejo erótico. A intenção de Marta Abba é *representar* todas as mulheres, ser a amante, a esposa, o anjo e o demônio e, por isso, permite que o seu corpo de atriz se transforme na matéria-prima de criação do dramaturgo, que o reconstrói a partir de seu desejo solitário, a partir de um diálogo interior que trava com seus próprios

---

75 "Nativa de Milão e de uma antiga família lombarda, eu aprovo a definição que Pirandello deu sobre mim: 'Mediterrânea; você é mediterrânea'. Força dos meus membros, sopro da minha alma, trabalho do meu espírito. O sol e o mar são meus, são os meus elementos", La mia vita di attrice, *Il dramma*, n. 235, p. 4.
76 Un'attrice allo specchio..., *La Gazzetta del Popolo*, p. 4.
77 Idem, ibidem.

fantasmas. Um diálogo que é na verdade um grande e terrível monólogo interior que, sem interlocutor, faz eco apenas consigo mesmo. Marta Abba não irá *viver* as infinitas possibilidades do ser mulher, não irá *experimentar* em sua vida íntima as inúmeras faces de Eva, pois, como Pirandello, irá se manter afastada da vida, representando-a apenas no terreno da ficção. Como disse Mario Corsi, "o dramaturgo esperava a sua intérprete" e, acrescentamos, Marta Abba soube encontrar e corresponder ao seu *Maestro*. Recordemos esta fala de Baldovino em *Il piacere dell'onestà* de 1917:

> eu, entro aqui, e rapidamente, de frente ao senhor, me transformo naquilo que devo ser, naquilo que posso ser – me construo – isto é, me apresento em uma forma adaptada à relação que devo estabelecer com o senhor [...]. Mas, no fundo, por dentro desta nossa construção [...], permanecem bem escondidos nossos pensamentos mais secretos, os nossos mais íntimos sentimentos, tudo aquilo que somos por nós mesmos, longe de todas as relações que devemos estabelecer[78].

Uma alma que se constrói a partir de um estímulo externo, que estuda e usa uma máscara compatível ao jogo que a ela se apresenta, mas que internamente mantém um pensamento secreto, inconfessável; um tipo de alma que se submete ao artifício da máscara, que se torna submissa à máscara, mas que permanece, ao mesmo tempo, obstinadamente fiel à sua própria verdade, ao seu próprio sentimento, é, em outras palavras, uma alma de masoquista ou de um louco, que não hesita em seguir até às últimas consequências a máscara cunhada, ainda que isto signifique o seu próprio dilaceramento. Daí o forte componente masoquista em seus personagens. O personagem pirandelliano adere sua face à máscara e permanece, ao mesmo tempo, dela afastado, esta é a dilaceração masoquista a que se submete, pois sabe que a máscara terminará sendo a sua punição. Grita Enrico IV: "A minha verdadeira condenação é esta – ou aquela – olhem (*indica o seu retrato na parede, quase com medo*), de não poder mais me separar desta obra de

---

[78] Em *Maschere Nude* (I Mammut), p. 295.

magia!"[79]. A máscara se apresenta de forma ainda mais brutal em *Trovarsi*: "Conheço demasiadamente a minha face; sou eu que sempre a faço, eu a faço tanto. Agora chega! Agora quero a 'minha', assim como é, sem que eu a veja em mim"[80]. Para Donata-Marta não existe uma única face de mulher, pois o corpo da atriz é o "instrumento" de criação dos personagens. O reconhecimento de seu corpo como um "corpo artificial", isto é, construído, provoca na protagonista um estranhamento de si mesma inimaginável, é como se este corpo não lhe pertencesse de fato. Diz Donata: "Não vejo mais, te asseguro, não vejo mais a razão porque eu deva reconhecer o meu corpo como uma coisa minha, pelo qual eu devo realmente existir para os outros"[81].

A resposta para Donata vem da própria Marta Abba: "a matéria do poeta são as palavras; a do escultor, o mármore e o bronze; a do pintor, as cores e a tela; a do músico, os sons e os instrumentos. A matéria da atriz é ela mesma"[82]. Como um corpo de cera, o corpo da atriz deve se moldar somente ao personagem, pois ele pertence ao ser ficcional. O corpo da atriz, fora do palco, é um corpo frio, gelado. Para se metamorfosear, este corpo precisa de um calor externo, uma "chama fria" e diabólica: o fogo frio do ser ficcional, um calor que arde sem queimar, pois a atriz, ou melhor, a imagem de atriz construída por Pirandello e Marta, só deve *intuir* o amor sem jamais experimentá-lo de verdade. Para o dramaturgo, a tragédia da atriz Donata Genzi de *Trovarsi*, imagem de Marta Abba, é querer ser ao mesmo tempo uma atriz (ser múltiplo) e uma mulher (indivíduo). Ao viver tantos papéis, de tanto se doar a personagens tão diferentes entre si, Donata acabou provocando, simulando, nos outros uma falsa relação entre ela e os personagens representados e, o que ainda é mais doloroso, acabou perdendo a sua própria face de mulher. O perverso desta situação é que Pirandello, antes de Marta Abba, acredita que, à diferença das outras almas, o destino de quem nasce ator/atriz é não poder viver no império de uma única face, pois, para um ator é necessário se construir sempre, transformar-se sempre, já que o

---

79 Idem, p. 171.
80 *Trovarsi*, em *Maschere Nude*, v. 4, p. 573.
81 Idem, p. 574.
82 Un'attrice allo specchio... , *La Gazzetta del Popolo*, p. 3.

seu corpo está a serviço do ser ficcional. Este é o inferno e o céu de Donata-Marta: o horror é procurar sob todas as máscaras (nos gestos e na própria voz que reconhece como a de seus personagens) uma face única de mulher e não encontrar nada, e de lá retornar de mãos vazias; sua glória é ter o dom de se deixar possuir pela verdade de infinitas máscaras, de permitir que o personagem tome conta de seu corpo. É como Pirandello já disse uma vez: "uns nascem personagens", e, por analogia, acrescentamos, *outros nascem atores*.

Dissemos que a mulher sensual foi sempre vista com desprezo nas peças de Pirandello: denominada "aquela ali"; ou "com aquele sorriso de idiota", como é evocada a mulher que se oferece em *Il dovere del medico*; a carnalidade feminina sempre provocou palavras como "nojo", "repugnância". Por exemplo, em *Vestir os Nus*, Ersilia irá reagir aos gritos quando o amante lhe recorda que ela obedecia aos seus chamados: "A carne, a carne obedecia! O coração não, nunca! Eu sentia ódio"[83]. Em contraste com esta mulher desprezada, emerge o arquétipo da mãe, mulher pura e etérea. Sempre vítima da brutalidade do homem, dois únicos caminhos se abrem para a mulher pirandelliana: ou ela se transforma em mãe e, de pecadora, ascende ao mais alto grau de pureza e castidade, ou se deixa arrastar pelo desejo e se transforma em uma criatura desprezível e demoníaca. A partir do influxo de Marta, a mulher eroticamente desejável deixará de ser vista com desprezo, claro que ainda não será concedido para ela um prazer terreno bem sucedido, mas, ainda que de longe, ela será desejada e amada exatamente pelo que é: uma mulher intocável. Bela e inacessível, esta nova figura feminina possui uma aura de mistério que fascina os homens, pois ao mesmo tempo em que rejeita o sexo ela se mostra apaixonada pela vida. Sua mistificação reside justamente na rejeição de sua sexualidade, que, para ela, talvez signifique a rebeldia em relação ao destino tedioso que era reservado às mulheres.

Pensemos por um momento na protagonista Marta da peça *L'amica delle mogli*. O que se vê é o martírio e o fascínio de uma alma feminina que não quer procurar ou que não deseja viver o erotismo. Atormentada pela ideia de que a con-

---

83 *Vestire gli ignudi*, em *Maschere Nude* (I Mammut), p. 439.

sumação do sexo seria a sua ruína e provável desmistificação, Marta torna-se impassível ao amor. A personagem sofre o tormento de não encontrar em si mesma, no seu próprio sexo, uma imagem que lhe satisfaça internamente, pois, se vive em confronto com o papel que imputaram à mulher na sociedade, por outro lado, ela ainda não conseguiu desenvolver uma personalidade própria e totalmente independente. Este é o ponto crucial do novo perfil feminino que nasce sob o influxo de Marta Abba, pois a mulher misteriosa é aquela que esconde ou dissimula o vazio de uma personalidade ainda não desenvolvida. Dirá a Ignota de *Come tu mi vuoi*: "Estou aqui, sou sua. Em mim não existe nada, mais nada de mim. Me tome, me tome e me faça como você me quiser"[84]. E a atriz Marta Abba não dará apenas corpo a este perfil feminino criado pelo escritor, ela será sua co-autora, ou melhor, a própria encarnação viva desta imagem feminina. Quando Marta Abba fixava na porta de seu camarim o nome do personagem que representava e não o seu próprio nome, ela não estava querendo agradar ao *Maestro*, ou fazer pose. O ato não era apenas uma atitude exterior, sem maiores consequências ao mundo interior da atriz, ao contrário, a atriz realmente procurava, e de forma obsessiva, impor para ela mesma a ficção como a única realidade possível. Marta Abba, exatamente como as protagonistas que interpretava, foge da consumação do amor carnal. Atriz e personagem se destacam do mundo real para atingir, através da imagem de uma mulher intocável e etérea, uma espécie de "divinização" (a compensação do Eros negado). Como atriz, vivendo suas "mil vidas", ela se envolveu com o véu do mistério de uma mulher fascinante e enigmática. Não foi ela mesma quem disse que "o público se quiser pode me recriar sob cem aspectos diferentes"? – Foi Marta Abba quem criou para si mesma e para suas personagens a imagem da *vamp-virtuosa*[85], uma imagem feminina moderna e em total sintonia com

---

[84] Em *Maschere Nude*, v. 4, p. 475.
[85] E foi o próprio Pirandello quem o reconheceu: "você é Marta Abba, não pode mais ficar na sombra de ninguém; [...] aquilo que é, aquilo que faz, é inconfundível, porque é pessoal: é de Marta Abba. Não existe nem Pirandello, nem nenhum outro [...]. Não precisa da minha arte para viver. Ao contrário! A minha arte, para viver, é que precisa de Você. Ninguém no mundo poderá fazê-la viver melhor do que Você." Carta de 20 de março de 1930, *Lettere a*

os novos tempos. Sobre sua própria imagem escreve Marta: "a mulher de Giannini, um importante homem de negócios de Hollywood, [...] me disse que com a minha personalidade eu sou Marta Abba, diferente de Dietrich e de Garbo, mas do mesmo nível. O sonho se realizará, eu nunca fui tão recompensada no meu trabalho"[86].

## MARTA ABBA: A *VAMP-VIRTUOSA*

"Marta Abba quer ser uma *Vamp*", observou o crítico Giuseppe Castorina a propósito da atriz em 1932[87]. Ser uma *Vamp* significa, em outras palavras, construir para si um tipo, uma imagem de mulher fatal, um arquétipo que, ao lado da Virgem, e em sentido oposto, permanece cristalizado em nosso imaginário coletivo. Mas que tipo de *vamp* construiu Marta Abba? A pergunta é de extrema importância não só para traçarmos o perfil da atriz, em sua relação com o personagem, como também para nos ajudar a reconhecer esta nova figura de mulher que nasce na obra de Pirandello do último período. Normalmente percebemos a imagem da *vamp* destacada daquela da virgem, porém, entre estes dois pólos extremos existem nuances que devemos considerar, pois cada atriz em particular estabelece sua própria personalização do arquétipo *vamp*. E Marta Abba construiu para si um tipo de *vamp* paradoxal e controversa: a *vamp-virtuosa*. Uma mulher ambígua, uma fêmea fatal, apaixonada e fascinante, mas também infantil, ingênua e inatingível. Uma mulher esfinge que faz os homens perderem a cabeça. No entanto, se esta mulher sucumbir

---

*Marta Abba*, p. 337. Estas palavras confirmam tudo o quanto já foi dito sobre a influência da arte de Marta Abba no teatro do último Pirandello. E, principalmente, traz a confirmação de que a atriz possuía um estilo de interpretar único, pessoal e inconfundível; o que na linguagem de hoje pode ser traduzido por um estilo que se orienta a partir de uma criação particular e pessoal de composição física. Em outras palavras, a *vamp-virtuosa* de Marta Abba é, tecnicamente falando, uma *partitura física*, isto é, uma estrutura feita de movimentos, gestos, voz e ritmo selecionados pela atriz. Cf. P. Pavis, Da Stanislavskij a Wilson. Antologia portabile sulla partitura, em M. De Marinis (org.), *Drammaturgia dell'attore*, Teatro Eurasiano, p. 63-81.

86 Carta de 23 de outubro de 1936, *Caro Maestro...*, p. 388.
87 Marta Abba vuol fare la "Vamp", *L'arte drammatica*, ano LXI, n. 21, p. 2.

ao amor de um homem, ela será aniquilada, pois o sexo sempre será a causa de sua catástrofe e ruína[88]. E por quê? Pensemos preferencialmente em Tuda de *Diana e la Tuda*, Marta de *L'amica delle mogli*, Donata de *Trovarsi*, Veroccia de *Quando si è qualcuno* e na Ignota de *Come tu mi vuoi*; todas elas escritas sob medida para a atriz. Ao mesmo tempo em que estas personagens se mostram exuberantes, livres e emancipadas sexualmente, na verdade profunda de suas almas esconde-se uma criatura insegura, frágil, oscilante entre o medo e a esperança. Uma alma feminina que se desconhece a si mesma, que desconhece o prazer de seu próprio sexo, necessita, ainda que demonstre o contrário, do amor e da gratificação de um homem. Por isso a explosão de Veroccia ao descobrir que o poeta declarou Dèlago uma mentira:

> Você agora é uma farsa? E eu também sou uma farsa? Eu então te servi para isso? Foi tudo uma brincadeira? Uma farsa, não é? A frieza dos jovens....a frieza dos velhos... Que importância deveria ter isso para você, se eu estava lá? Eu que me entreguei inteira para você – toda – e você sabe – você que não quis, covarde... – você sabe que me entreguei inteira para você, e você não teve a coragem de me tomar nos braços, de pegar a vida que eu quis te dar – para você, para você, que sofria por não ter nenhuma, por não ter mais nem mesmo a esperança de haver uma. Eu te dei uma vida e você permitiu que falassem que era uma farsa? Covarde... covarde... covarde...[89]

A *vamp-virtuosa* é um tipo de mulher que, malgrado seu comportamento de mulher fatal, não é uma devoradora de homens. Ainda que a *vamp-virtuosa* possua o corpo sensual da *vamp*, ela possui o coração casto e trêmulo, exatamente como o de uma virgem (ou o de uma menina). Ou ela se torna vítima do homem que ela mesma seduziu, ou deve renunciar à própria sexualidade, escolhendo a venerada virtude. A dualidade da fêmea fatal construída por Marta se verifica no

---

[88] Em 1930, a sexualidade da mulher ainda era marcada por um fundo vitoriano, herança do século XIX, que negligenciava o papel sexual feminino: "O papel sexual da mulher, nos primeiros anos do século XX, era limitado à obrigação conjugal. O prazer e a sexualidade da mulher não eram absolutamente considerados". Cf. M. Rosen, *La donna e il cinema, miti e falsi miti di Hollywood*, p. 10.
[89] *Quando si è qualcuno*, em *Maschere Nude*, v. 4, p. 695.

uso de uma voz rouca, acentuada, sussurrante, que corresponde a um tipo de mulher sensual, indolente e maliciosa, em contraste com arroubos infantis nos momentos de felicidade. É a partir da sublimação deste tipo, forjado por Marta Abba tanto no palco como na vida real, que Pirandello irá se inspirar para criar este novo perfil feminino. Basta abrirmos os dois epistolários para verificarmos que Marta se adequou aos pedidos mudos do Maestro, aceitando uma vida vivida somente em função do teatro. Apesar de bela, jovem e exuberante, Marta descreve não ter uma vida social ativa, sua vida é só o trabalho e nada de divertimento. Do teatro ela vai para casa dormir cedo. Como um sacerdote, ou como uma "boa menina", Marta aceita o jogo tirânico do dramaturgo, e, tanto na vida como na arte, ela corresponde à imagem que Pirandello construiu a partir de seu desejo. Como observado por Pietro Frassica, Marta sabia que para o escritor era um sofrimento não tê-la por perto, o que Pirandello deixa bem claro nas cartas. A atriz provavelmente era consciente de que a proibição da sexualidade, dissimulada no jogo ambivalente de renúncia da vida, era uma manipulação de Pirandello sobre o seu desejo. Escreve Marta em 16 de agosto de 1931: "À noite, já na cama. Mas, como me divirto tão pouco ficando na rua, realmente não me custa nada fazer deste jeito"[90].

Nas peças que escreveu para Marta, Pirandello desenvolve de forma mais aguda o debate sobre a sexualidade feminina, claro que sempre de uma maneira recatada. E, se a primeira vista pode parecer um discurso em prol da mulher emancipada, sob a superfície do texto se desenvolve um discurso dissimulado, orientado para suprimir o impulso salutar da sexualidade feminina (especificamente de Marta Abba). Não é um caso inocente que a protagonista Marta de *L'amica delle mogli* seja uma mulher hiperativa, que trabalha incansável e amorosamente para os outros, sem ter ou desejar ter uma vida particular: um perfil que não é nem o da *vamp* e nem o da mãe em estado puro. A *vamp-virtuosa*, por sua ambiguidade, colabora com o aspecto perverso e misógino da obra pirandelliana, segundo o qual à mulher é vetado o

---

[90] *Caro Maestro...*, p. 210.

prazer sexual. Convertendo o corpo em espírito, a luxúria em amor platônico e a sexualidade em um casto romantismo, o dramaturgo consegue unificar, em um mesmo perfil de mulher, a mulher anjo e a mulher erótica, que, para ele, representava a imagem de Marta Abba.

A *vamp-virtuosa* se caracteriza por uma tensão entre forças opostas e não conciliáveis: pois, ainda que exteriormente se pareça com uma *devoradora de homens*, isto é, com uma *vamp*, esta mulher interiormente ainda cultiva uma alma de dona de casa passiva, sexualmente ignorante que, desconhecendo a própria libido, é capaz de se tornar em tudo submissa à masculinidade do homem. Por ter consciência de sua inferioridade sexual, a *vamp-virtuosa* se torna temerosa quanto ao sexo, o que a leva a refutá-lo, impondo ao homem uma imagem de mulher inatingível, distante e cerebral. *Diana e la Tuda, L'amica delle mogli, Trovarsi, Come tu mi vuoi, Quando si è qualcuno* são dramas onde transparecem as vicissitudes do amor de Pirandello por esta imagem fantasmática da atriz Marta Abba: um amor obsessivo, carregado de uma sensualidade tortuosa e feroz, mas que, todavia, não parece ter encontrado lugar na vida *real* do Maestro. Obras que, em comum, descrevem personagens femininas jovens, plenas de sensualidade, beleza e erotismo, mas que não se abandonam, que não se deixam possuir completamente por um homem[91]. Elas temem perder a própria identidade, ou melhor, temem perder a *liberdade* conquistada[92], pois se imaginam vivendo ou como

---

[91] Embora Donata de *Trovarsi* se entregue sexualmente a Elj, ela não consegue chegar ao orgasmo, sentindo, inclusive, uma antipatia, uma repulsa por seu próprio corpo. Donata sente seu corpo como algo destacado dela mesma, algo que, possuído por outro (um homem de carne e osso) já não lhe pertence mais. Diz a personagem para Elj: "Não vejo mais, te juro, não vejo mais a razão porque eu deva reconhecer o meu corpo como uma coisa minha, pelo qual eu deva existir realmente para os outros. Sabe o que eu chego a sentir pelo meu corpo... sim, até mesmo antipatia! Tantas vezes desejei ter um outro, diferente". *Trovarsi*, em *Maschere Nude*, v. 4, p. 574.

[92] Lembramos que será Donata Genzi, protagonista de *Trovarsi*, que provocará e seduzirá Elj; diz Donata: "Eu sou dona de mim!"; e continua: "Dispenso o senhor de sentir medo por mim: sou eu quem quero" (idem, p. 563). O desejo partirá da mulher, será ela quem decidirá sobre sua sexualidade. Porém, ao interno de si mesma, ela ainda não consegue sentir a plenitude de seu corpo feminino e sofre a contradição de sua alma feminina, dividida entre o desejo e a renúncia. O que na verdade é uma estratégia do autor para ma-

escravas ou como prostitutas – ambas submissas ao apetite sexual masculino. Para se defender desta dupla possibilidade – escrava ou prostituta – a *vamp-virtuosa* refuta o próprio corpo, isto é, o corpo enquanto objeto de desejo do outro, estabelecendo com o sexo oposto uma nova relação de poder: na qual a fêmea fatal, guiada por um impulso puritano, se impõe ao homem como uma figura eleita, divina, mais espiritual do que carnal. Esta nova imagem de mulher transfere ao homem a culpa que provém do desejo e da luxúria, culpa que desde Eva foi imputada à mulher, e o infantiliza, edipianamente, fazendo do homem, figura outrora viril e potente, um ser dependente, casto, servil, que espera receber um dia a recompensa pela total dedicação que oferece à amada (a compensação do masculino será a dessexualização do feminino). Para que esta estrutura de manipulação do desejo consiga castrar o feminino, é necessário que o masculino assuma esta culpa, declare que o seu desejo é inevitavelmente a causa da ruína da mulher. Em Pirandello, a confissão desta culpa não se cristaliza apenas nas peças, mas também nas cartas do Maestro à atriz: "Te devo tudo minha Marta; e se te fiz sofrer, acredite, o meu arrependimento é sem fim. Toda a culpa é desta minha inoportuna juventude que não quer passar"[93].

Diante da imagem da *vamp-virtuosa* o homem pirandelliano não sabe mais como agir: ele se infantiliza, se rebaixa, chegando mesmo a renunciar à sua força masculina; talvez o último recurso para convencer a *vamp-virtuosa* de que ele não representa nenhum perigo à sua "independência" feminina tão duramente conquistada. Ao mesmo tempo em que esta mulher é dócil, afetuosa, generosa e honesta –como uma mãe – ela é atraente, sensual e muito desejável: duas mulheres em uma, carne e espírito unidos numa mesma imagem de mulher. Um tipo enigmático, representando a própria personificação de opostos: mulher e mãe (ou menina); reservada e convidativa;

---

nipular o desejo feminino: embora a mulher dos anos de 1930 já tenha um pouco de voz, no que diz respeito à sua sexualidade, ela, caso se entregue a um homem, acaba atraindo para si mesma a inevitável desgraça. Por isso, conclui Pirandello, ela deve ser firme e renunciar à vida, ou melhor, à sua própria sexualidade.

[93] Carta de 20 de março de 1930, *Lettere a Marta Abba*, p. 337.

sensível e fria; emotiva e reflexiva; apaixonada e distante. Ainda que idealmente se coloque num patamar mais elevado que o do homem, a *vamp-virtuosa* ainda está imatura emocionalmente. Sem estar completamente pronta para se aventurar no erotismo sem culpa, medo ou pudor, sua experiência do corpo provavelmente será frustrante. Como punição por ter se entregado, ela perde seu "encantamento" e é constrangida a se ver repetindo o histórico papel de mulher passiva e dependente ou mesmo viver a sua desvalorização moral. Para se defender desta inevitável ruína, prostituta ou escrava, sentencia Pirandello, a mulher precisa renunciar à sua própria sexualidade. Observa-se aqui uma dupla manobra do dramaturgo, tanto estética como psicológica: se no cinema dos anos de 1930 a imagem de uma mulher misteriosa e inacessível foi difundida com Greta Garbo e Marlene Dietrich, alcançando grande sucesso e notoriedade, no teatro, aos olhos do dramaturgo, era Marta Abba quem poderia encarnar este tipo ambivalente e moderno do ponto de vista artístico. Mas se no cinema este tipo não poderia existir sem viver o amor, mesmo sendo a causa de sua desgraça, no teatro de Pirandello a *vamp-virtuosa* é a mulher que sempre será capaz de renunciar ao amor. Por sua natureza "superior", espiritual e etérea, esta mulher será capaz de sublimar Eros. Se Pirandello a deixa viver ou pensar no amor é somente para tiranizá-la: deixando-a se envolver, o dramaturgo retira o véu do mistério que encobria esta mulher divinamente intocável, faz com que o homem a despreze pelo que ela é, para então, ao final da peça, "levantá-la do chão", mostrando como caminho a via sublime da arte (a renúncia da sexualidade). Esta é a forma "didática" usada pelo dramaturgo para persuadir Marta a viver somente para o teatro.

Pensemos preferencialmente em *Trovarsi*. Escrita em homenagem à atriz, a peça descreve o drama de Donata Genzi: uma mulher de trinta anos dividida entre o amor de um homem jovem, belo e viril e o amor pelo teatro. Sobre o personagem dirá Pirandello:

> É mesmo unicamente para Você, para a Sua arte, que é feita de fervor e de inteligência, toda luminosa e clara, vibrante e penetrante: nenhuma, além de você, poderá *vivê-la* sobre a cena. É absoluta-

mente uma coisa Sua, sem a menor possibilidade que possa ser feita por qualquer outra atriz[94].

Donata não é arrogante e nem superficial, e, obviamente, sofre o preconceito e a maledicência do mundo burguês que a imagina vivendo uma vida amoral e "desfrutável", unicamente por ser uma atriz. Sofrimento este compartilhado também por Marta Abba que, exatamente como Donata, se orgulha por jamais ter cedido a obscuros compromissos, amando e se comprometendo com a arte a ponto de esquecer-se de si mesma. Donata e Marta se deram toda para a arte, sacrificando sua vida privada, sua juventude, e os melhores anos de sua vida. Mas, na vida de ambas, chegou o momento do questionamento, da dúvida se realmente vale a pena continuar se doando completamente ao ofício, passar tantas noites em claro, chorando e sofrendo por causa de críticas malignas e injustas, de reprovações morais e de comentários venenosos que tanto ferem sua dignidade. Nas cartas de Marta para Pirandello se constata o tormento da atriz dividida entre o orgulho e o desespero, entre a rebeldia e a depressão, entre a felicidade e a amargura por ser uma atriz:

> Mas infelizmente eu tenho medo sim do amanhã. Sei que preciso ser uma atriz comercial para poder sobreviver. Sei que preciso ter um público meu, que me siga e que eu, abrindo a cortina, tenha a certeza de poder pagar as despesas e de ter, inclusive para mim, uma quantia não irrelevante para que eu possa viver. Não quero chegar a um amanhã, que pode ser próximo, velha, pobre *e sozinha, sozinha*[95].

Se imediatamente concluirmos que o desabafo de Marta é o reflexo natural de todo artista "não comercial", ou independente, diante da insegurança econômica e financeira de uma carreira que para subsistir depende do "gosto" do público, estaremos deixando de ver o verdadeiro motivo desta íntima e melancólica confissão. A repetição do "sozinha, sozinha" traduz o verdadeiro tom de sua queixa: a solidão. O maior temor da senhorita Marta Abba era terminar dupla-

---

[94] Carta de 4 de setembro de 1932. *Lettere a Marta Abba*, p. 1020.
[95] Carta de 14 de agosto de 1931. M. Abba, *Caro Maestro...*, p. 207. Grifo nosso.

mente sozinha, terminar *senhorita* e terminar *sem o seu público*: "sozinha, sozinha". A atriz, dedicada e resoluta na defesa de sua arte, começa a questionar e a se preocupar com o destino da moça ingênua e sonhadora que ficou para trás. Reprimida pela vida da atriz, esta moça talvez desejasse, em segredo, uma vida diferente, mais simples, e quem sabe mais feliz, distante de toda a tensão e a amargura de uma profissão que até aquele momento não parecia compensar todos os esforços empenhados. O drama existencial de Marta Abba se funde com o drama da subsistência teatral em uma imagem dramática de uma moça que renuncia a própria vida em função do teatro; uma breve passagem em "Un'attrice allo specchio, come sono nella vita e come vivo nell'arte" nos confirma a análise: "o mundo nos olha com desconfiança e não acredita no nosso lento e contínuo martírio"[96]. Pirandello quis fazer de *Trovarsi* uma homenagem à atriz, uma "ode" contra as calúnias e os preconceitos que Marta sofria por ser quem era, e através de Donata parece de fato querer lhe enviar uma sutil mensagem, implícita no conceito de missão teatral: a renúncia de uma vida erótica própria, como único caminho para ser uma atriz plena. Se em suas cartas Pirandello não chega a propor abertamente que a atriz renuncie à sua vida de mulher, muito embora insista sobre a grandeza de uma vida voltada somente para a arte, com o argumento definitivo de *Trovarsi* esta proibição se torna tão transparente que chega a transbordar no próprio epistolário: "Eh, porque a verdade absoluta – inaceitável na vida – é aquilo que disse Salò no primeiro ato: ou mulher, ou atriz; que além do mais, é o que eu sempre disse para mim mesmo: 'a vida ou se vive ou se escreve'[97].

Durante o projeto de *Trovarsi* – a primeira menção sobre a peça comparece numa carta para a atriz em 4 de agosto de 1931 – toda a correspondência do dramaturgo com Marta Abba abordou insistentemente o tema da arte como missão de vida e do grande futuro da atriz pela via da arte, seu "grande grande empenho moral com a grande grande Arte,

---

[96] Un'attrice allo specchio..., *La Gazzetta de Popolo*, p. 3.
[97] Carta de 9 de setembro de 1932, *Lettere a Marta Abba*, p. 1027.

com o Seu grande futuro"[98]. É como se Pirandello estivesse de fato "preparando" a atriz não só para viver o personagem Donata, mas para *ser* Donata. Se Marta sofre por não ser "comercial", o dramaturgo intervém e com tom paternal lhe diz que isto seria sua ruína. Aceitar um repertório comercial, como exigido pelos empresários Suvini-Zerboni, escreveu Pirandello, seria deixar de ser Marta Abba, "uma atriz moderna por excelência"[99]. A ambivalência do argumento se colhe um pouco mais avante: "Posso entender a Sua indignação por este comércio sujo que se faz dentro da Itália, mas não o Seu desespero em estar excluída dele. Para Você, isto é uma sorte, pela qual deve se orgulhar! Porque amanhã o remédio virá"[100]. E o remédio para salvar o teatro italiano, conclui o escritor, é a própria Marta, se ela souber se afastar da "porcaria comercial de hoje". E numa outra carta, escrita poucos dias depois, se confirma a tese do necessário afastamento de Marta do mundo mundano e recolhimento ao mundo da arte. Escreve o dramaturgo:

> Minha Marta, não diga, não diga que de todos os seus sacrifícios, de todas as Suas lutas, de todo o Seu Trabalho, tirando o dinheiro, ganhou apenas esta leve doença, que em um mês de cuidados e de repouso passará. Dentro de Você, no crescimento de Sua alma, no enriquecimento do Seu espírito, no significado que adquiriu da vida, Você ganhou *a Sua grande personalidade*; e externamente, ganhou a admiração de todos que sabem o que quer dizer Arte, nobreza de hábitos e pureza de aspiração[101].

"Nobreza de hábitos e pureza de aspiração". A semelhança entre Donata e Marta é incontestável. Elas levam uma vida recatada, solitária, e vivem apenas para o teatro. Ambas são atrizes, já atingiram a casa dos trinta, conservam com orgulho a própria virgindade, e passam por um momento de grave crise

---

98 Carta de 11 de agosto de 1931, idem, p. 856. A repetição do "grande grande" foi usada pelo escritor.
99 Carta de 16 de agosto de 1931, idem, p. 862.
100 Idem, ibidem.
101 Na época, Marta Abba estava com uma leve infecção em um dos pulmões. Carta de 19 de agosto de 1931, *Lettere a Marta Abba*, p. 866-867.

existencial[102]. Observando atentamente a entrevista de Marta, "Un'attrice allo specchio...", nota-se uma contradição de ideias que denuncia o embate entre a vida de uma atriz, ou melhor, o tipo de atriz que Pirandello idealizava, e seu próprio mundo interior de mulher. Escreve Marta: "Eu vivo apenas de teatro e para o teatro: o resto não me interessa [...]. Mas não renuncio a ser mulher", e conclui, "mas uma mulher completa apenas no teatro"[103]. Como sabemos, o artigo foi publicado em janeiro de 1931, alguns meses antes de Pirandello anunciar a sua nova peça, e foi o próprio escritor quem fez as correções no texto de Abba[104]. Na visão do dramaturgo, não renunciar à sua vida de mulher significava uma dissonância com a missão de ser uma atriz, e se não é possível afirmar que a frase "uma mulher completa apenas no teatro" foi acrescentada por Pirandello, com *Trovarsi* o dramaturgo deixa bem claro que uma atriz para existir como atriz deve renunciar à sua vida erótica. E se juntarmos o fato de que para Marta só lhe bastava *intuir*, a experiência negativa de Donata Genzi com o amor será, para ela, bem mais do que uma simples ficção[105].

---

102  Um testemunho de Paola Masino nos confirma a tese da castidade da senhorita Abba: "Conheci Marta Abba em 1925, no mesmo ano em que Pirandello a conheceu. Posso garantir isto: que Marta Abba e Pirandello jamais tiveram relações físicas. Para ele Marta era uma senhorita e como tal deveria permanecer até o seu casamento. Pirandello a amou, mas a seu modo, e por isso ele talvez tenha sofrido...". Cf. Pirandello e il "Corriere" 1876-1986, *Corriere della Sera*, 28 de maio de 1986, p. 31.
103  *La Gezzetta del Popolo*, p. 3.
104  Cf. Carta de 12 de janeiro de 1931, *Lettere a Marta Abba*, p. 605-606.
105  Na ocasião da estreia romana de *Trovarsi*, o crítico Alberto Cechi, ainda que de forma maldosa e sarcástica, afronta explicitamente o nexo entre o autor e sua intérprete: "*Trovarsi* é, mais uma vez, um drama sobre a identidade. A heroína resulta vencedora no exato momento em que, do ponto de vista humano, pareceria derrotada. Acreditamos que é a primeira vez, malgrado o precedente de *L'amica delle mogli*, que Pirandello aplica este problema em relação à mulher. Não é sem um significado explicativo, já que a obra é dedicada a Marta Abba. Uma atriz que a cada noite de espetáculo coloca sobre a porta de seu camarim um cartão que ao contrário de trazer o seu nome de mulher – a senhorita Marta Abba – traz o do personagem que interpreta – Margherita Gautier ou a senhoria Morli uma e duas – como se ela não existisse por si mesma, mas apenas enquanto encarnação de um personagem (al.ce. [Alberto Cecchi], em *Il Tevere*, 14 de janeiro de 1933). Cf. A. D'Amico, Notizia, em *Maschere Nude*, v. 4, p. 521-522.

## DONATA GENZI: "ANIMA MIA PREDILETTA"

"Donata Genzi, minha alma mais amada, revela no segundo ato todo o tormento e todas as amarguras do nosso esforço!"[106] E o que exatamente se passou neste segundo ato? A consumação do amor entre Elj e Donata e sua posterior desilusão. A descoberta do sexo não é para Donata uma revelação, ao contrário, é apenas sofrimento e decepção. O jovem Elj Nielsen se comporta como "um homem egoísta e desatento, nem mesmo se deu conta que não soube procurar orgasmos na mulher que se ofereceu a ele, e que lhe deu a sua virgindade"[107]. A falta do orgasmo feminino é um dado fundamental para compreendermos o sentido "didático" da peça: se Pirandello, na superfície do texto, procura se colocar ao lado da protagonista, discutindo seus dilemas e suas dúvidas no confronto de sua sexualidade com a sexualidade masculina, acusada de instintiva e óbvia, ao interno do texto, em seu aspecto profundo, o escritor usurpa de Donata aquilo que de fato a transformaria em uma mulher no pleno sentido da palavra: o prazer sexual sem a armadilha da reprodução. Um subterrâneo puritanismo transforma a figura masculina de Elj de "anjo salvador" em um "Eros diabólico". Uma potência masculina que depois de consumir a "aura" misteriosa que envolvia a atriz (aquele seu doce mistério de mulher inacessível), tentará subjugar e escravizar Donata, uma *vamp-virtuosa*, que embora independente, ainda se conserva ingênua e temerária em relação ao sexo. Mas, vejamos o diálogo entre Donata e Elj logo depois de sua primeira noite de amor:

ELJ: – Mas, diga, diga. Como eu me saí?
DONATA: (*docilmente*) Quer que eu o diga?
 *Ainda hesita um pouco; depois, sem atenuar a delicadeza, mas abaixando os olhos, diz:*
 Você estava muito preocupado com você... demais...
ELJ: Comigo? Te pareceu?
DONATA: (*voltando a sorrir*) Mas, talvez, seja do homem ser assim.

---

106  La mia vita di attrice, *Il dramma*, ano XII, n. 239, p. 2.
107  Cf. R. Alonge, Pirandello, appunti su "Trovarsi", *Chroniques italiennes*, n. 49, p. 119; e *Madri, baldracche, amanti. La figura femminile nel teatro di Pirandello*, p. 121.

ELJ: Não vai me dizer como? Olha, sobre isto, eu quero mesmo saber. Eu não entendo.
DONATA: Chega, chega, eu te peço. Deixa pra lá. Eu não saberia como te dizer.
ELJ: Você falou até mesmo de *um sofrimento*![108]
DONATA: Não... já passou!
ELJ: Mas e depois? Fala! Não é justo guardar para você, escondida, uma coisa que... seria melhor que eu conhecesse.
DONATA: Pode ser que dependa de mim...
ELJ: Não te agrada como eu te amo? Deve me dizer, porque eu... eu não entendo mais nada: eu ardo todo, basta que te toque!
DONATA: Sim, você é assim. É natural[109].

"Um sofrimento"; é a conclusão da protagonista sobre o sexo. E quando Marta diz que Donata revela no segundo ato todas as "amarguras deste nosso esforço", ela não está pensando na atriz particularmente, mas na mulher de forma geral. As dificuldades que Marta passou como atriz, empresária e diretora de uma companhia teatral, e claro por sua personalidade inquieta, questionadora e rebelde, criaram nela, embrionariamente, um tipo de "consciência feminina", moderna, que, todavia, se configurava por uma falta de horizonte. A ausência de um projeto alternativo, isto é, de uma nova opção de vida para fora do perverso sistema patriarcal, provoca uma ferida que a aproxima indubitavelmente do mundo pirandelliano. O dramaturgo reconhece na atriz o mesmo sentimento de sufocamento e de opressão típicos de suas criaturas. Não foi Mattia Pascal quem descreveu o sintoma com a imagem do títere com seus braços caídos? E Marta Abba, por seu lado, reconhece nas protagonistas pirandellianas, e fundamentalmente naquelas por ela inspiradas, os mesmos questionamentos que ela passa enquanto mulher. A compreensão desta identificação com o mundo pirandelliano, desta falta de ar, problema que antes da atriz comparecia apenas nos personagens masculinos, é o que leva Marta a privilegiar o teatro pirandelliano durante toda a sua vida produtiva. Tanto é verdade que a atriz, até o final da vida do Maestro, continua colaborando com o autor, sugerindo novas ideias para as suas peças, com uma perspectiva, ousamos dizer, "feminista":

---

108 Grifo nosso.
109 *Trovarsi*, em *Maschere Nude*, v. 4, p. 571-572.

Gostaria que o senhor olhasse, bem profundamente, para esse nosso momento de vida moderna (quero dizer "feminino") [...]. Todas as mulheres são iguais, nos seus momentos de vida humana. Os sofrimentos são os mesmos, com ou sem divórcio, todas possuem as mesmas aspirações, e os sentimentos são os mesmos. Não sei. Mas acredito que observando com o seu olho agudo, o senhor poderia acompanhar a vida de uma mulher e dizer, talvez, uma palavra boa para esta nossa vida atormentada[110].

Se por um lado Marta aspira a um novo propósito, por outro ela ainda espera do dramaturgo a palavra de ordem, de mudança, uma "palavra boa" que talvez possa unificar a subjetividade feminina tão dividida e contraditória. Isto reflete explicitamente o que Marjorie Rosen disse a propósito da mulher nos anos trinta, personificada na imagem de Greta Garbo: envolvida com aquele seu véu de mistério, a mulher dissimulava um vazio ou a ausência de uma personalidade que jamais se desenvolveu ou que não pôde ser desenvolvida, e acrescenta,

quanto é difícil para o homem levantar aquele véu, se é ele mesmo a força que tem impedido (em realidade, até mesmo execrado) o desenvolvimento do embrião! [...] o mistério é um conforto ao ordinário, o ordinário das mulheres que ele permitiu (ou causou) a desvalorização[111].

Mas, voltemos ao drama *Trovarsi*. O sofrimento de Donata, além do sofrimento físico, da dor do rompimento do hímem, apontado por Alonge, é também um sofrimento moral, da consciência de se sentir como objeto da representação do desejo masculino, e não possuir um mecanismo para se construir a si mesma como sujeito. Donata sofre moralmente, pois se vê vivendo, aos olhos de Elj, como um frívolo apêndice de sua masculinidade, ou seja, apenas como um corpo de mulher:

me vendo tantas vezes designada por certos olhares ao meu corpo, me descobrir mulher... – oh Deus, não digo que me desagrada –

---

110 Carta de 23 de outubro de 1936, *Caro Maestro...*, p. 387. As palavras de Marta antecipam em quase meio século um dos princípios afirmado pelo movimento feminista, aquele mais radical, o feminismo cultural, isto é, a noção de uma cultura da mulher, diferente e separada da cultura dos homens.
111 *La donna e il cinema*, p. 120.

mas, em certos momentos me parece uma necessidade quase odiosa, que me vem a vontade de me rebelar[112].

O encontro sexual com Elj estabelece uma fratura na alma de Donata, que, dividida, termina por refutar este corpo como algo estranho, *uma coisa* quase odiosa. E a reação de Elj não poderia ser mais infeliz: "Ah, mas eu não! Eu quero este! Eu amo este! E você é uma ingrata, se não está satisfeita"[113]. A valorização do corpo da mulher enquanto objeto de prazer em detrimento do sentimento de perda de Donata, isto é, da perda de sua subjetividade, a fere em sua natureza feminina contraditória, e ela reage como uma *mãe* deliberadamente má, ameaçando e fragilizando a potência masculina de Elj, transformando-o em um menino:

DONATA: ... Desculpe, mas que vida pode ser essa, assim ao acaso?
ELJ: Que vida? A vida – como se apresenta a você – come te agrada... – sem bagagens...
DONATA: Sem bagagens? Se soubesse quantas eu tenho!
ELJ: E eu te proponho, de agora em diante, uma mochila a tiracolo, e rua! [...]: "Aqui está um homem de talento e uma mulher de coragem!"
DONATA: [...]... Agora, olha: você mesmo me trouxe para cá, me prendeu nos braços. Não, eu não tenho nada para te reprovar, nem pretendo, porque eu também quis – quase que eu quis sozinha.
ELJ: - não, como? –
DONATA: Você não queria – eu que te desafiei – mas, depois, sim, foi você quem quis me trazer para cá [...]. Não podemos ficar juntos como dois estranhos. Você quer retomar a sua vida.
ELJ: Mas com você!
DONATA: Exato, comigo... – para você talvez seja fácil, que é deste jeito, que quer tudo por acaso e sem regras... mas para mim não, entende? Para mim será muito difícil.
ELJ: E por quê?
DONATA: Porque agora eu tenho – tenho – a minha vida e a quero viver "para mim" – e não sei como será com você, que é como um menino, que talvez se assuste – como se assustam tantos meninos quando veem as máscaras[114].

---

112 *Trovarsi*, op. cit., p. 574.
113 Idem, ibidem.
114 Idem, p. 576-577.

Donata ironiza o sonho de uma vida "sem bagagens" de Elj, e trava uma luta interna e externa, ainda que muito delicada, para se impor como uma mulher livre e independente: "eu que te desafiei", diz em tom provocador. A "mulher corajosa", doce, passiva e familiar, parece dar lugar a uma mulher mais reflexiva, mais intelectual, e menos submissa: uma mulher que não vive apenas para valorizar a masculinidade do homem, mas que vive para conquistar a si mesma, tornando-se, ela mesma, uma "mulher de talento". Mas é exatamente neste momento quase triunfal, no qual Donata demonstra, com a mais absoluta frieza, a liberdade que lhe permitiu provocar um encontro sexual com Elj, é que Pirandello, de um só golpe, rasga o céu de papel do *teatrinho* de Donata-*vamp*, reacendendo a chama da virtude e da moralidade: a independente e inteligente Donata pode até parecer revolucionária, mas a sua inclinação moral permanece vitoriana, pois seu escopo final ainda parece ser o casamento. Ameaçado por uma faceta de mulher pouco familiar, quase agressiva, um pouco masculina até, Elj dá o golpe de misericórdia, pede Donata em casamento e a proíbe de continuar sendo uma atriz; em outras palavras, ele quer comprar a sua liberdade:

ELJ: Gostaria de retornar ao teatro?
DONATA: Certamente...
ELJ: Ah, não, não! Ao teatro, não!
DONATA: Eu tenho que voltar querido. Em dez dias o meu mês de repouso estará terminado.
ELJ: Ah, não mesmo. Eu não te deixo mais ir embora! Não, não, nada mais de teatro! Eles que te esperem entre dez dias!
DONATA: Mas, eu tenho os meus compromissos!
ELJ: Sim, que se mandem às favas!
DONATA: É, e como?
ELJ: A qualquer preço! Eu não quero saber de nada! Você fica comigo! Comigo! Imagina se eu vou deixar você retornar ao teatro, para dar vida aos seus fantoches! Se você nunca a viveu, *agora sou eu quem te dará a vida; e você a dará para mim*!
DONATA: Estou feliz que você tenha me dito isso[115].

---

115 Idem, p. 577. Grifo nosso.

A aparente revolução sexual de Donata se esfumaça com a possibilidade de um pedido de casamento. O discurso progressista será substituído pelo mundo familiar da submissão feminina: Elj, após ser confrontado por uma mulher agressivamente inteligente, e se sentindo ameaçado em seu orgulho masculino, irá proibir Donata de retornar ao teatro, de retomar o seu trabalho de atriz. O que significa dizer, a proibição da retomada de sua vida independente. A mulher intelectual, fria como um pedaço de gelo, será cooptada pelo pedido de casamento de Elj, que idealizou em Donata certa "estupidez" de boneca, uma frivolidade e uma superficialidade que, para ele, "um homem de talento", seriam atributos indispensáveis à "mulher de coragem". Para este jovem, quase selvagem e caprichoso, a mulher deve ser como o mar, como a água, toda instinto e sentido. E sendo Elj um filho do mar, a água é o seu elemento, é o seu ambiente; meio que ele sabe dominar e controlar, bastando para isso "um golpe de cauda"[116]. Pirandello transforma Elj em um diabo tentador, que quer fazer de Donata uma escrava, transformando-a mesmo em um elemento que se presta a sua caprichosa paixão. No entanto, Donata não se reduz à sua faceta "vitoriana", e percebe a tempo que a escolha de abandonar o teatro pelo amor de Elj foi muito mais o reflexo de um sentimento de anestesia diante do predador do que uma escolha pessoal definitiva. Antes de abandonar definitivamente a cena teatral ela retorna ao palco. E é neste momento final, no momento do embate definitivo entre a atriz e a mulher, que se desenrola o terceiro ato da peça. Um final que o dramaturgo encontrou grandes dificuldades para escrever[117].

A dificuldade em concluir o drama passa pela ideia do *absoluto*: "O difícil é encontrar o *absoluto*, com uma mulher que é atriz e que deseja ser mulher, e que como mulher não se encontra e corre o risco de não se encontrar mais como atriz, e depois,

---

116 Idem, p. 579.
117 As dificuldades do Maestro podem ser consultadas especialmente nas cartas de 22 de agosto, 4, 9 e 12 de setembro de 1932, *Lettere a Marta Abba*, respectivamente p. 1016, 1018, 1025 e 1028. Infelizmente as cartas de Marta do período estão perdidas. Mas as cartas de Pirandello denunciam que a atriz não estava muito contente com o final da peça: "me apareceu que o terceiro ato não te agradou tanto [...]. Mas eu realmente não saberia fazer diferente. Te confesso que assim como está me agrada". Carta de 4 de setembro de 1932, p. 1019.

Luigi Pirandello. Lido di Camaiore 1932, hóspede da família Abba, escreve Trovarsi. Arquivo: Centro Studi Teatro Stabile di Torino. Foto Lucio Ridenti.

se reencontrando como atriz, não reencontra mais o homem que a faça ser também mulher..."[118]. A conclusão da peça, que na verdade se trata de uma *não conclusão*[119], será a materialização do mundo criativo de Donata[120]; explica o dramaturgo: "O que acima de tudo me importava, era isto: que o personagem representado por Donata naquela noite no teatro fosse uma mulher que pudesse ter o amor, em absoluto contraste com ela"[121]. Ora, a aparição final de uma *vamp*, em sua provocante exterioridade erótica, não é apenas um *coup de scène*, ela alivia a atmosfera plena de tensão provocada pela não conclusão do drama de Donata. Para o dramaturgo, o único caminho possível para resolver o conflito existente entre a mulher e a atriz é separar a *personagem-atriz* em suas duas metades. No teatro, Donata tanto poderá viver o erotismo, dando vida a mulheres

---

118 Carta de 9 de setembro de 1932, idem, p. 1027.
119 "E gostaria que a última frase de Donata, quando se levanta depois da visão da cena representada, fosse dita com a perfeita convicção de uma conquista, com orgulho sincero de um triunfo do espírito: 'A verdade é essa!... e nada mais é verdade... A verdade é apenas uma, que é preciso criar-se, criar! E assim, somente assim, nos encontramos!'. Carta de 4 de setembro de 1932, idem, p. 1019. Para o autor o *absoluto* não se realiza, não existe portanto uma *conclusão* verdadeira para Donata, ela só pode ser uma coisa ou outra, isto é, ou mulher ou atriz. A solução para o drama de Donata não é mais do que uma solução momentânea: "Mas Donata é jovem, é bela e quer também viver... O seu drama é esse, e se complica ainda mais, por ela não saber fechar os olhos. E nas vezes em que ela os fecha, ela se arrisca a morrer e a não ver mais nada... Como *encontrar-se* assim? Ou ela se perde e não se encontra, ou às vezes se perde e se reencontra, e desta vez como *as outras...* – e nada mais de absoluto! Esta falta de absoluto faz com que Donata não seja *uma heroína*. É a crise de uma atriz, que não se supera, porque ela mesma não quer uma coisa ou outra, quer junto as duas coisas, que não são possíveis senão *relativamente* e, portanto, sem uma conclusão verdadeira. É preciso encontrar uma momentânea, e que seja bela! A encontrarei". Carta de 9 de setembro de 1932, idem, p. 1027. Talvez aqui se encontre o motivo pelo qual o terceiro ato de *Trovarsi* não agradou a Marta Abba. Talvez a atriz não aceitasse a falta de conclusão para o drama de Donata, que, na verdade, também era seu drama pessoal.
120 Para a cena final de materialização da "visão" da atriz, Pirandello imaginou um dispositivo cênico, espetacular, através do qual o quarto de Donata se transforma em um grande palco. As didascálias do dramaturgo indicam para este momento uma luz mística, que sugere uma atmosfera sobrenatural, ou *sur-real*, para a entrada dos personagens que serão evocados pela atriz. As últimas palavras de Donata são as mesmas já anunciadas pelo escritor em carta a Marta Abba: "Esta é a verdade... E nada mais é verdade... a verdade é apenas uma, que é preciso criar-se, criar! E assim, somente assim, nos encontramos". Cf. *Trovarsi*, em *Maschere Nude*, v. 4, 2007, p. 614.
121 Carta de 4 de setembro de 1932, *Lettere a Marta Abba*, p. 1019.

sensuais, *vamps* que não temem a própria libido, como também poderá ser a dona de casa, submissa e passiva. Viver "todas as mulheres" sem prejuízo de sua imagem. Porque, para ser uma atriz, Donata deve se manter com o véu do mistério e do fascínio de uma mulher inacessível. É a própria Marta Abba quem acrescenta: "viver no teatro tudo aquilo que a vida me nega, todas as paixões que a realidade não me permite"[122].

A solução proposta pelo autor para compensar o sentimento de opressão vivenciado por esta mulher dividida, não se configura exatamente como uma alternativa para o sistema patriarcal vigente, ao contrário, parece confirmar o mecanismo cultural que faz da mulher o Outro, o objeto de desejo. Para Donata (e Marta) não será permitido ser mulher e atriz ao mesmo tempo, pois uma necessariamente invalida a outra: ser "todas as mulheres", como propõe Marta para sua vida de atriz, significa lançar mão daquele véu citado por Marjorie, para se recobrir com o mistério que falta à mulher comum, mas, por outro lado, significa a autorização para ser relegada a posição de "estranha". O "fascínio enigmático", "o perfume do mistério", conclui Marjorie, se configura como um voluntário exílio da mulher aos negócios do coração, uma tática defensiva, deixada às mulheres, que no final das contas é uma forma de auto-exclusão. E não é exatamente isso que Pirandello desejava de Marta Abba? A atriz, "figura suspensa", precisa renunciar ao amor, à carnalidade, pois, ao contrário, arruinaria a sua essência divina e "mágica". Lembramos que na concepção do dramaturgo, o ator/atriz tem em si uma centelha divina. É figura "suspensa" porque o corpo é instrumento do espírito e porque está em contato com a divindade da qual extrai de algum modo o próprio conhecimento do coração humano, sem ter necessidade de experimentar preliminarmente os percursos e as vicissitudes[123].

Como Donata, Marta Abba também era uma *figura suspensa*, um *anjo* talvez, mas um *anjo de fogo*, que seduz e fascina justamente pelo contraste entre sua juventude e seu voluntário exílio aos desígnios da carne e da paixão:

---

122 Un'attrice allo specchio..., *La Gazzetta del Popolo*, p. 03.
123 R. Alonge, *Luigi Pirandello, il teatro del xx secolo*, p. 11.

e trabalhar, como estou trabalhando! Não poderia fazê-lo, se você não existisse. O pensamento constante em Você, Sua imagem que me chega como um anjo que me estende a mão; e depois, imediatamente, se modifica e se transforma como uma chama que me reacende a inspiração[124].

Como disse Bertuetti, esta é uma *chama fria*, que não arde, que não queima e que não se consome. Usando uma linguagem metafórica, contrapondo anjo com a imagem do fogo, o escritor reafirma a ausência do sexo em sua relação com Marta. O desejo é absorvido pela arte, pela inspiração, em uma eterna promessa de orgasmo que não se cumpre, que não pode ser cumprida. Um desejo solitário que se auto-alimenta e que mantém o poeta em um permanente estado de tensão e excitação erótica. A compensação deste prazer negado, deste desejo que não encontra o alívio orgástico, será a via da arte: "A minha arte nunca foi assim tão plena, tão variada e imprevisível. Uma verdadeira festa para o espírito e para os olhos. Toda palpitante e fresca como o orvalho. E escrevo *com os olhos da mente fixos em você*"[125]. Com "os olhos da mente", o escritor visualiza Marta em sua intimidade: na cama, no mar ou mesmo nua. Os exemplos são muitos, citamos: "[...] toda manhã *te vejo* sair do quarto as 7 e 1/2 e entrar no banheiro; tomar banho e fazer as inalações"; "Pensa que, mesmo de longe, a minha alma inteira estará ao seu lado"; "Imagino como ficará linda em Seu novo traje de banho"[126]. A proibição da sexualidade, justificada por uma missão no mundo da arte, terá como compensação o teatro. No palco, o dramaturgo poderá *ver* o corpo da atriz dando forma a todas as cenas tabus que sempre o perseguiram, o atormentaram e o fascinaram ao longo dos anos.

Marta, por seu lado, parece aceitar esta existência vivida somente em função do teatro. Menos talvez pelo fato da consciência de uma proibição da sexualidade – muito embora não haja registro de nenhum romance da atriz em seus dez anos de dedicação ao Maestro – do que pelo ideal de construir uma carreira independente. Em prol de sua arte, por sua técnica de atuar e de

---

124 Carta de 7 de março de 1931, *Lettere a Marta Abba*, p. 675.
125 Carta de 10 de fevereiro de 1931, idem, p. 640. Grifo nosso.
126 Cartas de 20 e 27 de setembro de 1929 e de 29 de julho de 1931, idem, respectivamente p. 259, 269 e 835.

conceber o teatro, a atriz enfrentou muitos dissabores, críticas e injustiças no seu país. Pietro Frassica, em sua introdução às cartas de Marta a Pirandello, faz uma importante análise sobre o temperamento da atriz que até hoje ainda não foi devidamente explorado: uma espécie de "consciência sindical", diz o estudioso. A fé de Marta pela sua arte, que para ela era como uma verdadeira religião, a sua busca por uma forma expressiva particular e revolucionária, frequentemente a levaram a entrar em conflito com as estruturas e as convenções teatrais da época. Entendendo o teatro como única forma de vida possível, não era fácil para a atriz aceitar as exigências e os abusos que as agências teatrais e os empresários impunham às companhias independentes. As dificuldades encontradas diante de uma estrutura empresarial voltada ao teatro "comercial", fizeram a atriz colocar em questionamento os agentes que organizavam a pauta dos teatros estatais. O seu repertório, julgado muito "pirandelliano", e seu estilo de interpretar julgado "muito livre" e arrojado confrontavam-se com os objetivos das corporações e das associações teatrais que almejavam apenas o lucro líquido e certo. Do questionamento, Marta passou ao protesto para, finalmente, denunciar o esquema dos agentes que, embora diretamente ligados à vida política do país, não cumpriam, senão parcialmente, as necessidades de um teatro de arte. Como agudamente conclui Frassica: "Marta Abba tornou-se um personagem incômodo"[127].

Nos documentos da época registram-se as tentativas de, por exemplo, PES, em cooptar a atriz para um tipo de teatro mais comercial, leia-se não pirandelliano. Em sua crítica ao espetáculo *Penelope* do autor inglês Maugham, que estreou no teatro Manzoni em dezembro de 1930, protagonizado por Marta, o crítico não economizou elogios ao autor que, segundo ele, graças aos esforços e empenho de Paolo Giordani[128], se transformou em um dos autores estrangeiros mais representados no país. Maugham, diz PES, "é um autor delicioso e *Penelope* é uma comédia graciosa, alegre, divertida"[129]. Sobre a atuação de Marta, o crítico argumenta inicialmente de forma um pouco genérica e contraditória, mas elogia a genialidade da

---

127 P. Frassica, Introduzione, em M. Abba, *Caro Maestro...*, p. 23.
128 Inimigo declarado de Pirandello e criador da Società del Teatro Drammatico.
129 PES, Cronaca dei Teatri Milanesi, em *L'arte drammatica*, ano LX, n. 6, p. 1.

atriz, diz que sua interpretação realmente lhe agradou muito, apesar "dos defeitos e da originalidade". Uma crítica evasiva e nada conclusiva. O que de fato vale a pena ressaltar, e transcrever, são os comentários do crítico sobre o percurso artístico da atriz, um ataque direto e nada sutil ao teatro pirandelliano, e suas declarações sobre o revolucionário estilo da atriz, que, incansável em quebrar regras e convenções, horrorizava a crítica mais preocupada com a harmonia dos gestos, com a "beleza" e graça feminina, do que com a anarquia criativa. Escreve PES:

> Ao início de sua carreira (Marta Abba), quando estava envolvida apenas nas interpretações pirandellianas, os seus fãs eram de uma exígua minoria. Hoje estão para se transformar em maioria. E não está longe o tempo em que esta atriz, rebelde a todas as convenções e a todas as concessões, se tornará a preferida das multidões. Mas, para dizer a verdade ela também está adocicando a aspereza de sua dicção, tornando mais gentil os seus movimentos e os seus gestos. Claro, é uma atriz que sempre interpreta de modo absolutamente diferente de todas as outras: não lembra ninguém. É sempre ela, unicamente ela, e atenção que este é o sinal de um valor incomum. Se nota na sua personalidade: é um ser novo que se afirma e que quebra convenções e costumes. Que se discuta o quanto se deseja sobre ela, mas é um dever reconhecer a sua grande e potente inteligência. [...] Em *Penelope* [...] existem momentos de suprema sinceridade e outros de uma, até mesmo, rude dicção. Isto acontece porque ela ainda procura a sua estrada, ou para ser mais exato, procura feminilizar ainda mais a sua índole, o seu temperamento. Ela conseguirá. E, quiçá, em um tempo não muito distante, Marta Abba consiga inclusive interpretar produções românticas. Ela o fará quando aprender a falar de amor. Isto é o que verdadeiramente lhe falta. Ainda não sente, não expressa, não manifesta o amor[130].

Observa-se na crítica, de um modo geral, uma grande dificuldade em analisar a arte do ator enquanto estrutura composta por elementos e procedimentos. As escolhas de Marta são diagnosticadas apenas como um "modo particular" de atuação. Ainda não existia um domínio técnico por parte dos analistas para examinar e isolar as "ações físicas" executadas

---

130 Idem, ibidem.

no palco, método elaborado por Stanislávski (1863-1938) ao final de sua vida, e muito menos uma terminologia relativa ao trabalho do ator fora da ideia de "intuição", "dom", "magia", "estilo"; o que torna ainda mais difícil o trabalho de reconstrução do modo de atuar de Marta Abba. A conexão existente entre corporeidade e sentido estava baseada apenas na coerência psicológica, ainda não se falava em partitura de ações, em ações físicas e vocais executadas pelo ator. Por isso as dificuldades da época em compreender uma técnica atorial que não partisse de uma matriz psicológica. A suposta "não coerência" na materialidade gestual e vocal de Marta, sua tão discutida originalidade, se dava em função de uma escolha física, ou de um processo de composição que não era voltado para a harmonia ou para a ideia de espontaneidade, estereótipo naturalista, mas para a ideia de que o personagem dramático encaminha suas ações a partir de suas próprias incoerências e vicissitudes. Ora, hoje sabemos que o ser ficcional não se reduz apenas às ações executadas, o estudo de Tzvetan Todorov ligado à "modalização das ações" já destacou que na ação do personagem existem também as "ações virtuais", isto é, aquelas que permanecem enquanto intenção ou possibilidade. A partir de suas análises observa-se acertadamente que o personagem não é apenas aquilo que ele *faz*, mas também o que ele *quer fazer*, o que ele *pode fazer*, o que ele *sabe fazer* e o que ele *deve fazer*[131]. O conflito entre estes elementos modalizadores, estas ações que não se concretizam, e as ações devidamente executadas, podem produzir uma interpretação aparentemente desarmônica, já que provavelmente no trabalho do ator encontraremos algumas ações que parecem não ter uma grande importância para o desenrolar da intriga. Ter a consciência sobre os elementos envolvidos no trabalho artístico era o que preparava e disponibilizava a atriz para novas e inesperadas descobertas. Marta Abba era uma atriz original porque sabia criar, em outras palavras, porque sabia compor.

---

131 Cf. T. Todorov, *As Estruturas Narrativas*.

## O DOCE E O AMARGO REMÉDIO DO TEATRO

A frustração por não ter conseguido continuar suas atividades como encenador, à frente de uma companhia fixa de teatro, acompanham Pirandello por todo o epistolário. Em 13 de abril de 1929, um ano depois da última apresentação da companhia, e exatamente um mês depois de Marta ter deixado Berlim, o dramaturgo escreve para a atriz:

> Com a experiência que conquistei, gostaria de ter aquele Teatro como ele era; com as esperanças que havia dado a todos nós. Uma verdadeira Companhia de arte feita só com jovens; Você, em primeiro lugar (como agora eu Te vejo); encenações que agora eu posso fazer, depois desta escola daqui; um repertório variado; reacender aquele fogo inicial em todos, e fazer daquele pequeno Teatro um centro de arte para todo mundo; um reino da arte, e Você rainha deste reino... – Sonhos! Saberia realizá-los, se tivesse ao meu lado gente capaz e honesta: mas nunca as encontrei! Nunca! Nunca! E para mim que não tenho capacidade para administrar foi sempre mais do que necessário, indispensável. Razão porque, aos 61 anos, tirando a minha obra literária, nunca consegui construir nada![132]

Até o final de sua vida o dramaturgo não vai perdoar os seus inimigos, julgados responsáveis pela falência do Teatro de Arte. Mas, em 1929, o sonho de realizar uma companhia teatral feita só com jovens parece novamente iluminar o Maestro: a atriz decide se lançar, na Itália, como diretora da Companhia Drammatica Marta Abba[133]. Um projeto audacioso que, aos olhos do drama-

---

132 Carta de 13 de abril de 1929, *Lettere a Marta Abba*, p. 131.
133 Formada por jovens atores, a companhia destacou-se pelo seu repertório fundamentalmente pirandelliano. Entre os dramas de Pirandello foram escolhidos para esta primeira fase: *Seis Personagens à Procura de um Autor*; *Assim é se lhe Parece*; *Vestir os Nus*; *Il piacere dell'onestà*; *La vita che ti diedi*; *Ma non è una cosa seria*; *Come prima meglio di prima*; *L'innesto*; *La signora Morli una e due*; *La ragione degli altri*; *L'amica delle mogli*; *Cada Um a Seu Modo*; *La nuova colonia*; *La morsa*; *Il berretto a sonagli*; *Il giuco delle parti*. Como novidade a atriz interpretou *Lazzaro* e *Come tu mi vuoi*. Em 1930 Marta reforma a companhia, alargando o repertório que não foi apenas pirandelliano. Entre as mais significativas, destacamos: *Fiamma* (Chama), de Hans Muller; *Tragedia senza eroe* (Tragédia sem Herói), de Gino Rocca; *Madame Legros*, de Enrico Mann; *Penélope*, de Maugham; *La buona fata* (A Boa Fada), de Molnàr; *La nostra compagna* (Nossa Esposa), de Antoine; *Anna Karenina*, de Tolstói; *Il grillo del focolare* (O Grilo da Lareira), de Dickens. Em 1930

turgo, poderia remediar o desastroso estado da arte na Itália. A possibilidade de retomar os caminhos da vida prática teatral deu a Pirandello um novo fôlego e um novo entusiasmo:

> discutirmos juntos a Companhia nova, os atores, aquele não, aquele sim, as preparações, comprar por aqui os equipamentos de luz, os mais modernos e os mais potentes, aprender o funcionamento; e estudar, estudar, os dois juntos, apenas eu e Você[134].

Mas se a intenção era boa, a realidade se mostrou bem diferente. No epistolário da atriz estão documentadas duras acusações contra o sistema de truste que governava o mundo teatral italiano, que excluía, sistematicamente, as pequenas companhias independentes, com repertório próprio, dos grandes teatros. Em jornais, e muitas vezes com o próprio Mussolini, Abba denunciou a situação vergonhosa do teatro italiano, que permitia aos detentores dos direitos das obras gerirem os teatros, o que absolutamente não poderia resultar em escolhas isentas. Mas, infelizmente, ela foi uma voz solitária, pois não existia no país um organismo sindical forte o bastante, ou descompromissado, que pudesse defender os artistas do monopólio constituído pela poderosa sociedade Suvini-Zerboni. E a "manada de inimigos", a qual Pirandello tanto se referia, parecia também boicotar os planos de Marta como diretora. Escreve a atriz em 1932:

> Não se trata de impedir a crítica das suas funções, se trata de acabar com esta estúpida e feroz guerra contra a minha arte, contra as peças que eu faço, e que eles dizem que estou destruindo, mesmo

---

interpreta *Esta Noite se Representa de Improviso*; e, em 1932, foi a vez de *O Homem, a Besta e a Virtude* (interpretado em francês para o Teatro Saint-Georges de Paris); ainda em 1932, na Itália, *La vedova scaltra* (A Viúva Astuciosa), de Goldoni e a novidade *Trovarsi*, de Pirandello. Em 1933 *Quando si è qualcuno*, e *La ruota* (A Roda), de Lodovici. Em 1934, com direção de Pirandello, interpreta a *Figlia di Iorio* (A Filha de Iorio), de D'Annunzio; no mesmo ano, a convite de Reinhardt, interpreta *O Mercador de Veneza* (Festival de Veneza, campo San Trovaso). Em 1935, atuando na companhia de Salvini, interpretou, entre outras, *Joana D'Arc*, de Shaw. Em 1936 viaja para a Inglaterra e depois para os Estados Unidos, interpretando em inglês *Trovaritch* (Camarada), de Deval. Em 1938 abandona a cena teatral e se casa com Severance Millikin, um milionário americano. Em 1953, um ano depois de se divorciar, retorna para a Itália e para a cena italiana (sem estabelecer uma real continuidade) com a peça *Come tu mi vuoi*, em Girgenti.

134 Carta de 29 de março de 1929, *Lettere a Marta Abba*, p. 96.

quando estas peças, que fracassaram com outras atrizes, façam, sucesso, guerra aos meus atores, crítica ao meu estilo (que eu pego os papéis e que os pisoteio, em vez de abraçá-los amorosamente com o coração), crítica até à minha idade, à minha juventude. É deste jeito que matam uma pessoa, fazendo o público se afastar do teatro[135].

As tentativas de denúncia ao arbítrio com o qual as sociedades teatrais gerenciavam, ao mesmo tempo, teatros, repertórios e companhias, foram todas infrutíferas. Em carta, depois de seu encontro com Mussolini, Marta se diz desencorajada, pois as palavras de apoio que esperava ouvir não foram pronunciadas: "Os outros é que estão com a razão? Talvez não fosse melhor largar e abandonar o jogo? Não sei, não sei mais nada…"[136]. Mas a atriz, mesmo desiludida não desiste, e no ano seguinte, em março de 1933, resolve escrever uma carta ao duce declarando, sem meias palavras, que todos os teatros da Itália, inclusive um teatro público como o Argentina, estavam em poder dos trusts, o que fatalmente impedia muitos atores-diretores de trabalhar, reduzindo as companhias independentes a uma situação de verdadeira penúria[137]. Paralelo ao problema do monopólio, Marta enfrentou muitos dissabores em função de sua relação estreita com o Maestro. Por baixo da etiqueta "atriz pirandelliana", muito mais do que um juízo positivo, se pode extrair uma alusão ambígua, maliciosa: ao se buscar uma explicação para sua relação privilegiada com o dramaturgo, se escolheu o caminho que parecia mais fácil, e por isso mais corrosivo, como a "história de um homem ancião, que perde a cabeça por uma mulher jovem e que dele se aproveita"[138]. A publicação do epistolário prova que a história foi outra, bem diferente e bem mais complexa.

Entre Pirandello e Marta Abba, o lado mais vulnerável era sem dúvida nenhuma o da atriz. E se críticos, como Silvio D'Amico, não ousavam atacar abertamente o dramaturgo, es-

---

135 Carta de 29 de janeiro de 1932, *Caro Maestro…*, p. 234.
136 Idem, p. 237.
137 A carta, enviada a Mussolini em março de 1933, foi publicada por Emanuela Scarpellini no volume *Organizzazzione teatrale e politica del teatro nell'Italia fascista* em 1989.
138 Conforme já criticado por A. D'Amico, em *Per un primo bilancio*, *Il castello di Elsinore*, n. 33, p. 57.

creve Frassica, era na atriz que a parte mais ácida de suas críticas encontrava terreno: "enquanto atriz, e enquanto mulher. Era mais fácil julgá-la fingindo estar cumprindo uma obrigatória missão em nome da arte"[139].

a atriz tão sedutora no palco, evitava, na vida, escrupulosamente, de recorrer a artifícios femininos para "seduzir" os próprios críticos; e mais, a própria tensão mental e moral que Abba conseguia projetar sobre seus interlocutores, unida a uma frieza natural, bem diferente do flexível obséquio geralmente ostentado pelas atrizes diante dos críticos, os desorientava e os irritava ainda mais; habituados como eram a um outro tipo de comportamento. A concepção elevada do teatro, como expressão artística autêntica e original, era uma das primeiras razões do conflito da atriz com os críticos, diretores artísticos, empresários, dos quais ela não hesitava em questionar a mediocridade, quando não a desonestidade, do comportamento [...]. Abba, definitivamente, se torna uma presença incômoda para o ambiente teatral, o seu comportamento é definido como "impossível", quando não desqualificado como paranóico. Por isso a atriz decide abandonar a Itália, deixando para trás as sombras cujos conflitos como estes projetam, que, como sempre acontece nestes casos, é muito difícil estabelecer os limites da razão entre vítima e opressor, entre culpa e inocência, entre verdade e mentira[140].

Marta Abba, vítima ou não, lutou com força e coragem tanto no teatro como na vida, e enfrentou problemas e desafios que mulheres de sua época tocavam apenas de leve; e isso no melhor dos casos. Como diretora de uma companhia teatral, a atriz se preocupava com contratos, contas, controlava a gestão da empresa, decidia e pensava em tudo e chegou várias vezes a adoecer, física e emocionalmente. Paralelo a isso tudo, ainda tinha que enfrentar uma série de boicotes à sua arte, como no caso dos dois únicos filmes feitos por ela, *Il caso Haller* (O Caso Haller), de 1933[141] e *Teresa Confalonieri*, de 1934[142], que, apesar do sucesso alcançado,

---

[139] Cf. P. Frassica, Introduzione, em M. Abba, *Caro Maestro...*, p. 24.
[140] Idem, ibidem.
[141] Um filme de Alessandro Blasetti, com produção Cines e distribuição Pittaluga. Protagonistas: Marta Abba (Rossa) e Memo Bonassi (Haller). Cf. F. Savio, *Ma L'amore no, realismo, formalismo, propaganda e telefoni bianchi nel cinema italiano di regime (1930-1943)*, p. 67.
[142] Um filme de Guido Brignone, com produção SAPF e distribuição Pittaluga. Protagonistas: Marta Abba (Teresa Confalonieri) e Nerio Bernardi (Frederico

foram postos na "prateleira", isto é, não foram devidamente exibidos ou distribuídos pelas salas de projeção da Itália, ocasionando nada mais do que um prejuízo de um milhão e meio aos empresários envolvidos[143]. Sua empreitada parecia ser maior do que ela mesma. Diante de tanta pressão, Marta, em 1935, vai se deparar com um personagem em especial: Joana D'Arc, de Bernard Shaw. A atriz se identifica imediatamente com o papel: "Estou lendo *Santa Giovanna* e estou muito entusiasmada. É realmente sobrenatural existir tantos pontos de contato entre mim e esta esplêndida figura feminina. Fisicamente e espiritualmente"[144]. A interpretação de Marta como Joana D'arc foi um grande sucesso; como ela mesma disse: "será muito fácil interpretá-la"[145]. Sobre o personagem e a atriz escreveu Pirandello:

> Não tenho a menor dúvida que fará de Giovanna D'Arco uma criação cênica maravilhosa. O personagem está dentro de Você. [...] uma criatura dos campos, saudável e forte, naturalmente inspirada, com uma *certeza divina* dentro de si, uma "voz" que a convoca para grandes feitos[146].

Para o escritor, Marta e Joana, teriam o dom de escutar essa "voz", um chamado que vem do alto, e que só as "criaturas eleitas" poderiam ouvir. A atriz, "figura suspensa", um "pássaro do alto", vencerá "as galinhas mesquinhas", e estas, arrependidas pelas injustiças cometidas, saberão reconhecer Marta como a única esperança de renovação do teatro italiano. Um desejo jamais realizado, não em sua pátria[147].

> Confalonieri). Argumento: Luta heróica da condessa Teresa para evitar a prisão do marido, e depois para conseguir que a Imperatriz da Áustria transforme sua condenação à morte em prisão perpétua. O filme ganhou o prêmio máximo na Mostra Veneziana de Cinema (verão 1934), a Coppa Mussolini, como melhor filme (Cf. F. Savio, op. cit., p. 352).

143 Sobre o boicote aos filmes protagonizados pela atriz consultar a carta de 15 de outubro de 1935, *Caro Maestro...*, p. 312. Os dois filmes de Marta Abba infelizmente se perderam, o que nos dá uma forte impressão de descaso ou, no pior dos casos, de um intencional interesse no apagamento dos rastros deixados pela atriz.
144 Carta de 19 de agosto de 1935, idem, p. 302. A peça estreou pela Companhia dei Grandi Spettacoli, direção de Guido Salvini em outubro de 1935.
145 Idem, ibidem.
146 Carta de 22 de outubro de 1935, *Lettere a Marta Abba*, p. 1232.
147 Pirandello sempre foi muito sensível ao silêncio dos jornalistas italianos quanto ao sucesso de Marta no exterior: "Lembra em Milão, aquele crítico amigo de D'Amico? Ele leu todos os jornais americanos que falaram e que continuam

Concordamos com Pietro Frassica quando diz que há fortes razões para suspeitar da boa fé de parte da crítica italiana que não poupou à atriz comentários hostis à sua arte; escreve:

> Como uma atriz, é lícito se perguntar, no fulgor dos anos – entre trinta e trinta e cinco anos – capaz de se expressar no palco com uma intensidade emocional extraordinária, pôde ser julgada muito jovem e inexperiente, já que há anos vinha fazendo sucesso nos palcos de meia Europa e da América do Sul?[148].

É possível que o sucesso de Marta como atriz independente e autônoma se chocasse com os ideais que os intelectuais da época, liderados por D'Amico, traçavam como meta para solucionar a crise e desenvolver o teatro italiano dos anos de 1930: formar, academicamente, diretores e atores teatrais, reformulando a Regia Scuola di Recitazione "Eleonora Duse" na tão sonhada "fábrica de atores", ou Accademia Nazionale D'Arte Drammatica. Escreveu o idealizador do projeto:

> esta Academia [...] terá um Teatro Escola, aberto periodicamente ao público. De maneira que os professores e os alunos, na metade do dia, se dedicarão às aulas e aos estudos preparatórios, mas, na outra metade, conduzirão, todos juntos, a vida que se conduz em uma companhia dramática[149].

---

a falar de você, e ficou admirado da imprensa italiana não ter reportado nada de seu grande sucesso; e que nenhum dos correspondentes italianos de Nova York tenha comentado o acontecimento extraordinário. Em breve ele mesmo o fará na revista *Scenario*, mas isso não é suficiente. Deveria ter saído em todos os grandes jornais, [...] Marta Abba triunfa? Nem mesmo uma linha". Carta de 21 de novembro de 1936, *Lettere a Marta Abba*, p. 1388. A nota sobre o sucesso de Marta em Nova York, interpretando a protagonista de *Tovaritch* de J. Deval, saiu na revista *Scenario*, ano VI, n. 1, gennaio de 1937.

148 P. Frassica, Introduzione, em M. Abba, *Caro Maestro...*, p. 23.
149 S. D'Amico, *La crisi del Teatro*; Roma, 1931, Edizione di critica fascista. Reportado em Maurizio Giammusso, *La fabbrica degli attori, l'Accademia Nazionale d'Arte Drammatica, storia di cinquant'anni*, p. 7. A "academia" foi fundada em 4 de outubro de 1935. Segundo D'Amico, o atraso do teatro italiano era a falta de encenadores, mestres da cena: "O problema é este. O problema que se deve entender é que até hoje ainda não se revelou entre nós um Aintoine, um Stanislávski, um Reinhardt, um Copeau; homens capazes de reformar a nossa técnica teatral, de acordo com as exigências do tempo e do nosso país, coisa que eles fizeram para o país deles. É preciso criar uma escola nova", em La fabbrica degli attori, *l'Accademia Nazionale d'Arte Drammatica, storia di cinquant'anni*, p. 10. Para maiores informações sobre a fundação da escola de atores de Silvio D'Amico consultar o livro já citado.

Já Marta Abba não dava grande importância a este tipo de instituição, ao contrário, ela não era a favor de uma academia de arte dramática especializada na formação de atores, e muito menos de encenadores (influência direta de Pirandello). Para a atriz ninguém poderia se tornar um ator, para ela um ator já nascia ator.

Para que sua declaração, um pouco discutível, não seja mal interpretada devemos somá-la a uma outra, da atriz enquanto diretora de uma companhia de jovens atores: Como *capocomico* Marta sempre disse preferir "os inteligentes inexperientes, aos profissionais superficiais e insensíveis", pois, "dos primeiros, se pode obter aquilo que se deseja, dos segundos, absolutamente nada"[150]. E, para sermos sinceros, uma escola de formação de atores forma profissionais do teatro, ou espectadores mais atentos, mas não necessariamente bons atores. Sobre a escola de D'Amico dirá Abba:

Li um artigo de Simoni sobre a escola de interpretação de D'Amico! Parece que eles é que estão descobrindo a arte dramática. É para rir! Eles se organizam entre eles e pensam que assim estão organizando o teatro, que tristeza[151].

Deixando de lado a polêmica de tal afirmação, agrega-se aos fatos a informação de que Marta Abba, artista e empreendedora, realmente desafiou o poder local, tornando-se "incômoda". Que Pirandello fosse descontente com sua época, com a vida teatral de seu país, que se sentisse perseguido por uma "manada de inimigos", liderada por Paolo Giordini – e os longos e voluntários exílios não deixam nenhuma dúvida quanto a isso –, não é nenhuma surpresa[152]. Mas o que se extrai das cartas de Marta ao Maestro é que ela também compartilhava com o escritor do mesmo mal-estar e do mesmo sentimento

---

150 E. Roma, Marta Abba, Un'attrice del nostro tempo, *Comoedia*, n. 11, p. 32.
151 Carta de 9 de dezembro de 1935, *Caro Maestro...*, p. 319.
152 Suas cartas são um claro testemunho de sua insatisfação com a condição da arte dramática na Itália. Em 1929 Pirandello escreve: "As condições do teatro italiano hoje me dão medo"; em 1935: "a espantosa pobreza" do teatro italiano: "em meio a esta mortificante estagnação, de uma mediocridade generalizada, que termina por emporcalhar de vez as tábuas dos teatros italianos", *Lettere a Marta Abba*, respectivamente: 27.07.1929, p. 243; 18.12.1935, p. 1248; 28.12.1935, p. 1257.

de perseguição. Em seu desabafo escreve: "Parece fácil dizer que Marta Abba não é comercial, mesmo se o sucesso artístico é evidente"[153].

Em 17 de setembro de 1936, Marta Abba viaja para Nova York, alcançando o tão merecido reconhecimento. A comédia *Trovarich* de Jaques Deval estreia na Broadway em 15 de outubro de 1936, com um sucesso que ela jamais conseguiu em sua própria pátria. O público e a crítica aplaudem o grande valor e a modernidade do estilo de atuar da atriz, ela recebe o terceiro prêmio da *American Dramatic League* como melhor intérprete; ela foi a única mulher entre os premiados. É a constatação de que mais uma vez Pirandello tinha razão quando dizia que ela deveria ir embora da Itália para conseguir vencer como atriz. Infelizmente o dramaturgo já não estava bem de saúde e não pôde acompanhar de perto o sucesso de Marta; Pirandello parecia mesmo prever que o seu fim já estava próximo. O sucesso da atriz no exterior é recebido com muita alegria pelo escritor, mas a enorme distância entre os dois lhe fazia sofrer cada dia mais, e a depressão foi inevitável. Sozinho, sua náusea em relação ao teatro italiano parece aumentar ainda mais, e decide abandonar definitivamente o ofício e retornar à arte narrativa. Para o dramaturgo, sua missão com Marta tinha terminado, ele estava certo de que a atriz estava seguindo triunfante para o seu grande destino: uma atriz de fama internacional. Diante do sucesso, Marta não vai abandonar o seu Maestro; ela o felicita pelo seu retorno à narrativa, Pirandello estava escrevendo *Informazioni sul mio involontario soggiorno sulla terra*, publicado postumamente em 30 de março de 1937 no *Corriere della Sera*, e o estimula a escrever uma nova peça para ser encenada por ela na América: "Acredito que seria o Seu maior triunfo e conquistará a Sua maior popularidade. Mas para isso, é necessário uma nova peça, com toda a Sua essência, intacta e afinada"[154]. Pirandello não teve tempo para escrever uma outra peça para Marta, e a atriz se despede dos palcos em 1938.

---

153 Carta de 15 de outubro de 1935, *Caro Maestro...*, p. 312.
154 Carta de 23 de outubro de 1936, idem, p. 387.

Marta Abba em 1933. Trajes de banho. Foto Lucio Ridenti.
Arquivo: Centro Studi Teatro Stabile di Torino.

# 5. Marta Abba, uma Prospectiva Dramatúrgica

Com o fechamento definitivo do Teatro de Arte (rebatizado em seu último ano de vida como Companhia do Teatro Argentina) em agosto de 1928, Pirandello decide deixar a Itália, escolhendo como destino a cidade de Berlim. Será o início do que ele mesmo denominou de "exílio voluntário" (não obstante as constantes viagens a Londres, Paris e Itália). Marta, sempre acompanhada da irmã Cele, viaja com Pirandello para a capital alemã, e por cinco meses, de 9 de outubro de 1928 a 13 de março de 1929, o Maestro viveu ao lado da atriz. O retorno de Marta à Itália foi um evento traumático na vida do escritor, que viu nesta separação sua definitiva condenação à solidão: "O silêncio do quarto ao lado, onde poucas horas atrás Você tinha estado, me dava uma sensação de morte. Desabafei chorando por horas e horas"[1]. Mas, apesar da insistência do filho Stefano para que ele voltasse à pátria, o escritor permaneceu na capital alemã até junho de 1930 com o firme propósito de ganhar muito dinheiro, e escrevendo para Marta todos os dias. Sua ideia era vender roteiros para cinema, enriquecer, retornar à Itália e, ao lado da atriz, refazer o tão sonhado teatro

1 Carta de 14 de março de 1929, *Lettere a Marta Abba*, p. 63

de arte, sem depender de governo ou de empresários. O primeiro registro de sua dependência criativa da atriz se pode consultar na carta de 20 de agosto de 1926 (a mesma carta da misteriosa "noite atroz passada em Como")[2]: "não recebo mais notícias suas e nem resposta às minhas cartas. [...] o trabalho de 'L'amica delle mogli' que fluía bem, livre e pleno de criatividade, há três dias que se acumulou, parando de repente"[3]. Mas é na carta de 14 de março de 1929, um dia após a partida da atriz, que Pirandello institui o trabalho como um caminho para se manter próximo a ela[4]. Citamos:

> Desde as nove da manhã estou aqui na escrivaninha. Mas não consegui escrever nada! Tentei duas, três vezes, mas não consegui. Olho sua foto que sorri para mim, como se quisesse me animar, mas penso que não é verdade. Sua imagem sorri por ela mesma, e não para mim. E este sorriso, que é tão bonito, tão pleno de generosidade e graça, me parece cruel; [...] Falar de trabalho, sim, talvez eu possa, porque parecerá um modo de me aproximar de Você, ou um modo de achar o caminho"[5].

Uma das coisas que chamam atenção no epistolário é o fato de o escritor, nos primeiros anos de correspondência, assinar as cartas com o seu nome, Luigi ou Luigi Pirandello. Transcrevemos aqui dois fragmentos por considerá-los de grande significado para a compreensão de sua escritura dramatúrgica como um reflexo autobiográfico. Desabafa Pirandello: "Joguei fora o *Pirandello* que, escrevendo para Você, me dava um peso insuportável; mas se você quiser, eu o coloco de volta", e também, "para estar com Você, pelo menos nas minhas cartas, apenas *eu*, sem sobrenome, eu que não tenho mais ninguém nessa vida que me chame e que pense em mim sem o meu sobrenome, ou fora

---

2 Em nota, Benito Ortolani observa que nas duas cartas seguintes, dias 21 e 24 de agosto de 1926, Pirandello relata que conseguiu voltar a escrever, terminando de escrever a peça, atribuindo o mérito às tão esperadas cartas de Marta Abba.
3 *Lettere a Marta Abba*, p. 19.
4 Em 1929 Pirandello não escreve nenhum conto, dedicando-se apenas à escritura cênica. Sua produção deste ano será: *O di uno o di nessuno*; *Lazzaro* e *Sogno (ma forse no)*. Trabalhando também sobre o argumento de mais duas obras teatrais: *Questa sera si recita a soggetto* e *Come tu mi vuoi*, esta última dedicada a Marta Abba.
5 Carta de 14 de março de 1929, *Lettere a Marta Abba*, p. 64.

da qualidade de professor, de maestro ou de pai"[6]. Como lembra Alonge: ainda que não seja necessariamente um reflexo simétrico, automático, como normalmente acontece a uma escritura que diz respeito à vida real, seu teatro é de qualquer modo a reconstrução de um sentimento ou de um acontecimento, ou talvez a compensação fantasmática de um acontecimento traumático (fim de uma noite atroz passada em Como). A partir de 2 de abril de 1929 é que o escritor passará a assiná-las somente como "Maestro", forma usada pela atriz para se referir a ele[7]. Este é o primeiro passo em direção ao entendimento de que somente o artista poderá *ter* a atriz. Se a mulher o rejeita, a atriz se dará inteira à sua obra, permitindo que o "seu Maestro" a tome como deseja. Dominado por um estado profundo de desespero e angústia, de uma condição obsessiva ao limite da sanidade (contando pateticamente as cartas que recebe de Marta), o Maestro desenvolverá, entre 1929 e 1930, uma frenética atividade criativa[8].

De volta à Itália, Marta Abba irá enfrentar muitas dificuldades para se reinserir no mundo teatral italiano e, corajosamente, resolve formar a sua própria companhia teatral: a Compagnia Drammatica Marta Abba; que peregrinará pela Itália em diversas cidades, estabelecendo-se por um curtíssimo período de tempo em San Remo. As dificuldades enfrentadas pela atriz, a luta contra um ambiente que lhe é substancialmente hostil, a fazem adoecer diversas vezes[9]. Porém, embora Pirandello acredite

---

6 Carta de 21 de março de 1929, p. 80 e carta de 23 de março de 1929, p. 83, respectivamente.
7 Após esta data, todas as suas cartas estarão assinadas com o nome de Maestro, com exceção de duas delas datadas de 3 e 29 de abril de 1929, ambas assinadas com as iniciais L. P.
8 O dramaturgo termina *O di uno o di nessuno*, trabalha em *Come tu mi vuoi*, elabora *Os Gigantes da Montanha*, e começa a delinear a primeira ideia de *Quando si è qualcuno*. Ao final de sua estadia em Berlim, assina um contrato com a Paramount, casa cinematográfica norte-americana; na sua visão, o contrato significava o primeiro passo em direção a fabulosos ganhos em dinheiro; condição que lhe permitiria retornar à Itália como "patrocinador" de um teatro de arte.
9 Numa carta de 28 de março de 1929, Pirandello conforta a atriz que se mostra desesperada por não conseguir retornar aos palcos: "neste momento o seu lugar na arte italiana pode estar vazio, porque Você não está representando, mas ele não pode ser preenchido por uma outra atriz italiana, *nunca*! Porque nenhuma chega aos seus pés; Você é Você, inconfundível, insuprimível, insubstituível. O seu modo de ser, de sentir, de pensar, de se expressar, de falar, de se mover, é exclusivamente Seu, não podem ser de mais ninguém; é o que te faz MARTA ABBA, nome marcado pelo destino, e prescrito à glória", *Lettere a Marta Abba*, p. 94-95.

que ela foi precipitada em sua decisão de voltar para a Itália, o lançamento de Marta como diretora de uma companhia teatral, mesmo com todo o sofrimento da separação, será como uma lufada de ar fresco para o escritor, que desde os primórdios de sua preparação se manteve próximo à atriz, na escolha do repertório, dos atores, chegando até a dar conselhos de conduta e disciplina. E durante suas férias de verão, de 3 de agosto a 13 de setembro de 1929, o escritor vai ao encontro de Marta na Itália, com o propósito de ajudá-la nos preparativos para a primeira temporada de sua companhia teatral: "Você *terá a Companhia que quiser* em meados de outubro [...]. Me espera! Decidiremos tudo, e tudo será pelo melhor. Não se preocupe com nada!"[10]. Apesar de todos os esforços de Pirandello, e da própria Marta, a nova companhia enfrentará uma série de dificuldades, da organização aos locais de apresentação da turnê.

O retorno de Marta Abba ao teatro italiano significou em primeiro lugar uma nova possibilidade de união com a atriz: "Se Marta precisa tanto de encorajamento – disse a mim mesmo – eu não posso ficar mais prostrado neste abatimento mortal ao qual me entreguei depois de sua partida"[11]. Como se percebe, a máxima pirandelliana da arte como compensação e substituição de uma existência vazia e sem sentido se fortalece ainda mais, pois se Pirandello precisa continuar afastado de sua amada, o Maestro deve permanecer sempre ao seu lado, pois a única maneira de dar um sentido à sua vida é *dar* esta mesma vida como alimento para a arte de Marta Abba, e, em troca, receber da atriz aquela "matéria ardente", descrita pelo personagem Giuncano. Escreve Pirandello:

> Sobre a escrivaninha estava uma nova peça (*Esta Noite se Representa de Improviso*), há muito tempo deixada ali sem um final, e eu a terminei, a terminei em quatro horas de intenso trabalho. E a vitória com certeza é nossa, Marta[12].

Para o dramaturgo, a arte do ator deve ser um verdadeiro sacerdócio, e Marta Abba, figura eleita, será a única que poderá

---

10 Carta de 29 de julho de 1929, idem, p. 249.
11 Carta de 29 de março de 1929, idem, p. 97.
12 Idem, ibidem

com sua arte fazer triunfar o valor da Arte: "a verdadeira Arte, como dever ser feita, como só Você a pode fazer, como dona absoluta, como rainha; como rainha e como escrava; mas escrava apenas da Arte!"[13]. A percepção da atriz como escrava e rainha se configura num paradoxo fundamental para se entender a relação de Pirandello com a arte e com a própria Marta. Este fragmento de carta é muito revelador sobre o que de profundo se estabeleceu entre Pirandello, Marta Abba, e seus personagens: se a atriz Marta Abba é a rainha e dona de sua inspiração, ou seja, de sua dramaturgia, a mulher será a escrava de seus personagens, será a escrava de sua arte. Nesta carta iluminante, sobre a qual voltaremos, Pirandello deixa ver, de maneira muito clara, a relação de poder, masoquista, que se pode escavar sob a superfície do seu pensamento artístico; masoquismo que se reflete ainda mais intensamente no tortuoso erotismo de sua dramaturgia final.

Seguindo cronologicamente o epistolário, Pirandello passará a assinar apenas como Maestro, sublimando definitivamente sua relação com a atriz (muito embora ainda permaneça o desejo de um dia obter de Marta muito mais do que um simples afeto). Assumir apenas a função de mestre e guia da atriz – papel definido pela própria Marta Abba – foi o caminho encontrado por Pirandello para se manter próximo a ela, para *ser dela* como *ela quiser*[14]. Na carta de 2 de abril de 1929, o escritor decreta sua morte como homem: "eu morri como homem, eu estou morto e soterrado; e sou um homem *ainda vivo*, Marta, desesperadamente vivo – *vivo, mas sem vida*"[15]. Morre o homem, vive o Maestro. Para aqueles que só escrevem e não vivem – lembrando o aforismo do escritor –, a escrita pode significar a simulação de uma relação ou mesmo a compensação de um

---

13 Carta de 25 de março de 1929, idem, p. 89-90. Pirandello usa "A" maiúsculo para escrever a palavra arte, por creditá-la como substituta de um deus perdido, na ideia de absoluto. Este é um conceito que permanece por toda sua vida. A identificação entre Marta e Arte é o máximo para ele, é como atingir o divino.
14 Transformar-se naquilo que desejam é o tema da peça *Come tu mi vuoi* (Como me Queiras). Escrita no mesmo período das cartas analisadas no corpo do texto, entre julho - out. de 1929, a peça narra a história de uma atriz, identificada no texto como *L'ignota* (A Desconhecida), que vive uma inquietante procura de si mesmo.
15 *Lettere a Marta Abba*, p. 107.

desejo: "o beijo escrito é o beijo que não se pode dar"[16]. Uma vez o escritor declarou: "o pecado existe mesmo sem a *necessária* cumplicidade da carne. [...] incapaz de penetrar os segredos (do espírito), a matéria procura negá-lo, esmagá-lo"[17]. É uma declaração polêmica, mas muito útil para entender o universo do autor. Quando o Maestro declara que viveu a vida escrevendo-a, ele não está simplesmente fazendo um jogo de palavras, sua afirmação traduz uma perfeita e lúcida consciência de que o vivido não é apenas a experiência vivida, mas experiência transformada, ou remodelada artisticamente (ou seja, experiência imaginada e construída artificialmente); é a partir deste ponto de vista que compreendemos o que Pirandello quer dizer quando declara existir um conflito entre matéria e espírito. Se a mulher Marta Abba diz – "O que devo lhe dizer?"[18] –, deixando-o sem uma resposta (pelo menos aquela que ele tanto queria ouvir), o escritor, com sua pena, saberá procurar, imaginar, esta resposta.

Numa entrevista em janeiro de 1929, já em Berlim, Pirandello diz a propósito da atriz:

Marta Abba, minha fiel intérprete, renunciou por vontade própria um convite de diretora, na Itália, para me seguir, ou melhor, para seguir as criaturas da minha fantasia, as quais ela se ligou com uma devoção e inteligência, que não posso deixar de me comover[19].

Mas, o epistolário revela o outro lado da moeda: o Pirandello dramaturgo irá escavar na complexa personalidade da atriz a matéria prima para seus personagens. No epistolário, o comportamento de Marta Abba é, ou parece ser, variável, quase volúvel, continuamente em desequilíbrio e nunca tranquilo:

16 Cf. D. Bini, Epistolário e Teatro, scrittura dell'assenza e sublimazione dell'erotismo, *Il castello di Elsinore*, ano XI, 33, 1998, p. 32.
17 Em E. Roma, Pirandello poeta del cine, estrevista publicada na revista *Comoedia*, n. 1, p. 10.
18 Na carta de 21 de agosto de 1926, Pirandello se queixa de uma carta "expressa", na qual Marta dizia: "O que devo lhe dizer?". É provável que Pirandello estivesse esperando alguma resposta mais concreta em relação às suas perguntas da carta anterior: "Mas o que farei? Que devo fazer da minha vida se não tenho para quem dá-la?". Carta de 20 de agosto de 1928, *Lettere a Marta Abba*, p. 20.
19 Cf. E. Roma, op. cit., p. 10.

oscilante entre medo e esperança, dúvida e certeza, solar e triste, a atriz parece viver em uma eterna espera de gratificação, exatamente como as personagens por ela interpretadas[20]. De Marta, ou de uma imagem fantasmática, nasce um tipo de criatura imprevisível e densa, às vezes insegura, às vezes audaciosa, mas em seu íntimo sempre em dúvida sobre si mesma; ainda que possa parecer segura e independente. Procurando pela atriz, o escritor cria um tipo de mulher indecifrável, camaleônica, que vive uma constante e inquietante procura de si mesma. Uma mulher enigmática, dona de muitas almas, que o autor tenta compor seguindo as notícias de seu dia a dia; e aqui não pensamos somente na Ignota de *Come tu mi vuoi*, mas em todas as criaturas que foram criadas à imagem de Marta Abba, tanto materialmente quanto espiritualmente (da forma como Pirandello a percebia). São criaturas que nascem pela mão de Pirandello, mas que vivem a partir da efervescente personalidade da atriz:

acredite, tudo aquilo que está sofrendo, o cansaço, as indisposições, são dores que parecem ser do corpo, mas que não o são. Essas dores, das quais nenhum médico jamais encontrará a razão, possuem sua própria razão: são a Vida, toda a Vida que está em Você, todas as possibilidades de ser que estão em Você, que vivem em Você, sem que você talvez nem mesmo o saiba [...]. Eu serei um grande médico para você, minha Marta[21].

No epistolário encontram-se algumas ocorrências percorridas do início ao fim. O léxico pirandelliano assim invoca, ou exalta, a "sua Marta": "grande Atriz e Mulher", Marta, por antonomásia Atriz, "Você é uma das verdadeiramente Eleitas"; "eu estou aqui porque o seu destino (lembre-se!) *já foi um dia predestinado*; e Marta não pode se afastar desta *predestinação*! Eu sou o seu homem; o homem que o seu destino assinalou; eu sou o seu Destino [com a D maiúscula], e não outra coisa; tanto é verdade que, sem isso, ou seja, sem Você, eu não sou mais nada". "Você [o pronome tem sempre a inicial maiúscula, indicando a

---

20 Numa carta de 2 de abril de 1929, Pirandello sinaliza sua dificuldade em compreender o temperamento contraditório de Marta, suas mudanças de humor, suas reações rápidas e divergentes.
21 Carta de 13 de julho de 1928, *Lettera a Marta Abba*, p. 46.

função antonomástica] divindade que adoro e que temo"; "Você é a criatura *mais eleita* que eu já encontrei sobre a terra"; "o Seu destino é grande; Você é uma Eleita"; "única, verdadeira, grande, divina consolação"; "criatura humana e divina"; a "pureza da Sua glória virginal"; "a Sua divina Imagem inspiradora"; e por aí vai. Por trás deste canto, aparentemente vazio de sentido, das palavras de um apaixonado abandonado, se encena uma relação erótica fortemente idealizada e sublimada: "eu sou o seu homem; eu sou o seu Destino". Como já demonstrado por Umberto Artioli, em seu *L'officina segreta di Pirandello*, na obra de Pirandello existe uma constante dualidade que opõe espírito/corpo; bem/mal. Marta Abba, mulher deusa (rainha), inatingível, mistificada e idealizada, se tornará humana e real (escrava) na cena, no teatro: "criatura humana e divina"; sintetizando assim as duas metades do imaginário feminino pirandelliano.

A atriz, no dizer de Silvio D'Amico, "foi a única a inspirar a própria vida no trabalho"[22], e o dramaturgo acreditava ser o único capaz de compreender a necessidade de suas "mil almas":

> Você nasceu para grandes feitos e penso que Deus desejou que a Sua juventude desse sempre vigor ao meu espírito, para criar e para fazer grandes feitos. Não é digno de Você nenhum juízo que não saiba se elevar a esta altura e te ver sob esta luz[23].

E que Pirandello era um homem extraordinário, Marta já o sabia desde o primeiro momento, unindo-se a ele como quem se liga a um pai-mestre. Na carta citada acima, o mesmo tipo de linguagem sublimada que acompanha todo o epistolário; um tipo de linguagem que guarda um segredo, ao mesmo tempo sublime e mortal, criativo e aniquilador. E a partir deste segredo, Pirandello e Marta tornam-se cúmplices, fundamen-

---

22 S. D'Amico, *L'addio di Marta Abba*, *Cronache del Teatro Drammatico*, caderno 11, 25 de maio de 1930, Fondo D'Amico Museo del'attore Genova.
23 Carta de 1 de abril de 1931, *Lettera a Marta Abba*, p. 709. Nesta carta Pirandello consola a atriz que sofre por se sentir julgada em sua honra; escreve Marta: "Maestro, é uma coisa estranha, não consigo mais estar no meio das pessoas, todas as vezes que me esforço, volto sempre ferida. Esta é a palavra: ferida. Por tanta coisa! [...] me vejo sendo vista por eles de tantos modos que nem sei. Quem sabe a fama que devo ter entre essa gente! Ou louca ou quiçá o que mais! Que amargura, que amargura", carta de 27 de março de 1931, *Caro Maestro...*, p. 157-158.

tando sua relação profissional e pessoal: Marta Abba como rainha e escrava. Rainha da dramaturgia pirandelliana, de sua inspiração, mas escrava de sua criação, dos personagens e de sua arte. Isso explica porque as últimas protagonistas pirandellianas serão ao mesmo tempo heroínas e vítimas; imagem obviamente sublimada da atriz. A propósito da interpretação de Marta em *Diana e la Tuda*, escreveu o crítico Bacchelli:

> Tuda, que é, antes de tudo, uma modelo, deveria ser menos absorta, menos arrebatada, e muito mais estúpida. O belo arrebatamento da senhorita Abba deveria ser um pouco mais modesto e menos militante e categórico. Tuda não é uma heroína é uma vítima[24].

O que o crítico não conseguiu visualizar, talvez pelo preconceito misógino em relação à profissão de Tuda, foi que a modelo, personagem feminina criada sob o influxo de Marta Abba, jamais poderia ser apenas uma vítima (ou uma escrava), ela é também a rainha absoluta da criação artística, a musa do artista, é a heroína que salva o velho escultor Giuncano (voz de Pirandello) da morte em vida, oferecendo-lhe o hálito de seu corpo jovem. O oferecimento da jovem reacende no velho o desejo de viver: o escultor gostaria de amar a modelo, mas o horror do próprio corpo decrépito o impede, ou melhor, a idealização da modelo a faz inacessível, e da simples representação de uma fêmea degradada, Tuda se transforma na luz divina que ilumina o artista.

A modelo Tuda, a atriz Donata, e todas as outras personagens que nascem a partir da imagem idealizada de Marta, possuem como característica unificadora um *modus* espetacular, ou seja, elas são mulheres que se doam em espetáculo. Como uma atriz, elas se *mostram* ao outro, ao mesmo tempo em que não revelam nada sobre elas mesmas. Misteriosas e etéreas, vivas e ausentes, humanas e divinas, elas se deixam transformar naquilo que a imaginação de cada um criou para ela segundo o seu próprio desejo. Como elas, Marta Abba era também uma atriz, e como atriz ela também é reveladora de um imaginário social. Se a imagem de uma atriz se perde entre mil reflexos, sem dúvida nenhuma ela está no centro de

---

24 Em A. D'Amico; A. Tinterri (orgs.), *Pirandello capocomico...*, p. 224.

uma reserva convergente de imagens sociais significativas; o que explica porque escritores, pintores, filósofos se interessam apaixonadamente por elas. E no imaginário pirandelliano, será uma única atriz a incendiar seus sonhos: a camaleônica Marta Abba, musa inspiradora, mulher real, existente, tão necessária quanto absolutamente ausente. E o Maestro não faltará à sua musa, não deixará de escrever sobre e para a atriz, fazendo do epistolário e de sua obra um lugar para as "memórias" de Marta e Pirandello juntos, luz e sombra de sua arte: "*Se eu ainda estou vivo, se continuo ainda a trabalhar, é por sua causa. Nem uma coisa nem outra seriam possíveis se não fosse por Você*"[25].

"MARTA, MINHA *DEVOTA*"

mas "devota" você colocou depois, para não deixar o "*sua* – Marta", como tinha escrito antes; quem sabe não poderia nascer em mim *de novo* a esperança de que você quisesse dizer "minha"! Você não é mais minha, Marta, eu sei, eu sei; e se depois pôde me dizer "me escreva somente se lhe acontecer algo *de grande importância*", eu não deveria mais te escrever, porque a única coisa que para mim é de *grande importância* é justamente aquilo que Você não quer saber; o resto não significa nada[26].

Nesta carta, de 29 de abril de 1929, o escritor parece acreditar que Marta Abba, como ele, também sofre de amor. O "sua", embora amortizado pelo acréscimo da palavra "devota", lhe sugere a possibilidade de um sentimento menos *afetivo* e talvez mais *sensual*, ainda que reprimido ou mesmo negado, pois a "concretização" deste amor só poderia ser permitida no plano mental (a crítica unanimemente tem afastado a possibilidade de uma efetiva relação sexual entre os dois, o episódio de Como confirmaria tal hipótese). Seguindo a carta, Pirandello implora para continuar escrevendo sobre os seus sentimentos, e mais uma vez reclama pela falta de uma resposta:

---

25 Carta de 28 de julho de 1929, *Lettera a Marta Abba*, p. 245. As cartas de Marta ao Maestro, referentes ao ano de 1929, foram quase todas perdidas, sobrevivendo as posteriores à data de 12 de setembro de 1929.
26 Idem, p. 162.

tenha a caridade de me deixar escrever para Você, mesmo que eu diga sempre a mesma coisa. Afinal, para Você é como se eu não tivesse escrito nada. Não me responde nem menos uma palavra. – Falemos então de coisas de "grande importância"[27].

E as coisas de "grande importância" sempre se referem ao teatro. Como já observado, o impulso erótico em relação à Marta, embora ardente, é controlado nas cartas por uma linguagem cifrada: ou Pirandello lutava contra o seu próprio desejo ou protegia a amada da crueldade de uma moralidade burguesa e cristã que provavelmente arruinaria com a dignidade e a carreira de sua amada.

A dificuldade em descrever ou sintetizar o tipo de sentimento que o Maestro nutria pela atriz, e esta por ele, é compartilhada pela crítica de um modo geral. Os adjetivos usados pelo Maestro para descrever a amada ("divina", "diva", "santa", "eleita", "rainha"), que denotam uma veneração de tipo sublimada, assexuada, se confundem com imagens bem mais ardentes, que sugerem um desejo carnal tão intenso quanto negado (ou reprimido). Outras vezes o escritor parece se resignar a um tipo de afeto mais brando, aquele do mestre ao aluno predileto, aconselhando-a ao estudo de outras línguas, indicando livros e autores considerados fundamentais para sua formação intelectual e artística. Porém, como observa Annarita Letizia, as páginas mais perturbadoras e mais ambíguas são as que desenvolvem um tipo de afeto paternal do dramaturgo pela atriz. O tratamento "minha filha" referente a Marta, aparece no epistolário pela primeira vez em 25 de março de 1929[28]. Mas é importante ressaltar que o *amor paterno* do Maestro por Marta já comparece alguns anos antes, em 25 de novembro de 1926, na escritura de seu testamento. O dramaturgo justifica a inclusão de Marta como sua herdeira declarando-a sua *filha de eleição*, isto é, sua filha espiritual, em detrimento da filha legítima Lietta:

---

27 Idem, ibidem.
28 Benito Ortolani comenta: "Quantas vezes recorrerá a este termo! É nítida a transferência do amor sem adjetivo àquele paterno. Este 'filha minha' soa como um 'meu amor'", *Lettere a Marta Abba*, nota n. 8, p. 1411-1412.

No caso de minha morte repentina (e espero que não demore muito), deixo as seguintes resoluções: 1. que a metade de tudo que possuo seja dividida em três partes iguais entre os meus filhos Stefano, Lia e Fausto 2. que a outra metade disponível seja também dividida em três partes iguais, mas a terceira, como punição, não será para a minha filha Lia, mas para minha outra filha, de eleição, que com seu nobre e puro afeto quis me confortar nestes últimos dias desta minha vida errante, tendo como compensação a mais vil e desprezível iniquidade: a senhorita Marta Abba[29].

Sobre esta "vil e desprezível iniquidade", de que fala o escritor, esclarece Pietro Frassica: "É sabido como Abba, em razão de sua 'amizade' com Pirandello, era falada, sobretudo em Roma onde vivia a família do escritor [...] sobre os dois [...] pesava um julgamento não declarado, mas de grande força destrutiva"[30]. A razão de tanto falatório, continua o organizador das cartas, era a dificuldade em se definir a relação dos dois, "esta parecia ainda mais inquietante justamente pela impossibilidade de catalogá-la, de defini-la com uma etiqueta tranquilizante"[31]. Os colegas de trabalho, invejando sua condição de atriz "pirandelliana" e, obviamente, a atenção especial que recebia do dramaturgo, também discutiam, de forma pouco benevolente, a relação dos dois. Recorda Vergani: "Os atores da companhia diziam que Pirandello não 'consumava': se contentava em contemplar a sua intérprete nua, estendida sobre um divã, enquanto escrevia. Todas essas fofocas não me interessavam minimamente"[32]. São dois pontos importantíssimos que corroboram para a compreensão desta intrigante relação: Marta como objeto de um amor *paternal* e Marta como objeto de um *olhar voyeur*. Junto ao termo "minha filha", outras expressões como "criança", "divina santa criança", "filha de eleição" abundam no epistolário. Ora, sabemos que *determinados sentimentos* não são aceitáveis em relação a uma criança ou em relação a uma filha, e, diante de tantos rumores, poderíamos até suspeitar que o escritor usasse da expressão como cortina de fumaça a um tipo

---

29 Cf. Luigi Pirandello, *Théâtre complet*, v.1, p. xciii; e Marta Abba, Alcune inesattezze biografiche nel "Pirandello" della Plêiade, *Il Tempo*, 4 dicembre 1978.
30 P. Frassica, Introduzione, em *Caro Maestro...*, p. 23.
31 Idem, ibidem.
32 Orio Vergani, *Misure del tempo. Diário 1950-1959*, Milano: Leopardo, 1990, p. 40, reportado em Ivan Pupo, Un uomo d'ingegno e una donna di cuore, *Angelo di fuoco*, v. 2, nota 94, p. 97.

de relação efetivamente carnal. Porém, os diminutivos e termos infantis usados em referimento a Marta – "os Seus dentinhos de leite", "mãozinhas", "pezinhos", "cabelinho", "cartinhas"; e as expressões de felicidade, "a minha filhinha mais bonita me escreveu uma longa e querida carta, com tantas, tantas notícias"[33] –, confirmam um *sentimento paterno* legítimo. Mas junto a estas expressões de *amor paterno* insurgem no epistolário expressões de grande sofrimento carnal – obviamente controlados por uma linguagem "casta"[34] – que impedem a exclusão definitiva de um interesse sexual. Tomando a forma de um desejo incestuoso, este *afeto*, reprimido ou negado, transforma-se em uma obsessão voyeurística e masoquista, pela qual, como já dito, impulsiona Pirandello a pedir contínua e compulsivamente notícias de Marta, com o propósito de *vê-la* em sua jornada diária.

Este *amor paterno*, de conotação ambígua e perturbadora, além de responder a uma tensão entre desejo carnal e sublimação, também responde a uma *paternidade estética*: Marta Abba existe como sua *criatura*, como personagem e *filha da arte*, isto é, de *sua* arte. O sentimento de paternidade espiritual (ou estética) é reivindicado obsessivamente pelo escritor em suas cartas (significativamente naquela de 1 de março de 1930; citada logo abaixo), mas, como dirá Ivan Pupo, não se trata de um sentimento totalizante, pois: "não tem a força de impedir que na sombra de uma intimidade secreta vivam outros desejos, outros estímulos, no rastro de uma ambígua promiscuidade, de uma convivência incestuosa"[35]. Quando Pirandello, na casa dos cinquenta e oito anos, *viu* seus personagens moverem-se sobre o palco com um corpo de mulher, com o corpo de Marta Abba, da fascinação e do reconhecimento de ver a atriz interpretar admiravelmente as criaturas de sua fantasia, nasceu a atração sexual, o "pecado" da carne: "um amor profano que turva as águas da 'ternura' paterna"[36]. Ivan Pupo recupera um fragmento, publicado por Corrado Alvaro em "Nuova Antologia", em 1934, revelador de um importante

---

33 Carta de 19 de setembro de 1929, *Lettere a Marta Abba*, p. 256-257.
34 No termo "Abba", de seu *Alfabeto Pirandello*, Sciascia escreve: "'Casto' é a palavra que Pirandello acreditava que poderia definir o seu amor e a relação deles. E poderemos até aceitá-la, se envolvermos tudo aquilo que de obscuro, de oculto, de 'obsceno' sempre existe na escolha e na afirmação de castidade", p. 10.
35 I. Pupo, op. cit., p. 66.
36 Idem, ibidem.

aspecto da sensibilidade moral do escritor, o puritanismo: "Ver a felicidade como um pecado, e não ter a coragem"[37]. O desejo negado e vergonhosamente culpado se disfarça em *amor paterno* pelo qual Marta é somente a sua *criatura*:

> Você está interpretando, minha Marta, um trabalho [*Come tu mi vuoi*] que com toda a força de Sua alma gritou e demonstrou que a *verdade verdadeira* não é aquela dos fatos, mas aquela do espírito. Em nosso caso, *a verdade verdadeira* é essa: que o seu verdadeiro pai sou eu, sou eu, e que Você é a minha criatura, a minha criatura, uma criatura minha onde o meu espírito vive com a mesma força da minha criação. Tanto que *se transformou em coisa Sua e toda a minha vida é Você*. E a *verdade verdadeira* é que eu não sou velho, mas jovem, o mais jovem de todos, tanto na mente, como no coração; tanto na arte, como no sangue, nos músculos e nos nervos[38].

Pirandello repete três vezes, como num sortilégio, que Marta é *sua criatura*. Talvez quisesse se convencer de um incontestável sentimento de paternidade estética para fugir do desejo que lhe consome: a insurgência inesperada de Eros no confronto com o corpo de Marta. O desejo da carne, vivido com vergonha e culpa, em razão da idade, do envelhecimento do corpo, dos impedimentos morais e jurídicos, e, principalmente, em razão da vergonha de sentir "o coração ainda quente e jovem"[39], encontra abrigo a partir de uma juventude renovada, conquistada através da arte. A reconquista da juventude corpórea, da potência sexual, embora no plano ficcional, contrasta fortemente com o estatuto platônico do Demiurgo, pelo qual Marta é somente a *filha de sua arte*. O escritor, neste fragmento de carta, afirma ser o pai espiritual de Marta, e logo depois, poucas linhas abaixo, confirma a restauração do fogo de sua juventude: "amor sensual e amor paterno são, inconsciente e ambiguamente, aproximados, e esta talvez seja uma das declarações mais complexas e significativas do contraditório sentimento de Pirandello por Marta"[40]. "Amor sacro e amor profano", se diz corretamente a

---

37 Cf. Pirandello, Nascita di personaggi (carte inedite 1889-1933), em *Nuova Antologia*, p. 21.
38 Carta de 1 de março de 1930, *Lettere a Marta Abba*, p. 312.
39 Carta de 25 de janeiro de 1931, idem, p. 622.
40 A. Letizia, Pirandello, Lietta, Marta, *Angelo di fuoco*, ano II, 4, p. 20.

respeito deste amor indecifrável[41]: segredo que Pirandello, à exceção dos "incidentes libidinosos do estilo epistolar", escondeu por toda a vida[42], mas que decantou em sua obra dramatúrgica. Como visto, no tratamento cinematográfico de *Seis Personagens* (1928), jamais filmado, o sentimento ambíguo de *paternidade* do escritor para com a atriz transborda para além do epistolário e para além dos limites da ficção: Pirandello institui a ele mesmo e a Marta Abba como protagonistas da trama.

O crítico Roberto Tessari, para a primeira edição italiana do roteiro, em 1984, chama a atenção sobre a confissão *urbi et orbi* de Pirandello sobre seu desejo incestuoso. Na trama fílmica, o escritor assume por inteiro a culpa do Pai, deixando de lado os escrúpulos que até o momento lhe impediam de confessar, inclusive a si mesmo, a sua perturbadora identificação com o personagem do Pai. A frase de despedida do Autor – "Poderia lhe amar como uma criatura minha"[43] – é uma dolorosa confissão: Pirandello *deveria* amar Marta somente como sua *criatura* ou *filha espiritual*, mas para ele isso não foi possível (apesar de toda sua luta interior). Parafraseando Ivan Pupo quando este diz que "Os motivos autobiográficos do drama da Enteada impõem ao intérprete de *Seis Personagens* o referimento à vida privada de Pirandello nos anos da Grande Guerra"[44], podemos dizer: os motivos autobiográficos das peças de Pirandello do último período impõem aos seus intérpretes o referimento à vida privada de Pirandello a partir de suas experiências como encenador e de seu encontro com Marta Abba, Prima-dona de sua companhia. E essa *criatura* não será "um simples personagem de sua fantasia, mas a mulher afetuosa de cabelos ruivos, a 'musa viva', da qual diariamente se alimenta a criatividade pirandelliana"[45].

Ivan Pupo, em nota de número 90, recupera parte do capítulo XXXI do livro de Nardelli (biógrafo de Pirandello), dedicado a Marta Abba: "Mas com esta mulher, que deu carnalidade às peregrinações espirituais do nosso, ele está frente

---

41 Cf. R. Lo Russo, La primadonna e la Dea, *Il Castello di Elsinore*, ano XI, 33, p. 65.
42 Idem, ibidem.
43 F. Càllari, *Pirandello e il cinema. Com una raccolta completa degli scritti teorici e creativi*; e R. Vittori, *Il trattamento cinematografico dei Sei personaggi. Testo inedito di Luigi Pirandello*.
44 I. Pupo, op. cit., p. 68.
45 Idem, p. 67.

a frente com a aparência exata de sua inspiração"[46]. E Marta não irá discordar do Maestro, ao contrário: substituindo seu nome no camarim pelo das personagens ou declarando que sua carreira de atriz significou uma "segunda vida", um "novo nascimento", a atriz confirma a disponibilidade em se deixar possuir pela sua própria imagem fantasmática, aquela criada e idealizada por Pirandello a partir dela mesma. Escreve Marta em 1930: "Parece que a minha vida está sempre recomeçando, com a mesma ansiedade, o medo e a mesma agitação que tinha há quatro, cinco anos atrás, no início da minha carreira, ou melhor, da minha *segunda vida*"[47]. Ora, cinco anos atrás significa 1925, ano de criação do *Teatro de Arte*; e Marta já havia começado sua carreira de atriz muito antes, em 1917, quando havia exatos dezessete anos[48]. Ou seja, a atriz considera como início de sua "segunda vida" a carreira de atriz ao lado de Pirandello. Com estas palavras, Marta afirma *renascer*, não como mulher, mas como *atriz-personagem*: personagem que se refaz na atriz que se transforma novamente em personagem. Autor e atriz parecem confirmar e admitir, juntos, um tipo de relação mística e espiritual, mais verdadeira que aquela natural. Mas por trás desta *cordial paternidade*, pela qual a atriz parece realmente se transformar em "sua criatura" e Pirandello em seu "verdadeiro pai", se revela o outro lado da "castidade", sua face "impura": o desejo "incestuoso". A paixão de Pirandello por uma mulher que é sua "filha de eleição", sua "filha da arte" configura seu amor como casto e profano, ao mesmo tempo.

"Os papéis femininos do último teatro de Pirandello, concebidos sob a constelação de Marta, submetem-se, de fato, à 'fascinação paterna'", dirá Ivan Pupo[49]. A impossibilidade de se libertar deste sentimento paterno impede que os personagens pirandellianos, dominados pelo fantasma do incesto,

---

46 F. V. Nardelli, *L'uomo segreto: vita e croci di Luigi Pirandello*. Reportado em I. Pupo, op. cit, p. 96.
47 Carta de 29 de julho de 1930. *Caro Maestro...*, p. 114. Grifo nosso.
48 Em 1917, Marta Abba fez sua primeira apresentação aos críticos. Num espetáculo beneficente, a atriz interpretou *Maternità* de Bracco e conquistou não apenas Luigi Antonelli (crítico e dramaturgo) como causou grande admiração em outros dois críticos, Marco Ramperti e Enrico Cavacchioli.
49 I. Pupo, op. cit., p. 70.

*Marta Abba e Luigi Pirandello. Uma sugestiva foto de Lucio Ridenti (1932). Arquivo: Centro Studi Teatro Stabile di Torino*

desenvolvam uma sexualidade satisfatória. Ainda segundo Pupo, o escritor impõe aos personagens idealizados para a atriz uma única e terrível escolha: ou do "pai" ou de mais ninguém; mas como o amor incestuoso é condenado pelo autor, aos personagens femininos só resta a solidão ou a apatia sexual. Este é o preço a se pagar pela impossibilidade da libertação de Eros. A *vamp-virtuosa* no corpo de Marta Abba, esta mulher que *não se pode ter*, nunca terá uma sexualidade satisfatória ou plenamente desenvolvida, ela será distante e fria, ou mesmo frígida, como foi Donata de *Trovarsi*; ou casta e virgem, como foi Marta de *L'amica delle mogli*, ou submissa a um senhor de idade avançada que a rejeita, como Tuda ou Veroccia. E Marta Abba? Como a atriz procedeu diante deste amor ambíguo e sem legenda? Como já dito, grande parte de suas cartas foram perdidas, impedindo assim um maior conhecimento sobre o outro lado da relação. O que se pode extrair, entre aquelas que restaram, era que Marta também se comportava de forma ambígua e cifrada em relação aos seus sentimentos. Embora suas cartas não tenham a riqueza literária das de Pirandello, não obstante o formalismo de se referir ao Maestro como "Senhor", elas deixam transparecer certa "cumplicidade" com este tortuoso sentimento de *paternidade* de Pirandello.

Quando fala de trabalho e de sua luta no teatro, Marta nos parece uma mulher de negócios, forte e decidida, mas, paralelo a este discurso mais "profissional", ela deixa escapar informações mais íntimas, de sua rotina diária, de seu estado de ânimo, sempre demonstrando uma inquietação de menina e um despreparo emocional para enfrentar os "inimigos". Embora os desafie na maioria das vezes de "peito aberto", quase ingenuamente, a atriz não consegue resistir aos ataques, sofrendo um intenso desgaste emocional que a faz adoecer constantemente. Além de comentar as dificuldades de sua vida de atriz, Marta se mostra inteiramente desinteressada pelo lado mundano da profissão. Indo sempre dos ensaios para casa, a atriz parece realmente cultivar uma vida regrada e desapegada das relações sociais; o que sem nenhuma dúvida agradava ao seu Maestro. Estas pequenas "migalhas" de sua vida íntima deixam um rastro para que o escritor possa segui-la em seus momentos mais privados. Se Marta percebeu o lado ambíguo, e obscuro, da obsessão voyeurística de Pirandello, que constantemente precisava "vê-la", ela, além de não impedir suas fantasias, conscientemente ou não, irá alimentar este torturante amor, "casto e profano", se deixando imaginar, chegando mesmo a guiar o escritor no jogo da relação pai-filha, mestre-aluno:

> Bull [o buldogue francês de Marta] dormiu aos meus pés, eu escrevo sobre a mesa aparelhada. Na minha frente um prato de salada com azeite, o apetite me confundiu e me fez manchar o papel da carta. Mas eu consertei rasgando um pequeno pedaço. Cele soa a campainha, agora que ela me vê, o quadro é perfeito. Então até amanhã e hipp hipp hurrà...[50]

Como já observado por Annarita Letizia, a carta é de uma espontaneidade deliciosamente infantil. É possível imaginar todo o cenário familiar que envolve a atriz: o cachorro dormindo, a carta sobre a mesa, seus gestos, sua desatenção, o prato de salada, a mancha de óleo na carta, o rasgão, e no final da cena, o inusitado "hip hip hurrá!", que a faz pare-

---

50 Carta de 25 de setembro de 1928, *Caro Maestro...*, p. 33.

cer, com vinte oito anos, uma menininha feliz e ingênua de dez anos[51]. Em outros momentos, Marta se apresenta como uma aluna ansiosa, e um pouco desorientada, que espera do seu mestre uma palavra decisiva: "esperar do senhor aquelas palavras que iluminam e aqueles conselhos imparciais, aos quais há muito tempo o senhor me habituou, e que eu espero como a única coisa verdadeira na minha vida na arte..."[52]. Para "escapar" de um confronto direto em relação às contínuas cobranças do Maestro por uma misteriosa resposta, ela se torna ainda mais infantil, perdida e com a cabeça nas nuvens, mal suportando o peso de tantas responsabilidades: "A verdade é que quando eu respondo suas cartas eu me lembro tudo de forma confusa, e só me dou conta depois, relendo suas cartas, que eu não respondi tudo"[53]. Até mesmo para se defender de uma acusação, Marta não deixa o tom pueril: "eu acho que não mereço as reprovações que me faz. Ainda mais em certos momentos, quando tenho a sensação que a minha cabeça voa. O cansaço é tão grande que não sinto minha cabeça sobre os ombros e não posso concatenar as ideias"[54]. Em suas últimas cartas, ela mesma irá se descrever "como uma boa menina"[55]; ou mesmo dizer: "Mas devo lutar com o meu jeito de menina indecisa, tímida, com a cabeça nas nuvens [...]"[56]. A mulher, de uma beleza enigmática e sedutora, é também a menina tímida e indecisa em sua intimidade. E não é exatamente esta a dupla imagem que emerge dos personagens femininos pirandellianos submetidos à "fascinação paterna", incestuosa?

VEROCCIA: (*batendo um pé*) Não! Eu! Eu!
NATACHA: (*entrando, a puxa com força, e a traz, relutante, para o outro lado*) Chega Veroccia! Solta ele! E venha para cá!
VEROCCIA: (*vinte anos, ruiva, nariz arrebitado, olhos luminosos, toda eriçada, avança, arrastada, para frente*) Mas, você não en-

---

51 Cf. A. Letizia, Pirandello, Lietta, Marta, op. cit.
52 Carta de 26 de julho de 1931 *Caro Maestro...*, p. 200.
53 Carta de 12 de abril de 1930, idem, p. 77-78.
54 Carta de 15 de janeiro de 1931, idem, p. 132.
55 Carta de 1 de janeiro de 1936, idem, p. 331.
56 Carta de 27 de maio de 1936, idem, p. 356. Marta tinha acabado de chegar a Londres para os ensaios de *Trovaritch*, seu último trabalho antes de se recolher a uma vida de casada.

tende? Eu não lhe corto apenas os cabelos, eu o arranco de si mesmo, o liberto daquela sua cara[57].

Veroccia é a imagem de uma Marta quase menina. Mas esta *mulher-menina* saberá dosar suas cartas, contrastando imagens sensuais e provocantes (ainda que muito discretas) com palavras ternas, de grande impacto filial. Demonstrando grande devoção e preocupação com a saúde do Maestro, a atriz o aconselha na alimentação, indicando inclusive o número de pulôveres necessários para ele se proteger do frio: "Se resguarde Maestro, se cubra muito bem, com dois ou três pulôveres. E [até] no verão não os tire, deve usar pelo menos um"[58]; "É absolutamente necessário que o senhor se alimente melhor, para não ficar desnutrido. Mesmo inapetente, precisa comer alguma coisa"[59]. Opondo-se a esta preocupação filial, palavras bem menos pueris insinuam ao Maestro que algo "a mais", camuflado, pode existir sob este confortável e consentido afeto; palavras que fazem o escritor se convencer de que ele e Marta sofrem pela mesma razão, que ambos sentem e *desejam*, do mesmo modo, e que travam a mesma luta interior, como se fossem uma só alma. Escreve Marta: "Estou sempre entre o inferno rosa da minha casa e o inferno vermelho que trago dentro de mim"[60]. Quando Marta lhe confidencia pequenas joias de sua intimidade de mulher, as cartas de Pirandello se inflamam e ganham uma intensa carga de erotismo: "Aquele [inferno] 'rosa' de Sua casa, eu conhecia; mas este 'vermelho' que está dentro de Você? Eu posso bem imaginá-lo; e imediatamente gostaria que me incendiasse, [...] Eu também queimo, de longe, no fogo deste inferno"[61].

A paternidade espiritual, reivindicada por Pirandello e acolhida pela atriz, queima no "inferno vermelho" da carne de Marta; e, se o corpo de Pirandello envelhece, a fúria desta paixão, que de longe o incendeia, lhe faz sentir o mesmo furor, o mesmo *fogo* da juventude:

---

57 *Quando si è qualcuno*, em *Maschere Nude*, v. 4, p. 639.
58 Carta de 22 de abril de 1930, *Caro Maestro...*, p. 83.
59 Carta de 21 de dezembro de 1935, idem, p. 326.
60 Carta de 22 de dezembro de 1930, idem, p. 122.
61 Carta de 23 de dezembro de 1930, *Lettere a Marta Abba*, p. 572 ().

sinto o meu corpo gemer, falar. Como um tempo atrás... [...]; me esforço para dormir, tentando parar de pensar, de sentir; mas não posso; o corpo não deixa; a besta que não se cansa, ainda que frustrada, não deixa; tem o sangue em ebulição, o coração que bate forte, e não deixa[62].

O corpo exige uma satisfação que há muito tempo lhe foi negada, vale dizer, desde aquela atroz e fatídica noite em Como. Se tal episódio pode ser considerado como o marco da frustrante relação entre Marta e Pirandello, é certo que se para ela, como lamenta o escritor, aquele "*sentimento não existe mais*"[63], para ele o desejo físico pela atriz jamais cessou. Porém, se Marta jamais afrontou de modo direto o tema deste amor interditado – seja ele fruto de um tabu social ou da fraqueza pirandelliana em aceitar a transformação de um objeto fantasmático em um objeto real –, nas cartas se percebe uma pequena abertura a um espaço mais "íntimo" e mais sensual. Marta escreve frequentemente suas cartas da cama, ou estendida relaxadamente no sofá; se deixa *ver* em trajes de praia, ou entrando (nua) no banho. Alimentando a obsessão pirandelliana por este amor "proibido", a atriz, tanto nas cartas como no teatro, será a *vamp--virtuosa* do escritor Luigi Pirandello, a *mulher que não se pode ter*. No entanto, "os papéis que exigem de Marta sua aceitação como objeto de desejo de uma figura paterna, são esvaziados por ela de todo referimento à autobiografia do dramaturgo, e no rastro de uma leitura ingenuamente desviante, chega a desmentir uma declaração do próprio Pirandello"[64]. Numa

---

62 Carta de 8 de abril de 1929, idem, p. 121.
63 Carta de 31 de março de 1929, idem, p. 103.
64 I. Pupo, op. cit., p. 71. Em nota, Pupo irá recuperar um fato muito interessante da biografia de Marta Abba. Respondendo ao crítico Giovanni Calendoli, que declarou que a atriz era a referência em carne e osso da personagem Tuda, Marta dá a entender que, de todas as personagens criadas por Pirandello sob sua influência, a única inspirada nela enquanto pessoa foi Donata Genzi: "se pode dizer, sem nenhuma sombra de dúvida, que todo o teatro pirandelliano, depois de *Diana e la Tuda*, se inspirou em mim. Não por similaridade dos casos [...] não acredito que se possa minimamente confundir o drama de Giuncano com a vida de Luigi Pirandello, e muito menos com a minha [...]. Se existe um estudo sobre mim, exatamente sobre mim, *pessoa*, ele está em *Trovarsi*. A atriz que vive somente para o teatro, sem uma vida própria". O fragmento da carta de Marta Abba se lê em "Ariel", III, n. 3, set.-dic. 1988, p. 63.

entrevista a F. Blank da revista *Comoedia*, Pirandello declara: "A tragédia de Giuncano de *Diana e la Tuda* é a minha. Eu sinto o meu corpo, a minha carne envelhecendo. Envelhecendo, envelhecendo, caminhando até a morte. E no meu interior eu não mudei, sou o mesmo, vivo!"[65].

Não enxergar o teatro do último Pirandello como um teatro autobiográfico é fechar os olhos para o que há de profundo em sua obra. Não entender que o autor usa do espaço teatral para confessar o inconfessável, o fantasma do incesto, é deixar de ver aquele nó inextricável entre teatro e vida, tão necessário à compreensão de sua obra. "A vida ou se vive ou se escreve", disse uma vez Pirandello, e não foi da boca pra fora. O escritor viveu a vida através de seus personagens, se fez também personagem e viu em Marta a encarnação vivente de sua fantasia. Se, como confessa Pirandello no roteiro cinematográfico de *Seis Personagens*, ele deveria tê-la amado somente como *sua criatura,* como sua filha espiritual, a realidade se mostrou de maneira bem diferente.

## UMA ATRIZ PIRANDELLIANA

> além disto, desejo que a senhorita Marta Abba, e somente ela, receba todos os percentuais dos direitos autorais que venham dos espetáculos, seja na Itália ou no exterior. De todos os trabalhos que, sem ela, eu nunca teria escrito, a começar por *Diana e la Tuda*[66].

Diante do epistolário se poderia pensar na última estação pirandelliana como apenas o grande teatro de um amor senil. Mas, à diferença de tantos outros escritores que na casa dos sessenta anos se apaixonam por uma jovem fascinante e de temperamento enigmático, fazendo da obra o reflexo deste amor tardio, Pirandello constrói toda uma dramaturgia que se destina não exclusivamente à musa, mas a uma atriz de carne e osso.

---

65 Reportado em F. Blanck, Pirandelliana, *Comoedia*, ano XI, n. 3. Ivan Pupo recupera este depoimento para ressaltar que "a atriz subestima o masoquismo que levou Pirandello a transferir para a cena o tormento pessoal do eros proibido" (op. cit., p. 100).
66 Do testamento de Pirandello.

Entender a dramaturgia do último Pirandello como apenas a obra de um amor tardio, é esquecer que existe neste teatro um intercâmbio e uma inegável interação entre pulsões biográficas e resultado artístico. Quando falamos ou analisamos o trabalho de um dramaturgo como Pirandello, que sempre escreveu com a mente fixa sobre o trabalho atorial, é fundamental levar em consideração a influência do estilo do ator na construção de sua obra. Escrever um teatro para Marta Abba significa, antes de qualquer coisa, escrever para a atriz Marta Abba, isto é, em concordância com a qualidade e o estilo de interpretação desta mesma atriz. Desde *Diana e la Tuda,* Pirandello cria personagens femininos idealizados para a intérprete, e será o próprio Pirandello a dizê-lo: "eu escrevo tudo medindo a respiração do papel com a potência da arte de Marta Abba"[67]. Se reconhecemos na atriz um "temperamento pirandelliano" é em função de sua excepcional capacidade de atingir aquele suave equilíbrio entre o metafísico e o realismo, de se metamorfosear em diferentes faces, assumindo diversas emoções e sentimentos – é nosso dever lembrar que a adesão da atriz ao repertório pirandelliano, como visto no capítulo anterior, se manifestou desde o primeiro ensaio no Teatro de Arte, desde *Nostra Dea,* quando demonstrou uma grande versatilidade interpretativa[68]. O estilo *pirandelliano* da atriz (um tipo de interpretação incongruente e fraturada) já existia antes mesmo de Pirandello. Como já observado, se Pirandello encontrou sua intérprete, a atriz também encontrou seu dramaturgo, ou melhor, um homem de teatro da "cabeça aos pés", um mestre insigne da arte cênica; para usarmos as mesmas palavras da atriz:

> Em quase dez anos de trabalho em comum, eu pude ver, apreciar e amar, dia após dia, a sua extraordinária qualidade de

---

67 Carta de 30 de maio de 1930, *Lettere a Marta Abba,* p. 493.
68 O crítico Vincenzo Cardarelli de *Il Tevere,* co-divide a mesma opinião de Marco Praga em relação à interpretação de Marta Abba de *Nostra Dea*: "Estreou ontem à noite, em um papel virtuoso e muito escabroso, Marta Abba, primeira atriz no Teatro de Arte; certamente uma das maiores esperanças do nosso teatro. Ficamos encantados com sua bravura, com sua plenitude de vida e de brio. Não sabemos como expressar mais sobriamente o sentimento de fé e de admiração que esta jovem atriz nos inspira", *Nostra Dea,* di Massimo Bontempelli al Teatro d'Arte, *Il Tevere,* 23 de abril de 1925, republicado em *La poltrona vuota,* p. 251.

revelador da obra de arte. Ele a penetra, lhe mostra as entranhas, a ilumina. Quando se trata de encenar o trabalho de um outro autor, a sua atividade, sempre prodigiosa, se multiplica; todas as suas faculdades reativas se afinam e se aperfeiçoam. Intenções apenas esboçadas são enfatizadas e reveladas, gestos oportunos e esclarecedores são estabelecidos, harmonias de beleza apenas latente são integradas e concluídas [...]. Não economiza conselhos, nem ajuda. Grande artista, ele é um prodígio para si e para os outros. Mais para os outros do que para si mesmo. Isto não quer dizer que não ame ou cuide de suas peças. Ele as acompanha desde a primeira apresentação, e a cada apresentação ele se alegra em dizer aos atores os aperfeiçoamentos de suas interpretações[69].

A importância da atuação de Marta para o sucesso internacional da companhia de Pirandello se pode dimensionar a partir de uma preciosa nota em *L'arte drammatica* de 11 de julho de 1925: após o sucesso da temporada da companhia no teatro Edouard VII em Paris (que terminou em 14 de julho de 1925), a turnê seguiu para as principais cidades da Alemanha, e como Ruggeri teve que retornar à Itália, foi "especialmente sobre Marta Abba (que agradou muito o público e a crítica parisiense na atuação de *Seis Personagens*) que se intensificaram as reivindicações no que se refere aos intérpretes"[70]. Não é sem razão que Pirandello "alfineta" a crítica italiana, dizendo:

(Marta Abba) É a atriz que o Teatro de Arte de Roma revelou, não apenas ao nosso público, mas também àquele estrangeiro, e que no Argentina pretendo lhes oferecer a continuação. Será interessante que a Itália venha um dia a conhecer aquilo que a crítica europeia escreveu sobre ela[71].

E de fato, Marta Abba obteve excelentes críticas por onde se apresentou fora da Itália, especialmente em Londres e Paris. Sobre a atuação da atriz em *Seis Personagens* escreveu o crítico francês Gabriel Bouissy:

---

69 *Parlo del maestro*, p. 9.
70 Notiziario, *L'arte drammatica*, ano LIV, n. 29, p. 4.
71 S. D'Amico, Pirandello parla del suo Teatro d'arte, *Cronache del Teatro drammatico*, caderno 8, 18 de janeiro de 1927.

Três entre eles se destacam do conjunto: Sr. Lamberto Picasso no papel do Pai, Srta. Marta Abba no papel da Enteada, e Sr. Egisto Olivieri no papel do Diretor [...]. Alta, elegante, esbelta, irrequieta, vestida com uma saia curta de lã que não ultrapassa os joelhos, deixando a vista duas delgadas pernas com meias pretas, a Srta. Marta Abba nos faz sonhar com algum diabólico *Rops*. O seu rosto com longos traços é animado por dois grandes olhos negros. A Srta. Abba possui o dom das atitudes misteriosas, e também do impulso repentino. Ela gargalha e chora, ou antes, se lamenta como raramente se chora ao teatro. Ela consegue ser verdadeira e estranha ao mesmo tempo e realiza uma figura plenamente viva dentro da fantasia[72].

Ainda sobre a atuação de Marta no exterior, em *L'arte drammatica* se pode encontrar uma pequena coleção de críticas, que ora transcrevemos:

Marta Abba no papel da Enteada me pareceu a melhor. Com poucas palavras para se dizer, o papel poderia quase ser feito apenas com mímica. Mas, a presença desta figura imóvel, escutando com a cabeça abaixada as explicações preliminares do pai, o terror e o horror de seu encontro com o pai na casa de Madame Pace, os soluços que nos partem o coração no último ato, tudo isto foi feito pela senhorita Abba à perfeição. Não fazíamos ideia de estar diante de uma maravilhosa, vívida e atraente atriz usando cada nervo do seu ser para traduzir uma intensa emoção, ainda que expressa com uma fisionomia aparentemente tranquila. *The Observer*.

A Enteada de Marta Abba, por exemplo, tem momentos de longa pausa quando está em silenciosa comunhão consigo mesma. A senhorita Abba é uma atriz maravilhosamente expressiva, e gradativamente, conforme o trabalho alcança lentamente a tragédia final, ela se transforma na própria personificação da emoção trágica. *Daily News*.

A senhorita Abba que representou a bela jovem em *Vestir os Nus* (terceiro trabalho de Pirandello em Londres, onde a interpretação de Marta Abba também agradou) demonstrou a sua versa-

---

72 G. Bouissy, La Troupe italienne joue Six personnages em quête d'un auteur, *Comoedia*, Paris, 10 de julho de 1925. Reportado em Una giovane a Londra ed a Parigi, *L'arte drammatica*, ano LIV, n. 32, 1 de agosto de 1925, p. 3; e também em A. D'Amico; A. Tinterri (orgs.), *Pirandello capocomico*..., p.144.

tilidade dando uma execução saborosa da frágil senhora Frola (de *Cosi è si vi pare*). *The Evening Standart*.

Sobre *os Nus*. Marta Abba, que já havia deixado sua marca em *Seis Personagens*, impressionou profundamente com a precisão de sua interpretação da infortunada personagem Ersilia. *The Times*.

Observo nos *Seis Personagens* as suas mãos que se contraem, os seus olhos dilatados pela febre e a ansiedade, todo o seu corpo, que se rebela e sucumbe envolvido por uma estreita saia preta. Que Futuro!!! [...] Ela é de verdade a filha do gênio dramático do Maestro. E. Strowski do *Paris Midi*[73].

"Filha do gênio dramático do Maestro"; conhecida como a melhor intérprete da dramaturgia pirandelliana, Marta Abba acumulava notas críticas elogiosas quanto à sua inteligência cênica, sensibilidade interpretativa e singular versatilidade; qualidades essenciais para uma interpretação viva, ardente e iluminada da obra pirandelliana. Que Marta Abba foi uma atriz de caráter único e excepcional, não resta a menor dúvida, mas a crítica italiana, especialmente em relação aos trabalhos executados pela Companhia Drammatica Marta Abba, não foi assim tão indulgente. O primeiro repertório de sua companhia, encenado em Varese, no dia 19 de outubro de 1929, foi quase todo ele pirandelliano: *Come prima meglio di prima, Due in una, Il giuoco delle parti, La ragione degli altri*, com exceção para *La nostra compagna* de Antoine e *Scrollina* de Achille Torelli[74]. Como se vê, para a primeira temporada a atriz se concentrou sobre um repertório quase exclusivamente pirandelliano: quatro peças em seis. Sobre a escolha de seu repertório pondera Pirandello: "Você não acha excessivo, minha Marta, *quatro* trabalhos meus para a Sua estreia em Varese? [...] seria bom que pouco a pouco Você os trocasse, sem os abandonar completamente, renovando assim o seu

---

73 Una giovane a Londra e a Parigi, *L'arte drammatica*, ano LIV, n. 32, p. 3.
74 Sobre a organização do repertório, explica Marta a Pirandello: "Em cada praça propomos oferecer uma novidade, são seis praças antes de chegar a Turim, por isso serão seis novidades. Quando terei a sua Maestro? Com ela nos apresentaremos em Turim, espero muito tê-la em cartaz". Marta se refere a *Lazzaro*. Carta de 26 de setembro de 1929, *Caro Maestro...*, p. 48-49.

repertório"[75]. Sobre o repertório de Marta Abba, comenta Silvio D'Amico:

> Recordam-se as esperanças, alguns anos atrás, a caso da revelação desta atriz: a mais promitente força que até agora tinha surgido entre a jovem geração. Esperança, não diremos frustrada, mas talvez um pouco enfraquecida. No fato que o repertório de Abba, além de *sui generis*, logo pareceu encerrá-la em um tipo de quadro fechado. É verdade que naquele seu repertório, constituído de peças prevalentemente pirandellianas, ela deu belíssimas provas de si; algumas vezes, sustentando, vitoriosamente, o confronto com atrizes de vasta fama. Algumas de suas interpretações recentes – citamos *Come tu mi vuoi* – confirmam o seu valor neste campo. Mas a consternação comum é sempre esta: de ver a sua virtude assim desordenadamente dispersa, no quadro de uma companhia que efetivamente não a enquadra; companhia menos que medíocre, sem diretor, sem estilo [...]. E o nosso desejo é só um: quando na Itália for criado, como de fato deve acontecer, agora ou depois, um teatro novo, moderno e adequado, que se veja Marta Abba ordenada nos novos quadros, no lugar que lhe compete[76].

Se pareciam compartilhar a mesma opinião quanto ao excesso de trabalhos pirandellianos, a intenção do crítico era bem diferente à de Pirandello. Silvio D'Amico, em tom ambíguo e paternalístico, escreve uma devastadora crítica ao repertório e à companhia de Marta, não só para demolir e desqualificar a interpretação da atriz, como para atacar indiretamente Pirandello. O crítico considerou a montagem de *Scrolinna*, de Achille Torelli, típica e autêntica representação do século XIX, não apenas como uma grave falta de estilo na escolha do repertório da companhia, como também um retrocesso no fortalecimento de um novo e moderno teatro italiano. Segundo o crítico, problemas de honra, duelos, cartas comprometedoras, virtude e sacrifício são temas que não se sustentariam no mundo moderno, a não ser através de uma leitura irônica em tom levemente parodístico. Mas o que o crítico observou de

---

[75] Carta de 29 de setembro de 1929, *Lettere a Marta Abba*, p. 274.
[76] S. D'Amico, L'addio di Marta Abba, *Cronache de teatro drammatico*, caderno 11. Crítica da montagem de *Scrollina* de Torelli (1881) pela companhia Marta Abba, após sua última apresentação no teatro Valle de Roma. A crítica foi originalmente publicada no jornal *A Tribuna*.

mais comprometedor para o crescimento profissional da atriz, foi a quase exclusividade de textos pirandellianos no repertório da companhia, dando a entender que isto a afastava de um futuro teatro moderno que seria criado na Itália. É claro que Pirandello não iria receber muito bem os comentários de D'Amico e, numa carta de 27 de maio de 1930, esbravejou contra o crítico: "Não quero saber mais nada daquele padreco sujo do D'Amico! O 'citado' Pirandello lhe cospe na cara!"[77]. A nota não foi mal recebida por Marta, ao contrário, ela se sentiu prestigiada acreditando mesmo que *todos* esperavam vê-la ocupando um lugar importante no teatro italiano. Ela não conseguiu perceber que o crítico ainda a analisava enquanto "promessa" e não como uma atriz já estabelecida e reconhecida pelo seu trabalho. A divergência de leitura fez Marta se irritar com Pirandello, e ela chega até mesmo a acusá-lo de egoísta:

e me dou conta que Pirandello é muito egoísta levando a mal quando me dizem, com justiça, que uma atriz como eu deve fazer de tudo. [...] depois de tanta inimizade da parte dos críticos romanos, não notou uma coisa boa: que todos desejam me ver no lugar que me compete no Teatro Italiano [...]. Existem muitas possibilidades em mim, e uma atriz como eu deve expandir, expandir...[78]

Ao passo que Pirandello responde:

o senhor D'Amico cospe veneno negando a Sua grandeza *atual* e desejando que você deixe Pirandello para "ocupar o lugar que Te compete no teatro italiano". Pirandello não é muito egoísta, Pirandello está apenas indignado, minha Marta, por não Te reconhecerem pelo que Você vale *agora*[79].

Um outro ataque de Silvio D'Amico a Marta Abba virá quase um ano depois, em 1 de abril de 1931, no jornal *A Tribuna*; em parte já transcrito no capítulo anterior. O crítico censura a atriz pela falta de um método paciente e regular, isto é, pela falta de uma maior disciplina e aprofundamento no estudo da arte de interpretar, segundo ele, um erro muito comum entre os ato-

---

77 *Lettere a Marta Abba*, p. 490.
78 Carta de 30 de maio de 1930, *Caro Maestro*, p. 105.
79 Carta de 2 de junho de 1930, *Lettere a Marta Abba*, p. 500.

res que acreditam exclusivamente em suas próprias forças naturais, deixando de lado toda disciplina interior e exterior:

> Marta Abba, temperamento de primeira ordem, atriz vista até agora com esperança por muitos, energia de vastas possibilidades, da comédia à verdadeira e própria Tragédia, não deve continuar sendo enganada, ao contrário, deve ser convidada a considerar as coisas como são. A ela aconteceu, e isso não tem remédio, a desgraça de ascender aos "papéis principais" quase imediatamente, não passando pelos papéis menores [...]. Marta Abba precisa, e para isso ainda está em tempo, de um mestre. Não um diretor, no sentido meramente visual, de aparato cênico [...]; mas de uma orientação séria, hábil, inteligente e moderna, que comece a colocar um pouco de escolástica, se não propriamente uma clássica ordem na sua dicção e no seu desempenho. E que lhe ensine a entender e a expressar o espírito dos autores que ela, com os exuberantes e invejáveis meios que Deus lhe deu, deveria interpretar[80].

É o início de uma forte polêmica entre o crítico e a atriz; parcialmente minimizada em 1933, com o estabelecimento da Companhia de Marta Abba em San Remo. Mas vejamos um pouco mais sobre a tal polêmica. Marta, atriz de temperamento forte e de ânimo inquieto, não deixa passar em branco a crítica de D'Amico e numa carta refuta todas as afirmações do crítico, especialmente no que se relaciona à sua repentina aparição como atriz. Inconformada com as acusações, Marta relata como foi o início de sua carreira, enumerando os mestres que teve antes de entrar na companhia de Pirandello e se tornar primeira atriz[81]. Esta carta foi publicada em 3 de abril de 1931, também no jornal *A Tribuna*, junto com uma réplica feroz de D'Amico. As acusações e conselhos do crítico não são novos para ela, e em uma carta de 25 de abril de 1930 ela assim se queixa:

> Depois do meu retorno ao teatro não tive nada além de insultos, ou *conselhos*! Que eu cheguei muito cedo ao sucesso, que preciso de um Mestre, que devo aprender a ser *humilde* (logo a mim me

---

80  S. D'Amico, *Cronache del teatro drammatico*, v. 2, p. 142.
81  Tanto a crítica de D'Amico quanto a carta de Marta endereçada ao crítico podem ser consultadas em sua íntegra no epistolário de Marta: Carta de 1 de abril de 1931, *Caro Maestro...*, p. 158-161.

dizem isso), que não devo representar apenas Pirandello, que devo esquecer todas aquelas heroínas cerebrais e atormentadas[82].

O dramaturgo vai responder que ela deve seguir sua própria estrada artística e não dar atenção aos comentários de jornais italianos que, segundo ele, "estão nas mãos de bestas presunçosas, ignorantes, de má fé, corruptas e servis"[83]. O escritor diz que a atriz não deve se curvar a nenhuma opinião, e que deve continuar sendo Marta Abba, com seu próprio estilo de interpretar, único e inimitável. O que para D'Amico se constituía por uma espécie de "contaminação" (ou maneirismo) do repertório pirandelliano. Em sua réplica aos comentários da atriz, escreve o crítico em 3 de abril de 1931:

ao entrar muito jovem para fazer a "primeira atriz" na companhia de Pirandello, Marta Abba não teve mestres técnicos (profissionais da interpretação); e por alguns anos se manteve pressionada por um repertório principalmente pirandelliano (ou melhor, por um longo período exclusivamente). De lá saiu repleta de boas e promissoras qualidades em forma bruta, do modo como todos sabem, e que agora é um lugar comum repetir: convulsa no defeito pessoal, frenética na gesticulação, ansiosa na dicção, e, o que é grave, sem nenhum controle. [...] a cena italiana espera muito dela. Os frequentes oásis de graça cômica, de sentimento humano e de elétrica dramaticidade, que ainda individuamos e apreciamos, entre os desníveis e as dissonâncias de sua arte, dizem que ainda está em tempo de Marta Abba não desiludir as nossas esperanças[84].

Um estilo de interpretar descontrolado e sem harmonia, defeitos próprios de uma atriz que, dona de um grande potencial, ainda não aprimorou e nem lapidou sua arte; este é em resumo o julgamento de D'Amico. Em quase todas as notas direcionadas a Marta, especialmente nas que se referem aos trabalhos posteriores a 1928, o crítico se baseia sobre o argumento de que ela precisa de um mestre para se transformar de uma promessa à tão esperada grande atriz italiana[85]. Como exemplo,

---

82  Idem, p. 86.
83  Carta de 28 de abril de 1930, *Lettere a Marta Abba*, p. 424-425.
84  S. D'Amico, *Cronache del teatro drammatico*, v. 2, p. 146.
85  O crítico e dramaturgo Luigi Antonelli irá defender Marta Abba contra esta acusação de D'Amico dando a entender que Marta não precisa encontrar um

a crítica de 20 de março de 1931 ao espetáculo *Penelope*, de W. S. Maugham, realizado por sua companhia no teatro Valle: "potência, como se sabe, das mais promissoras, se não a mais promissora entre as últimas que apareceram. Mas que tanto no cômico como no irônico parece demonstrar um pouco em demasia a nostalgia de um agitado espírito trágico"[86]. Para o crítico, o temperamento convulso de Marta seria reflexo das influências de um repertório quase exclusivamente pirandelliano, responsável por uma rigidez performativa, ou mesmo uma imobilização no estilo de interpretação, em que nem mesmo em comédias, como *Penelope* ou *La buona fata* (A Boa Fada), de Molnàr, sua atuação deixava de ser *pirandelliana*: "Faltou, sobretudo, aquele último toque de perspectiva, aquele ritmo de humorismo fabulesco, aquela leveza, que fariam a comédia viver em todo seu esplendor"[87]. Sobre os personagens pirandellianos, analisa D'Amico: "Aqueles seus personagens, quase sempre marcados por uma acidez e impetuosidade, muitas vezes transtornados, outras vezes alucinados, passam, repentinamente, do papel de marionete àquele de herói trágico"[88].

Contrapondo as observações de D'Amico sobre o temperamento da atriz com aquela belíssima imagem de Eugenio Bertuetti a respeito do estilo "frio" de atuar de Marta Abba – *chama do diabo que não se consome* – e levando em consideração que na "teoria" atorial de Pirandello o ator não precisa experimentar na vida aquilo que o personagem vive sobre a cena, podemos concluir que estamos diante de uma atriz *épica*, que em seu estilo de interpretação *mostra*, "narra" um personagem, não chegando a identificar-se completamente com o papel, executando um jogo entre identificação e distanciamento:

> Por uma parte da sua existência histriônica – aquela que emprestou ao personagem – insere-se na ação, por outra permanece à margem dela. [...] Que o distanciamento pressupõe a identificação – pelo menos nos ensaios – foi destacado por Brecht (*Pequeno Organon*, § 53)[89].

---

mestre, pois ela já o havia encontrado há muito tempo: Luigi Pirandello. Cf. M. Giammarco, *Luigi Antonelli. La scrittura della dispersione*, p. 80-85.
86  S. D'Amico, *Cronache del teatro drammatico*, n. 12, 1931.
87  Idem, crítica de 27 de março de 1931.
88  S. D'Amico, *Storia del teatro drammatico*, v. 2, p. 335.
89  A. Rosenfeld, *O Teatro Épico*, p. 161.

E que Pirandello propõe em seu teatro uma *epicização* do drama, já é fato mais do que debatido[90]. As oscilações, os desvios e as dissonâncias na interpretação da atriz, considerados por D'Amico um "defeito", seria então uma qualidade interpretativa (ou estilo), fundada sobre o entendimento de uma inevitável distância entre o intérprete e o personagem; influência óbvia dos pressupostos pirandellianos de idealização do personagem (em termos de uma absoluta alteridade das *dramatis personae* em relação ao homem) somado ao desejo, àquela atração irresistível, de fazer conscindir o personagem e o ator. Como já visto, em Pirandello, na relação ator-personagem, o intérprete não tem que "desaparecer" por trás do personagem, transformando a própria figura, as experiências e a própria vida interior até torná-las parecidas com as dos seres ficcionais (pressuposto do naturalismo), deve antes "esvaziar-se", liberar-se da própria personalidade, renunciando a tudo que é seu[91]. É como explica Donata: se o ator, quando interpreta, deve negar a si mesmo, negando a própria personalidade, será indiferente para ele ter tido ou não, em sua existência real, uma experiência símile àquela do personagem que deve interpretar. Uma atriz que interpreta o papel de uma fêmea fatal, como fará Donata ao terceiro ato, não tem nenhuma necessidade de ser ela própria uma *vamp*. Para uma atriz, é suficiente "intuir".

Por esta teoria, analisa Vicentini, a interpretação se transforma em um tipo de evocação, de rito mágico, perigoso e secreto no qual o ator, privando-se de sua própria realidade individual, procura atrair para si, aos olhos do público, um ser estranho que provém de um mundo superior. Nesta perspectiva ritualística, os gestos, a maquiagem, a emoção que o ator suscita em si no momento em que começa a interpretar, "não possuem o escopo de produzir ou de oferecer, na presença do público, uma figura similar ao do personagem. Estes são

---

90 Cf. P. Szondi, *Teoria do Drama Moderno (1880-1950)*; B. Dort: "a distância, no teatro de Pirandello, não se dá apenas entre um drama passado e um meta-drama presente: é uma distância entre narratividade e teatralidade, entre personagem e ator, entre a ficção e o jogo. Este é o fundamento da encenação moderna: a constatação de uma diferença, inevitável e múltipla, entre o texto e sua representação", Une écriture de la représentation, *Théâtre en Europe*, n. 10, p. 21; e C. Vicentini, *Pirandello. Il disagio del teatro*.
91 Cf. C. Vicentini, op. cit., p. 158-178.

instrumentos pelo qual o intérprete se serve para evocar a criatura fantástica, para chamá-la, para conduzi-la à cena"[92]. Imitando o aspecto do personagem, seu comportamento externo e suas emoções, o ator atrai o personagem ao palco. Assim se configura os procedimentos do ator pirandelliano: imitando, de forma exterior, os gestos e as emoções do personagem, ele consegue, se tudo correr bem, desencadear um processo que pouco a pouco vai se intensificando, se aprofundando até se tornar convincente. Este processo Pirandello descreve minuciosamente em *Esta Noite se Representa de Improviso*, (final de 1928 – início de 1929), no famoso monólogo de Zampognetta, no qual o ator, que deve interpretar o personagem no momento de sua morte, chega ao palco completamente desconcentrado. O intérprete começa a explicar porque não pode interpretar assim, de forma fria, a trágica cena da morte de Zampognetta, e aos poucos vai dizendo como gostaria de fazer o seu personagem, as coisas que ele deveria fazer e dizer e como gostaria de morrer sobre a cena. Enquanto fala e mostra os gestos do personagem, ele termina por "atrair" este mesmo personagem para si, para o palco, realizando a cena com intensa emoção. Narrando como deveria fazer a cena, imitando o aspecto exterior do personagem, o ator cria em torno de si uma atmosfera intensa, real, que contamina todos os outros atores que experimentam uma emoção autêntica.

ZAMPOGNETTA – Eu não posso. Para mim a entrada era tudo. O senhor quis saltá-la... Eu tinha necessidade, para me aquecer, daquele grito da criada. E a Morte deveria entrar comigo, apresentar-se aqui em meio àquela balbúrdia desavergonhada dessa minha casa – a Morte embriagada, como tínhamos estabelecido; embriagada com um vinho que havia se tornado sangue. E devia falar, sim, eu sei; começar eu a falar em meio ao horror de todos – eu – tomando coragem do vinho e do sangue, amparado nesta mulher [*atira-se na direção da Chanteuse e pendura-se com um braço em seu pescoço*] – assim – e dizer palavras insensatas, desconexas e terríveis, para aquela mulher, para as minhas filhinhas, e também para estes jovens, aos quais deveria demonstrar que se fiz papel de bobo é porque foram malvados – [...] sim, sim; [*enfurecendo-se, como se alguém o contradissesse*] inteligente, inteligente, como são

[92] Idem, p. 174.

inteligentes as crianças – não todas, aquelas que crescem tristes em meio à animalidade dos grandes. Mas deveria dizer estas coisas por estar bêbado, em delírio; e passar as mãos ensanguentadas no rosto – assim – sujando-o de sangue. [*Pergunta aos companheiros*] Sujou? [*e uma vez que eles fazem sinal afirmativo*] – bem – (*e retoma*) – e aterrorizá-los e fazê-los chorar – mas chorar de verdade – como fôlego que não tenho mais, juntando os lábios assim – [*tenta dar um assobio que não vem: fhhh, fhhh*] – para dar minha última assobiadinha; e depois, aí está (*chama para perto de si o Freguês do Cabaré*) – vem aqui você também – [*pendura-se em seu pescoço com o outro braço*] assim – entre vocês dois – porém mais junto de você minha bela – inclinar a cabeça – como fazem rápido os passarinhos – e morrer [*inclina a cabeça sobre o seio da Chanteuse; relaxa pouco depois os braços; cai por terra morto*].

CHANTEUSE – Oh Deus, [*tenta segurá-lo, mas logo desiste*] Está morto! Está morto!

MOMMINA – [*atirando-se sobre ele*] – Papai, meu papai, meu papai...[*E começa a chorar de verdade. Este ímpeto de verdadeira comoção na Primeira Atriz provoca a comoção também nas outras atrizes, que se põem a chorar sinceramente elas também*][93].

O ator, por este "método", não procura apenas representar o personagem, mas atraí-lo: "o objetivo último do ator pirandelliano, não é reproduzir fielmente a imagem de um personagem, mas evocar sua presença efetiva"[94]. Mostrar o personagem é dar início a um progressivo processo emotivo, no qual o ator pouco a pouco se esvazia de si mesmo e se deixa preencher por uma realidade fantástica, pela potência misteriosa das criaturas fantásticas da arte. Outro exemplo, que confirma a ideia de que para o dramaturgo os seres ficcionais pertencem a uma realidade superior e fantástica, é a cena de aparição de Madame Pace em *Seis Personagens*, na qual o personagem é evocado pela simples narração do Pai. O clímax deste processo emocional é um estado de completa e absoluta possessão: "o personagem, chamado pelos gestos e pelas palavras, entra no corpo do ator que se despe de todo pensamento, de toda experiência, de toda recordação ou sentimento da própria vida"[95]. O processo de "possessão" do

---

93 *Esta Noite se Representa de Improviso*, em J. Guinsburg (org.), *Pirandello do Teatro no Teatro*, p. 293.
94 C. Vicentini, op. cit., p. 175.
95 Idem, p. 176.

ator pelo personagem não é instantâneo, as criaturas fantásticas da arte devem querer entrar no corpo no ator, devem aceitar o convite. Não é sem razão que Pirandello faz Donata, personagem de *Trovarsi*, ter dificuldades para atingir o verdadeiro estado de emoção do personagem em seu último retorno ao teatro. Sabendo da presença de Elj na plateia, a atriz teve dificuldades para abandonar suas experiências como mulher. Somente quando Donata se abandona ao personagem é que ela consegue atingir a perfeição própria ao "mundo superior da arte" (para usarmos uma expressão de Pirandello). Enfim, é completamente aceitável ao intérprete pirandelliano iniciar de forma "fria", trabalhando cada gesto, cada palavra, cada expressão do personagem de uma maneira distanciada ou exterior, para que no momento certo, aos olhos do público, aconteça o milagre da aparição do personagem sobre o palco. A queixa de D'Amico sobre uma atuação "oscilante" da atriz, que muitas vezes só atingia a emoção do segundo ato em diante, (às vezes só no terceiro e último ato), não era propriamente um defeito, mas de fato uma questão de *estilo*, ou melhor, de total assimilação da teoria e do mundo pirandelliano.

Vicentini destaca uma passagem das memórias de Andrea Pirandello que merece ser transcrita:

> Várias vezes surpreendemos momentos de um estranho encantamento, impressionantes. Por exemplo, enquanto brincávamos no jardim da casa Conti em Castiglioncello, ver Vovô e Marta por trás da luz verde do pinheiral, pegos por um tipo de sortilégio que não os deixava existir entre nós. Interpretavam, ou melhor, Vovô, sentado ou apoiado sobre um pinheiro, dava a Marta o texto e Marta se movia em um espaço irreal e falava alto e gesticulava, como se naquele quadrado de ar vibrasse uma outra vida, ali, entre pessoas de verdade, mas de uma outra natureza que a nossa[96].

Como disse Vicentini, Marta significou para Pirandello, entre outras coisas, a possibilidade concreta de experimentar em profundidade o encontro entre sua técnica dramatúrgica e o estilo expressivo de uma intérprete congênere. A atriz representou a retomada, mais sofisticada e mais complexa, do diálogo criativo iniciado com Musco e que ao longo dos anos

---

96 Idem, p. 175.

prosseguiu de forma muito fragmentária com outros atores, como, por exemplo, Ruggero. Para Vicentini, Marta significou também a ocasião de substituir, no horizonte criativo do escritor, a imagem de Eleonora Duse[97]:

> Duse tinha aperfeiçoado a própria arte trabalhando sobre textos de Verga, de Dumas e de Ibsen, transformando-se numa grande atriz. E do mesmo modo, Marta Abba poderia desenvolver o estilo da própria interpretação se limitando às peças de Pirandello[98].

Assim, na primavera de 1925, Marta Abba é iniciada no mundo ficcional pirandelliano executando o papel da Enteada em *Seis Personagens à Procura de um Autor*[99]. E, em apenas um ano, se transformou na intérprete absoluta das heroínas pirandellianas: *Vestir os Nus, Così è (se vi pare), Il piacere dell'onestà, La signora Morli, una e due, Ma non è una cosa seria*. Na sequência, dois meses depois, em agosto de 1926, Pirandello escreve a primeira peça concebida e pensada para a figura e o estilo interpretativo de Marta Abba: *Diana e la Tuda*. A partir desta data, o escritor irá desenvolver personagens femininas idealizadas somente para a atriz.

Marta Abba como a intérprete ideal de sua dramaturgia. Sua figura, sua impostação cênica, que emocionaram Pirandello desde o primeiro ensaio em *Nostra Dea*, fizeram o escritor vislumbrar na atriz dotes e qualidades singularmente adequadas às características de sua dramaturgia:

---

[97] Para Vicentini, no imaginário de Pirandello a figura de Marta Abba tende a sobrepor-se progressivamente àquela de Eleonora Duse. No curso das produções do Teatro de Arte, a atriz interpretará uma série de protagonistas anteriormente pensadas ou vivenciadas por Duse. Em junho de 1926, Marta interpreta Anna Luna de *La vita che ti diedi*; personagem que Pirandello havia criado para Eleonora Duse, mas nunca interpretado por ela; em setembro de 1926, com direção de Pirandello, Marta Abba interpreta Ellida, protagonista da *Senhora do Mar* de Ibsen (personagem que cinco anos atrás Duse havia escolhido para seu retorno triunfal à cena teatral). Depois, ainda no repertório do Teatro de Arte, a atriz interpretará outras protagonistas que já tinham sido interpretadas por Duse: *Hedda Gabler*, de Ibsen; *Le vergini*, de Marco Praga e *Scrollina*, de Torelli.
[98] C. Vicentini, op. cit., p. 159.
[99] Em 19 de maio de 1925, o crítico Vincenzo Cardarelli escreve a respeito da interpretação de Marta Abba: "Quem mais se destacou ontem a noite foi a senhorita Abba, que nos deu uma nova revelação do seu impetuoso e rico temperamento de artista. Ela soube ser cruel como uma fúria, suave como uma menina e, em certos pontos, rígida como um triste fantoche largado em um canto", *La poltrona Vuota*, p. 261

por Você, escrevendo "Lazzaro", dei a "Sara" a parte mais importante de todo o trabalho, [...] sofri em saber que o papel não te agradava, [...] eu ficaria feliz, Marta, feliz se Você interpretasse "Sara": eu a escrevi tendo Você em mente[100].

*Lazzaro* já tinha sido escrita há cerca de um ano, provavelmente entre fevereiro e abril de 1928, e era desejo do escritor que na Itália fosse montada com sua participação. Mas, as dificuldades impostas ao seu teatro pelo sistema de truste, não lhe deram outra escolha que não estrear sua mais nova obra no exterior. Com *Lazzaro*, já se acumulava em quatro as peças que tiveram sua estreia fora da Itália: *Esta Noite se Representa de Improviso, O di uno o di nessuno, Come tu mi vuoi*. A peça teve sua estreia mundial na Inglaterra no Theatre Royal di Huddersfield, em 8 de julho de 1929. O texto agradou a crítica inglesa que, com especial atenção, enalteceu a composição dramática da figura de Sara. Cito: "a criação da figura central da mãe é um êxito de sinceridade, que deu entonação a todo o drama" (crítica do *Manchester Guardiani*), ou ainda:

O discurso no qual Sara narra ao filho o sofrimento do passado e o emergir de uma nova fé e de uma nova tranquilidade mental é incomensuravelmente o melhor momento do drama. Todo o retrato de Sara é vigorosamente e esplendidamente desenhado pelo dramaturgo" (crítica do *Times*)[101].

Não é excessivo relembrar que Sara foi um personagem que nasceu para e sob o influxo da atriz.

Com o sucesso de *Lazzaro* na Inglaterra, o dramaturgo se sente mais confortável para insistir com Marta na montagem italiana do texto. Serão sucessivas cartas mencionando o texto e suas possibilidades reais de sucesso na Itália: "estou certo de que 'Lazzaro' fará um enorme sucesso"[102]. A atriz finalmente acolhe o texto e, na metade de novembro de 1929, Pirandello viaja de Berlim para a Itália (Turim) para ajudá-la na preparação

---

100 Carta de 27 de abril de 1929, *Lettere a Marta Abba*, p. 155.
101 Ambas as críticas foram reportadas por A. D'amico em *Maschere Nude*, v. 4, p. 168-169. No volume também se pode consultar uma rica documentação sobre a criação e a fortuna crítica da obra, tanto na Itália quanto no exterior.
102 Carta de 29 de setembro de 1929, *Lettere a Marta Abba*, p. 272.

da montagem[103]. O espetáculo agradou ao público, com aplausos em cena aberta, mas não convenceu a crítica italiana. O fracasso da estreia italiana de *Lazzaro* foi um grande golpe para o escritor; em carta Pirandello escreve a Marta: "será melhor que Você vá enterrando este cadáver do repertório pirandelliano; se pudesse eu também afundaria com ele! Liberte-se, liberte-se de mim, minha filha!"[104]. A atriz, que interpretou Sara, recebeu uma severa crítica de Bernardelli:

> Não podemos dizer que a interpretação tenha sido excelente, e nem mesmo boa: medíocre. A entonação quase insuficiente, quase árida. Certas desinências arrastadas, a pronúncia um pouco branda de Marta, não souberam conferir vigor e rapidez ao diálogo, e nem conseguiram, no patético, aquela comovente fluidez discursiva, que talvez fosse necessária para obter notas e tons humanos em muitas cenas[105].

E uma outra um pouco mais branda de Bertuetti:

> Interpretou sem exagerar – e era muito fácil – contentou-se com tons baixos, quebrando frases que podiam conter um pretexto para "briga". Interpretação plena de nobreza, de fidelidade, ainda que algumas vezes muito "em tom menor"[106].

Já no periódico *L'arte drammatica*, Dino Fanciullacci escreve: "Uma interpretação perfeita, harmônica. Marta Abba, criatura sensível, vibrante, plena de nobreza e admirável senso interpretativo"[107]. A divergência de opinião entre a crítica não é matéria extraordinária, mesmo porque, sendo o teatro da natureza do evento é praticamente impossível que uma apresentação seja exatamente igual a outra; guardando é claro as devidas proporções. A grande questão em *Lazzaro* não é definitivamente a

---

103 O texto estreou na Itália em 7 de dezembro de 1929, no Teatro de Torino pela Companhia Drammatica Marta Abba. No dia 15 do mesmo mês, em Milão, estreia com a companhia da atriz Maria Melato, seguindo para Roma, no Teatro Argentina, em 18 de março de 1930; ambas as montagens não obtiveram uma boa aceitação da crítica italiana.
104 Carta de 11 de dezembro de 1929, *Lettere a Marta Abba*, p. 304.
105 Francesco Bernardelli, *La Stampa*, 8 de dezembro de 1929. Reportado em A. D'Amico, Notizie, em *Maschere Nude*, v. 4, p. 172.
106 Idem, ibidem.
107 D. Fanciullacci, I Teatri di Torino, *L'arte drammatica*, ano LIX, n. 7, p. 3.

divergência da crítica, mas se perguntar por que o papel de Sara não agradou inicialmente a Marta Abba. E aqui nos remetemos àquela fundamental observação de Giuseppe Castorina, já anteriormente citada e exaustivamente comentada no capítulo anterior: "Marta Abba quer ser uma *Vamp*". Embora belíssima – "Ao fundo do céu inflamado, Sara, toda de vermelho e com um manto negro, parece uma aparição irreal, de uma beleza inefável: nova, sã, potente"[108] –, ela é exatamente o oposto do perfil de mulher fatal. Camponesa, mãe e dona de uma grande fé, a protagonista será a própria imagem da temperança, da beleza e da humanidade. Sem grandes arroubos emocionais, Marta Abba não poderia explorar em Sara uma atuação mais pungente ou ardente (embora tivesse tentado dar a Sara um contorno mais heroico). A imagem que a atriz vinha construindo para si – de mulher fatal, enigmática, de olhar distante e avassalador, dona de gestos fortes e movimentos surpreendentes –, não poderia ser aproveitada de forma satisfatória em Sara. Para a atriz, que naquele momento procurava por heroínas vibrantes, sensuais e poderosas, o perfil de Sara, apesar de comovente, provavelmente lhe pareceu pouco animador, exigindo dela uma interpretação plácida e em "tom menor". Não é que a atriz quisesse apenas interpretar mulheres complexas, atormentadas e convulsas, ao contrário, ela também queria atuar em comédias, fazer tipos mais leves, mais engraçados e, com isso, ampliar seu horizonte interpretativo. O fato de saber que os personagens pirandellianos eram criados à sua imagem, talvez lhe desse uma maior liberdade para exigir do Maestro um perfil mais adaptado à sua qualidade interpretativa ou mais adaptado às exigências do público.

Alessandro D'Amico, em uma entrevista concedida a nós em 29 de junho de 2007, em seu estúdio em Roma, disse que Marta Abba insistia para que Pirandello se aventurasse a escrever comédias, com enredos mais leves, mais divertidos, com o objetivo de conquistar o público italiano. Em uma carta de 25 de janeiro de 1931, feliz com o sucesso de *La buona fata*, de Molnàr, que arrancou grandes risadas do público[109], Marta Abba argumenta com Pirandello:

---

108 *Lazzaro*, em *Maschere Nude*, v. 4, p. 199.
109 Sobre a montagem da Companhia Marta Abba e a atuação da atriz em *La buona fata*, , escreveu Renato Simoni em 20 de dezembro de 1930: "Agradável, leve,

por que Maestro, o senhor que tem tanta imaginação, não se dispõe, só para repousar, a escrever alguma coisa alegre, divertida. Faria o público ver que para o senhor é uma bobagem escrever em tal gênero. E, depois, eu penso que um escritor com sua capacidade não deveria insistir sempre na mesma tecla. Além do mais, é fundamental conceder alguma coisa ao público[110].

Ao passo que o Maestro responde:

admitamos que amanhã eu escreva uma comédia ligeira, sabe o que diriam? Que eu não sou mais eu, e não a teriam em consideração. Eu também escrevi, ao meu modo, comédias: "Così è (se vi pare)", "O Homem, a Besta e a Virtude", "Esta Noite se Representa de Improviso"... O público riu; não posso é fazê-lo rir de forma diferente. "Quando se é Alguém", e também "Os Gigantes da Montanha", depois de tudo, será uma tragédia risível... – O riso ligeiro? Só pode existir em quem vê apenas na superfície das coisas, e de passagem... Para minha desgraça eu tenho um olhar que penetra e dois olhos do diabo. Você os conhece bem[111].

"Dois olhos do diabo"... Olhar penetrante de quem enxerga muito além da superfície e vê o mundo como ele realmente é: "mundo manufaturado, engendrado, maquinado, mundo de artifício, de torção, de adaptação, de ficção, de vaidade, mundo que tem um sentido apenas para o homem que o criou"[112]. Em um artigo escrito para o *Paris midi*, em ocasião da apresentação da peça *O Homem, a Besta e a Virtude*, em Paris[113], Pirandello desabafa em tom de manifesto:

> jocosa, a comédia divertiu muito [...]. Vimos ontem, no teatro Manzoni, Marta Abba em um papel cômico, e devemos congratulá-la pela vivacidade florida e pela original versatilidade de seu talento. Ela obteve, ontem à noite, um sucesso pleno e feliz, muito merecido", *La buona fata*, em *Trent'anni di cronaca drammatica*, v. 3 p. 370.

110 *Caro Maestro...*, p. 135.
111 Carta de 27 de janeiro de 1931, *Lettere a Marta Abba*, p. 624.
112 *Um, Nenhum e Cem Mil*, p. 63 e 65.
113 Em 9 de outubro de 1931, Marta Abba recebe uma inesperada proposta de interpretar em francês o papel da "virtuosa senhora Perella" de *O Homem, a Besta e a Virtude*. A atriz aceita imediatamente a proposta e parte para Paris. Sua apresentação, no teatro Saint-Georges, foi um grande sucesso, de crítica e de público. O contrato termina em 17 de janeiro de 1932, e Marta retorna novamente para a Itália, deixando Pirandello. Extremamente deprimido, o escritor, na metade de fevereiro, sofre um sério ataque cardíaco.

Até hoje o público parisiense só conhecia uma parte do meu teatro, a parte mais difícil: aquela que é, digamos assim, mais intelectual que sentimental, mais dramática que cômica, mais humorística, no sentido filosófico da palavra, que irônica e satírica [...]. A celebridade nasce no dia em que, sem saber como nem por que, o nome de um escritor se destaca de sua obra, ganha asas e prende voo. O nome!... porque as obras são muito mais sérias. Elas não voam, caminham a pé, por sua conta, com o seu peso e o seu verdadeiro valor, a passos lentos [...]. Talvez não exista escritor mais desconhecido que um escritor célebre! [...] Esta peça já encontra preconceitos, tanto no juízo da crítica quanto na expectativa do público, por culpa de todas aquelas concepções abstratas e extravagantes, sobre a realidade e a ficção, sobre os valores humanos e o relativismo etc., que não são outra coisa que deformações cristalizadas de duas ou três de minhas peças. Daquelas duas ou três que chegaram primeiro em Paris, exatamente no momento em que o meu nome prendeu voo: este nome que, por uma infelicidade, não é nem mesmo um nome, mas raiz da palavra "pirandellismo". [...] *eu me rebelo contra a minha fama e contra o pirandellismo. E declaro de estar pronto para renunciar ao meu próprio nome, se for para reconquistar a liberdade da minha imaginação de escritor*[114].

É o mesmo argumento de *Quando se é Alguém*: personagem e autor sofrem o prazer e a dor de ser uma celebridade. Marta Abba, exatamente como Veroccia, tentou seduzir o "seu" Maestro a ser um outro, incitando-o a escrever comédias ligeiras. Mas, assim como seu personagem, Pirandello não poderá deixar de ser Pirandello, com aqueles seus "dois olhos do diabo". No entanto, existe uma razão para o dramaturgo se libertar do cadáver de seu próprio nome (o *pirandellismo*): a atriz Marta Abba. Se Veroccia, com sua juventude e irreverência, mostrou ao velho poeta que ele ainda estava vivo – "no primeiro instante em que esses olhos impertinentes se confrontaram com os meus, assim, provocadores e encantadores – (Assoprando) – *fhhhh* – sobre as cinzas – 'Você velho? A quem quer enganar? Você arde!'"[115] –, o mesmo fez Marta em relação a Pirandello. E se Pirandello, na carta de 2 de junho de 1930, diz a atriz para seguir a sugestão de D'Amico e deixar

---

114 Pirandello, Abasso il pirandellismo, reportado em *Il dramma,* ano VII, n. 125, p. 26-27. Grifo nosso.
115 *Quando si è qualcuno*, em *Maschere Nude,* v. 4, p. 628.

de lado o repertório pirandelliano[116], a verdade é que ele não se afastará da atriz, escrevendo mais três novas peças para ela (*Trovarsi, Quando se é Alguém, Non si sa come*). O dramaturgo não só continuou a lhe escrever peças, como também foi, o tempo todo, seu conselheiro e tradutor de várias peças, reservando-se o direito de consentir ou não sua atuação em determinados papéis.

Entre os dois não existia apenas a diferença de mais de trinta anos de idade, entre eles existia um profundo e intenso entendimento artístico, ambos concebiam o teatro como uma alternativa para a própria vida, ambos sacrificaram a própria vida em favor da *dramatis personae*. A cumplicidade artística e pessoal, vivida intensamente nos três anos de existência do Teatro de Arte, não se extinguiu com o falimento da companhia, ao contrário, se perpetuou ainda mais forte nos anos seguintes: o dramaturgo e a atriz dividiram as dores, as alegrias e a esperança de construir um Teatro de Estado, de conquistar o cinema, de lutar contra "a manada de inimigos" e triunfar na Itália. Uma ligação tão forte que levou Pirandello a iniciar um processo de identificação com a atriz, induzindo-a inclusive a se reconhecer nele como ele se reconhecia nela:

Você não precisa de ninguém, só de mim, e *de mim* quer dizer de *Você mesma*, porque *eu* sou *Você*; não posso considerar-me de outra forma; e Você também não deve me considerar de outra forma: *eu*, por *nós*, quer dizer *Você*[117].

Como muito bem analisa Annarita Letizia: "Existia [entre os dois] um tipo de *reductio ad unum* do autor na atriz e da atriz no personagem"[118]. Corroborando com tudo que foi dito até agora, Gaspare Giudice, um conceituado biógrafo de Pirandello, conclui que todas as personagens femininas da última fase do escritor reproduzem na verdade uma única figura de mulher, imagem que Pirandello perseguiu ao longo de toda sua obra. Esta imagem

---

116 "me pesa enormemente que Você continue a representar trabalhos meus, convencida de que seja para o seu mal! Causar um mal para Você é a pior dor que eu poderia sofrer; e isto eu não posso tolerar! Se você sente isso, se sofre por isso, joga fora todo o meu repertório", *Lettere a Marta Abba*, p. 500.
117 Carta de 28 de março de 1929, idem, p. 95.
118 A. Letizia, Pirandello, Lietta, Marta, *Angelo di fuoco*, ano II, 4, p. 32.

idealizada, "ambição secreta de Pirandello", vive em uma atriz, que se refaz novamente em personagem: Marta Abba[119].

## A ATRIZ E SEUS DUPLOS

Se Marta Abba nega que alguns dos personagens femininos escritos sob seu influxo, especialmente aqueles onde se pode escavar o tema da "fascinação paterna", possuem uma "ligação" autobiográfica com o Maestro (e obviamente de sua relação com ela), por outro lado, sempre irá afirmar que *Trovarsi* foi um drama realmente escrito e pensado para ela. Claro que isso não significa que os acontecimentos e os fatos vividos pela personagem Donata tenham de fato acontecido com ela, o que existe de similitude biográfica entre a peça e a vida de Marta é o drama interior da personagem: uma atriz que decide abandonar a própria vida pessoal por amor ao teatro, à sua arte. Ora, e não é esta a sentença aplicada por Pirandello às personagens femininas do último período? Não é este o preço a se pagar por um amor que não se pode viver? A solidão ou a sublimação na arte não é a compensação para a frustração do Eros negado? Se em *Trovarsi* não existe a figura do *pai* é porque ele foi substituído por sua declinação de maior valor: o teatro, ou seja, o próprio Pirandello. Cito: "se é pelo teatro, Maestro (como realmente é), para mim e para todo mundo, o senhor é o teatro. É o senhor que esperamos e que amamos. Para nós o Senhor representa o teatro, isto é, a nossa arte"[120]. Se para o escritor Marta é a própria arte personificada, encarnação de seus personagens, o mesmo pensará a atriz a respeito do autor: para Marta, Pirandello é o teatro. Num processo de simbiose e de dupla identificação, Marta e Pirandello tornam-se um só na arte, ou melhor, no teatro. Na peça *Trovarsi* a mensagem é muito clara: se Donata se encontrar como mulher, imediatamente ela se perde de sua arte, e não se encontra mais como atriz. Ou bem Donata-Marta representa uma única mulher, sufocando aquelas "mil vidas" de sua alma de atriz, ou se deixa possuir pelo teatro, isto é pelo escritor Pirandello (seu "grande

---

119 Cf. G. Giudice, *Luigi Pirandello*.
120 Carta de 26 de outubro de 1935, *Caro Maestro...*, p. 317.

médico"). Afastar-se do dramaturgo é o mesmo que se afastar de sua arte, e longe dela, Marta, adoece. Pirandello deixa isso bem claro tanto no argumento da peça quanto no epistolário:

> Marta, a sua crise nasceu por causa disto: de *um sentimento que não existe mais*. Você grita que *não é mais nada, que não existe mais* por isso. Você *seria*, Você *existiria*, Você *reencontraria a sua arte e retomaria o lugar que pensa que perdeu*, se você apenas, apenas restaurasse no coração *o sentimento* que agora está morto[121].

Marta se reconhece em Donata e admite que o personagem, uma atriz virtuosa e devota (ou escrava) da arte, nasceu a partir do intercâmbio entre estímulos biográficos e forma artística. Aqui temos um duplo efeito: se Donata nasce no papel como um "retrato" de Marta, no palco, sendo interpretada pela própria modelo que lhe deu vida, Donata nascerá como um "autorretrato". E qual seria exatamente o objetivo da atriz em definir o personagem como um autorretrato? Talvez, propor Donata (que também é uma atriz) como modelo para o estudo do comportamento de uma "nova" atriz, ela mesma. Sobre o significado da palavra atriz, escreveu Marta em 1931:

> Poucas sílabas que encerram um infinito! Mas nelas existe uma realidade que o público não vê e que não pode compreender. O público acredita que atriz significa glória, beleza, triunfo. Ele imagina que atriz significa somente poesia, aventura, graça [...]. Não pensa (o público) que a atriz é mulher antes de ser uma artista, é criatura viva e vivente antes de ser um dócil fantasma na aventura da fantasia. E mistura o fogo espiritual que devora a carne da atriz com as incompreensíveis lacunas de seu temperamento moral; [...] As admiradas atrizes de antigamente, ajudadas e favorecidas por toda uma literatura falsa e desonesta, habituaram o público a ver em nós nada mais do que harmonia física e afetada graça espiritual [...]. Essas que confundem a ribalta com a vida e a ficção dos personagens que interpretam com a realidade da vida, misturaram aquilo que é transitório no nosso sofrimento artístico com aquilo que é puro, saudável e sólido na nossa íntima existência. [...] interpretando na vida e vivendo na ficção, as admiráveis atrizes da fábula literária deixaram para nós um modelo de atriz falso, vulgar e triste. O público nos vê agora assim: mulheres sensuais, doentes de

---

121 Carta de 31 de março de 1929, *Lettere a Marta Abba*, p. 103.

arrogância, e teimosas por fraqueza nervosa; interessantes como modelos de uma estética perfeita; vaidosas e perversas, caprichosas e más, idiotas e vazias. [...] como pode ser devota e simples, serena e transparente a existência de uma atriz, mesmo que na incessante mentira de sua realidade artística![122]

Em sua teoria, Marta Abba, ingenuamente, acaba se contradizendo. Se no texto ela refuta a equivalência entre uma atriz e os personagens que interpreta (especialmente aqueles de temperamento mais sensual e transgressor), um tempo depois ela vai se utilizar do argumento de *Trovarsi* para descrever seu drama particular: ser uma atriz! Com a personagem Donata Genzi, uma atriz virtuosa e devota de sua arte, "sua alma predileta", como confessou nos anos de 1930 (*La mia vida di attrice*), Marta admite publicamente uma identificação com o papel, aderindo assim àquela "confusão" entre palco e vida, julgada por ela mesma perniciosa para a vida de uma atriz. Numa perspectiva mais ampla, sem estar obviamente consciente sobre a dimensão de sua declaração, Marta reconhece o teatro como capaz de *produzir* uma nova realidade, com força suficiente para se impor ao modelo vigente. E aqui nos referimos a um fenômeno fundamental que se verifica no curso de nosso século, vale dizer, "ao interesse maciço dos setores mais avançados do teatro contemporâneo pelas ciências humanas e sociais, com o propósito de aproximar maximamente o fato teatral à realidade, ao ponto de chegar – utopicamente – a identificar teatro e vida (teatro = vida)"[123]. Aqui se faz necessário uma pequena digressão sobre o tema.

No curso de nosso século, diz Marinis, a ideia de que o mundo seja um palco (fundamentado na metáfora "*theatrum mundi*"[124]) ganha uma nova força, uma nova dimensão. Embora não se abandone completamente o âmbito do discurso moralista, que no século XIX usava a fórmula para emblemar a

---

[122] M. Abba, Un'attrice allo specchio, come sono nelle vita e come vivo nell'arte, *La Gazzetta del Popolo*, p. 3.
[123] M. de Marinis, *Capire il teatro, lineamenti di una nuova teatrologia*, p. 195.
[124] Segundo P. Pavis: "Metáfora inventada na Antiguidade e na Idade Média, generalizada pelo teatro barroco, que concebe o mundo como um espetáculo encenado por Deus e interpretado por atores humanos", *Dicionário de Teatro*, p. 409.

condição humana, hoje, a metáfora do mundo como espetáculo, é usada como instrumento para explicar alguns processos e fenômenos próprios à nossa sociedade: "se passa da imagem do *theatrum mundi* à imagem da *sociedade do espetáculo*"[125]. A ideia de estudar a sociedade, a vida real, em termos de espetáculo, se desenvolve, contemporaneamente, sob três bases fundamentais. A primeira, de tendência filosófica, resulta no esforço de individuar e descrever a condição humana em uma sociedade dominada pelo desenvolvimento tecnológico da civilização pós-industrial[126]; a segunda se desenvolve no âmbito dos estudos de comunicação de massa; da "sociedade do espetáculo" se passa para a "sociedade da informação". E a terceira tendência, aquela que realmente nos interessa, propõe a sociedade como *"sub specie spetaculi*, ou melhor, como *sub specie theatri*"[127], ou seja, do teatro como modelo explicativo da sociedade[128]. Não iremos nos deter discorrendo sobre as diferentes concepções ao interno desta terceira tendência. O importante é compreender a sociologia e a antropologia como importantes fontes de estudo e de sugestão para o teatro contemporâneo atual, o que só foi possível a partir "do interesse maciço dos setores mais avançados do teatro contemporâneo pelas ciências humanas e sociais, *com o propósito de aproximar maximamente o fato teatral à realidade, ao ponto de chegar – utopicamente – a identificar teatro e vida*"[129].

A equação foi propositalmente repetida no corpo do texto, para marcarmos o que se encontra latente em Pirandello. A aproximação entre teatro e vida, reivindicada muitos anos depois pelas práticas teatrais do Teatro Novo[130], é uma resposta

---

125 M. de Marinis, op. cit.
126 Cf. Guy Debord, Baudrillard e Lyotard como seus principais defensores.
127 M. de Marinis, op. cit.
128 Sobre o tema, cf. J. Duvignaud, *Sociologie du theater. Essai sur les ombres collectives*; V. Turner, *Dal rito al teatro*; R. Courtney, *Mirrors: Sociological Theatre/Theatrical Sociology*; E. Goffman, *A Representação do Eu na Vida Cotidiana*.
129 M. de Marinis, op. cit., p. 194-195. Grifo nosso.
130 Para M. de Marinis, o Teatro Novo se inicia com os experimentos do segundo pós-guerra: a dramaturgia de Beckett, de Ionesco, as criações aleatórias de John Cage, o Happening, o Living Theatre etc. O objetivo constante é restituir ao teatro a sua natureza de evento vivente, caracterizado pela mesma imprevisibilidade, complexidade e indeterminação que existem na vida. Cf. *El nuovo teatro, 1947-1970*.

dos artistas à própria noção de realidade: "o teatro novo [...] é uma verdadeira e própria subversão do esquema tradicional teatro/vida, enquanto baseado na oposição falso/verdadeiro e ficção/realidade". E, continua Marinis,

para os artistas do nosso século, a vida cotidiana e a realidade social são cada vez mais o tempo e o lugar do inautêntico, da falsidade, das aparências enganadoras, das hipócritas ficções; a isso se contrapõe o teatro, almejado e projetado como o espaço-tempo da autenticidade e da sinceridade[131].

E não é essa a intenção de Pirandello? Dar a ver o que existe por trás das aparências, desmascarando as mentiras (ilusões) do dia a dia? Superando as convenções que faziam do teatro uma mera reprodução mimética do real? Sobre o Teatro Novo, Marinis vai dizer: a sua busca de um Si autêntico e unitário escondido por trás do constante jogo de representações, denuncia nitidamente as suas ligações com a filosofia idealista-romântica da arte, que, como se sabe, é a matriz especulativa de grande parte da vanguarda histórica: arte como liberdade total, liberação de todo condicionamento, procura da essência e da verdade profunda além das aparências superficiais.

Segundo Marinis, para o teatro atingir esta realidade autêntica, que na vida real se oculta, dois caminhos, muito diversos, se insinuam nas experimentações do segundo pós-guerra. De um lado uma concepção da arte e do teatro como espaço contíguo ou mesmo imerso na vida cotidiana. Como exemplo: Duchamp e a *pop-art*, Cage e sua música aleatória, e os *Happenings*. Por outro lado, e aqui o discurso se aproxima muito mais da poética de Pirandello, existe toda uma área de pesquisa que entende o teatro como um espaço-tempo *sacro*, totalmente separado do cotidiano e em violenta antítese com este. Como referência obrigatória: Grotóvski, Brook, Barba. Mas antes deles existiu Artaud e Pirandello. O interessante em destacar sobre a concepção do *teatro como vida*, guardando as devidas diferenças entre as poéticas, foi a superação radical da tradição: "graças às experiências e às propostas do teatro novo, a imagem de um teatro oitocentista completamente fechado

---

[131] M. de Marinis, *Capire il teatro*, p. 196.

nos limites estreitos da convenção mimética-representativa foi definitivamente superada"[132]. Em seu lugar, escreve Marinis, se afirma uma outra imagem, com contornos bem mais amplos e esfumados, segundo a qual o teatro "não é mais, ou pelo menos não somente, reprodução ou reflexo (da realidade, da vida, de um texto), mas é também e, sobretudo, produção (do real, da vida, de um texto)"[133]. Esta definição do teatro como *produção de realidade, produção de vida* era exatamente onde gostaríamos de chegar para a compreensão definitiva do significado, em Pirandello, da fórmula *teatro como vida*; além, é claro, de estabelecer um importante ponto de contato entre sua concepção de arte e as vanguardas teatrais.

Com as vanguardas históricas, o teatro deixa de ser entendido apenas como um fato literário para se transformar em fenômeno social, revelador de evoluções e das expectativas sociais. A partir desta concepção, que foi desenvolvida mais radicalmente com as experiências do Teatro Novo, cada uma das poéticas, à sua maneira, irá celebrar o poder do teatro em produzir vida, em *ser vida*. Esfumada a distância entre ficção e realidade[134], o teatro ganha uma nova valorização como portador e criador de um imaginário social, menos pelo texto e mais pelas relações recíprocas, reais ou fantasmáticas, que se estabelecem entre os atores e o público. E se é assim, destacamos um tipo de personagem que por si só possui uma carga efetiva considerável, por estabelecer, mais do que qualquer outro, uma significativa interação entre o mundo real e a arte: o *personagem-atriz*. Este personagem não irá assombrar apenas o imaginário dos espectadores, como destacado por Marta Abba na entrevista "Un'attrice allo specchio...", ele será tema de grande parte da literatura e das artes: de *A Dama das Camélias*, de Dumas Filho, à imagem de Marilyn Monroe, criada por Andy Warhol, o *personagem-atriz* irá povoar o imaginário dos artistas ao longo dos séculos e mudará sua fisionomia segundo o próprio espírito dos tempos:

---

132 Idem, p. 198.
133 Idem, ibidem.
134 Em Pirandello, destacamos como exemplo dramatúrgico desta tendência a cena da Prima Attrice em *Esta Noite se Representa de Improviso*, que quase morre ao representar a morte de Mommina, personagem por ela interpretada.

sublime ou indigna, verdadeira ou mentirosa, dedicada ou inacessível. [...] Ela [a atriz] reflete a sociedade que a produziu e que não cessa de lhe observar; ela se doa com docilidade a todos os seus fantasmas, sonhos e angústias do momento; ela encarna seus valores[135].

E, é claro que no imaginário pirandelliano, não poderia deixar de constar a imagem da atriz. A *personagem-atriz* se apresenta em Pirandello como uma espécie de metáfora que comporta três principais temas: a mulher Marta, o teatro e o "pecado" (o afeto paterno).

Sobre a personagem Donata de *Trovarsi* dirá D'Amico:

*Um, Nenhum e Cem Mil* é o famoso título do último romance de Pirandello. E Donata Genzi, atriz admiradíssima por sua arte sempre nova, com a qual, noite após noite, na ficção cênica, dá rosto e alma a diversas e inumeráveis criaturas, todas diferentes e todas vivas, se faz realmente "cem mil". Mas Donata Genzi é, além de tudo, [...] célebre pela sua pessoal austeridade e virtude. Ainda que para a mentalidade vulgar seja inconcebível a ideia de que uma atriz possa não ter uma vida sexual *a priori* atribuída a quem é de teatro, é um fato que nem as fofocas e nem as calúnias jamais puderam encontrar, na privada existência de Donata, o mínimo ponto de apoio à maledicência. "Senhorita: não tenha medo que a palavra possa me ruborizar; pode dizer alto, sem hesitação"![136]

Uma atriz que se fragmenta em "cem mil", analisa D'Amico e, como disse Marta Abba: numa atriz se encerram infinitas possibilidades, ela tanto pode ser "mãe e amante, amiga e demônio", nela existem todas as almas femininas, mesmo que, em sua verdade de mulher, ela, a atriz, seja virgem e virtuosa. Suspensa entre a transgressão e a sublimação, a *personagem-atriz* será o tipo ideal para o estilo "camaleônico" de interpretar de Marta Abba; a *Nostra Dea* pirandelliana. A multiplicidade de imagens que sugere uma atriz – realista, sublime, venal, inacessível, fria, cruel, mártir, abnegada – se explica porque ela representa, de forma ampla, uma virtualidade feminina. Em razão desta virtualidade, dirá Sylvie Jouanny, a atriz será uma metáfora do feminino; entendendo a metáfora como a

---

135 S. Jouanny, *L'Actrice et ses doubles*, p. 19.
136 S. D'Amico, *Trovarsi* di Luigi Pirandello ao Valle, *La Tribuna*, p. 3.

marca de uma falta[137]. No caso de Pirandello, a *personagem--atriz*, emblema da *vamp-virtuosa*, será então uma metáfora da própria Marta Abba. Ora, se a metáfora marca uma ausência, neste caso específico, Marta Abba (que também é atriz) será a mulher ausente (ou indecifrável), implícita na imagem da atriz, seu duplo. E para Pirandello o que representa uma atriz? Com Donata Genzi o escritor nos oferece claramente a imagem idealizada de uma atriz em particular: Marta Abba; na verdade uma dupla imagem: embora corresponda a uma figura eleita, espiritual, elevada, ela está estreitamente ligada ao desejo e à paixão, ou seja, à carnalidade. Se, como dirá Paolo Puppa, todas as personagens pirandellianas, a partir de Marta, "resultam de uma espécie de diário cifrado, de uma história privada e pública, à insígnia de uma relação sofrida e traumática para ambos[138]", a *personagem-atriz*, metáfora de Marta (a mulher ausente), não será apenas o principal tema de sua dramaturgia tardia, ela será a protagonista de todo o teatro pirandelliano do último período. Afinal foi para a atriz Marta que Pirandello compôs os papéis femininos mais complexos de sua última produção dramatúrgica[139].

## *LA SPERA*, SOB O SÍMBOLO DE *NOSTRA DEA*

*La nuova colonia*, *Lazzaro* e *Os Gigantes da Montanha*, peças que compõem a trilogia mítica pirandelliana, correspondem ao que os críticos da época chamaram de o "novo" Pirandello, de aspiração a uma visão mais positiva do mundo[140]. O primeiro

137 Em nota, S. Jouanny explica o significado de metáfora por ela acatado: "uma metáfora não é uma figura de estilo de linguagem, ela é, justamente porque é linguagem, o estilo de um sujeito que apenas existe em e para o seu representante", *L'Actrice et ses doubles*, p. 245.
138 P. Puppa, *La nuova colonia, ovvero il mito dell'attrice infelice*, *Quaderni di teatro*, ano IX, n. 34, p. 91.
139 Vide Tuda, de *Diana e la Tuda*; Marta, de *L'amica delle mogli*, Sara, de *Lazzaro*, La Spera, de *La nuova colonia*, a Ignota, de *Come tu mi vuoi*, a russa Veroccia, de *Quando se é Alguém*, Ilse, de *os Gigantes da Montanha* (esta última levada a cena só em 1937, depois da morte do ator, e sem Marta Abba)
140 Sobre o texto *Lazzaro*, ver A. D'Amico, em *Maschere Nude*, v. 4, p. 173, que transcreve importantes comentários críticos da época, como os de Bernardelli, Bertuetti, D'Amico, Alberto Cecchi e Simoni. Além, é claro, de uma pequena historiografia cênica do texto ao longo dos anos; todos os quatro

texto, *La nuova colonia*[141], significou o amadurecimento do escritor como encenador: o uso audacioso de uma cenografia espetacular proposta por Virgilio Marchi, que previa, entre outras coisas, o desaparecimento de uma ilha aos olhos do público, representou, para a crítica da época, o início de uma nova fase na dramaturgia pirandelliana. Se Pirandello já havia dado provas de que poderia fazer um teatro menos *pirandelliano*, como foi o espetáculo *L'amica delle mogli*, em *La nuova colonia* o escritor confirma o abandono de uma escritura cerebral, hermética, para poucos eleitos, realizando um drama linear, realista e emocional: ao invés do cerebralismo tradicionalmente aceito, que em *Cada Um a Seu Modo* alcança a plenitude máxima, ao invés da concepção pessimista e corrosiva da vida, o escritor, como dirá Mario Corsi em 1928, elabora "um drama de profunda humanidade, feito de carne e de sangue"[142]. Para críticos como Marco Praga, Renato Simoni e Enrico Rocca[143], a peça representou uma mudança radical em relação à sua dramaturgia precedente, significando um retorno da poesia ao teatro, o fim da visada *filosófica*, e daquele ceticismo radical, em favor da esperança; tudo em perfeita sintonia com os novos tempos: "Em suma, o autor de *Così è* (*se vi pare*) teria finalmente eliminado da nova peça o parêntesis problemático e subjetivo e tentado uma feliz aproximação à solidariedade social solicitada pelo Regime fascista"[144]. Mas, como observa acertadamente Paolo Puppa, as coisas não são bem assim. Em *La nuova colonia*, Pirandello recupera um antigo *canovaccio* de 1911: o drama criado por Silvia Roncella, escritora e personagem do romance *Suo marito*[145]. Ao menos tematicamente o enredo já tinha sido criado há mais de quinze anos. Tanto na trama criada por Silvia Roncella como na trama da peça, o argumento permanece

---

volumes da nova edição de *Maschere Nude* trazem importantes informações sobre as peças de Pirandello e suas respectivas montagens, tanto na Itália quanto no exterior, ao longo dos anos.

141 *La nuova colonia* estreou em Roma, no Teatro Argentina, em 24 de março de 1928. Direção de Pirandello com Marta Abba vivendo a protagonista La Spera.
142 M. Corsi, La nuova colonia, *Comoedia*, ano x, n. 4, 20 de abril de 1928, p. 8-10.
143 Cf. M. Praga, Il Gabbiano, em *Cronache teatrali 1924*, p. 80-91; R. Simoni, *Trent'anni di cronaca drammatica*, v. 3, p. 135-136; E. Rocca, *Il lavoro d'Italia*.
144 P. Puppa, op. cit., p. 77.
145 O romance foi escrito em torno de 1909, mas foi somente publicado em 1911.

praticamente o mesmo: um grupo de contrabandistas guiado por uma prostituta, de nome La Spera, redimida por uma inesperada gravidez, foge para uma ilha vulcânica totalmente deserta, com a esperança de fundar uma nova sociedade idealmente pura e comunitária.

A utopia da criação desta comunidade ideal fracassa no momento em que a ilha é invadida por Padron Nocio, rico proprietários de barcos e representante máximo dos velhos ideais burgueses da propriedade e da moralidade. Ao trazer para a ilha vinho e mulheres, inclusive sua própria filha Mita, com o objetivo de casá-la com Currao, líder comunitário e pai do filho de La Spera, Padron Nocio reinsere na ilha a corrupção, fazendo emergir o instinto erótico (La Spera era mulher apenas de Currao, cuidando dos outros como uma mãe, obrigando os homens da ilha a uma vida de celibato) e também o princípio de propriedade. Seduzido pelo dinheiro e poder, Currao trai os ideais de La Spera, a abandona e tenta arrancar o filho dos seus braços. Mas o amor materno da ex-prostituta constitui um vínculo sagrado, qualquer um que tente ameaçá-lo corre o risco de sacrilégio, e, de fato, ao comando de La Spera, um terremoto engole quase toda a ilha, deixando vivos somente mãe e filho:

LA SPERA: (*Fugindo para cima da rocha proeminente*) Não, não! O filho é meu! O filho é meu!
CURRAO: (*seguindo-a*) Você vai dar ele para mim! Vai dar ele para mim! – (*a alcança*)
[...]
LA SPERA: Não, não! Se você o tomar de mim, que trema a terra! Trema a terra!
CURRAO: Eu o arranco de seus braços!
LA SPERA: Trema a terra! A terra! A terra!
(*E a terra, como se o tremor do frenético e desesperado abraço da Mãe se propagasse para ela, realmente começa a tremer. O grito de terror da multidão com a exclamação: "A terra! A terra!" é engolido espantosamente pelo mar que engole a ilha. Somente o ponto mais alto da proeminência rochosa, onde La Spera se refugiou com a criança, emerge como um recife*).
LA SPERA: Ah Deus, eu aqui, sozinha, com você, filho, sobre a água![146]

146 *La nuova colonia*, em *Maschere Nude* (I Mammut), p. 1168.

Lembramos que existe uma diferença fundamental entre o romance e a peça: em *Suo marito*, a mulher, uma nova Medeia, estrangula o próprio filho como vingança contra o marido que queria levá-lo embora à força. Na peça, La Spera não irá cometer infanticídio nem mesmo ceder o seu filho, ela irá invocar a ajuda da natureza para conservar sua criatura. E a ilha, onde era prevista a fundação de uma "nova sociedade", sob seu comando, afunda repentinamente, punindo com a morte todos os homens que não quiseram entender o vínculo sagrado que une uma mãe ao seu filho. Para Alonge, à diferença de Medeia, que mata, mas não cria nada, La Spera do texto teatral "cria uma nova civilização, uma nova ordem de valores. O seu terremoto não é tanto um resíduo da capacidade mágica de Medeia, quanto um rito de imersão, um rito de regeneração", pois, continua o estudioso, "com a imersão no maremoto se anulam as antigas formas de patriarcado e emerge, sem tocar na água, a imagem da Spera com a criança, portadora da nova civilização da Mãe"[147]. Outro importante estudioso da obra pirandelliana, Marziano Guglielminetti, assim analisa *La nuova colonia*: a união da mãe com as forças da terra ("*E a terra, como se o tremor do frenético e desesperado abraço da Mãe se propagasse para ela, realmente começa a tremer*") liberta o arquétipo da obscura e sinistra figura da Grande Mãe telúrica, geradora e devoradora dos próprios filhos. O grito final da protagonista – "Ah Deus, eu aqui, sozinha, com você, filho, sobre a água!" –, interpreta o crítico,

> não deveria ser entendido como uma exclamação realista, de amor, que promete uma nova vida [...], (mas) como uma tentativa extrema, operada simbolicamente pela Grande Mãe, para impedir ao filho de separar-se dela, de desenvolver a própria e autônoma identidade[148].

Sob o domínio desta outra civilização, da Mãe Terra, também se desenvolve *Lazzaro*. Diego Spina vive uma existência austera em razão de uma severa impostação religiosa. Sua fé

---

147 R. Alonge, *Madri, baldracche, amanti. La figura femminile nel teatro di Pirandello*, p. 108.
148 M. Guglielminetti, *Pirandello*, p. 314.

excessiva o transformou em um maníaco, que despreza todas as coisas terrenas. Sua mulher, Sara, também crente, mas de uma fé ligada à vida, não aceita a maneira como o marido educa os filhos, Lia e Lucio: a menina, forçada pelo pai a viver uma vida de clausura, cresceu fraca e doente, perdendo inclusive o movimento das pernas. Já Lucio foi obrigado pelo pai a viver uma vida eclesiástica, longe da mãe. Revoltada, Sara abandona o marido para viver no campo. Lá, ela conhece Arcadipane, homem simples, forte, gentil, pelo qual ela se apaixona, tendo outros dois filhos. Ao final do primeiro ato Diego Spina morre, mas um médico o ressuscita através de uma injeção. De volta à vida, Diego se dá conta de que depois da morte não existe nada, que não se recebe nenhuma recompensa pelas renúncias feitas em vida. Assim, nosso "Lazzaro" ressuscitado, perde sua fé e raciocina que é inútil a inércia defronte à traição de sua mulher e, tardiamente, resolve se vingar do casal adúltero, ferindo de raspão Arcadipane. Ao final do drama um verdadeiro milagre acontece: Lia, que não podia andar, ao chamado de sua mãe, se põe de pé e começa a dar os primeiros passos. Sara abraça Lia e a regenera com seu amor vital. Escreve Alonge: "o milagre se realiza exclusivamente pela Mãe Terra[149]. [...] é um rito pré-cristiano, o eterno rito do reencontro e do renascimento"[150]. O milagre torna-se possível somente a partir do reencontro entre mãe e filha; e continua Alonge: "Como no mito de Demeter e de Kore, a menina perto da mãe é vida, longe da mãe é morte"[151]. O milagre operado por Sara não possui nenhuma verdade transcendente, ele se consuma no ciclo vital e natural, num âmbito terreno e material: o contato com a mãe, vida terrestre e carnal, é o que fez Lia recuperar o movimento das pernas. Para Alonge, Sara é a sacerdotisa da civilização telúrica, entre ela e Diego – assim como entre La Spera e Currao – se configura o conflito essencial entre matriarcado, imanente e vital, e patriarcado, transcendente, urânico. Se em *La nuova colonia* ainda poderíamos pensar, junto

---

[149] Como observa Alonge, Sara é a representação da natureza, a própria Mãe Terra. As cores de seu manto e de seu vestido, vermelho e negro, são as cores representantes do mito.
[150] Op. cit., p. 111.
[151] Idem, p. 112.

a Marziano Guglielminetti, na Mãe enquanto potência geradora e devoradora de seus filhos, em *Lazzaro* a força desta nova civilização, da Mãe Terra, se constitui apenas como vida, como potência geradora e libertadora da opressão patriarcal.

Se Marta Abba não se interessou tanto pela figura de Sara, o mesmo não irá acontecer com a protagonista de *La nuova colonia*. A atriz, que deixou a cena teatral em 1938, retornando em 1953 para interpretar *Come tu mi vuoi*, sobe mais uma vez aos palcos, desta vez em 1958, para interpretar justamente La Spera. Sim, a peça foi um marco na carreira de Pirandello encenador, além de ser a última montagem do Teatro de Arte, mas a escolha da atriz provavelmente possui uma outra razão bem menos "saudosista". Como sabemos Marta Abba estreia no Teatro de Arte interpretando *Nostra Dea*, de Bontempelli, personagem que muda a identidade conforme a roupa que veste, e o que se percebe na trajetória da personagem La Spera é sua mudança de caráter e de comportamento conforme muda a situação dramática por ela enfrentada. Diferentemente de Sara, que mantém um mesmo padrão de comportamento ao longo da trama, a protagonista de *La nuova colonia* possui um caráter camaleônico digno da *Dea* bontempelliana. La Spera é a própria imagem da metamorfose: ela é prostituta e mulher de um homem só (Currao), mãe protetora de todos, mãe submissa e humilhada, mãe feroz e bruxa apocalíptica. Do prólogo ao final do terceiro ato é a imagem cambiante de La Spera que mais chama a atenção: como uma atriz ela se adapta ao papel que deve interpretar[152]. Já na apresentação do personagem o escritor a descreve de forma bem teatral e também um pouco mística. Como uma atriz, ou como uma sacerdotisa, La Spera usa de um artifício espetacular para se esconder ou para revelar sua identidade: um manto escuro. Cito a didascália de apresentação da personagem no Prólogo:

olhos foscos e desesperados lampejam de um rosto tão maquiado que mais parece uma máscara. Em contraste com o rosto [...] o vestido rasgado, largamente aberto no seio, ainda belíssimo. Velho e rasgado está também o grosso "manto" escuro, sob o qual normalmente se esconde para sair na rua. E lá, na calada do porto, ela

---

[152] Cf P. Puppa, op. cit.

se descobre vez ou outra para algum passante noturno, se deixando ver por aquela que é[153].

O grosso manto escuro usado pela personagem tem a função de esconder e revelar um corpo objeto, um corpo-coisa, que tanto pode ser o corpo de uma meretriz, que se dá para qualquer um, como pode ser o corpo múltiplo e amorfo usado por uma atriz. O corpo desprezado da meretriz é o duplo exato do corpo da atriz. Em sua jornada, a prostituta-atriz irá assumir uma série de *identidades* dramáticas: a meretriz, a Madona, a Madalena, a sacerdotisa. Qualificada inicialmente como "desprezível", La Spera é proibida de entrar sozinha na taverna, porque sua presença ignóbil e maldita empesta o ar contagiando o ambiente. E, no entanto, ela transborda de generosidade em relação aos fracos e ama incondicionalmente o seu amante (Currao). Dividida entre a imagem repugnante de sua "profissão" e aquela interna, suspirosa e desejosa de uma vida nova, La Spera sonha em abandonar sua "máscara" de meretriz. E, finalmente, o impossível renascimento, tão sonhado e esperado em silêncio, torna-se possível com a aventura de uma fuga coletiva para uma ilha vulcânica e deserta. E o primeiro milagre acontece ainda no prólogo: La Spera, que há cinco meses não podia amamentar seu filho, se vê plena de leite, recuperando a capacidade de alimentá-lo diretamente. A mulher, em êxtase, narra, convulsa, a epifania:

um calor, um ardor [...] corri como uma louca, um fogo, uma chama... e correndo [...] caí, rolei, mas não senti nenhuma dor; tocando-me senti o peito banhado: me brotava leite, do meu peito, do meu peito, para a minha cria! Para a minha cria![154]

Todos se prostram de joelhos gritando "milagre, milagre", como se a mão de Deus os tivessem tocado a partir da transformação da prostituta em mãe.

"Ao mesmo tempo mênade e sacerdotisa, ela aparece irreconhecível no I ato: levada pela *tentação da bondade*, pelo amor fraternal, que acomete de vez em quando os protagonistas

---

153 *La nuova colonia*, em *Maschere Nude* (I Mammut), p. 1124.
154 Idem, p. 1134.

pirandellianos, transforma-se numa autêntica e verdadeira 'santa e rainha'"[155]. La Spera, como havia prometido no prólogo – "Chega desta minha ocupação! Vou para servir a todos vocês, para alimentá-los, para cuidar de suas coisas, curá-los de suas doenças, e para trabalhar, para trabalhar com vocês: vida nova, vida nova, e nossa, feita por nós!"[156] –, irá de fato cuidar de todos, se doando completamente, sempre de forma sublimada e fraterna, sem nada pedir em troca. Ela é também a companheira de Currao e a mãe de seu filho, mas sua verdadeira realização será viver o papel da boa Samaritana, da "irmã-mãe" caridosa e amável com todos, sem distinção. Até mesmo para o demoníaco Crocco, que tentou estuprá-la, convencido de que sua angelical devoção se tratava apenas de mais uma representação momentânea, esta "alma boa" terá palavras de amor e piedade. Mas, como escreve Puppa, tanta abnegação e elevação de uma meretriz a santa e rainha, não poderia durar muito tempo, e a "Maria Madalena, em um mundo abandonado por Cristo, é violentamente empurrada para baixo com a chegada de outras mulheres"[157]. E mais uma vez as mesmas imprecações e injúrias que a fazem recordar quem ela é "Imunda! Meretriz! Meretriz!"[158]; e o seu breve reino termina rápido debaixo de cuspes e chutes. De meretriz para rainha e santa, La Spera se transforma mais uma vez na ovelha negra da qual ninguém deve se aproximar, sob pena de se contaminar.

No III ato, quando ameaçam tomar o seu filho, reivindicado pelo pai, La Spera muda novamente de registro, e como a heroína de uma trama *melodramática*, ela ameaça a todos com a visão de uma catástrofe. De santa se transforma numa bruxa enigmática, invocando a natureza para conservar consigo o filho. E cobrindo a criança com o manto "místico", emblema de sua precedente profissão de meretriz, lança o esconjuro, a fórmula mágica que faz tremer a terra, engolindo todos os seus inimigos. E o personagem, depois de tantas peripécias e injúrias, se salva em meio ao terremoto. Para Puppa, La Spera é sobretudo uma atriz no palco, se ela fracassa

---

155 P. Puppa, op. cit., p. 89.
156 *La nuova colonia*, em *Maschere Nude* (I Mammut), p. 1132.
157 P. Puppa, op. cit.
158 *La nuova colonia*, op. cit., p. 1148.

no papel de Santa sublimada, amiga universal, rainha complacente e piedosa, ela triunfa como Madona: "Ah Deus, eu aqui, sozinha, com você, filho, sobre a água!" A prostituta-mãe é o emblema perfeito para uma interpretação absoluta, e Marta Abba não será insensível a esta grande e múltipla personagem, que em sua jornada dramática consegue atingir tantos e diferentes estilos, modulações e registros dramáticos. *La nuova colonia,* última peça de Marta Abba no Teatro de Arte, parece legitimar na atriz a etiqueta de intérprete pirandelliana, ou atriz-camaleônica. A propósito de sua interpretação de 1928, escreveu Renato Simoni: "Marta Abba, pela força dramática, mas, sobretudo, pela docilidade e suavidade conseguida nas cenas de bondade e de poesia, mereceu a unânime admiração do público"[159]. Claro que antes de Marta já se configurava na escritura pirandelliana o personagem da atriz, mas, como observado inúmeras vezes, as atrizes eram representadas de forma estereotipada, como fúteis ou *vamps*: mulheres sedutoras, um pouco histéricas, frívolas e nada virtuosas; como exemplo, a personagem Moreno de *Cada Um a Seu Modo* ou as atrizes de *Seis Personagens*. Com Marta, estes personagens femininos, representantes da *femme fatale,* ganham uma maior complexidade e "respeitabilidade", e ascendem a uma imagem mais contraditória e, por isso mesmo, de uma extraordinária riqueza: a *vamp-virtuosa.* Podemos dizer que a constelação da *personagem-atriz* na obra do último Pirandello é incontestável[160].

---

[159] *Trent'anni di cronaca drammatica*, v. 3, p. 136.
[160] Além de Tuda (na verdade modelo, mas se pode afirmar que esta é a outra face da atriz), Donata, L'Ignota, a prostituta La Spera (que, como vimos, também se comporta como uma atriz) e Ilse, podemos inserir, no mesmo universo imaginário, a personagem Marta da *L'amica delle mogli,* que embora não seja uma atriz por profissão, se deixa *ver* pelo personagem Francesco Venzi, representante do imaginário masculino. Transformada em objeto do olhar masculino, Marta passa a exercer nos homens (e sintomaticamente nas mulheres) o mesmo tipo de fascínio da personagem-atriz: Marta (mesmo nome de Abba) é fascinante, insinuante, mas é também virtuosa, honesta e, sobretudo, inacessível. Sua virtuosidade inatingível a recobre com um véu de mistério que a torna enigmática e por isso suscetível a infinitas interpretações.

## A IGNOTA: EMBLEMA DA *VAMP-VIRTUOSA*

A Ignota, personagem de *Come tu mi vuoi*, é uma dançarina, cujo verdadeiro nome ninguém sabe, da agitada Berlim dos anos de 1920. Toda noite ela oferece o seu belo corpo ao imaginário masculino. Mas, à diferença da atriz, pelo menos no que diz respeito à imagem que habita o imaginário pirandelliano, a Ignota chegou ao último degrau da dignidade e da moralidade; considerando que os personagens pirandellianos "se distinguem pela aspiração a uma pureza e pela consciência de uma culpa originária a se redimir"[161]. Sylvie Jouanny observa que entre a dança e o teatro (obviamente que a escritora contextualiza estas práticas no século XIX) pode existir uma diferença de intensidade erótica: enquanto a dança permite a expressão do erotismo em toda sua força e violência primitiva, o teatro o expressa em uma visão bem mais racional e distanciada: "A dança exprime literalmente o choque erótico e o teatro sua tomada de consciência. A dançarina, a exaltação do desejo; a atriz, a consciência do desejo"[162]. Sem entrar muito na discussão das práticas artísticas, e levando apenas em consideração a relação dança/teatro no espaço do imaginário pirandelliano, concluímos que as análises de Jounny podem ser muito úteis para a compreensão da trajetória ou metamorfose da Ignota no curso da ação: ora dançarina de locais noturnos, ora esposa pacata, ora angelical, ora uma *vamp*; a protagonista de *Come tu mi vuoi* ascende ao ideal de uma pureza originária, a partir de sua transformação de dançarina em atriz. Como a modelo Tuda, que oferece seu corpo ao escultor, ou como Donata que se abandona aos personagens, a Ignota oferece seu corpo a Bruno (suposto marido que a reconhece como sua esposa Lucia, desaparecida por dez anos): "Estou aqui, sou sua; em mim não existe nada de meu, me faça sua, me faça sua, como você me quiser!"[163]. Como uma atriz, o corpo da Ignota não tem nome, nem passado, ela se doa, para que seu observador a faça como quiser.

O primeiro ato do drama se desenvolve em Berlim (esta é a única peça pirandelliana ambientada, ainda que parcial-

---

161  A. D'Amico, *Maschere Nude*, v. 4. p. 400.
162  S. Jouanny, op. cit., p. 385.
163  *Come tu mi vuoi*, em *Maschere Nude*, v. 4, p. 475.

mente, em uma cidade estrangeira). A metrópole, de agitada vida noturna, é pintada por Pirandello, um siciliano casto e autorreprimido, como o próprio inferno: colorida por teatros, cabarés heterossexuais e homossexuais, casas de shows, Berlim se configura, na mente do nosso escritor, como um espaço de transgressão e depravação. Neste ambiente alucinado de pós-guerra, muito diferente da católica Itália, vive Ignota, uma dançarina de casas noturnas: um personagem extraordinário, que se apresenta como uma *vamp*, meio dançarina, meio prostituta, mas que esconde em seu íntimo uma nostalgia desesperada de pureza. A protagonista mora na casa de Salter, um escritor de cinquenta anos, e com a filha dele, Mop: ambos apaixonados por ela. É também a primeira vez que um personagem homossexual, neste caso uma lésbica, surge numa trama pirandelliana. A didascália assim a descreve: "Tem um corte de cabelo masculino e o rosto (no momento que o mostra) marcado por alguma coisa de ambíguo que causa repugnância e, ao mesmo tempo, alguma coisa de trágico que perturba profundamente"[164]. Apesar da ousadia em criar um surpreendente triângulo amoroso entre o pai, a filha e a amante do pai, o conservadorismo do escritor o impede de desenvolver o tema de forma plena. Insinuando no texto que Mop se aproveita do fato da Ignota chegar normalmente bêbada em casa para lhe roubar umas carícias, sem que esta perceba muito bem o que se passou, o escritor condena a homossexualidade de forma violenta, dando-lhe um contorno obsceno, patético e doentio. São ásperas as palavras da Ignota contra o desvio sexual de Mop: "– sim querida, me perdoe por dizer, mas é pior do que ele, porque se ele é velho, pelo menos... subentende-se 'É homem'"[165].

Ao entrar em cena, a Ignota, um pouco bêbada, traz consigo quatro jovens, também um pouco bêbados. Eles gritam, riem alto, bebem e exigem dela uma última dança. Pirandello assim os descreve: "um deles é gordo e rosado, outro calvo, um outro tem os cabelos oxigenados, mais mulher do que homem, eles parecem marionetes gastas, com gestos vulgarmente desarticulados e inúteis"[166]. A cena se assemelha àquela dos quatro

---

[164] Idem, p. 419.
[165] Idem, p. 431.
[166] Idem, p. 421.

jovens bêbados de *Il giuoco delle parti*, mas seu contorno é mais expressionista, muito em função da penumbra, do jogo de sombras, da indumentária "esplêndida e estranha" da protagonista e do ambiente um pouco bizarro da casa de Salter. Além, é claro, das referências a uma homossexualidade (agora masculina) que jamais figurou no teatro pirandelliano. Como observa Alonge, a grande diferença entre as duas cenas está no fato de que se os quatros jovens bêbados de *Il giuoco* invadem a casa de Silia Gala por engano, impondo sua presença de forma um pouco violenta, aqui, eles fazem parte do universo da personagem, que, por ser uma dançarina da noite (uma dama da noite) está habituada a conviver com bêbados, homossexuais, viciados, pervertidos e todo tipo de transgressão. Se a Ignota é uma mulher de vida turbulenta, noturna, que, ebriamente, se deixa envolver pelo erotismo de uma vida mundana, seduzindo e se deixando seduzir, provocando e se envolvendo com os tipos mais degradados da sociedade; participando por pena, sadismo ou por puro divertimento (em ver pai e filha com ciúme um do outro) deste perverso triângulo; alimentando, ainda que lhe cause certa náusea, o desejo homossexual de Mop, nela existe uma aspiração profunda a uma vida pura e virtuosa: "nela existe todo um sentimento de desgosto pelas liberações de Eros que acompanham os anos loucos da Berlim do primeiro pós-guerra"[167]. Diz com ânsia a Ignota:

> Você – todos – eu não suporto mais – esta é uma vida de loucos – que eu estou até o pescoço – me embrulha o estômago – vinho, vinho – loucos que gargalham – o inferno liberado – espelhos, copos, garrafas – uma polca, uma vertigem – quem grita, quem dança – se misturam nus – toda a podridão misturada – não existe mais nenhuma lei da natureza – mais nada – só uma violenta obscenidade que nada pode satisfazer – (*agarra um braço de Boffi e mostra Mop*) veja, veja se aquele é um rosto humano! – e ele, aqui, (*mostra Salter*) – com esta cara de morto, e com todos estes vícios que lhe apodrecem os olhos! – e eu vestida assim – e o senhor que mais parece um diabo – esta casa – mas aqui, como em todo lugar – toda a cidade – mora a loucura, a loucura![168]

---

[167] R. Alonge, Ancora su As you desire me, *Angelo di fuoco*, ano III, 6, p. 119.
[168] *Come tu mi vuoi*, em *Maschere Nude*, v. 4, p. 440.

A Ignota escolhe ir embora para a Itália com Boffi, amigo de seu suposto marido, ela resolve fugir de toda aquela loucura, daquela violenta permissividade sexual que lhe embrulha o estômago. Boffi, que há dias lhe seguia, acredita ter reconhecido, em sua figura, Lucia Pieri, a esposa de Bruno desaparecida durante a Primeira Guerra Mundial. Por seu lado, em função de um trauma psicológico, a Ignota não se recorda de seu passado, e nem mesmo de seu nome; Salter e Mop a chamam de Elma. Tentada pela possibilidade de uma mudança de vida, a protagonista se lança no escuro e vai ao encontro deste suposto marido que por dez anos esperou pelo retorno de sua esposa. Da atmosfera lúgubre e bizarra do primeiro ato passamos para um ambiente solar e iluminado do segundo: a casa de Bruno; cenário onde Elma vai se transformar na senhora Lucia. O que a protagonista não sabe é que a casa de Bruno era de Lucia e que, uma vez declarada sua morte, esta passaria para sua irmã Inês e ele perderia seu direito sobre ela. Com esta informação a Ignota passa a duvidar dos sentimentos de Bruno; e um novo fato se soma a este: Salter, inconformado com sua partida, descobre, em um hospital psiquiátrico uma mulher que parece ser a verdadeira senhora Lucia, a de nome Demente, e a leva consigo para provar que a Ignota é uma impostora. Diante da Demente a dúvida se instaura entre as pessoas da casa, e, surpreendentemente, ao invés de se defender e lutar por seu lugar, a Ignota alimenta mais ainda a dúvida e num golpe final se despoja da "máscara" do personagem Lucia, voltando a ser Elma, a dançarina de vida noturna. Ela abandona Bruno e junto com Salter retorna para Berlim, "a cidade do pecado".

Como Tuda, Donata, Ilse e a própria Marta Abba, a Ignota se doou *sinceramente* ao personagem Lucia, ou melhor, Cia (como carinhosamente lhe chamam em casa). O que as une, além de uma grande sensualidade, é a imagem espiritualizada da *personagem-atriz*. No último Pirandello, à diferença de suas obras precedentes nas quais a mulher se "santificava" a partir da maternidade, a sublimação do corpo da mulher se traduz pela sua identificação com o corpo da atriz. Da *maternidade fisiológica* para uma *maternidade ficcional*. A mulher-atriz, que contrariamente à mulher-mãe permanece sexualmente desejável, se aproxima ao mesmo tempo em que ultrapassa esta última: a mulher-atriz se aproxima da mulher-mãe por sua capacidade de criar novas vidas, e a ultrapassa, por criar esta nova vida a partir de seu próprio corpo, ou seja, sem a necessidade de uma experimentação física, carnal. Sua "maternidade" se dá pelo enxerto da palavra do poeta em sua alma "divina" de atriz. A repressão do desejo do corpo feminino de Abba faz da mulher somente uma atriz: se o corpo da mulher-atriz é desejado ele é também um corpo sublimado, pois está a serviço da Arte. E se a mulher é comparada ou identificada singularmente com a atriz, ela termina por ser comparada ao próprio teatro, à própria Arte; como tantas vezes o escritor comparou Marta Abba. A partir da atriz Abba é que o escritor irá satisfazer a mulher Abba, *mulher ausente, mulher proibida*; fundamentalmente uma mulher-atriz que impôs como objetivo último e autêntico o seu desejo de viver "mil mulheres"; se, como dito por Alonge, a mulher pirandelliana só alcança a plenitude da felicidade a partir da maternidade, o mesmo vale para a atriz, porém, sua maternidade sempre será ficcional.

O drama da Ignota se configurou na mente de Pirandello em julho de 1929 e foi concluído na metade de novembro do mesmo ano[169]. Escrita para Marta (fisicamente falando, e em conformidade ao seu estilo interpretativo), e para ela dedicada, a peça estreou em 18 de fevereiro de 1930, no teatro Filodrammatici de Milão, com a Companhia Dramática Marta Abba; obviamente com a atriz vivendo o papel da protagonista: "Eu, no entanto, começo a escrever uma nova peça, na qual a protagonista será para Você"[170]. Concebida durante um momento muito delicado na vida de Pirandello, a atriz havia deixado Berlim em março de 1929, o espetáculo, não obstante as dificuldades de sua preparação, foi um grande sucesso para a atriz. A crítica milanesa e romana se manteve unânime,

---

169 Na época, a peça foi considerada a "clave", isto é, como espelho de um conhecido caso de amnésia de 1927, que por muitos anos figurou nos jornais de meio mundo: o caso Bruneri e Cannella. Quando o longo processo de reconhecimento da identidade do desmemoriado chega ao fim, com a condenação do impostor Bruneri, a mulher do professor Cannella continuou a reconhecê-lo como seu legítimo esposo.
170 Carta de 18 de julho de 1929, *Lettere a Marta Abba*, p. 223. No epistolário, esta é a primeira vez que aparece um comentário sobre *Come tu mi vuoi*.

louvando e elogiando o trabalho de composição da atriz. Na crítica de Adolfo Franci se observa que Marta Abba tinha um belo domínio de palco, que sabia usar da luz com maestria, aproveitando todas as nuances de claro e escuro para dar ao seu personagem maior densidade dramática. Citamos:

> Marta Abba é a única atriz, hoje, na Itália, que interpreta Pirandello como deve ser interpretado. Em sua atuação não há um só gesto, movimento, pausa, retomada, que não iluminem a singular natureza destes personagens, um pouco fantasmáticos, um pouco reais, com a alma plena de insondáveis e obscuros abismos e inesperadas iluminações matinais [...]. Se o pensamento pirandelliano necessita ser, melhor do que dito, mas traduzido sobre a cena, Marta Abba é a sua tradutora mais inteligente. E como é bela sua voz: clara e vivaz nos momentos líricos e de abandono; um pouco opaca, quase rouca, nervosa e áspera nos momentos de ressentimento e de desgosto. E como muda de cor e de expressão o seu rosto, consumido por olhos assombreados, seja quando se deixa iluminar em cheio pela luz, seja quando dela se afasta subitamente. Das suas palavras, com um tom que oscilava entre a doçura sem esperança e a desesperança sem doçura, veio à tona ontem de noite a alma pesada de malefícios e suspirosa de libertação da "Ignota"[171].

Sobre a temporada Romana de *Come tu mi vuoi*, no Teatro Argentina, em maio de 1930, escreveu Alberto Cecchi:

> Que atriz estranha! Há dois anos atrás estava em plena decadência, sobre uma estrada que parecia conduzi-la, sem nenhuma escapatória, ao desastre. Ontem à noite, assim sozinha, autodidata, sem um diretor, sem uma companhia que a sustente, mas apenas à fúria de nervos, de inteligência, de impulso, de paixão, nos pareceu uma das melhores atrizes que já tivemos[172].

"Marta Abba, esta bela e estranha atriz! Olhando-a, sonhamos com Greta Garbo e Marlene Dietrich. Seus cabelos são de um vermelho magnífico, encarnado. Sua imagem é de uma profunda plasticidade. Ela tem uma voz que nos encanta pela sua candura. Uma voz de veludo"; descreve apaixonadamente o

---

171 A. Franci, *Il Sole*, Milano, 19 febbraio 1930, cf. A. D'Amico, *Come tu mi vuoi*, em *Maschere Nude*, v. 4, p. 406-407.
172 Idem, p. 407.

crítico francês Max Frantel em 1931[173]. Existe uma coincidência de percepção sobre a voz e a imagem da atriz nos testemunhos da época que não deixam dúvidas quanto ao perfil de Marta: a voz doce e rouca, que transmite uma sensação de profunda sensualidade, a beleza misteriosa e impenetrável, somada com uma intensa capacidade de mudar a expressão e o próprio rosto, o olhar e a expressão da boca, sem nenhuma dúvida, a aproximava de grandes ícones do cinema dos anos de 1930. Garbo, Dietrich e Abba, cada uma delas, à sua maneira, sabiam personificar opostos: ao mesmo tempo reservada e sedutora; apaixonada e impassível; sincera e elusiva; de uma beleza exótica e quase masculina. Sua sensualidade, acompanhada de uma delicada graça andrógina, não provinha de roupas extravagantes ou da nudez do corpo, mas pelo seu tom de voz, dos olhares, e da expressão da boca. Diferentemente da *vamp* pura, ou da dançarina (como observado por Jounny), a *vamp-virtuosa*, como definimos a *personagem-atriz* (metáfora de Marta Abba) é consciente de sua sensualidade: uma sensualidade real, nem estereotipada, como a da *vamp*, e nem "dissimulada", como a da ninfeta. Uma sensualidade que emana de uma "chama do diabo que não se consome".

Sobre a crítica de Alberto Cecchi gostaríamos de abrir um parêntesis perguntando: o que fazia Marta Abba entre 1928-1929 para o crítico ter uma visão assim tão pessimista sobre seu futuro como atriz. O ano de 1928 foi realmente um ano conturbado para ela: o fechamento do Teatro de Arte em agosto, a mudança para Berlim em outubro, a falta de ofertas reais de trabalho no mundo cinematográfico e novamente o retorno para a Itália em março de 1929, não lhe deixaram muitas oportunidades de se dedicar à profissão. No entanto, 1929 foi o ano em que a atriz assumiu com coragem e obstinação a direção de uma companhia de teatro de jovens atores. Um empreendimento ousado, que desafiou boa parte da crítica: Marta Abba surge na cena italiana como uma jovem atriz que, apoiada por um dramaturgo de fama mundial, deu as costas para certos cânones acadêmicos, como, por exemplo, tornar-se primeira atriz sem antes, como D'Amico acreditava ser necessário, ter

---

[173] M. Frantel, Entretien avec Marta Abba, la grande comedienne, em *Théâtre Italien II, Spectacles, théâtres et acteurs*, p. 1.

completado um período suficiente de aprendizado, interpretando personagens menores; e, agora, com menos de trinta anos, se lança na Itália como *capocomico*. Uma carreira meteórica que a crítica italiana, de modo geral, fez tudo para torná-la inconsistente. Ou os críticos a etiquetavam como uma atriz de um só autor, ignorando a força material do seu sucesso, tanto internacional como nacional[174], interpretando outros autores; ou menosprezavam seu estilo particular de interpretação, julgando-o "cerebral" ou "sem harmonia", ignorando categoricamente a análise de críticos e diretores internacionais, de seriedade incontestável, que a aplaudiam. Como, por exemplo, Max Reinhardt que ao convidá-la para interpretar a protagonista do *Mercador de Veneza* de Shakespeare, em 1934, a definiu como uma atriz que combinava maravilhosamente "graça feminina com força heroica"[175].

Retornando às análises da fortuna crítica de *Come tu mi vuoi*, em face à sua estrutura dramatúrgica os críticos não foram assim tão complacentes, não poupando comentários sobre um suposto "cerebralismo" ou evidenciando reminiscências com seu teatro precedente, especialmente com *Cosi è (si vi pare)*, por focar o drama sobre a imagem de uma mulher misteriosa, em um intrincado problema de identidade. Ora, o problema da identidade foi afrontado por Pirandello de inúmeras maneiras, afinal essa foi a sua grande questão como escritor. Mas os procedimentos dramatúrgicos, e o próprio conceito da busca por uma identidade, tomam caminhos muito distintos entre os trabalhos precedentes e estes do último período. Por exemplo: em *Cosi è (si vi pare)*, o drama da

---

174 Nos anos trinta a crítica tinha um enorme poder sobre o público de teatro. Seus comentários realmente influenciavam o sucesso ou não da temporada. Uma nota negativa poderia arruinar toda uma bilheteria e, inclusive, uma carreira.

175 N. Leonelli, *Enciclopedia Biografica e Bibliografica "Italiana"*, serie ix, Attori tragici, attori comici, p. 16, verbete *Abba*. Sobre a interpretação da atriz no *Mercador de Veneza*, direção de Max Reinhardt, para o Festival de Veneza, escreve Renato Simoni, em 18 de julho de 1934: "A arte da senhorita Abba deu a Porcia toda a dignidade, o sentimento, a suave intensidade e o humor burlesco que são essenciais para as personagens femininas de Shakespeare. Uma radiante aparência, uma flexibilidade e versatilidade na voz. Algumas vezes, trêmula e frágil, em outras, uma sóbria, bela, livre, força feminina", *Il Mercante di Venezia*, em *Trent'anni di cronaca drammatica*, v. 5, p. 280.

senhora Ponza se configura como insolúvel, pois a protagonista não tem autonomia para escolher a própria identidade: ser a filha ou a segunda esposa. Sob pena de provocar uma desgraça, ela permanece para sempre como "ninguém"; ou ainda em *Vestir os Nus*, em que nem mesmo o suicídio foi capaz de permitir a Ersilia de "entrar" no círculo de uma moralidade burguesa para ser "uma outra" ao invés "daquela". Agora, em *Come tu mi vuoi*, há de fato uma transformação da Ignota: de dançarina de cabaré ela se transmuta em uma atriz, em um corpo sem nome. Embora retorne para Berlim, a Ignota já ascendeu ao *personagem-atriz* (em todo o sentido que esta palavra possui em Pirandello): uma mulher que escolheu, por sua própria vontade, romper com a ordem social para se lançar em uma solidão excepcional, livre e superior à condição servil feminina. Quanto à crítica da época, cito uma das mais arrasadoras:

> O seu teatro nunca me persuadiu como também nunca me comoveu: sua arte não me sensibiliza, e não compreendo seu esforço incessante em demonstrar, na forma mais hermética, os sentimentos e as sensações mais simples. Em *Come tu mi vuoi*, ele utiliza três atos, e três atos nada breves, para fazer um personagem repetir, continuamente, que nós podemos criar a verdade, fabricar os fatos com a nossa vontade. [...] o dramaturgo fez um grande erro deixando, por três atos consecutivos, um único personagem falar quase que exclusivamente [...]. Por Marta Abba fui arrebatado: a sua resistência é surpreendente [...]. Não sei qual atriz, menos compenetrada no pensamento do autor, menos entusiasta da arte pirandelliana, poderia ter feito mais que Marta Abba[176].

Como se pode observar, Enrico Santarnecchi (PES), diretor do periódico *L'arte drammatica*, não foi um grande admirador do teatro pirandelliano; talvez por não conseguir alcançar o refinamento poético do autor (obviamente que sua contemporaneidade ao dramaturgo não o ajudou a compreender a obra em sua totalidade, mas isso não o redime da falta de critério em analisar o teatro de Pirandello e, especificamente *Come tu mi vuoi*, a partir de seu gosto pessoal). Girando constantemente em torno de um discurso já ultrapassado sobre o

---

176 Enrico Santarnecchi (PES), *L'arte drammatica*, Milano, ano LIX, n. 17-18, 22 febbraio, 1930, p. 1.

autor – o cerebralismo, ou o niilismo –, o crítico não percebeu que estava diante de um "novo" Pirandello, das peças inspiradas em Marta e de aspiração mitopoética[177]. Em contrapartida, PES parecia ser um grande entusiasta da atriz Marta Abba, um dos poucos na Itália[178]; é suficiente consultar suas críticas no periódico, quase todas elas são favoráveis à atriz. Mas, curiosamente, antes mesmo de D'Amico, em 1928, na estreia de *La nuova colonia*, o crítico já lhe aconselhava: "Marta Abba deve muito ao seu Maestro, mas hoje deve dar sua inteligência também a outros autores. Deve experimentar-se em outras interpretações onde o Poeta não tenha sido inspirado por ela"[179]. Geralmente divergente em suas opiniões, a insistência da crítica, ao longo dos anos, em aconselhar a atriz a representar outros personagens que não os de Pirandello é, no mínimo, instigante, já que Marta Abba, além de Pirandello, interpretou com sucesso outros autores, como: Goldoni, Shaw, d'Annunzio, Ibsen, Luigi Antonelli, H. Mann, Bontempelli, e por aí vai. Então, o que de fato estaria por trás destes "conselhos" que mais parecem provocações, ou a Pirandello (no caso de PES) ou a ambos (no caso de D'Amico)?

A fulgurante identificação artística entre Marta e Pirandello, ambos apaixonados por uma forma particular de teatro, facilitadora de uma interpretação fora de um esquema convencional, talvez tenha sido a razão para tantas dificuldades em se aceitar o estilo de interpretar da atriz; o que condicionou a crítica a estigmatizá-la, negativamente, como uma atriz pirandelliana. Sim, Marta foi uma atriz pirandelliana, mas não porque não pudesse afrontar outros autores; se ela privilegiou o teatro de Pirandello era por considerá-lo revolucionário, aberto a novas

---

[177] Sobre a crítica pirandelliana que desponta a partir dos anos de 1970 dirá Umberto Artioli: "a imagem codificada de Pirandello desconstrutor e niilista, do "pirandellismo", em suma, se opõe a uma outra imagem, menos divulgada, de um Pirandello que subterraneamente recupera fragmentos de caráter mitopoético", *Un teatro edificato sulle strutture del mito*, Hystrio, p. 9.

[178] Outro grande admirador da atriz foi Lucio Ridente (pseudônimo de Ernesto Scialpi, 1895-1973), crítico, ator, redator da *Gazzetta del Popolo* de Turim, e diretor da revista *Il dramma* (1925-1968). O crítico sempre defendeu a atriz das pesadas e maldosas críticas que a apontavam como uma atriz que só existia enquanto intérprete dos personagens pirandellianos.

[179] E. M. Santarnecchi (PES), *L'Arte Drammatica*, ano LVII, n. 22, 21 aprile, 1928, p. 1.

formas de interpretação. Além do fato de o dramaturgo ter sido realmente o seu grande mestre e guia. Foi seu Maestro no Teatro de Arte e continuou a sê-lo até o fim de sua vida, e não apenas no sentido "filosófico" do termo: Pirandello acompanhou toda a sua vida de atriz, os altos e baixos, dividindo as vitórias, os fracassos, sugerindo textos, personagens e, principalmente, indicando como interpretá-los: "Esta mulher (L'ignota), não apenas desinteressadamente, por favor, mas também *por si mesma*, pelas qualidades de sua alma e de sua vida, pode, *sinceramente*, transformar-se numa outra. Ser *outra*, verdadeiramente *viva*[180]". O Maestro deixa claro, para o intérprete, que existe sinceridade na transformação da protagonista, o que por si só descarta qualquer possibilidade de uma interpretação que a faça uma cínica ou mesmo uma mentirosa oportunista.

A Ignota, uma mulher belíssima de trinta anos (exatamente a mesma idade de Marta), não tem um nome e nem mesmo uma identidade definida, como um camaleão, ou uma atriz, ela será capaz de transformar profundamente seu próprio caráter, e até mesmo o seu rosto, variando inclusive a cor de seus olhos: verde para a tia Lena, azul para tio Salesio, cinza para Bruno. Não podemos tirar nada de conclusivo sobre ela; a peça termina e todos os envolvidos na ação, tanto personagens como espectadores (ou leitores), permanecem assim, suspensos, mergulhados no mistério de sua aparição. A única coisa que Pirandello parece exigir, mesmo diante de tanta incerteza sobre a verdadeira identidade da personagem, é que se acredite na *sinceridade* desta mulher em se transformar em uma outra, em viver uma outra vida. E para isso acontecer é necessário uma interpretação que dê credibilidade ao que parece ser impossível ou inverossímil: se a Ignota ao final do terceiro ato renunciou a sua nova vida, não foi porque esta era o produto de uma ficção, revelada com a chegada de uma *outra* Lucia (a Demente), mas porque ela jamais aceitaria viver esta sua nova existência com a sombra de uma dúvida.

Marta Abba soube dar à Ignota toda a aura de mistério, de beleza, de inquietude e de contradição desejada pelo Maestro. Se a peça foi um sucesso, como atestam os documentos, isto

---

180 Carta de 22 de julho de 1929, *Lettere a Marta Abba*, p. 232.

também se deve, sem dúvida nenhuma, a sua interpretação que – malgrado os constantes ataques à sua carreira, as repetidas acusações de cerebralismo, tanto no repertório, quanto em seu estilo de interpretar – permitiu que esta extraordinária personagem emergisse na cena com toda sua potência dramática. Interpretar um personagem complicadíssimo como a Ignota é um desafio para qualquer atriz, além da profusão dialógica, a peça exige do ator uma estratégia de convencimento que desafia todas as evidências: facilmente identificável com uma oportunista, a Ignota, uma dançarina de vida noturna, envolvida até o pescoço com os prazeres mais mundanos da vida, é uma mulher capaz de se transformar e, por si mesma, recuperar uma pureza perdida – assim defendida por Pirandello. Interpretá-la com a face estereotipada da *vamp*, uma fêmea fatal um pouco histérica e sedutora, seria o mesmo que liquidar o personagem, pois sua riqueza é a exata tensão entre duas imagens opostas: a carnalidade e a sublimação. Se a Ignota, enquanto a dançarina Elma, pode ser espalhafatosa, lasciva e cruel, ela, enquanto Lucia, será *sinceramente* pudica, honesta e luminosa (digo sinceramente para enfatizar que não há nenhuma ambiguidade em seu propósito de transformação). Mas a Ignota não é, separadamente, Elma ou Lucia, ela é a soma das duas, pois ambas existem na mesma personagem.

A composição do personagem ganha sua força máxima no terceiro ato, no momento em que a Ignota se revela com um terceiro rosto: nem Elma, nem Cia, uma outra, ou as duas, uma mulher ainda mais misteriosa, ainda mais desconhecida. É neste momento que Pirandello exige o sacrifício da personagem: abandonar Lucia para voltar a ser Elma. E é a partir deste ponto que se deflagra o maior desafio para quem interpreta a Ignota: compor a imagem trágica do sacrifício de uma vida. Diz a protagonista ao final do terceiro ato:

Ah, Deus, acreditei que ele procurasse uma que não pudesse mais existir! Uma que ele soubesse que somente em mim poderia encontrar viva, para refazê-la. Não como ela quisesse (que por si mesma não se queria mais), mas como ele a desejava![181]

---

181 *Come tu mi vuoi*, em *Maschere Nude*, v. 4, p. 508.

Com estas palavras finais a Ignota se despede de Lucia e decide, heroicamente, voltar para a dança, voltar para a louca Berlim e ir embora com Salter. A personagem não foi apenas perfeita para o estilo da intérprete, que sabia dosar muito bem a docilidade com a aspereza, que era capaz de se distanciar do papel ao mesmo tempo em que escondia uma pequena lágrima, comovida com a capacidade de abnegação do personagem – que tanto para ela, quanto para o autor, eram almas vivas, tão reais quanto a realidade –, mas foi também o corolário de Marta na criação, no teatro italiano, da atriz moderna, ou da *vamp-virtuosa*, um tipo de mulher que, no cinema, por mérito de Greta Garbo e de Marlene Dietrich, se impôs: uma mulher impenetrável, fascinante, reservada e ao mesmo tempo convidativa; uma variação mais doce da *vamp*, que sem o estereotipo de mulher fatal ganha uma maior credibilidade. E Marta era consciente de como a afinação de sua interpretação foi importante para o sucesso da peça: "O senhor me falou do pedido da América de *Come tu mi vuoi* e eu me sinto muito feliz, porque um pouquinho (pouco, pouco!), não irei negar, eu também cooperei com o sucesso desta peça"[182]. Sua identificação artística com o personagem foi tão grande que por cinco anos, até sua partida definitiva para os Estados Unidos e abandono da cena teatral, Marta manteve *Come tu mi vuoi* em seu repertório[183].

[182] Carta 4 de abril de 1930, *Caro Maestro...*, p. 74. Sobre o sucesso nacional e internacional de *Come tu mi vuoi*, Alessandro D'Amico escreve: "*Come tu mi vuoi* representou o retorno do sucesso de público ao dramaturgo 'exilado', mas a consagração do novo drama veio dos Estados Unidos, onde *As You Desire Me* foi representado no Maxine Elliott's Theatre di Nova York em 28 de janeiro de 1931: primeiro sucesso de Pirandello na Broadway (48 apresentações), direção de Lee Shubert com Judith Anderson como protagonista; da qual seguiu a versão cinematográfica, filmada em Hollywood por George Fitzmaurice, com um *cast* que mostrava a 'divina' Greta Garbo ao lado de Erich von Stroheim e Melvyn Douglas. Contemporaneamente teve lugar o sucesso francês da *pièce* pirandelliana, realizada por Gaston Baty em novembro de 1932 no Théâtre Montparnasse de Paris", *Maschere Nude*,v. 4, p. 407. Sobre o magnífico sucesso francês de *Come tu mi vuoi*, pela lente de Pirandello, cf. Pirandello, *Lettere a Marta Abba*, p. 1040-1042. Em relação às análises da versão cinematográfica comparada com a peça, ver R. Alonge, Ancora su As you desire me, *Angelo di fuoco*, ano III, 6; Appunti su Pirandello, Marta Abba e il cinema, em A. Tinterri (org.), *La passione teatrale*, p. 39-53; e F. Càllari, *Pirandello e il cinema*.

[183] Como repertório fixo de sua companhia dramática, além de *Come tu mi vuoi*, constava: *Cosi è (si vi pare)*, *Come prima, meglio di prima*, *Trovarsi*, *L'amica*

# ILSE, RAINHA DE CABELOS VERMELHOS COMO SANGUE DE TRAGÉDIA

> Amanhã, começarei imediatamente a trabalhar nos Gigantes da Montanha, que talvez seja o meu último trabalho dramático[184].
>
> A arte pode antecipar a vida: anunciá-la.

Os Gigantes da Montanha, terceiro e último dos "mitos" pirandellianos[185]: "mito da Arte, é, sem dúvida, o drama de Pirandello de maior tempo de elaboração. De tal forma que até a morte do escritor, a obra – considerada como uma espécie de testamento[186] – permaneceu incompleta"[187]. Reproduzimos o trecho textualmente para destacar a noção corrente da obra como testamentária. A importância desta visada é funda-

---

delle mogli, Vestir os Nus. Em março de 1953, no Teatro Quirino, Marta Abba irá retornar ao teatro, depois de dezesseis anos sem pisar num palco, interpretando justamente a Ignota de Come tu mi vuoi. Não iremos comentar a fortuna crítica de seu "retorno" ao teatro, por considerar que tal desdobramento não atinge nosso propósito. No entanto, transcrevemos um pequeno trecho de uma delas por considerar útil na recuperação do estilo da intérprete: "uma interpretação suave e doce, levemente melódica. Se recordarmos os tons de vinte anos atrás, o tenso "cerebralismo", os nervos à flor da pele, a sua aspereza impetuosa, não será pouco o estupor de escutá-la agora. A misteriosa se iluminou, a inquieta se tranquilizou, a complicadíssima se transformou em uma atriz ternamente clara", E. Ferdinando Palmieri, *Epoca*, 2 maggio 1953. A. D'Amico, *Maschere Nude*, v. 4, p. 409.

184 Pirandello, 7 de julho de 1933, em carta para Marta Abba

185 Em nota, na ocasião da publicação dos dois primeiros "momentos" do mito *Os Gigantes da Montanha*, com o título provisório de *I fantasmi*, Pirandello escreve: "é o terceiro dos meus *mitos* modernos. O primeiro (religioso) é *Lazzaro*, o segundo (social) é *La nuova colonia*. Este é o mito da Arte", apud, M. M. Guglielminetti, *Pirandello*, p. 306. O primeiro ato de *Os Gigantes da Montanha* (dois primeiros momentos) foi publicado em *Nuova Antologia* de 1931; o II ato em *Quadrante*, novembro de 1934; depois foi publicado inteiramente pela editora Mondadori, em 1938. A peça foi representada pela primeira vez em Florença, no Giardino di Boboli, com direção de Renato Simoni, em 5 de junho de 1937.

186 A. Bouissy, em seu importante artigo sobre o teatro de Pirandello, Riflessioni sulla storia e la preistoria del personaggio "alter ego", em R. Alonge et al., *Studi pirandelliani dal testo al sottotesto*, no qual evidencia o personagem pirandelliano como a variável independente de um discurso subterrâneo e cifrado, analisa *Os Gigantes da Montanha* como uma obra testamentária, na qual Cotrone seria sua última encarnação. Segundo Bouissy, o grande responsável pela revolução dramatúrgica pirandelliana, a despeito dos preceitos de objetividade naturalista, foi a intrusão do personagem alter-ego, porta-voz do autor.

187 A. D'Amico, *Maschere Nude*, v. 4, p. 809.

mental, sem ela torna-se impossível compreender a peça em sua profundidade. De forma geral, analisar o teatro de Pirandello sem a percepção de que no autor as fronteiras entre arte e biografia são deslocáveis e interpenetráveis é "atropelar" sua obra teatral em prol de um purismo crítico literário que visa analisar a obra de arte independente das emoções e experiências do autor e do universo que o rodeia ou, o que seria ainda mais absurdo, negar esta óbvia "contaminação" usando, para desqualificá-la, o falso argumento de que o método significa um retorno ao grande mito romântico, isto é, da obra de arte como (somente) a cristalização, espontânea e inconsciente, de sentimentos profundos do autor. Obviamente que não existe a possibilidade de uma relação direta entre biografia e obra, nem mesmo em uma autobiografia é possível tanto "determinismo"[188]. A relação estabelecida entre Pirandello e sua obra teatral pertence a uma dimensão bem mais "subterrânea" do que uma suposta relação direta (proclamada pelos românticos): o teatro de Pirandello é o criador do experimento de viver de seu autor, e é a partir da obra que Pirandello "experimenta" a vida. Não será a arte o reflexo da vida, mas a vida o reflexo da arte (com tudo de impuro e distorcido que um reflexo é capaz de gerar). É a arte criando, produzindo a vida e não o contrário.

Comumente se aceita que o escritor rejeitou Marta Abba, a bela e atraente atriz, não apenas pelo pudor de ser velho, mas por temor que na sombra desta intimidade vivesse um desejo mais ambíguo, e mais perverso, o desejo incestuoso. Se o seu fascínio erótico por Marta parecia inscrevê-lo sob o signo de uma "predestinação" (uma espécie de natureza profética da fantasia pirandelliana[189]) – o "fascínio paterno" –, foi porque Pirandello talvez estivesse moldando sua vida e suas experiências por

---

[188] A narração autobiográfica não é uma fotografia objetiva de uma pessoa real, já que ela possui uma duração no tempo e um movimento no espaço. Há o fator da memória, as omissões, o desconhecimento dos fatos que estão por trás de uma rede de relacionamentos, e existe um narrador, isto é, um sujeito que conta uma história. Isto já é suficiente para dar como suspeito o conteúdo de uma narração autobiográfica (ou seja, dentro dela também existem elementos ficcionais e, inclusive, uma tradição literária).

[189] "Pirandello constantemente *escreveu primeiro* aquilo que *experimentou depois*. Ele mesmo o disse (como exemplo, um escrito de 1935 intitulado, *Insomma la vita è finita*), e é o segredo de sua poesia, sempre mágica, visionária, divinatória". R. Alonge, *Pirandello e Napoli come luogo mitico della carnalità*, p. 106.

obediência à sua arte. Com a aparição da atriz, em 1925, aflora em Pirandello o desejo, o impulso da carnalidade, aflorando também, e de forma pungente, o fantasma obsessivo da ideia do incesto. Ora, Marta Abba não era sua filha, e nem mesmo existia entre os dois uma proximidade familiar, logo não haveria entre eles nenhum impedimento de ordem moral; à exceção de um problema jurídico: o escritor era casado e na Itália ainda não existia o divórcio. Uma situação que deixaria os dois amantes numa posição delicada, mas nada comparado ao problema que advém de uma relação incestuosa. Porém, Pirandello vai idealizar Marta como sua "filha espiritual", dando ao seu desejo uma forma doentia, perversa, e irremediavelmente proibida, e por quê? Recordemos a primeira lição do humorismo: o *sentimento do contrário* que advém do *advertimento do contrário* em ver uma velha senhora exageradamente pintada e com roupas juvenis para manter o amor do marido bem mais jovem[190]. O *sentimento do contrário* que emana de seu fascínio por Marta, "filha de sua arte", tão jovem quanto a sua filha Lietta, se dá pela intervenção da reflexão que lhe sugere que este amor pode possuir uma natureza incestuosa: tema que o perseguia desde 1915. Como dirá o próprio escritor sobre ele mesmo: "eu tenho um olhar que penetra e dois olhos do diabo".

Ao encobrir seus anseios por Marta na sombra do desejo incestuoso, Pirandello não está somente rememorando, apesar de todas as dificuldades psicológicas, aquela terrível acusação de incesto, já parcialmente decantada em *Seis Personagens*, mas também obedecendo às "exigências" de sua arte, moldando sua própria vida e experiência pessoal para torná-la possível (basta recordarmos a descrição do humorismo como a água fria da reflexão na qual se apaga o calor do sentimento e do desejo). Se no ensaio "O Humorismo", de 1908, Pirandello vai dizer que a nova arte deve representar os caracteres colhidos nas manifestações mais incongruentes, para, assim, revelar "pensamentos estranhos, quase relâmpagos de loucura, pensamentos inconsequentes, inconfessáveis inclusive a nós mesmos"[191]; uma possível explicação para o episódio de Como

---

190 Cf. O Humorismo, em J. Guinsburg (org.), op. cit., p.147.
191 Idem, p. 176.

seria a obscura necessidade de Pirandello inscrever, repetidamente, a sua vida e experiência sob o signo do incesto (sintoma continuamente expresso em sua dramaturgia). A noite atroz passada em Como, a sublimação do erotismo, seria então uma espécie de sacrifício imposto por sua arte. Quando a atriz Ilse, de *Os Gigantes da Montanha*, pergunta ao mago Cotrone, última encarnação do autor, se ele "inventa a verdade", o mago responde: "Não fiz outra coisa em toda a minha vida! Mas, *sem que eu a desejasse*, condessa. Todas aquelas verdades que a consciência renega, eu as faço emergir do mistério dos sentidos. Ou, no caso das mais aterrorizantes, das cavernas do instinto"[192]. Como observa André Bouissy, o interessante nesta declaração, para além de uma noção romântica, é "a confissão de que a obra foi escrita 'sem que eu a desejasse'"; o que significa que o escritor só pôde controlar parcialmente a própria criação, "obedecendo em parte ao que foi prescrito pelo inconsciente"[193]; advertindo sempre que o dramaturgo não introduz a ideia de inconsciente em seu teatro.

Sem usar a noção de inconsciente nenhuma vez, o dramaturgo descreve seu processo criativo como se não tivesse uma grande autoridade sobre ele, como se o resultado da obra não fosse uma escolha totalmente sua: para o escritor, não é o poeta quem escolhe o personagem, mas o personagem é quem o escolhe, é ele quem exige viver. Ou seja, quem "controlava" parcialmente sua criação eram seus próprios personagens, que de tão *vivos*, e *independentes* não se deixavam conter, escapando constantemente dos seus comandos de composição, falando e fazendo coisas impensáveis: "sabe-se lá que coisas viriam para fora se eu me abandonasse às suas inspirações, deixando-os fazer como bem quisessem aquilo que desejam..."[194]. Mas quem seriam estes personagens senão o próprio inconsciente de Pirandello? O escritor, obcecado em torno de um fantasma, a pulsão incestuosa, termina por sacrificar a própria experiência amorosa em obediência ao personagem "secreto" incestuoso. E Cotrone, um de

---

192 *I giganti della montagna*, em *Maschere Nude*, v. 4, p. 883. Grifo nosso.
193 A. Bouissy, op. cit., p. 35. Este fato aproximaria Pirandello dos ideais revolucionários do movimento das primeiras vanguardas, especialmente na ideia do automatismo surrealista.
194 Carta de 27 de setembro de 1929, *Lettere a Marta Abba*, p. 269.

seus personagens alter-ego, em confissão à condessa Ilse – imagem de Marta Abba – ("uma rainha sem trono [...]. Sobre uma carreta de feno, [...] e os cabelos vermelhos, derramados, como sangue de tragédia!"[195]), revela a dimensão do sacrifício imposto aos que, como Pirandello, somente escrevem e não vivem:

ILSE: E esta casa, de quem é?
COTRONE: Nossa e de ninguém. Dos Espíritos.
ILSE: Como assim, dos Espíritos?
COTRONE: Exato. Esta casa tem fama de ser habitada por Espíritos. E por isso, há muito tempo atrás, foi abandonada por seus antigos donos que, de tão apavorados, fugiram inclusive da ilha.
ILSE: E vocês não acreditam nos Espíritos...
COTRONE: Como não? Nós os criamos!
ILSE: Ah, vocês é que os criam...
COTRONE: Perdoe-me Condessa, mas eu não esperava que justamente a senhora me falasse deste jeito. Como nós, a senhora também deve acreditar neles. Vocês, atores, oferecem o corpo aos fantasmas para que eles vivam – e eles vivem! Nós, ao contrário, fazemos dos nossos corpos os fantasmas. E da mesma forma os fazemos viver. Os fantasmas... Não há nenhuma necessidade de procurá-los muito longe. Basta fazê-los sair de nós mesmos[196].

Fazer do próprio corpo um fantasma é muito mais do que "emprestar" o corpo ao personagem, como fazem os atores. É deixar de viver a vida do corpo físico, do corpo erótico, para se abandonar aos desígnios de fantasmas que pertencem ao passado (ou ao inconsciente; como se refere Bouissy em relação ao teatro de Pirandello a partir de *Seis Personagens*) e que, por algum motivo, precisam voltar e viver naquele presente, isto é, na obra escrita pelo poeta. O poeta deixa de viver os prazeres do corpo para servir a certos fantasmas, que, como dirá Cotrone, não se encontram muito longe, mas dentro de nós mesmos. Mas de que é feito estes fantasmas? Sua matéria é feita dos segredos, dos abismos, dos sentimentos que foram aprisionados e que merecem uma resposta, ou uma outra chance para se redimir, ou mesmo para se vingar. Mas, acima

---

195 *I giganti della montagna*, em *Maschere Nude*, v. 4, p. 849.
196 Idem, p. 880.

de tudo, fazer do próprio corpo um fantasma é sublimar seus impulsos sexuais em relação a Marta Abba, é se convencer do processo de santificação da atriz operado no epistolário, para enfim se libertar do fantasma da obsessão do incesto, "vencer a carne"; como tantas vezes repete nosso casto e atormentado escritor: "foi executado em você o verdadeiro milagre! Milagre do espírito que vence a carne e a liberta do mal! [...] Quem Te fala é alguém que pelo espírito tem combatido por toda a vida e que pelo espírito ainda continua a combater e a sofrer"[197]; diz Pirandello ao comentar o sucesso de Marta na peça *La buona fata*, de Molnàr. Se Pirandello foge da tentação da carne, se luta contra seus impulsos sexuais, que fatalmente o arrastariam ao horror do "fascínio paterno", incestuoso, Marta também deverá, sob sua orientação, "transformar-se no personagem assexuado do anjo, da musa, da atriz pura"; como interpretado por Daniela Bini: "Pirandello está realizando uma sutil obra de convencimento (quase uma progressiva lavagem cerebral) para preparar a completa transformação de Marta, para que, ao final, esteja pronta para se imolar como vítima sacrificial pela obra de seu mestre"[198]. O escritor está criando *Os Gigantes da Montanha*[199]:

---

[197] Carta de 25 de janeiro de 1931, *Lettere a Marta Abba*, p. 621.
[198] D. Bini, Epistolario e teatro, scrittura dell'assenza e sublimazione dell'erotismo, Il castello di Elsinore, ano XI, n. 33, p. 38-39.
[199] A primeira menção ao novo mito comparece, de forma embrionária, em uma entrevista de 11 de setembro de 1928, em *La Stampa*, mas ainda faltava muita informação, como título e alguns dos principais núcleos da trama. Quanto ao motivo da peça, Pirandello, de Berlim, o esclarece em uma entrevista a Enrico Roma em janeiro de 1929: "Antes de qualquer coisa, devo dizer que embora eu não tenha proposto nenhuma intenção satírica, dos *Gigantes* resultará, involuntariamente, uma forte sátira ao público de hoje, se comparado ao meu teatro. Além do público que frequenta a sala de espetáculo, deveria dizer uma *sátira do tempo*. Pois, em relação ao que me acontece como escritor, é muito significativo e ilustrativo. E acredito que, pensando bem, ultrapassa, em sua gravidade, os limites da minha pessoa física e da minha obra", Pirandello, poeta del cine, *Comoedia*, ano XI, n. 1, p. 10. É notório que o público italiano não compreendia o teatro de Pirandello, chegando a evitá-lo. Numa de suas cartas ao Maestro, que costumeiramente trazia informações sobre os ganhos de bilheteria, Marta Abba descreve a temporada turinense de *Come tu mi vuoi*: "Minha mãe, infelizmente, me disse a verdade: o público não queria saber. Marta Abba, não, não, pirandelliana, não, não [...]. Ao meu lado, duas pessoas... falavam dos trabalhos de Pirandello. Uma delas disse que os turinenses não querem assistir aos trabalhos de Pirandello... entendeu? O outro, pelo menos, veio ontem a *Come tu mi vuoi*... [...]. E o senhor Maestro, trabalhe sim, mas para o senhor!

Você verá que coisa é *Os Gigantes da Montanha*! É completo, é a orgia da fantasia! A leveza de uma nuvem sobre a profundidade dos abismos. Risos vigorosos explodem entre as lágrimas, como trovões entre as tempestades. É tudo suspenso, aéreo, vibrante, elétrico. Não se pode comparar com nada do que eu fiz até agora. Você verá, estou tocando o ápice! Mas é Você, é Você que o toca, minha Marta! Você com toda a Sua alma, que me alegra, e cria dentro de mim esta atmosfera fabulosa na qual todos os personagens respiram [...] Tem alguém, minha Marta, que está vivendo a Sua vida, e Você não o sabe. A Sua *verdadeira* vida![200]

Reino da fantasia, da arte e da poesia, *Os Gigantes da Montanha* foi concebido por Pirandello para ser sua obra conclusiva, uma espécie de último adeus ao teatro; como de fato terminou acontecendo[201]. A peça, parafraseando as palavras usadas pelo autor em 1929, se trata da tragédia de uma atriz que deseja continuar a dar vida à obra teatral de um jovem poeta morto, idealmente amado por ela. Porém, todas as tentativas da atriz para fazer com que a obra do poeta seja conhecida e admirada pela sua beleza e novidade, terminam sempre infrutíferas. Mas, quanto mais se multiplicam os fracassos, mais a intérprete se aferra na sua defesa. Numa vida errante, sacrificando sua vida e toda sua riqueza por este ideal, Ilse arrasta consigo uma pequena companhia de atores incapazes, miseráveis e humildes. Em sua peregrinação, a atriz, chamada Condessa, e sua companhia de fracassados chegam a uma aldeia, não definida, onde vivem homens estranhos, verdadeiros gigantes, que moram nas montanhas. Com a violência e a força de sua natureza, obrigam todos a obedecerem à sua vontade. Ricos e bárbaros, inteiramente ignorantes de toda solicitude intelectual, nunca viram e nem mesmo sabem que coisa é o teatro. Na vila, ao pé da montanha, vive uma espécie de *genius loci* (o futuro Cotrone) que

---

O público não te merece. Eu nunca estive assim, como nesses dias, com tanta raiva do nosso público... a ponto de odiá-lo, de abandoná-lo". Carta de 1 de janeiro de 1931, *Caro Maestro...*, p. 127-128. Sobre mais informações historiográficas do processo de criação de *Os Gigantes da Montanha*, cf. A. D'Amico, *Maschere Nude*, v. 4, p. 809-815.

200 Carta de 16 de fevereiro de 1931, *Lettere a Marta Abba*, p. 648.
201 O escritor morreu no dia 10 de dezembro de 1936, deixando incompleto *Os Gigantes da Montanha*.

tenta salvar a companhia de atores e sua primeira atriz da catástrofe inevitável[202].

Nesta entrevista, em janeiro de 1929, Pirandello provavelmente ainda não tinha escrito uma única linha da peça, avalia Alessandro D'Amico, mas já se mostrava completamente "habitado por aqueles fantasmas". Tanto que, em uma série de cartas a Marta, escritas entre os anos de 1929-1930, Pirandello confessa que precisava frear a tentação que o impelia a escrever seu último mito, pois compromissos mais urgentes, como a finalização do drama *O di uno o di nessuno* e a urgência de aprontar uma nova peça para Marta (*Come tu mi vuoi*), necessitavam da prioridade de sua atenção. Em 17 de abril de 1930, irá retomar o argumento do mito, delineando-o com mais precisão: "Peguei a *Fábula* do '*Filho Trocado*' e transformei-a magnificamente para servir como o drama que a heróica Condessa representa itinerariamente, ao preço de sua vida"[203]. E na carta de 25 de abril do mesmo ano, o escritor faz a primeira menção ao personagem Cotrone:

> Estou compondo, quase como um conto de fada, em versos, o "Filho Trocado", para depois usar o que for necessário na representação que a Companhia da Condessa fará no primeiro ato, diante do poeta Cotrone e de seus 'azarados', e no terceiro defronte aos Gigantes[204].

Numa entrevista ao jornalista Pietro Solari, em junho de 1930, o escritor descreve novos aspectos da peça: o suicídio do Poeta por amor à atriz e, especialmente, o protagonismo de Cotrone: "que vive isolado em uma casa habitada por espíritos em companhia de outros desesperados, seus iguais: artistas falidos, renegados da sociedade, gente lunática e perigosa"; este grupo de excluídos, ciumentos de sua vida à margem da sociedade comum, vivem em uma atmosfera densa de alusões teatrais, "encenando um burburinho de espíritos e espectros que servem para afastar as pessoas"[205].

---

202 Cf. E. Roma, Pirandello poeta del cine, *Comoedia*, ano XI, n. 1, p. 10.
203 *Lettere a Marta Abba*, p. 396.
204 Idem, p. 416.
205 A. D'Amico, *Maschere Nude*, v. 4, p. 812.

As notícias sobre *Os Gigantes* se avolumam nas cartas para Marta, em todas elas Pirandello descreve o mito como sua provável obra-prima, uma espécie de resolução de toda sua obra teatral: "uma festa para a alma e para os olhos"[206]; "o triunfo da fantasia, o triunfo da poesia", mas também "a tragédia da poesia em meio a este brutal mundo moderno"[207]; o seu "último trabalho dramático"[208]. No entanto, vários episódios, ao longo dos anos, irão corroborar para atrasar sua escritura definitiva; citamos: a catastrófica estreia de *Esta Noite se Representa de Improviso*, em Berlim, e a posterior transferência de seu exílio voluntário para Paris; a composição de *Quando se é Alguém*, de *La favola del figlio cambiato* (A Fábula do Filho Trocado) e de *Trovarsi*. Do ano de 1933 em diante, parece que há um "esfriamento" do autor em relação ao trabalho, seus comentários no epistolário praticamente desaparecem, assim como as declarações públicas sobre o mesmo. Em 25 de outubro de 1936, um mês e meio antes de morrer, Pirandello ainda escreve a Marta: "Tenho que terminar o terceiro ato de *Os Gigantes da Montanha*, que sem o meu consentimento foi incluído no programa do próximo 'Maggio fiorentino'"[209]. Para Alessandro D'Amico, um dos motivos para o escritor subitamente parar de falar entusiasticamente na peça (as últimas informações comparecem no jornal *La Stampa*, em 21 de abril de 1934, no qual Pirandello declara ter terminado o segundo ato; e nas páginas do *Quadrante* em novembro de 1934, no qual publica o trabalho já com o título definitivo) e adiar sua conclusão, foi a frieza com que Marta recebeu o personagem de Ilse. Mas não encontramos nenhuma prova material que a atriz tivesse rejeitado o personagem, ao contrário. Numa carta de 14 de fevereiro de 1931, Marta escreve: "Estou feliz com o meu personagem nos *Gigantes da Montanha*"[210].

Quase um ano antes desta mesma carta, em 25 de abril de 1930, Pirandello escreve que provavelmente a companhia de Marta não teria meios técnicos para montar *Os Gigantes*,

---

206 Carta de 10 de fevereiro de 1931, *Lettere a Marta Abba*, p. 640.
207 Carta de 30 de maio de 1930, idem, p. 493.
208 Carta de 7 de julho de 1933, idem, p. 1099.
209 Idem, p. 1376. Trata-se do espetáculo dirigido por Renato Simoni em 1937.
210 *Caro Maestro...*, p. 142.

porque na Itália não seria possível realizar o tipo de encenação exigida pela peça; sem dúvida nenhuma o escritor se referia à parte material e cenográfica da peça, que exigiria um grande aparato cênico e financeiro (recordamos que a Companhia de Marta passava por uma série de dificuldades, não apenas financeira como estrutural). Em outra carta, em 10 de fevereiro de 1931, o escritor retoma o argumento da possibilidade ou não de Marta atuar na peça, e escreve:

Pouco importa se depois Você não venha a interpretar este trabalho, ou porque não acredita que seja para Você, ou porque não possa por outras razões; é uma questão secundária: o que importa, [...] é pensar que eu o estou escrevendo para Você[211].

A afirmação de que um provável não entusiasmo da atriz pela personagem tenha sido um dos fatores para o autor deixar a tessitura da peça sempre em segundo plano, não nos convence. Quando, em 1933, Pirandello escreve a Marta que gostaria de terminar de escrever o mito antes de partir para a América, o escritor demonstra claramente que a peça ainda não estava completamente amadurecida, o que nos leva a crer que provavelmente ele ainda não tinha encontrado sua resolução final, algo que desse à obra uma prova definitiva e satisfatória do caráter elevado, "mágico", da Arte. Pirandello também se mostrava angustiado com sua inevitável partida para a América, justamente no período de formação da companhia de Marta para o ano de 1934:

[...] partirei dia 17 de Agosto. Gostaria de terminar a peça; mais ainda tenho que preparar duas conferências. E durante o tempo que passarei em Viareggio vou querer dar tudo de mim para te ajudar a cumprir o difícil encargo assumido com San Remo[212].

211 *Lettere a Marta Abba*, p. 640.
212 Carta de 13 de julho de 1933, idem, p. 1102. Em 5 de novembro de 1933, Marta Abba, primeira atriz e diretora da "Compagnia Stabile San Remo Marta Abba", estreava no Teatro del Casino Municipale de San Remo a peça *Quando se é Alguém*, com a colaboração artística de Pirandello. Com grande esforço e apoio financeiro do comendador De Santis, gestor do Casino di San Remo, a atriz conseguiu fundar a companhia. Porém, problemas administrativos levam a empresa à falência, e a companhia se desfaz em julho de 1934. Sobre os problemas enfrentados pela Companhia, ver *Lettere a Marta Abba*, nos verbetes Compagnia Stabile San Remo Marta Abba e De Santis; as cartas de Marta, referentes ao período, foram todas perdidas.

Assim, Pirandello publica em 1934 os dois atos de *Os Gigantes*, mas não dá a peça como concluída, retornando ao projeto somente em 1936.

Nas entrevistas que concedeu entre 1928 e 1930, o escritor previa um final trágico para Ilse e todos os seus atores, mortos barbaramente pelos gigantes. O roteiro deixado para o IV momento (ou terceiro ato), datado em torno de 1930, prevê o banquete de núpcias dos gigantes, a chegada dos atores apresentados por Cotrone, o oferecimento da peça *La favola del figlio cambiato*, e a interrupção do espetáculo pelos Gigantes, mas não descreve o final trágico de Ilse e seus atores em face aos gigantes. Final este que, como atestado pelo seu filho Stefano Pirandello, veio a adquirir uma nova forma, onde os gigantes jamais apareceriam. A *Favola* seria o divertimento oferecido pelos gigantes aos seus servos por ocasião da festa de casamento de Uma e Lopardo. Os servos, já bêbados e não compreendendo absolutamente nada, exigem outro espetáculo, fazendo explodir um verdadeiro pandemônio. Ilse seria agredida e assassinada violentamente, Spizzi e Diamante, ao tentar defendê-la, também seriam mortos. Sobre o sentido do mito, escreve Stefano, baseado no que lhe descreveu Pirandello:

> Não é que a Poesia tenha sido rejeitada, o que ocorre é isto: os pobres servos fanáticos da vida, no qual hoje o espírito não se manifesta – mas sempre haverá um dia em que poderá se manifestar –, despedaçaram, inocentemente, como se fossem fantoches rebeldes, os servos fanáticos da Arte. Estes – que não sabem falar aos homens porque se excluíram da vida, mas não totalmente a ponto de se satisfazer apenas de seus próprios sonhos – pretendiam impor, aos que têm outras coisas para fazer, os seus sonhos, ao invés de aprender com eles[213].

Marta Abba, em seu prefácio à edição de *Os Gigantes*, na revista *Il dramma* em 1966, contesta a reconstrução final do mito anunciada por Stefano, sem, no entanto, como observa Alessandro D'Amico, apresentar nenhum documento posterior a 1930, que comprove a intenção do escritor em manter a carnificina final feita pelos gigantes. Independente de provas ou não, a vontade da atriz era apresentar aos leitores

213 Cf. A. D'Amico, *Maschere Nude*, v. 4, p. 818.

a obra exatamente como foi deixada pelo seu autor, isto é, incompleta (como, aliás, foi representada em maio de 1937, por Renato Simoni[214]). Se o conflito final, entre a Arte do poeta (representada pela atriz Ilse) e o público, ou a crítica (representado pelos Gigantes), não foi enfrentado por Pirandello, é porque ele de fato não conseguia escrever o terceiro ato. Se o momento do combate definitivo foi permanentemente adiado, não foi, como se supõe, pela suposta frieza de Marta em acolher a personagem Ilse, mas em função da dificuldade do autor em achar uma solução em face ao inevitável duelo entre o teatro, concebido como arte esotérica, para iniciados, e as exigências econômicas, os problemas concretos, práticos do fazer teatral: um público real e pagante, uma sala de espetáculo convenientemente equipada e por aí vai. Na peça, o mundo mágico de Cotrone é o único lugar onde a obra de arte escrita pelo poeta pode se realizar perfeitamente, já que os personagens aparecem exatamente como na fantasia do autor, sem a interferência do corpo. Mas o teatro não é somente a fantasia do autor, ao mundo teatral pertencem também o empresário, o diretor, os atores, o público, o cenógrafo, o maquinista etc. E durante os anos de escritura da peça, Pirandello manteve com Marta uma farta correspondência sobre questões referentes à organização de sua Companhia Dramática. Nestas cartas se impõem, além do processo criativo, a dimensão econômica do fazer teatral, os problemas práticos que afligiam Marta e o escritor na administração e organização de turnês itinerantes. Toda essa dimensão material pertence intimamente à natureza da arte cênica: a arte do teatro consiste no encontro entre a invenção fantástica e as circunstâncias práticas, materiais do fazer cênico. E Pirandello sabia disto, mas não conseguia progredir em direção a uma satisfatória resolução para o seu próprio conflito interno: *Os Gigantes,* em sua incompletude, é a expressão deste conflito e também o confessar da impossibilidade do poeta em superá-lo. E o texto de Pirandello, que deveria ter uma conclusão no IV momento, termina com o barulho dos cavalos dos Gigantes descendo a montanha:

---

214 Na nova edição de *Maschere Nude*, volume IV, a obra é apresentada também incompleta. O roteiro de Stefano é transcrito posteriormente.

COTRONE: Eu quis lhe dar uma prova, Condessa, de que sua *Fabula* só pode existir aqui. Mas se a senhora deseja continuar representando-a em meio aos homens, então que seja!
O CONDE: (*falando a parte com a Condessa*) Você não sente medo, Ilse? Está ouvindo?
SPIZZI: (*aterrorizado, se aproxima*) As paredes tremem!
CROMO: (*se aproxima, também aterrorizado*) Parece a cavalgada de uma tribo de selvagens!
DIAMANTE: Eu tenho medo! Tenho medo![215]

Um pouco antes do barulho dos cavalos dos Gigantes, Cotrone pede para Ilse representar a *Fabula*. Assim que a atriz começa a interpretar sua parte, a cena se materializa diante dela. Por um milagre, por um prodígio da fantasia, surgem dois personagens, duas aparições, que começam a representar junto com Ilse a *Fabula*, e é o próprio Cotrone quem explica para Ilse: "Para nós é suficiente imaginar, e rapidamente as imagens se fazem vivas, de si mesmas. Basta que alguma coisa esteja bem viva em nós, que ela se autorrepresenta, pela virtude espontânea de sua própria vida"[216]. Segundo Vicentini, se a magia de Cotrone, como a animação de fantoches não tem uma explicação plausível, é porque seu poder não se reduz à simples técnica de um prestidigitador, isto é, ele não se utiliza de instrumento e corpos materiais para criar seus fantasmas. Cotrone "projeta em torno de si os caracteres próprios do sonho, e trabalha prevalentemente com a manipulação de imagens"[217]. Tudo é da natureza da imagem: a procissão do Angelo Centuno; as visões que perseguem os atores da vila durante a noite; as figuras dos atores que se encontram com os fantoches, após abandonarem seus corpos durante o sonho; as duas aparições que interpretam junto com a condessa uma cena da peça. Os poderes de Cotrone são da natureza da "desmaterialização". No mundo mágico da vila, entre seus *scalognati*, os personagens podem aparecer, como na fantasia do autor, sem que existam corporalmente. A arte torna-se assim pura imagem e visão evanescente. Mas esta concepção de arte se mostrará profundamente perigosa para a existência do teatro: destacado do público e das formas de

---

215 *I giganti della montagna*, em *Maschere Nude*, v. 4, 2007, p. 910.
216 Idem, p. 904.
217 C. Vicentini, *Pirandello. Il disagio del teatro*, p. 200-201.

organização características de sua própria época, o teatro anula a sua capacidade operativa, perde sua vocação prática. Evadindo-se do confronto com a realidade material, o teatro se reduz em pura imagem, e finalmente deixa de existir: "Cotrone e o mundo mágico dos *azarados* não constituem uma solução real ao problema do teatro na sociedade industrial da máquina e do cinema e nem mesmo uma alternativa"; dirá Vicentini[218]. E o Pirandello desta última fase consegue reconhecer que a principal característica do teatro, aquilo que de fato se constitui em um procedimento "mágico", é seu poder de canalizar, introduzir as criações fantásticas da arte no mundo material dos homens: o teatro é a arte que consegue unir de modo inseparável as imagens (as visões e as intuições) com a matéria (o corpo do intérprete, os mecanismos da cena). No entanto, Cotrone pede que Ilse represente apenas ali, entre seus *azarados*. Ora, na verdade o que o mago está pedindo é que ela deixe de fazer teatro, pois fazer teatro é justamente enfrentar os problemas, as dificuldades, as circunstâncias concretas e as características históricas de sua própria época. O teatro só existe se enfrentar os Gigantes da Montanha. Esta é uma necessidade do teatro, sua vocação material. E Ilse deve estar preparada para isso. Mas, o próprio autor ainda hesitava diante desta escolha obrigatória. O terceiro passo, inevitável, em direção ao conflito final, jamais foi executado por Pirandello. O que se sabe é que o encontro final de Ilse com os gigantes seria, no imaginário pirandelliano, um evento trágico. A atriz seria assassinada em sua tentativa de realizar o teatro, isto é, de realizar o prodigioso contato entre a imaginação fantástica do poeta com as circunstâncias do mundo material.

Segundo Daniela Bini, Pirandello desejava transformar Marta Abba em Ilse – a atriz que vive apenas para levar ao mundo dos homens a criação do poeta morto:

> Sua imagem me chega como um anjo que me estende a mão; para depois mudar rapidamente como uma chama que me reacende a inspiração. Encarna o personagem da Condessa, me ilumina toda a cena, me dita as palavras, me abre os caminhos para andar avante, até o cume da Montanha[219].

---

218 Idem, p. 202.
219 *Lettere a Marta Abba*, p. 675.

E, de fato, Pirandello fará de Marta a responsável, a herdeira, de sua obra do último período, ela será sua Ilse, a atriz que o conduzirá aos gigantes da montanha. Marta Abba, afirma repetidamente o escritor, não era apenas uma colaboradora de sua obra, ela *criava* junto com ele o trabalho; dramaturgo e atriz criando, produzindo o teatro: arte que associa de forma inseparável a visão do poeta, a intuição da atriz ao corpo físico do intérprete, à materialidade da cena. Uma espécie de casamento, em que Marta-Ilse não será a mulher, nem mesmo a personagem-mãe, mas somente a *personagem-atriz* em seu estado puro. Se Ilse renunciou à vida da carne e do erotismo para viver apenas como "esposa" da arte do poeta, o mesmo deverá fazer Marta pelo seu Maestro; e se Pirandello não conseguiu terminar de escrever a peça, concluindo-a com a terrível morte de Ilse, talvez tenha sido pelo temor de que Marta, impressionada com o destino de Ilse, isto é, com a fragilidade do teatro, permanentemente na corda bamba entre a invenção do poeta e os recursos práticos, desistisse de continuar subindo as montanhas, abandonando para sempre o teatro de seu Maestro; o que em parte acabou acontecendo em 1938. O longo itinerário de Pirandello através do teatro, resume Vicentini, se move da negação radical da cena, atravessa o sonho de uma arte habitada somente pelas criações da mente do autor, para depois recuperar a especificidade teatral em nome do fascínio exercido pela sua insuprimível condição material. E Marta Abba responde perfeitamente à necessidade do poeta em tornar sonora, concreta, física, a sua palavra. É o fascínio pela arte da atriz, sua técnica, sua expressão corporal que irão conectar definitivamente (processo iniciado com Musco) o dramaturgo aos instrumentos práticos do teatro:

> Pirandello fazia dos atores estátuas [...]. Se a sua estátua se move, se movendo com um corpo de mulher, como você quer que esta delicadeza não vença o artista, que não o sufoque, que não o comova até o delírio? Para ele, é a vida. São os seus dias que se enchem de vozes, de olhares, de risos, de lágrimas. É a vida. É isso que Marta Abba foi para Pirandello: a vida[220].

---

220 F. V. Nardelli, *L'uomo segreto: vita e croci di Luigi Pirandello*, p. 277 e 299. A impossibilidade de separar no dramaturgo a arte da vida, o drama pessoal de

Este é o momento de relembrar as palavras do estudioso Elio Providenti que, em 1978, por ocasião de uma entrevista com Marta, escreveu: "Marta se identificava com Ilse, a protagonista de *Dos Gigantes da Montanha*, que jamais interpretou, ao passo que com Tuda, primeira peça escrita para ela, não"[221]. Para Ivan Pupo, Marta não se sente representada em Tuda, por filtrar nesta a parte proibida e inconfessável dos impulsos de Pirandello sobre ela. Do lado oposto, em Ilse, o processo de sublimação do erotismo, ou da repressão do desejo, característico do teatro pirandelliano inspirado na atriz, alcançaria sua perfeição[222]. Sobre Ilse dirá Artioli: "Receptáculo da palavra dramática, a sua missão é conduzir à luz o sêmen que o Poeta lhe derramou. A atriz é também a Mãe", e não apenas porque interpreta o papel da mãe na *Fabula*, completa Artioli, mas, sobretudo "porque a obra é o fruto, não carnal, mas concebido no plano espiritual, do seu amor pelo Poeta"[223]. E se o filho não pode viver sem sua mãe, o teatro também não pode viver sem a atriz, porque a maternidade da atriz é sempre estética; o que significa dizer que, o teatro de Pirandello não pode viver sem Marta Abba, isto é, sem a sua capacidade técnica, material e operacional. Exatamente como Ilse, a missão de Marta é manter viva a criação que ela e o Maestro conceberam juntos; obra que sem Marta, escreve Pirandello, já estaria morta: "e depois me vou, desaparecerei, sumirei... ou talvez comece novamente a viver, de outro modo, da vida que você ainda me dará, mesmo quando eu não existir mais"[224]. É a exigência pela dimensão física de sua obra, pois o espetáculo só nasce a partir da fusão de uma invenção fantástica, livre criação do autor,

>Pirandello daquele vivido por suas criaturas, é uma chave de leitura que desde 1932, com a publicação da biografia de Nardelli, é recorrente nos estudos pirandellianos. À exceção de alguns estudos de recorte rigorosamente marxista, como o livro de Mario Baratto, *Le Théâtre de Pirandello*, de 1957, que na verdade analisa preferencialmente a segunda fase do teatro pirandelliano, ou mesmo o livro de Arcangelo Leone de Castris, *Storia di Pirandello*, de 1962; tal visada, que nos anos de 1980 e 90 irá explorar os grandes temas tabus de sua obra, irá se intensificar ainda mais a partir da publicação do epistolário Pirandello-Abba.

221 E. Providenti, Marta Abba. Una vita per il teatro, *Scena illustrata*, 3 marzo, 1987, p. 38.
222 Cf. I. Pupo, Un uomo d'ingegno e una donna di cuore. Ipotese sul repertorio di Marta Abba, *Angelo di fuoco*, ano I, n. 2, p. 41-108.
223 U. Artioli, *L'officina segreta di Pirandello*, p. 104-105.
224 Carta de 13 de abril de 1931, *Lettere a Marta Abba*, p. 725.

com a capacidade técnica da atriz em trabalhar a matéria física – corpo, voz, luz, espaço, gestos, movimentos – e assim transformar a palavra do poeta em algo concreto, em teatro.

Para além da ideia da perfeita sublimação alcançada com Ilse, se extrai na declaração de identificação de Marta com a protagonista de *Os Gigantes*, uma outra suposição bem mais radicada no sentido final que o teatro alcança em Pirandello: uma arte frágil, sujeita ao seu próprio tempo, privada de qualquer garantia ou segurança que possa dar como certa sua sobrevivência. Levando em consideração os acontecimentos que se impuseram à sua carreira de atriz, Marta, ao ser entrevistada por Elio Providenti, já com setenta e oito anos, talvez pensasse em Ilse como uma resposta aos que ainda se perguntavam: por que uma atriz que surgiu na cena teatral italiana como uma grande promessa, inspiração de um grande dramaturgo, desapareceu da cena teatral, quase sem deixar registros de sua passagem, como se tivesse sido uma atriz de segunda categoria? Ilse se transforma assim em um símbolo para Marta, um símbolo da luta, da batalha que ela e Pirandello, até sua morte, empreenderam para continuar levando seu teatro aos *gigantes* de sua época. Como Ilse, Marta via o teatro como a única forma de vida possível e, por isso, como escreve Pietro Frassica, ela nunca se dispôs a fazer muitas concessões ao mundo dos empresários e dos agentes teatrais. Protestando e denunciando o sistema de truste que imperava na Itália, que excluía sistematicamente as companhias que trabalhavam por conta própria, Marta Abba termina por ganhar muitos inimigos. E se Marta Abba havia construído um estilo de interpretação muito distinto das outras atrizes, inusitado até, isso facilmente foi tachado como uma interpretação fria, cerebral, excessivamente "livre", isto é, sem controle. Rebelde a todas as convenções, a atriz pode ser considerada tão revolucionária quanto Pirandello. Como o escritor, ela também não se adaptava ao seu tempo e à estrutura do ambiente teatral italiano. Mas se a palavra escrita do poeta pode ultrapassar o tempo, sua época, e até mesmo o próprio poeta, a arte de uma atriz está irremediavelmente presa em um tempo e espaço determinados. O julgamento de sua arte sempre será feito pela cultura e pelos homens de sua época, o que equivale a dizer que a arte da atriz é prisioneira das circunstâncias de seu próprio tempo: "*Os Gigantes da Montanha* foi escrito para sublimar o tormento e o martírio da atriz com todo o seu fardo de poesia, que – neste caso particular – se chama na vida 'Marta Abba'"[225].

## UM AMOR FEITO DE PALAVRAS...

O epistolário Pirandello – Abba é, sob muitos aspectos, um documento precioso. Além de trazer importantes informações sobre a situação teatral italiana da época, sua crise estrutural e os projetos de reforma, obviamente que sob o ponto de vista do dramaturgo, ilumina uma importante fase de sua vida, do exílio voluntário, durante o qual se aproximou tanto do cinema como da cena contemporânea europeia, revelando também importantes aspectos do seu fazer dramatúrgico e de suas preferências em matéria de teatro. Mas o principal motivo da essencialidade de Abba para o estudo da dramaturgia tardia de Pirandello é o fornecimento de evidências quanto ao fundo autobiográfico da última produção teatral do Maestro. Seja na troca entre fragmentos de carta e obra dramática, seja na repetição obsessiva de temas, seja na descrição física dos personagens femininos, o que se vê refletido na obra é fundamentalmente sua relação artística e pessoal com a atriz Marta Abba. Uma união que significou bem mais do que um envolvimento amoroso entre um senhor de idade e uma bela e sedutora jovem. O influxo da atriz sobre o Maestro, ou sua imagem fantasmática, atinge completamente o núcleo poético de sua dramaturgia, provoca uma maior irrupção da cena no texto dramático, contribui para uma nova perspectiva sobre a especificidade teatral, e, fundamentalmente, possibilita a criação de um novo perfil de mulher. Deste fundo autobiográfico emerge um personagem feminino, sedutor e inacessível sexualmente, disposto a se sacrificar por um ideal mais nobre do que a vulgar cotidianidade, um personagem ao mesmo tempo humano e divino, capaz de unir o mundo da Arte, o mundo fantástico

---

[225] Marta Abba em carta de 4 de março de 1960 a Lucio Ridenti, diretor da revista *Il dramma*. Carta inédita, encontra-se disponível em sua íntegra na biblioteca do Centro Studi del Teatro Stabile di Torino.

do autor, ao mundo do teatro, o mundo material e concreto do palco. Um personagem capaz de ser ao mesmo tempo carne e espírito: o *personagem-atriz*.

Este personagem, imagem não apenas ideal, mas também física de Marta, sintetiza as duas metades do imaginário feminino pirandelliano – a mãe santa e a prostituta – e forma um novo perfil de mulher em plena e total conformidade à qualidade interpretativa da atriz e ao mundo interior do Maestro: a *vamp-virtuosa*; a mulher que não se pode ter. De *Diana e la Tuda* a *I giganti della montagna* é toda uma dramaturgia construída sob o signo da atriz. Essas personagens ruivas e contraditórias, convulsas e ternas, apaixonadas e frias, independentes e meninas, filtram a parte proibida e inconfessável das pulsões de Pirandello sobre Abba, vivenciam um processo de sublimação do erotismo, ou de repressão do desejo, característico desta dramaturgia tardia, para atingir, com Ilse, a perfeição. Enquanto Marta Abba rejeita sua identificação com Tuda, a modelo que suscita o desejo erótico no velho escultor, ela se vê representada em Donata ou em Ilse, personagens que ascendem ao mais elevado grau de espiritualidade: mulheres etéreas, desencarnadas, que rompem em definitivo com o mundo cotidiano e material, num processo de transformação plena da carne em espírito. A reserva da atriz, em relação aos desejos do Maestro sobre ela, é irrefutável e ainda se observa trinta anos depois da morte do dramaturgo. Em 1966, a atriz suprime propositalmente uma significativa passagem de uma das cartas de Pirandello. Transcrevemos aqui a citação de Marta, durante sua entrevista para a revista *Il dramma*, na qual cita uma passagem das cartas de Pirandello e a carta original para percebermos o sugestivo ocultamento feito pela atriz:

Berlim, 27 de junho de 1929:

Nos loucos o sonho continua mesmo com os sentidos despertos. Não sei por que, com a caneta na mão, pensando, me vieram estas considerações... – Talvez porque durante esses dias (fato raríssimo para mim) experimento – e não sei qual a razão – o prazer e a angústia dos sonhos. Ah, vingar-se dormindo de todos os pudores e de toda a lógica do dia! Derrubar com feliz tranquilidade todas as assim denominadas verdades mais fundamentais!

*Marta Abba, em 1929. Posando para a revista* Comoedia.
*Período de* Come tu mi vuoi. *Arquivo: Centro Studi Teatro
Stabile di Torino*

Aceitar com salutar satisfação as mais ridículas contradições em vez desta respeitável verdade![226]

Ao passo que a carta de Pirandello, em sua íntegra, diz assim:

Nos loucos o sonho continua mesmo com os sentidos despertos. Não sei por que, com a caneta na mão, pensando, me vieram estas considerações... – *mas tenho olhado tanto o Seu retrato que sorri para mim, aqui sobre a mesinha...* – e depois nesses dias (fato raríssimo para mim) experimento – e não sei qual a razão – o prazer e a angústia dos sonhos. Ah, vingar-se dormindo de todos os pudores e de toda a lógica do dia! Derrubar com feliz tranquilidade todas as assim denominadas verdades mais fundamentadas! Aceitar com salutar satisfação as mais ridículas contradições em vez desta respeitável verdade![227]

A supressão da referência de Pirandello ao seu retrato sinaliza o pudor da atriz diante do incontestável desejo do Maestro, que, no sonho, dizia se vingar de toda a castidade que o afastava da mulher amada. A solução para esta situação "proibida" foi a dessexualização do personagem-atriz e o paralelo convencimento de Marta em renunciar à sua própria vida em nome da arte, isto é, em renunciar à sua sexualidade de mulher em prol de um ideal "superior": a maternidade estética. Tanto é que numa outra entrevista, em 1976, Marta Abba afirma que a escolha final de Donata pelo teatro partiu dela mesma: "sobre *Trovarsi* (Pirandello) me disse: 'Marta, o que acha? A protagonista pode terminar abandonando o teatro por amor, ou pode terminar se unindo a ele de forma total renunciando ao amor; como você faria?' Deve continuar no teatro, lhe respondi"[228]. Independente de ser verdade ou não, já que não temos a confirmação da parte de Pirandello, o importante é a constatação de uma identificação entre atriz e dramaturgo no modo de conceber o teatro como alternativa, ou compensação, para a vida: a atriz, dona de uma "centelha divina", deve sacrificar sua vida em favor do teatro. Mas qual teatro seria esse? Obviamente que

---

226 Reportado em M. Abba, Dieci anni di teatro con Luigi Pirandello, *Il dramma*, ano 42, n. 362/363, p. 53.
227 Carta de 27 de junho de 1929, *Lettere a Marta Abba*, p. 208. Grifo nosso.
228 M. Abba, Pirandello tradito, *Gazzetta del Popolo*, 4 de junho de 1976.

não qualquer teatro, mas um teatro feito unicamente pelos dois e para os dois, um teatro que, segundo eles, foi perseguido e obstaculizado por uma "manada de inimigos", isto é, por empresários e produtores que visavam apenas o lucro em detrimento da arte. Sobre o sentimento de hostilidade em relação ao seu teatro, e a arte de Marta, o epistolário nos dá inúmeros exemplos e a atriz, anos depois, falando sobre *Os Gigantes da Montanha* ainda se recorda com amargura:

> Sabe em que pensava Pirandello, além da evidente alegoria, fazendo aquela mulher ser esmagada por aqueles ignorantes? Pensava em mim, em mim e na minha vida de atriz. É para mim que ele escreveu o drama. Ele já sabia como eu terminaria, com os ignorantes de ontem e de hoje[229].

Existe uma precisa consciência literária nas cartas de Pirandello, já documentada no fato de que inteiros fragmentos do epistolário refluem para as peças e que muitos dos seus textos teatrais, especialmente aqueles escritos para a atriz, são cuidadosamente analisados nas cartas, descritos na sua gênese e no seu desenvolvimento; sempre com a participação ativa da atriz. Provavelmente Pirandello previu que suas cartas seriam estudadas, comentadas e diversamente interpretadas por especialistas depois de sua morte; é o que parece implícito numa carta de 23 de maio de 1929: "E você não precisa rasgar as minhas cartas, filha querida"[230]. Talvez isso explique, em parte, porque o Maestro jamais declarou explicitamente, mas em linguagem cifrada, a natureza de seu amor por Marta. Nem mesmo na intimidade das cartas, Pirandello deixará de redigir com a ambiguidade própria ao terreno da arte[231]. Por outro lado, nas cartas, o dramaturgo, em muitas ocasiões, usou o teatro como veículo para os seus sentimentos mais ardentes, se mostrando muito mais audacioso do que se poderia pensar de um homem que sempre demonstrou uma natureza casta e pudica. Por exemplo, em uma carta de 17 de agosto de

---

229 Idem, ibidem.
230 *Lettere a Marta Abba*, p. 181.
231 R. Alonge já chamou a atenção para a escritura ambígua e cifrada do epistolário pirandelliano. Como dirá o crítico: a capacidade de ambiguidade do Maestro é a mesma do grande mestre europeu da ambiguidade teatral: Ibsen.

1926, falando sobre *A Dama do Mar*, de Ibsen – peça que Marta Abba estudava o papel de Ellida – Pirandello se permite falar em uma linguagem mais direta: "Nela, a excitação da liberdade é seguramente a excitação do amor"[232]. O seu desejo pela atriz encontra segurança, e certa liberdade, somente pela via da arte, discutindo os personagens ou escrevendo sobre eles. Se Pirandello fez de sua última produção dramatúrgica um teatro autobiográfico, como salientado por grande parte dos estudos italianos da atualidade, foi para fazer dele um teatro para Marta Abba, ou melhor, foi para fazer dele um teatro unicamente para os dois. Dramaturgo e intérprete se encontram sobre o palco, e pela primeira vez o escritor encontra em uma atriz a qualidade interpretativa ideal, que ilumina e justifica a existência dos seus personagens, tantas vezes acusados de inverossimilhança ou de pura abstração. Com ritmos contraditórios, entonações rasgadas, gestos fortes, inflexíveis, Marta estabelece entre a obra de um dos maiores escritores teatrais do século xx e sua obra de intérprete uma relação excepcional, pois íntima, necessária e efetiva. Com a atriz, as criaturas pirandellianas, seus contrassensos físicos e morais, conquistaram uma verdade tangível.

É um fato que o dramaturgo encontrou sua intérprete, como tantas vezes foi discutido pela crítica, mas, como já falamos e tornamos a falar aqui mais uma vez, Marta Abba, em contato com o texto pirandelliano, descobriu o seu próprio "espaço" artístico, isto é, descobriu sua própria originalidade de atriz. Confrontando os personagens femininos pirandellianos, a atriz termina por inspirar ou reinventar um outro personagem, de caráter ambíguo, a *vamp-virtuosa*, que, dona de uma partitura física especialíssima, se uniu de modo indelével ao teatro de Pirandello para reinventá-lo: no lugar do personagem humorístico "cerebral", se impõe uma figura de mulher misteriosa, quase mística, que nos faz sonhar com a possibilidade de uma nova realidade, mais livre, mais revolucionária. Este novo personagem, que denominamos *personagem-atriz*, renuncia à vida, sublimando-a no mundo da arte, e realiza um processo de transferência onde a única verdade é a verdade artística:

---

[232] *Lettere a Marta Abba*, p. 17.

o mundo dos fantasmas da imaginação do poeta. Claro que o processo de descarnalização do personagem (ou dessexualização da mulher) não será sem dor, os desejos, os sofrimentos da carne existem, e Pirandello bem o sabe, mas este é o preço a pagar pela impossibilidade da realização de Eros: o corpo irresistível da atriz é o mesmo corpo de sua "filha de eleição", e por isso é um corpo proibido. E também deve ser para outros, pois o corpo da atriz precisa, necessariamente, para ser livre, ser um "corpo sem dono"; e Marta Abba não parece ter discordado deste ideal:

> Espero que estas apresentações tenham o poder de me religar à vida, que me dá a impressão de ser uma coisa muito flutuante e quase dispersa, se olho para trás, tenho a sensação, estranha e quase trágica, de me ver com o mesmo físico de quinze, vinte anos atrás. As mesmas aspirações, a mesma vigília por alguma coisa que eu mesma não sei mais, e ver que estes anos que se passaram, mas que não parece, porque o físico e a alma ainda são os mesmos, não me trouxeram nada de bom para me lembrar. Falo da vida, claro! Mas não posso negar que amo esta minha "liberdade", admiráveis palavras de *Donata* no primeiro ato. [...] esta minha "liberdade" serviu ao menos para criar a minha carreira artística![233]

É recorrente no epistolário de Abba esta comparação entre sua vida solitária de mulher e a sua carreira de atriz, sempre, é claro, enfatizando sua total disponibilidade para viver uma vida somente em função do teatro; exatamente como o Maestro a queria. Para além deste fundo passional, Marta Abba representou a possibilidade concreta de fusão entre sua técnica dramatúrgica e a fisicalidade do ator. O diálogo criativo que se estabeleceu entre o dramaturgo e a atriz, iniciado na criação do Teatro de Arte e finalizado somente com a morte do escritor, proporcionou uma grande mudança de concepção nas ideias do dramaturgo sobre a relação ator/personagem. Por exemplo, em *Seis Personagens* Pirandello coloca em evidência, já que mostrado explicitamente na própria estrutura dramática, uma espécie de antagonismo insuperável entre estes dois elementos: a companhia de atores e o mundo dos personagens. Os atores seriam os responsáveis por degradar a

---

[233] Carta de 30 de dezembro de 1935, *Caro Maestro...*, p. 329-330.

autenticidade e a poesia do personagem, traindo a obra artística idealizada pelo poeta. Mas a que tipo de ator se referia Pirandello? Sem dúvida nenhuma ao "grande ator", ao velho sistema de papéis, herança oitocentista. Sobre este horizonte teatral, se impõe um novo teatro, o "teatro do personagem", onde os seis personagens reinam absolutos (Tanto Giovanni Macchia quanto Alessandro D'Amico insistem sobre o fato da obsessiva presença do personagem enquanto realidade *viva*, tanto na obra quanto na própria existência particular do autor)[234]. Com Marta Abba, a problemática relação ator/personagem, sugerida pela lógica pirandelliana como irremediável, ganha uma nova visão. O impasse entre o mundo fantástico e o mundo material do palco encontra na atriz uma via de saída. Da condenação inicial se constata assim uma redenção final: o corpo da atriz, a sua dimensão material-corpórea, se transforma no meio indispensável para evocar o personagem ao palco, e o êxito final do processo será a absoluta possessão do corpo do intérprete. Na visão do último Pirandello, o teatro encontra sua justificativa no encontro "mágico" da arte do ator com o mundo abstrato do personagem:

> Enfim, o teatro é a arte que associa, de forma intrínseca, a capacidade secreta em desenvolver as figuras ocultas e misteriosas da nossa mente ao talento artesanal que reconhece e aproveita cada possibilidade que se esconde no interior da matéria.[235]

Se o mundo da cena e dos atores fascinou Pirandello, como realmente fascinou, a possibilidade de realizar plenamente o contato entre o mundo fantástico de sua imaginação com as circunstâncias do mundo do palco veio a ele com Marta Abba. Isso não significa dizer que não exista mais nenhuma tensão entre as realidades ou mesmo que não haja mais a possibilidade do fracasso desta missão. Embora recuperado em sua força original, como *produtor* de realidades, mais "reais" do que aquelas fabricadas pelo mundo cotidiano, o teatro, visto enquanto um procedimento mágico, não possui nenhuma

---

[234] Cf. volume II da coleção *Maschere Nude* de Luigi Pirandello, organizado por A. D'Amico, p. 621.
[235] C. Vicentini, *Pirandello, Il disagio del teatro*, p. 201.

garantia de sobrevivência. Se ao final de seu percurso artístico Pirandello não via mais o teatro como uma arte impossível, ele a vivenciava como uma arte frágil e demasiadamente suscetível ao seu tempo, isto é, às formas de produção e de organização práticas de sua época e às características da própria sociedade. Pois o teatro não é só a invenção da cena, ele só existe em confronto com sua realidade material, ele tanto pode florescer como sucumbir ou mesmo desaparecer, e novamente renascer em outro tempo, em outra lógica de produção. Logo, não existe para o teatro nenhum plano realmente seguro de continuidade. Em função deste diagnóstico, nem pessimista e nem otimista, mas de uma incrível lucidez, Pirandello não conseguiu concluir *Os Gigantes da Montanha*, adiando ao máximo sua solução final. Talvez ainda esperasse, para os últimos anos de sua vida, alguma mudança dos tempos que pudesse trazer uma nova perspectiva, menos hostil, à existência de seu teatro, um teatro feito fundamentalmente para Marta Abba.

Marta desejou viver uma vida em plena harmonia com o teatro, mas isto de fato não aconteceu. Por mais que se dedicasse à organização de uma companhia teatral, à escolha do repertório – julgado sempre muito pirandelliano – e ao estudo do personagem, seu temperamento ousado, inconformado até, somado a uma performance atorial nada ortodoxa, provocavam fortes reações não só na crítica, que não estava aparelhada tecnicamente para analisar o desempenho da atriz, como e, principalmente, do mundo empresarial artístico que, incomodado com as denúncias da atriz ao sistema de truste, criava uma série de impedimentos práticos ao desenvolvimento artístico de Marta como diretora e atriz, fechando praças e teatros à sua companhia. Marta Abba, como sabemos, interrompeu sua carreira de atriz em janeiro de 1938 ao se casar; pouco mais de um ano depois da morte do dramaturgo. É quase como se dissesse: morto Pirandello, morto o teatro (e, consequentemente, a sua vida na arte). Marta retorna aos palcos muitos anos depois em dois únicos momentos de maior expressividade: em *Come tu mi vuoi* (1953) e em *La nuova colonia* (1958), mas sem uma continuidade real. Ao longo de seu envelhecimento chegou a atuar outras vezes, sempre em recitais ou fazendo leituras dramatizadas, em pequenos teatros ou salas, sem muita expressão. Em 1983, antes de morrer, a atriz se apresenta pela Compagnia di Prosa della Radio della Svizzera Italiana, interpretando Donata Genzi, o maior tributo do Maestro à sua vida de atriz. Sob direção de Grytzko Mascioni, com o título *Una voce che viene da lontano*, Marta registra pela última vez a sua voz. Ouvindo, hoje, a voz de Marta Abba, ainda é possível registrar alguns ecos do passado, que se misturam a um tom monocórdio de quem parece estar muito distante dali, recordando e vivendo a grande emoção de se ver prestando uma última homenagem ao seu Maestro e também a sua própria vida de atriz. Transcrevemos um fragmento da introdução feita pelo diretor para o histórico documento radiofônico, por considerá-la significativa na compreensão da importância extraordinária deste evento único:

> Não existe nenhum artifício nesta interpretação que se dá por aquilo que é: autotestemunho de uma fidelidade absoluta à obra do ilustre Prêmio Nobel, que na dedicatória a *Trovarsi* escreveu: "A Marta Abba para não morrer", isto é, para continuar a viver [...]. É o testemunho de um ato de coragem e de amor, que vai além de toda invenção dramática. Ficção e verdade – exatamente ou quase *pirandellianamente* – se fundem em um evento que se situa muito além de toda ficção dramatúrgica [...]. Na distância em que nos chega a voz de Marta Abba talvez possamos ler também parte do drama interior do próprio Pirandello. No som de uma voz dolorosa e nua, impregnada de recordações, talvez possamos ver o transparente monumento de uma grande alma, a sua ideia da vida e do amor, a sua invenção, única, de um teatro que se propôs como meta – em pleno fervor, em pleno desencanto – procurar uma verdade que talvez nos escape para sempre[236].

Ser uma atriz: "poucas sílabas que encerram um infinito!", disse uma vez Marta Abba. Mas a arte de uma atriz pode de fato ser recuperada no tempo? Não saberemos dizer a respeito de todas as atrizes, mas em relação à senhorita Abba é indubitável que não se pode pensar Pirandello sem se referir a atriz. Sua importância na história do teatro pirandelliano e principalmente sua importância na criação dos seus últimos trabalhos

[236] Cf. nota 62 supra, p. 211.

é matéria incontestável. Pirandello deu a Marta, ou melhor, a ambos, na dramaturgia e na sua atividade epistolar, uma história para a eternidade, dois poderosos registros, que uniu o dramaturgo e a atriz de forma indelével. Em 1976, a atriz ainda se recorda das palavras do Maestro:

> Pirandello me assegurava que a arte de nós, atores, também sobrevive à morte. Mas isto eu não entendia, porque somos apenas o fantasma que fala e que vive numa apresentação. Mas uma vez ele me escreveu, em uma daquelas famosas cartas: "O meu teatro só pode existir na luz de seu nome e depois se apagará com você"[237].

O teatro de Pirandello não se apagou com o desaparecimento da atriz, mas o dramaturgo, com aqueles seus "dois olhos do diabo", conseguiu unir de maneira definitiva sua escritura dramatúrgica ao nome da intérprete, e se Marta Abba sofreu a amargura e a frustração de nunca ter sido reconhecida e valorizada em solo italiano como ela queria, hoje podemos dizer que a obra tardia de Pirandello ainda respira a matéria efêmera de sua arte.

---

237 Pirandello tradito, *Gazzetta del Popolo*, 4 de junho de 1976.

# Bibliografia

ABBA, Marta. Un'attrice allo specchio, come sono nella vita e come vivo nell'arte. *Gazzetta del Popolo*, 16 gennaio 1931.
\_\_\_\_\_. *Il dramma*. Diretto da Lucio Ridenti. Torino, ano VII, n. 125, 1 nov. 1931.
\_\_\_\_\_. La mia vita di attrice. *Il dramma*. Diretto da Lucio Ridenti. Torino, ano XII, n. 237, 238, 239, lug./ago., 1936.
\_\_\_\_\_. Parlo del maestro. Torino, p. 7-9 (sem data, provavelmente escrito em 1936). Disponível no Centro Studi del Teatro Stabile di Torino.
\_\_\_\_\_. Dieci anni di teatro con Luigi Pirandello. *Il dramma*. Diretto da Lucio Ridenti. Torino, ano 42, n. 362-363, nov./dic., 1966.
\_\_\_\_\_. Prefazione di Marta Abba a I giganti della montagna. *Il dramma*. Diretto da Lucio Ridenti. Torino, ano 42, n. 362-363, nov./dic. 1966.
\_\_\_\_\_ (org.). *Teatro di tutti i tempi*. Milano: Mursia, 1971.
\_\_\_\_\_. Pirandello tradito. *Gazzeta del Popolo*, 4 de junho de 1976.
\_\_\_\_\_. *Caro Maestro...: Lettere a Luigi Pirandello (1926-1936)*. A cura di Pietro Frassica. Milano: Mursia, 1994.
ALBERTI, Alberto Cesare. *Il teatro nel fascismo. Pirandello e Bragaglia. Documenti inediti negli arcivi italiani*. Roma: Bulzoni, 1974.
ALLEGRI, Luigi. *La drammaturgia da Diderot a Beckett*. 12. ed. Bari: Editori Laterza, 2006.
ALONGE, Roberto. *Teatro e società nel novecento*. Milano: Principato, 1976.
\_\_\_\_\_. *Pirandello tra realismo e mistificazione*. Napoli: Guida Editori, 1977.
\_\_\_\_\_. La scrittura teatrale e le estetiche tra le due guerre. In: *Pirandello e la drammaturgia tra le due guerre*. A cura di Enzo Scrivano. Agrigento: Centro nazionale studi pirandelliani, 1985.
\_\_\_\_\_. Madri, puttane, schiave sessuali e uomini soli. In: \_\_\_\_\_ et al. *Studi pirandelliani – Dal testo al sottotesto*.

_____. Le messinscene dei *Sei personaggi in cerca d'autore*. In: LAURETTA, Enzo (org.). *Testo e messa in scena in pirandello*. Roma: La Nuova Italia Cientifica, 1986.

_____ (org.). Introduzione. In: *Pirandello: il meglio del teatro*. Milano: Mondadori, 1993.

_____. *Luigi Pirandello, il teatro del xx secolo*. Bari: Editori Laterza, 1997.

_____. Pirandello, appunti su "Trovarsi". In: *Chroniques italiennes. Nouvelle*, n. 49. Paris: Université de la Sorbonne, 1997.

_____. Appunti su Pirandello, Marta Abba e il cinema. In: *La passione teatrale. Tradizione, prospettive e spreco nel teatro italiano: Otto e Novecento*. Roma: Bulzoni, 1997.

_____. *Madri, baldracche, amanti. La figura femminile nel teatro di Pirandello*. Milano: Costa & Nolan, 1997.

_____. Pirandello e Napoli come luogo mitico della carnalità. *Atti del Convegno di Napoli*. Roma: Salerno, 2000.

_____. Il paesaggio femminile nelle didascalie pirandelliane, *Angelo di fuoco*, n. 2, 2002.

_____. Ancora su As you Desire me. *Angelo di fuoco*, Torino, Dams, ano III, n. 6, 2004.

ALONGE, Roberto; BOUISSY, André; GEDDA, Lido; SPIZZO, J. *Studi pirandelliani – Dal testo al sottotesto*. Bologna: Pitagora, 1986

ALVARO, Corrado. Appunti e ricordi su Luigi Pirandello. *Arena*, n. 1, 1953.

ANDREUCCI, Costanza. Marta, regina dai capelli rossi. *Hystrio*. Milano, ano I, n. 3, 1988.

ANTOINE, André. *Conversas sobre a Encenação*. Trad. Walter Lima Torres. Rio de Janeiro: 7 Letras, 2001.

ARISTÓTELES. Da Tragédia e de suas Diferentes Partes. In: *Arte Retórica e Arte Poética*, Rio de Janeiro, Ediouro, s/d.

ARTAUD, Antonin. *Linguagem e Vida*. São Paulo: Perspectiva, 1995.

ARTIOLI, Umberto. Metáfora marina e flusso pneumático nel carteggio tra Pirandello e la Abba. *Il castello di Elsinore*. Torino: Dams, ano XI, n. 33, 1998.

_____. *L'officina segreta di Pirandello*. Roma-Bari: Laterza, 1989.

_____. Un teatro edificato sulle strutture del mito. *Hystrio*. Milano, ano II, n. 2, 1989.

_____. Il primo surrealismo e Pirandello. In: SCRIVANO, Enzo (org.). *Pirandello e la drammaturgia tra le due guerre*. Agrigento: Centro nazionale studi pirandelliani, 1985.

BÀCCOLO, Luigi. Pirandello tradito. *Gazzetta del popolo*. Torino, 4 giugno 1976 (disponível Biblioteca Centro Studi Teatro Stabile Torino; pasta Marta Abba).

BARATTO, Mario. Per una storia del teatro di Pirandello. In: *Da Ruzante a Pirandello: scritti sul teatro*. Napoli: Liguori, 1990.

_____. *Le théâtre de Pirandello*. Paris: Debresse, 1957.

BARILLI, Renato. *Pirandello, una rivoluzione culturale*. Milano: Mursia, 1986.

BATTISTINI, Fabio. Due grandi interpreti e un personaggio, L'ignota. *Hystrio*, Milano, ano I, n. 3, 1988.

BAUDRILLARD, Jean. *Senhas*. Trad. Maria Helena Kuhner. Rio de Janeiro: Difel, 2001.

BERTUETTI, Eugenio. Marta Abba. In: *Ritratti quasi veri*. Torino: Armando Avezzano, 1937.

_____. *Trovarsi*, tre atti di Luigi Pirandello. *Gazzetta del popolo*, 15 febbraio, 1933.
BINI, Daniela. Epistolario e teatro, scrittura dell'assenza e sublimazione dell'erotismo. *Il castello di Elsinore*, Torino: Dams, ano XI, n. 33, 1998.
BLANCK, F. Pirandelliana. *Comoedia*. Milano: Mondadori, ano XI, n. 3, 15 marzo – 15 aprile, 1929. Seção Varietà.
BONTEMPELLI, Massimo. Nota a *Nostra Dea*. In: *Teatro di Massimo Bontempelli*. Milano: Mondadori, v. I (1916-1927), 1947.
_____. *Nostra Dea*. *Comoedia*, Milano, Mondadori, ano VII, n. 15, 1 agosto 1925.
BORSELLINO, Nino. *Ritratto e immagini di Pirandello*. Roma: Laterza, 2000.
BOUISSY, André. Riflessioni sulla storia e la preistoria del personaggio 'alter ego'. In: ALONGE, Roberto et al. *Studi pirandelliani – Dal testo al sottotesto*.
BRAGAGLIA, Leonardo (org.). *Carteggio Pirandello-Ruggeri*. Fano: Biblioteca Comunale Federiciana, 1987.
BRECHT, Bertold. Teatro epico, straniamento. In: MAROTTI, Ferrucio (org.). *Attore e teatro nelle teorie scniche del novecento*.
BUDOR, Dominique. *Pirandello,* Lettere a Marta Abba: intenzionalità e fruizione della lettera. *Il castello di Elsinore*, Torino, Dams, ano XI, 33, 1998.
_____. Les Récits de Naissance de Pirandello. In: LEJEUNE, Philippe; VIOLETT, Catherine (orgs.). *Genèses du "je"*. *Manuscrits et autobiographie*. Paris: Cnrs èditions, 2001.
CALENDOLI, Giovanni. Un drammaturgo e un'attrice. *Il dramma*, Torino, ano 42, n. 362-363, nov./dic. 1966.
CÀLLARI, Francesco. *Pirandello e il cinema. Con una raccolta completa degli scritti teorici e creativi*. Venezia: Marsilio, 1991.
CARDARELLI, Vincenzo. Nostra Dea di Massimo Bontempelli al Teatro d'Arte. In: CIBOTTO, Giovanni Antonio; BLASI, Bruno (orgs.). *La poltrona vuota*. Milano: Rizzoli, 1969.
_____. *Sei personaggi in cerca d'autore* di L. Pirandello al Teatro Odescalchi. In: CIBOTTO, G. A.; BLASI, Bruno (org.). *La poltrona vuota*. Milano: Rizzoli, 1969.
CARLSON, Marvin. *Teorias do Teatro: Estudo Histórico-Crítico, dos Gregos à Atualidade*. Trad. Gilson César Cardoso de Souza. São Paulo: Unesp, 1997.
CASTORINA, Giuseppe, Marta Abba vuol fare la "Vamp". *L'arte drammatica*, ano LXI n. 21, 30 de abril de 1932.
CASTRIS, Arcangelo Leone de. *Storia di Pirandello*. Bari: Laterza, 1962.
CASTRIS, Massimo. *Pirandello ottanta*. A cura di Ettore Capriolo. Milano: Ubulibri, 1981.
*COMOEDIA*. Milano: Mondadori. Início em 1919, término em 1950. (A pesquisa compreendeu os anos de 1924 a 1937.)
CORSI, Mario. Un'esule: Marta Abba. In: _____. *Chi è di scena?* Milano: Ceschina, 1947. (Maschere e volti, v. II.)
_____. Silvio D'Amico e il tramonto del Grande Attore. *Comoedia*, Milano: Mondadori, ano XII, n. 7, 15 mar.-15 apr., 1930.
CRAIG, Gordon. Da Arte do Teatro. *Cadernos de Teatro*, n. 89. Rio de Janeiro: Teatro Tablado, 1980.
COURTNEY, Richard. *Mirrors: Sociological Theatre/ Theatrical Sociology*. I Congresso Mundial de Sociologia Teatral: Roma, 27-29 giugno [s.d.].
CUMINETTI, Benvenuto. Le Texte, l'acteur et le travail theatral. In: *La Médiation théâtrale*. Actes du 5º Congrès internacional de Sociologie du théâtre organize à Mons. Belgique, mar. 1997.

D'AMBRA, Lucio. Malinconia autunnale di Pirandello. *Comoedia*. Milano: Mondadori, ano x, n. 10, 15 ott. – 15 nov.,1928.

D'AMICO, Alessandro. Il teatro verista e il "grande attore". In: *Il teatro italiano dal naturalismo a Pirandello*. Bologna: Il Mulino, 1990.

_____. Per un primo bilancio. *Il castello di Elsinore*, Torino: Dams, ano xi, 33, 1998.

D'AMICO, Alessandro; TINTERRI, Alessandro. *Pirandello capocomico: La compagnia del Teatro d'Arte di Roma, 1925-1928*. Palermo: Sellerio, 1987.

D'AMICO, Maria Luisa Aguirre. *Vivere con Pirandello*. Milano: Mondadori, 1989.

D'AMICO, Maria Luisa Aguirre; ROMANO, Eileen; SEMPRONI, Virginia. *Album Pirandello*. Milano: Mondadori, 1992.

D'AMICO, Silvio. La crise del Teatro. *Comoedia*. Milano: Mondadori, ano ix, n. 4, 20 aprile, 1927.

_____. *Tramonto del grande attore*. Milano: Mondadori, 1929.

_____. La critica è troppo indulgente. *Comoedia*. Milano: Mondadori, ano xi, n. 5, 15 mar. – 15 apr., 1929.

_____. L'addio di Marta Abba, *Cronache del Teatro drammatico*, caderno 11, 25 de maio de 1930 (Fondo D'Amico Museo del'attore Genova).

_____. *Augurio a Marta Abba*. San Remo: San Remo, ano ii, n. 14, 5 ottobre, 1933.

_____. *Trovarsi*, di Luigi Pirandello al Valle. *La Tribuna*, 15 gennaio 1933, ano xi.

_____. *Cronache del teatro drammatico*. Fondo D'Amico: Museo del'attore Genova, n. 8 a 15, de 1927 a 1934 (críticas inéditas, não publicadas na edição de *Cronache del teatro*).

_____. *Non si sa come*, di Pirandello. *Il dramma*. Diretto da Lucio Ridenti. Torino, ano x, n. 194, 15 settembre, 1934.

_____. *Cronache del teatro*. A cura di E. Ferdinando Palmieri e Sandro d'Amico. v. 1 de 1914 a 1928, 1963; v. 2 de 1929 a 1955, 1964. Roma-Bari: Laterza, 1963.

_____. *Storia del teatro drammatico*. A cura di Alessandro d'Amico, v. 1 e 2. Roma: Bulzoni, 1982.

D'ANGELI, Concetta. *Forme della drammaturgia, definizioni ed esempi*. Torino: Utet, 2004.

DE MARINIS, Marco. *In cerca dell'attore, un bilancio del Novecento teatrale*. Roma: Bulzoni, 2000.

_____. *Capire il teatro, lineamenti di una nuova teatrologia*. Firenze: Bulzoni, 1999.

_____. *El Nuevo Teatro, 1947-1970*. Trad. Beatriz Anastasi y Susana Spiegler. Barcelona: Ediciones Paidós Ibérica, 1988.

_____ (org.). *Drammaturgia dell'attore*. Bologna: I Quaderni del Battello Ebbro, 1997.

D'ENRICO, Ezio. Marta o del "pirandellismo". *Il dramma*. Diretto da Lucio Ridenti. Torino, ano 42, n. 362-363, nov./ dic., 1966.

DORT, Bernard. Une Écriture de la représentation. *Théâtre en Europe*, Paris, n. 10, avril, 1986 (edição especial Pirandello).

DUPLESSIS, Yvonne. *Le Surréalisme*. 9. ed. Paris: Presses Universitaires de France, 1971.

DUVIGNAUD, Jean. *Sociologie du theater. Essai sur les ombres colletives*. PUF: Paris, 1965.

*ENCICLOPEDIA DELLO SPETTACOLO*. (1: A-Bar). Fondada Silvio D'amico Roma: Unedi, 1975. 1616 col.

FANCIULLACCI, Dino. I Teatri di Torino. *L'arte drammatica*, ano LIX, n. 7. 14 dicembre, 1929
FITZPATRICK, Tim. Lo spettacolo e il surreale. In: SCRIVANO, Enzo (org.). *Pirandello e la drammaturgia tra le due guerre*. Agrigento: Centro nazionale studi pirandelliani, 1985.
FRANTEL, Max. Entretien avec Marta Abba, la grande comedienne. *Théâtre Italien II, Spectacles, théâtres et acteurs*, 1931 (Collection Rondel, ref. 5911).
FRASSICA, Pietro. Introduzione. In: ABBA, Marta. *Caro Maestro...: Lettere a Luigi Pirandello (1926-1936)*.
GIAMMARCO, Marilena *Luigi Antonelli. La scrittura della dispersione*. Roma: Bulzoni, 2000.
GIAMMUSSO, Maurizio. *La fabbrica degli attori, l'Accademia Nazionale d'Arte Drammatica, storia di cinquant'anni*. Roma: Presidenza del consiglio dei Ministri, 1988.
GIUDICE, Gaspare. *Luigi Pirandello*. Torino: Unione Tipográfico-Editrice Torinese, 1980.
GOFFMAN, Erving. *A Representação do Eu na Vida Cotidiana*. Petrópolis: Vozes, 2001.
GRAMSCI, Antonio. *O Teatro de Pirandello. Literatura e Vida Nacional*. Trad. Carlos Nelson Coutinho. 2. ed. Rio de Janeiro: Civilização Brasileira, 1978.
GRANATELLA, Laura (org.). *L'ultimo pirandello 1926-1936*. Brescia: Società Editrice Vannini, 1986.
GUINSBURG, J. (org.). *Pirandello: do Teatro no Teatro*. São Paulo: Perspectiva, 1999.
GUGLIELMINETTI, Marziano. *Pirandello*. Roma: Salerno, 2006.
HASKELL, Molly. *La Femme à l'écran, de Garbo à Jane Fonda*. Trad. Beatrix Vernet. Paris: Seghers, 1977.
HUBERT, Marie-Claude. *Le Théâtre*. Paris: Armain Colin, 1988.
_____. *Les Grandes théories du théâtre*. Paris: Armand Colin, 1998.
IL DRAMMA. Torino. Início em 1925, término em 1981. (A pesquisa compreendeu os anos de 1925 a 1966.)
JOUANNY, Sylvie. *L'Actrice et ses doubles. Figures et representations de la femme de spectacle à la fin du XIX siècle*. Genève: Droz, 2002.
LANZA, Domenico. Teatro dell'ottocento: Paolo Ferrari e Achille Torelli. In: BLANDI, Alberto (org.). *Mezzo secolo di teatro*. Torino: Ordine dei SS. Maurizio e Lazzaro, 1970.
_____. *Luigi Pirandello. Storia di un personaggio "fuori di chiave": I luoghi, il tempo, la vita, le opere, l'ideologia*. Milano: Mursia, 1980.
LARTHOMAS, Pierre. *Le Langage dramatique, sa nature, ses procedes*. Paris: PUF, 2001.
L'ARTE DRAMMATICA. Milano: Colombo e Florio. Início em 1871, término em 1934. (A pesquisa compreendeu os anos de 1924 a 1934.)
LEHMANN, Hans-Thies. *Le Théâtre postdramatique*. Traduction de l'allemand par Philippe-Henri Ledru. Paris: L'Arche, 2002.
LEONELLI, Nardo (org.). *Enciclopedia Biografica e Bibliografica "Italiana"*, serie IX, Attori tragici, attori comici, E.B.B.I., Milano, 1940.
LETIZIA, Annarita. Le ultime figlie di Pirandello. *Angelo di fuoco*, ano III, n. 5. Torino: Dams, 2004.

_____. Pirandello, Lietta, Marta. *Angelo di fuoco*, ano II, n. 4, Torino: Dams, 2003.
LIVIO, Gigi. Fiamma del diavolo che non consuma, Marta Abba attrice "frigida". *L'asino di B.* Torino: Dams, ano X, n. 11, 2006.
LO RUSSO, Rosaria. La primadonna e la Dea. *Il castello di Elsinore.* Torino: Dams, ano XI, 33, 1998.
LUPERINI, Romano. *Pirandello.* 3. ed. Roma: Laterza, 2005.
MACCHIA, Giovanni. *Pirandello o la stanza della tortura.* Milano: Mondadori, 1981.
MAGALDI, Sábato. *O Cenário no Avesso: Gide e Pirandello.* São Paulo: Perspectiva, 1977.
MAROTTI, Ferruccio (org.). *Attore e teatro nelle teorie sceniche del novecento*, v. 2. Roma: Istituto del teatro e dello spettacolo [s. d.].
MELDOLESI, Claudio. *Storia del teatro.* Roma-Bari: Laterza, 2007.
_____. L'attore, le sue fonti e i suoi orizzonti. *Teatro Estoria*, Bologna, ano IV, n. 2, ott. 1989.
_____. Mettere in scena Pirandello: il valore della trasmutabilitá. In: *Fra Totò e Gadda, sei invenzioni sprecate dal teatro italiano.* Roma: Bulzoni, 1987.
MIGLIOTO, Stefano (org.). *La donna in Pirandello.* Agrigento: Edizione del Centro Nazionale di Studi Pirandelliani, 1988.
MOLINARI, Cesare. *L'attore e la recitazione*, Roma-Bari: Laterza, 1993.
MONTI, Silvana. Il teatro del Novecento nei tre "Miti" pirandelliani. In: LAURETTA Enzo (org.). *Pirandello e il teatro.* Palermo: Palumbo, 1985.
NARDELLI, Federico Vittore. *L'uomo segreto: vita e croci di Luigi Pirandello.* Milano: Mondadori, 1932.
NARDI, Florida. Una polemica tra Marta Abba e Peppino DeFilippo. *Angelo di fuoco*, ano II, v. 3, 2003.
NAUGRETTE, Catherine. *L'Esthétique théâtrale.* Paris: Nathan, 2000.
ONOFRI, Massimo. *Sciascia e Pirandello. Remate de Males.* Campinas: Universidade Estadual de Campinas. Departamento de Teoria Literária, 25(1), 2005.
ORTOLANI, Benito. L'epistolario Pirandello-Abba: lo stato dell'arte. *Il castello di Elsinore.* Torino: Dams, ano XI, 33, 1998.
PAVIS, Patrice. *Análise dos Espetáculos.* São Paulo: Perspectiva, 2003.
_____ *Dicionário de Teatro.* Trad. Jacó Guinsburg e Maria Lúcia Pereira. São Paulo: Perspectiva, 1999.
_____. *Le Théâtre contemporain, culture et contreculture.* Paris: Weber, 1974.
PERRELLI, Franco. *I maestri della ricerca teatrale. Il Living, Grotowski, Barba e Brook.* Roma-Bari: Laterza, 2007.
PETRICCIONE, Federico. Achille Torelli. *Comoedia.* Milano: Mondadori, ano XII, n. 10, 15 ott-15 nov.,1930.
PICCHI, Arnaldo. Didascalie. Una descrizione de *L'uomo, la Bestia e la Virtù*. In: *Quaderni di teatro*, ano IX, n. 34. Firenze: Vallecchi, novembre, 1986.
PIRANDELLO, Luigi. Come e perchè ho scritto i *"Sei personaggi in cerca d'autore"*. *Comoedia.* Milano: Mondadori, ano VII, n. 1, 1 gennaio 1925.
_____. A Luz da Outra Casa. In: *Novellas Escolhidas.* Trad. Francisco Pati. São Paulo: A. Tisi & Cia., 1925.
_____. Abasso il pirandellismo. *Il dramma.* Diretto da Lucio Ridenti. Torino, ano VII, n. 125, 15 dicembre, 1931.
_____. Nascita di personaggi (carte inedite 1889-1933). In: Alvaro, Corrado (org.). *Nuova Antologia*, ano 69, fasc. 1483, 1º gennaio, 1934.

_____. Sono io un distruttore? *Il dramma,* ano x, n. 200, 15 dicembre, 1934.

_____. Introduzione al teatro italiano. In: D'AMICO, Silvio. *Storia del teatro italiano.* Milano: Bompiani, 1936.

_____. *Almanacco letterario Bompiani, 1938,* v. XVI, Milano, 1937.

_____. A Tragédia dum Personagem. In: BARROSO, Carlos F. (org.). *Antologia do Conto Moderno.* Coimbra: Atlântida, 1953.

_____. *Saggi, poesie e scritti varii,* a cura di Manlio Lo Vecchio Musti. v. 6, 2. ed. Milano: Mondadori, 1965.

_____. I giganti della montagna. *Il dramma.* Diretto da Lucio Ridenti. Torino, ano XLII, n. 362-363, nov./ dic. 1966.

_____. Eleonora Duse. In: *Pirandello in América. Il dramma.* Torino, ano 42, n. 362-363, nov./dic., 1966.

_____. *Ensayos.* Trad. José-Miguel Velloso. Madrid: Guadarrama, 1968.

_____. *O Falecido Mattias Pascal.* Trad. Mário da Silva. Rio de Janeiro: Abril, 1972

_____. Prefácio do Autor. In: *Seis Personagens à Procura do Autor.* Trad. Elvira Rina Malerbi Ricci. São Paulo: Abril, 1977. (Coleção Teatro Vivo).

_____. Informazioni sul mio involontario soggiorno sulla Terra. In: MUSTI, Manlio lo Vecchio (org.). *Saggi, poesie e scritti varii.* v. 6, IV. ed. Milano: Mondadori, 1977.

_____. *Théâtre complet,* v. 1, Paris: Gallimard, 1977.

_____. *Lettere da Bonn, 1889-1891.* Introduzione e note di Elio Providenti. Roma: Bulzoni, 1984.

_____. *Lettere giovanili da Palermo e da Roma, 1886-1889.* Introduzione e note di Elio Providenti. Firenze: Le Monnier, 1986.

_____. *Lettere a Marta Abba.* A cura di Benito Ortolani. Milano: Mondadori, 1995.

_____. *Lettere della formazione 1891-1898. Con appendice di lettere sparse 1899-1919.* Introduzione e note di Elio Providenti. Roma: Bulzoni, 1996.

_____. O Humorismo. Trad. J. Guinsburg. In: GUINSBURG, J. (org.). *Pirandello: do Teatro no Teatro.* São Paulo: Perspectiva, 1999.

_____. *Novelas para um Ano – O Velho Deus.* Trad. Bruno Berlendis de Carvalho. São Paulo: Berlendis & Vertecchia, 2000.

_____. *Novelas para um Ano – Dona Mimma.* Trad. Bruno Berlendis de Carvalho. São Paulo: Berlendis & Vertecchia, 2000.

_____. *Kaos e Outros Contos Sicilianos.* Trad. Fulvia M. L. Moretto. São Paulo: Nova Alexandria, 2001.

_____. *Um, Nenhum e Cem mil.* Apresentação Alfredo Bosi. Trad. Maurício Santana Dias. São Paulo: Cosac Naify, 2001.

_____. *Taccuino di Harvard.* A cura di Ombretta Frau e Cristina Gragnani. Milano: Mondadori, 2002.

_____. *O Enxerto; O Homem, a Besta e a Virtude.* Trad. Aurora Fornoni Bernardini e Homero Freitas de Andrade. São Paulo: Edusp, 2003.

_____. *Maschere Nude.* A cura di Italo Borzi e Maria Argenziano. Roma: Newton Compton, 2005.

_____. *Il Turno.* Disponível em http://classicitaliani.it/pirandel/pira31.htm. Acesso em 27 de julho de 2006.

_____. *Novelas para um Ano – Uma Jornada.* Trad. Maurício Santana Dias. São Paulo: Berlendis & Vertecchia, 2006.

_____. *Discorso alla Reale Accademia d'Italia.* Disponível em http://classici taliani.it/pirandel/pira31.htm. Acesso em 31 de agosto de 2006.

_____. *Maschere Nude*, v. 4. A cura di Alessandro D'Amico e Alberto Varvaio. Milano: Mondadori, 2007.
_____. *A Excluída*. Trad. Wilson Hilário Borges. São Paulo: Germinal, [s.d.].
PRAGA, Marco. Il gabbiano. In: *Cronache teatrali 1924*. Milano: Fratelli, 1925.
PROVIDENTI, Elio, Marta Abba. Una vita per il teatro. *Scena Illustrata*, 3 marzo 1987.
PUPO, Ivan. Un uomo d'ingegno e una donna di cuore. Ipotese sul repertorio di Marta Abba. *Angelo di fuoco*, Torino, Dams, ano I, v. 2, 2002.
PUPPA, Paolo. La nuova colonia, ovvero il mito dell'attrice infelice. *Quaderni di teatro. Pirandello tra scriturra e regia*. Firenze, ano IX, n. 34, novembro de 1986.
RIDENTI, Lucio. Marta Abba... una e due... *Il dramma*. Diretto da Lucio Ridenti, Torino, ano IX, n. 155, 1 febbraio, 1933.
RIBEIRO, Martha de Mello. *Pirandello Operador da Personagem Teatral: O Humor nas Máscaras Discrepantes*. 2003. Dissertação (mestrado em Ciência da Arte). Niterói: Instituto de Artes e Comunicação Social, Universidade Federal Fluminense, 2003.
_____. *L'umorismo cupo*: Uma Introdução ao Universo da Personagem Humorística Pirandelliana. *Poiesis*, Niterói: PPGCA/UFF v. 5, 2004.
_____. A Dramaturgia (en) Cena: A Escritura de uma Teatralidade. *Scripta Uniandrade*, Curitiba: Uniandrade, n. 4, 2006.
RICOEUR, Paul. *Tempo e Narrativa*, tomo I. Trad. Constança Marcondes Cesar. Campinas: Papirus, 1994.
ROCCA, Enrico. *Il lavoro d'Italia*, 27 de abril de 1928.
ROMA, Enrico. Pirandello poeta del cine. *Comoedia*. Milano: Mondadori, ano XI, n. 1, 15 gennaio – 15 febbraio, 1929.
_____. Un'attrice del nostro tempo. *Comoedia*. Milano: Mondadori, ano XII, n. 11, 15 novembre – 15 dicembre, 1930.
_____. Pirandello e il cinema. *Comoedia*. Milano, Mondadori, ano XIV, n. 7, 15 luglio – 15 agosto, 1932.
ROSEN, Charles. *Poetas Românticos, Críticos e Outros Loucos*. Trad. José Laurenio de Melo. Campinas: Ed. da Unicamp, 2004.
ROSEN, Marjorie. *La donna e il cinema, miti e falsi miti di Hollywood*. Trad. Mercedes Giardini Ozzola. Milano: Oglio Editore, 1978.
ROSENFELD, Anatol. *O Teatro Épico*. São Paulo: Perspectiva, 6. ed., 2008.
RÖSSER, Michael. La fortuna di Pirandello in Germania e le missinscene di Max Reinhardt. *Quaderni di teatro. Pirandello tra scritura e regia*. Firenze, ano IX, n. 34, novembro, 1986.
ROUBINE, Jean-Jacques. *A Linguagem da Encenação Teatral*. Trad. e apresentação Yan Michalski. Rio de Janeiro: Zahar, 1998.
_____.*Introdução às Grandes Teorias do Teatro*. Rio de Janeiro: Zahar, 2003.
_____. *A Linguagem da Encenação Teatral*. Trad. e apresentação Yan Michalski. Rio de Janeiro: Zahar, 1998.
RUFFINI, Franco. Pirandello e Artaud. Una nota. In: TINTERRI, Alessandro (org.). *La passione teatrale: tradizioni, prospettive e spreco nel teatro italiano.otto e novecento*. Roma: Bulzoni, 1997.
_____. *Stanislavskij. Dal lavoro dell'attore al lavoro su di sé*. Roma/Bari: Laterza, 2005.
RYNGAERT, Jean-Pierre. *Ler o Teatro Contemporâneo*. Trad. Andréa S. M. da Silva. São Paulo: Martins Fontes, 1998.

SALINARI, Carlo. *Miti e coscienza del decadentismo italiano: D'Annunzio, Pascoli, Fogazzaro e Pirandello*. 4. ed. Milano: Feltrinelli, 1989.

SANTARNECCHI. Enrico Polese. Cronaca dei Teatri Milanesi. *l'arte dramatica*, n. 18, 12 de abril 1924

SAVIO, Francesco. *Ma L'amore no, realismo, formalismo, propaganda e telefoni bianchi nel cinema italiano di regime (1930-1943)*, Milano, Sonzogno, 1975.

SCIASCIA, Leonardo. *Opere: 1984-1989*, v. 3. Milano: Bompiani. 1981

_____. *Pirandello e la Sicilia*. 2. ed. Roma: Salvatore Sciascia Editore, 1968.

_____. *Alfabeto Pirandello*. Roma: Adelphi edizioni, 1982.

SEGOLIN, Fernando. *Personagem e Antipersonagem*. São Paulo: Cortez &Moraes, 1978.

SCRIVANO, Enzo (org.). *Pirandello e la dramaturgia tra le due guerre*. Agrigento: Centro nazionale studi pirandelliani, 1985.

SIMONI, Renato. *Trent'anni di cronaca drammatica*. A cura di Lucio Ridenti. Torino: Ilte, v. 2 (1924-1926), 1954, v. 3 (1927-1932), 1955, v. 4 (1933-1945), 1958, v. 5 (1946-1952), 1960.

SIMMEL, Georg. *La Tragédie de la culture*. Trad. Sabine Cornille et Philippe Ivernel. Paris: Rivages, 1988.

SPAINI, Alberto. Pirandello o della castità. *Il dramma*. Diretto da Lucio Ridenti, Torino, ano 42, n. 362-363, nov./dic. 1966.

SZONDI, Peter. *Teoria do Drama Moderno (1880-1950)*. Trad. Luiz Sérgio Rêpa. Rio de Janeiro: Cosac & Naify, 2001.

TAVIANI, Ferdinando. Il nuovo Pirandello. Firenze, *La rivista dei libri*, III, n. 12, diciembre 1993.

TERMINE, Liborio. *Pirandello e la drammaturgia del film*. Torino: Fiornovelli, 1997.

TESSARI, Roberto. *Teatro e avanguardie storiche*. Roma: Laterza, 2005.

TILGHER, Adriano. *Studi sul teatro contemporaneo*. Roma: Libreria di scienze e Lettere, 1923 [1922].

TINTERRI, ALESSANDRO. Autori italiani e stranieri nelle scelte di Pirandello capoconico (1925-1928). In: SCRIVANO, Enzo (org.). *Pirandello e la dramaturgia tra le due guerre*.

_____. Pirandello regista del suo teatro: 1925-1928. *Quaderni di teatro*, ano IX, n. 34, Firenze, Vallecchi, novembre, 1986.

_____.*Il teatro italiano dal naturalismo a Pirandello*. Bologna: Mulino, 1990.

TODOROV, Tzvetan. *As Estruturas Narrativas*. São Paulo: Perspectiva, 1969.

TURNER, Victor. *Dal rito al teatro*. Il Mulino: Bologna, 1986

UBERSFELD, Anne. *Lire le théâtre II: l'école du spectateur*. Paris: Belin, 1996.

VICENTINI, Claudio. Il repertorio di Pirandello capocomico e l'ultima stagione della sua drammaturgia. In: SCRIVANO, Enzo (org.). *Pirandello e la drammaturgia tra le due guerre*.

_____. Sei personaggi in cerca d'autore, il testo. In: Lauretta, Enzo (org.). *Testo e messa in scena in Pirandello*.Roma: La Nuova Italia Cientifica, 1986.

_____. *Pirandello. Il disagio del teatro*. Venezia: Marsilio editori, 1993.

VITTORI, Rossano. *Il trattamento cinematografico dei Sei personaggi. Testo inedito di Luigi Pirandello com Adolf Lantz*. Firenze: Liberoscambio, 1984.

WILLIANS, Raymond. *Tragédia Moderna*. Trad. Betina Bischof. São Paulo: Cosac & Naify, 2002.

# TEATRO NA COLEÇÃO ESTUDOS

*João Caetano* • Décio de Almeida Prado (E011)
*Mestres do Teatro I* • John Gassner (E036)
*Mestres do Teatro II* • John Gassner (E048)
*Artaud e o Teatro* • Alain Virmaux (E058)
*Improvisação para o Teatro* • Viola Spolin (E062)
*Jogo, Teatro & Pensamento* • Richard Courtney (E076)
*Teatro: Leste & Oeste* • Leonard C. Pronko (E080)
*Uma Atriz: Cacilda Becker* • Nanci Fernandes e Maria T. Vargas (orgs.) (E086)
*TBC: Crônica de um Sonho* • Alberto Guzik (E090)
*Os Processos Criativos de Robert Wilson* • Luiz Roberto Galizia (E091)
*Nelson Rodrigues: Dramaturgia e Encenações* • Sábato Magaldi (E098)
*José de Alencar e o Teatro* • João Roberto Faria (E100)
*Sobre o Trabalho do Ator* • Mauro Meiches e Silvia Fernandes (E103)
*Arthur de Azevedo: A Palavra e o Riso* • Antonio Martins (E107)
*O Texto no Teatro* • Sábato Magaldi (E111)
*Teatro da Militância* • Silvana Garcia (E113)
*Brecht: Um Jogo de Aprendizagem* • Ingrid D. Koudela (E117)
*O Ator no Século XX* • Odette Aslan (E119)
*Zeami: Cena e Pensamento Nô* • Sakae M. Giroux (E122)
*Um Teatro da Mulher* • Elza Cunha de Vincenzo (E127)
*Concerto Barroco às Óperas do Judeu* • Francisco Maciel Silveira (E131)
*Os Teatros Bunraku e Kabuki: Uma Visada Barroca* • Darci Kusano (E133)
*O Teatro Realista no Brasil: 1855-1865* • João Roberto Faria (E136)
*Antunes Filho e a Dimensão Utópica* • Sebastião Milaré (E140)
*O Truque e a Alma* • Angelo Maria Ripellino (E145)
*A Procura da Lucidez em Artaud* • Vera Lúcia Felício (E148)
*Memória e Invenção: Gerald Thomas em Cena* • Sílvia Fernandes (E149)
O Inspetor Geral *de Gógol/Meyerhold* • Arlete Cavaliere (E151)
*O Teatro de Heiner Müller* • Ruth C. de O. Röhl (E152)
*Falando de Shakespeare* • Barbara Heliodora (E155)
*Moderna Dramaturgia Brasileira* • Sábato Magaldi (E159)
*Work in Progress na Cena Contemporânea* • Renato Cohen (E162)
*Stanislávski, Meierhold e Cia* • J. Guinsburg (E170)
*Apresentação do Teatro Brasileiro Moderno* • Décio de Almeida Prado (E172)
*Da Cena em Cena* • J. Guinsburg (E175)
*O Ator Compositor* • Matteo Bonfitto (E177)
*Ruggero Jacobbi* • Berenice Raulino (E182)
*Papel do Corpo no Corpo do Ator* • Sônia Machado Azevedo (E184)
*O Teatro em Progresso* • Décio de Almeida Prado (E185)
*Édipo em Tebas* • Bernard Knox (E186)
*Depois do Espetáculo* • Sábato Magaldi (E192)
*Em Busca da Brasilidade* • Claudia Braga (E194)

*A Análise dos Espetáculos* • Patrice Pavis (E196)
*As Máscaras Mutáveis do Buda Dourado* • Mark Olsen (E207)
*Crítica da Razão Teatral* • Alessandra Vannucci (E211)
*Caos e Dramaturgia* • Rubens Rewald (E213)
*Para Ler o Teatro* • Anne Ubersfeld (E217)
*Entre o Mediterrâneo e o Atlântico* • Maria Lúcia de S. B. Pupo (E220)
*Yukio Mishima: O Homem de Teatro e de Cinema* • Darci Kusano (E225)
*O Teatro da Natureza* • Marta Metzler (E226)
*Margem e Centro* • Ana Lúcia V. de Andrade (E227)
*Ibsen e o Novo Sujeito da Modernidade* • Tereza Menezes (E229)
*Teatro Sempre* • Sábato Magaldi (E232)
*O Ator como Xamã* • Gilberto Icle (E233)
*A Terra de Cinzas e Diamantes* • Eugenio Barba (E235)
*A Ostra e a Pérola* • Adriana Dantas de Mariz (E237)
*A Crítica de um Teatro Crítico* • Rosangela Patriota (E240)
*O Teatro no Cruzamento de Culturas* • Patrice Pavis (E247)
*Teatro em Foco* • Sábato Magaldi (E252)
*A Arte do Atro entre os Séculos XVI e XVIII* • Ana Portich (E254)
*O Teatro no Século XVIII* • Renata S. Junqueira e Maria Gloria C. Mazzi (orgs.) (E256)
*A Gargalhada de Ulisses* • Cleise Furtado Mendes (E258)
*A Cena em Ensaios* • Béatrice Picon-Vallin (E260)
*Teatro da Morte* • Tadeusz Kantor (E262)
*Escritura Política no Texto Teatral* • Hans-Thies Lehmann (E263)
*Na Cena do Dr. Dapertutto* • Maria Thais (E267)
*A Cinética do Invisível* • Matteo Bonfitto (E268)
*Luigi Pirandello: Um Teatro para Marta Abba* • Martha Ribeiro (E275)